그가 보내신 말씀

저가 그 말씀을 보내어 저희를 고치사
위경에서 건지시는도다 (시 107 : 20)

피터 바이어하우스 지음 | 이 동 주 옮김

기독교문서선교회

기독교문서선교회(Christian Literature Crusade: 약칭 CLC)는
1941년 영국 콜체스터에서 켄 아담스에 의해 시작되었으며
국제 본부는 영국의 쉐필드에 있습니다.
현재 약 650여명의 선교사들이 59개 나라에서 180개의 본부를 두고,
이동도서차량 40대를 이용하여 문서 보급에 힘쓰고 있으며
이메일 주문을 통해 130여국으로 책을 공급하고 있습니다.
CLC는 청교도적 복음주의 신학과 신앙을 선포하는
국제적, 초교파적, 비영리 문서선교기관으로서, 하나님의 뜻에 합당한 책을 만들고
이 책을 통해 단 한 영혼이라도 구원되길 소망하며
이를 위해 주님이 오시는 그날까지 최선을 다할 것입니다.

Er Sandte Sein Wort
Theologie der christlishen Mission

by
Peter Beyerhaus

translated by
Dong-Joo Lee

Copyright © 1996 R. Brockhaus Verlag Wuppertal.
Originally published in German under the title as
Er Sandte Sein Wort : Theologie der christlishen Mission
by Peter Beyerhaus

All rights reserved.

Korean Edition
Copyright © 2011 by Christian Literature Crusade
Seoul, Korea

목차

저자소개 _ 7
역자서문 _ 12
서론 _ 16

제1장 선교신학적 자료 해명의 필요성 _ 21
1. 현대 선교사상의 위기와 양극화 _ 21
2. 선교대회 선언문들의 의미 _ 24
   1) 위튼 선언문은 1966년 4월 해외선교를 위한 협의회의 최종 표명이었다.
   2) 프랑크푸르트 선언문
   3) 로잔언약(Lansanne Verpflichtung)
   4) 로마 가톨릭의 노력
3. 계속되는 대립 _ 30
4. 규범적이고 통합적인 선교관의 추구 _ 33

제1부 선교의 책 - 성경 _ 38

제2장 성경의 선교적 기초 _ 39
1. 구약의 선교적 동기 _ 40
2. 초대교회의 선교와 신약성경의 근원 _ 45
   1) 사복음서
   2) 사도행전
   3) 신약의 서신들
   4) 요한계시록

제3장 성경의 선교 역사적 의미 _ 59
1. 성경번역과 성경보급에 대한 선교적 시각 _ 59
   1) 고대 및 중세교회
   2) 개혁시대의 성경
   3) 경건주의의 성경적 신앙과 증거 열정
   4) 현대 선교운동에서의 성경
   5) 성경 공회의 선교적 의미
2. 교회설립 동력으로서의 성경 _ 99
   1) 성경적 복음의 수용성
   2) 교회설립을 위한 생명의 원천으로서의 성경

3. 토착교회의 성경적 성숙 _ 118
   1) 선교의 목적: 교회의 자립
   2) 토착교회의 성경취득
   3) 교회공동체의 성경적 훈련
   4) 교회공동체 – 성경선교
   5) 교회 박해 시 성경의 증언

제4장 개신교 선교신학의 전통적 성경관 _ 135

1. 개신교 선교운동의 성경신학적 전제들 _ 135
2. 경건주의적 – 구원사적 성경관 _ 144
   1) 개혁신앙과 경건주의의 공통성
   2) 경건주의의 새로운 강조
   3) 구원사적 입장
3. 초기 개신교 신학의 구원사적 성경관 _ 153
   1) 구스타프 바르넥(Gustav Warneck)의 신학적 묘사
   2) 바르넥 신학의 중심사상
   3) 바르넥 성경관의 특징
   4) 공개질문
4. 바르넥 학파의 성경관 _ 168
   1) 율리우스 리히터(1862-1940)
   2) 마르틴 슐룽크(1874-1958)
   3) 곳프리드 시몬(Gottfried Simon, 1890-1951)
   4) 신종합선교잡지의 초창기
   5) 바르넥을 넘어서
   6) 곳힐프 바이스만(Gotthilf Weismann)
5. 칼 하르텐슈타인(Karl Hartenstein)을 통한 새로운 독일 개신교 선교신학의 성경적 – 구원사적 제시 _ 178
   1) 새 시대의 대표자 칼 하르텐슈타인
   2) 하르텐슈타인의 신학적 묘사
   3) "신학적 해석"의 필요성
   4) 성경의 구원사적 구조
   5) 닫혀진 종말론의 개문
   6) 구원사 속에서 선교의 절대적 위치
6. 구원사적 성경관 및 선교관과 에큐메니칼 처방과의 투쟁 _ 198
7. 초기 WCC의 성경관 _ 200

참고문헌 _ 209

저자 소개

피터 바이어하우스(Peter Beyerhaus) 박사는 1929년 독일 루터교 목사의 장자로 태어나서 베를린에서 수학하다가 1947년에 신학을 시작하여 베를린, 할레, 하이델베르크, 본, 웁살라에서 계속 공부하였다. 그는 1953-1954년에 함부르크대학교에서 발터 프라이탁(Walter Freytag)의 신학조교로 활동하다가 그 후 런던에서 연구한 후 웁살라(Uppsala)대학교에서 1956년 벵트 순클러(Bengt Sundkler) 교수의 지도 하에 신학석사와 신학박사 학위를 받았다.

그의 박사학위 논문 제목은 "선교문제로서 신생교회의 독립"(Die Selbstän-digkeit der jungen Kirchen als missionarisches Problem)이었다. 이 논문은 버밍햄의 셀리오크대학교(Selly Oak College) 교수 헨리 레퍼버(Henry Lefever)에 의해『책임있는 교회와 해외선교』(The Responsible Church and the Forign Mission, Eerdmans, 1964)라는 제목으로 출판되었다.

바이어하우스 박사는 1956년 웁살라대학교에서 박사 학위를 받자, 1957년 그의 스웨덴 출신 부인과 함께 남아공으로 떠나 선교사로 9년간(1957-1965년) 활동하였다. 그동안에 그는 1960년 나탈(Natal)의 루터교 신학대학교와 움푸물로(Umpumulo)에서 신약학 교수로 재직하였다. 1965년에 그는 튀빙겐대학교의 초청으로 교수가 되었고, 1997년 그가 은퇴하기 까지 33년간 동 대학교와 선교학과 에큐메니칼 신학연구소(Inslitute of Missiology and Ecumenical Theology)에서 교수하였다. 그의 특수 연구분야는 아프리카의 독립운동과 모국운동, 성경적 선교신학, 에큐메니칼 운동의 역사와 이념, 복음주의 신학 등이다. 그의 주요 작품은 기독교 선교신학으로써 1996년에 출판된 850쪽에 달하는 방대한 내용의 저서 『그가 보내신 말씀』(Er sandte Sein Wort, Bad Liebenzell)이다. 이 제목은 시편 107:20에 기록된 말씀에서 따온 것이다.

1973년 1월 바이어하우스 박사는 방콕에서 개최한 제8차 세계선교협의회(World Missionary Conference)의 신학회에 참석하였고, WCC 제5차 나이로비 총회(1975), 제6차 밴쿠버총회(1983), 제10차 샌 안토니오 세계선교협의회(1983)에 참석하였으며, 1989년에는 그 사태의 진전과 조사결과에 대해서 비판적으로 분석하였다.

그 연구 결과로 기독교 선교의 근본적인 위기에 관한 프랑크푸르트선언문(1970)과 베를린선언문(1974)이 초안되었다. 그것들은 독일 개신교 '신앙고백공동체'(Konferenz Bekennender Gemeinschaften)에 의해서 개최되고 있는 '신학회'(Theological Convention)에서 발표되었고 그는 1972년 이 신학회의 회장으로 선출되어 현재까지 헌신하고 있다.

1978년 런던에서 변하지 않는 성경적 기초에 의한 교리, 윤리 및 교회조직을 위한 '국제기독교조직망'(International Christian Network)이 세워지자 피터 바이어하우스 박사는 중앙위원회 위원장으로 선출되었다.

1980년에 그는 교황 요한 바오로 2세에 의해 초청되었다. 그때 교황은 그의 에큐메니칼 관심사를 그와 사적인 청중들과 함께 나누기를 원하였기 때문이다.

1981년 이래 바이어하우스 박사는 거의 매년 북미, 남미, 아프리카, 아시아, 오세아니아 대륙으로 초청되었고, 이로 인해 그는 세계의 여러 교회들, 선교회들, 신학교들과 생동감 있는 관계를 맺게 되었다.

바이어하우스 박사는 한국에 13차례나 방문하여 복음주의 신학을 심어주었고, '엑스폴로 1974'와 1980년 '세계복음화대회'에서 백만 명 이상이 되는 청중을 향해 강연하였다.

1974년 로잔의 '세계복음화를 위한 국제대회'의 주강사 중에 하나였던 그는 결국 '세계복음화 로잔위원회'의 위원으로 선출되었다. 이 자격으로 1980년

태국 파타야 및 여러 선교신학 협의회에 참석하였으며 '세계 복음주의협의회' (WEF)와 '아시아 신학협의회'(ATA)의 자문으로도 봉사하였다. 그는 1984년 마닐라에서 개최된 제2차 '세계복음화국제대회'에서 세계복음화와 종말론을 강연하였다.

1983년에 바이어하우스 박사는 프로이센의 빌헬름 찰스 왕자에 의해 '세례 요한 수도원'의 감독으로 임명되었다.

1989년부터 1994년까지 그는 코른탈(Korntal)에 소재한 선교사훈련센터와 콜럼비아 성경대학교가 병합된 '세계선교를 위한 자유대학'(Freie Hoch-schule für Mission)과 선교대학원에서 학장으로 재직하였다. 1996년 4월 그는 미국 트리니티신학대학교(TIU)에서 명예박사 학위를 받고 방문교수로 임명되었다.

바이어하우스 박사는 1997년 튀빙겐대학교에서 은퇴한 후에도 유럽과 해외 여러 신학대학교의 방문교수로 활동하고, 신앙과 신학의 길잡이가 되고 있는 계간지「디아크리시스」를 현재까지 계속 발간하고 있고, 그 책자는 지금까지도 계속 역자에게 우송되고 있다.

지난 2003년 그는 연세대학교에서 용재 백낙준 박사 기념 석좌교수로 초청받아 일 년간 그곳에 머물면서 강의하였다. 그의 강의 내용은 2004년 CLC에서 출판한『현대선교와 변증』에 담겨 있다. 그는 여기에 역사 비평적 성경해석의 문제, 사이비종교, 마르크스주의 영향을 받은 신학문제, 종교혼합주의 및 종교다원주의, 현대 윤리, 포스트모더니즘의 제 문제들을 포괄적으로 다루었다.

그는 1955년 잉에계드(Ingegärd Kalen)와 스웨덴에서 결혼하였고 슬하에 다섯 자녀들이 있다.

바이어하우스 박사의 저서들은 아래와 같다.

I. 독일어

P. Beyerhaus, *Die Selbständigkeit der jüngen Kirche als missionarisches Problem*, Verlag der Rheinischen Missions-Gesellschaft, 1956.

P. Beyerhaus: *Begegnung mit messianischen Bewegungen in Afrika*, Missionsverlag Stuttgart, 1967

P. Beyerhaus, *Humanisierung —Einzige Hoffnung der Welt?*, Bad Salzuflen, 1970.

P. Beyerhaus, *Allen Völkern zum Zeugnis*, Theologischer Verlag Rolf Brockhaus, 1972.

P. Beyerhaus, *Bangkok '73, Anfang oder Ende der Weltmission?* Verlag der Liebenzeller Mission, 1973.

W. Künneth/P. Beyerhaus(Hg.), *Reich Gottes oder Weltgemeinschaft?* Die Berliner Ökumene Erklärung zur utopischen Vision des Weltkirchenrates(TELOS Dokumentation), 1976.

P. Beyerhaus, *Ökumene im Spiegel von Nairobi '75*, Verlag der Liebenzeller Mission, 1976.

P. Beyerhaus/J. Heubach (Hg.): *Zwischen Anarchie und Tyrannei*. Bad Liebenzell, 1979.

P. Beyerhaus(Hg.), *Ideologien Herausforderung an den Glauben*, Verlag der Liebenzeller Mission, 1979.

P. Beyerhaus/R. Baumer/F.Grunzweig(Hg.) *Wegund Zeugnis. Bekennende Gemeinschaften im gegenwärtigen Glaubenskampf 1965 —1980*, Missionsverlag Bielefeld, 1980.

P. Beyerhaus, *Aufbruch der Armen*, Verlag der Liebenzeller Mission, 1981.

P. Beyerhaus (Hg.): *Frauen im theologischen Aufstand. Orientierungshilfe zur Femeinistischen Theologie*, Stuttgart, Hänssler Verlag, 1983.

P. Beyerhaus/W. Künneth(Hg.): *Gewalt in Jesu Namen?* Missionsverlag Bielefeld, 1987.

P. Beyerhaus, *Krise und Neuausbruch der Weltmission — Vorträge, Aufsätze und Dokumente*, Verlag der Liebenzeller Mission, 1987.

P. Beyerhaus/L. Padberg, *Eine Welt —Eine Religion?*, Verlag Schulte Gerth, Asslar, 1988.

P. Beyerhaus/Lutz E. von Padberg (Hg.): *Der konziliare Prozess – Utopie und Realität*, Verlag Schulte Gerth, Asslar, 1990.

P. Beyerhaus: *Er sandte sein Wort*. Theologie der christlichen Mission Bd. I, Brockhaus Verlag Wuppertal, 1996.

P. Beyerhaus (Hg.): *Weltweite Gemeinschaft im Leiden für Christus*, VTR Nürnberg, 2007.

II. 영어

P. Beyerhaus, *The Responsible Church and the Foreign Mission*, Eerdmans, 1964.

P. Beyerhaus, *Our Approch to the Independent Church Movement in Africa* (Ed.), Johannesburg, 1966.

P. Beyerhaus/C. F. Hallencreutz (Ed.): *The Church Crossing Frontiers, Essays on the Nature of Mission* (Ed.), Uppsala, 1969.

P. Beyerhaus, *Mission; Which Way?* Zondervan Publishing House, Grand Rapids, 1971.

P. Beyerhaus, *Shaken Foundation*, Zondervan Publishing House, Grand Rapids, 1972.

P. Beyerhaus, *Bangkok '73, The Beginning or End of World Mission?* Zondervan Publishing House, Grand Rapids, 1974.

P. Beyerhaus et alii: *Crossroads in Mission*, Johannes William Carey Library, 1977.

P. Beyerhaus, *Theology as an Instrument of Liberation*, Cape Town, 1988.

P. P. J. Beyerhaus, *God's Kingdom & the Utopian Error*, Crossway Books, Wheaton, 1992.

P. Beyerhaus: *Mission and Apologetics*, VTR Nürnberg, 2005

III. 한국어 번역

손주철 · 김영동 공역,『성경적 선교신학』(성광문화사, 2004).

김남식 역,『선교정책원론』(성광문화사, 1982)

이선민 역,『현대선교와 변증』(CLC, 2004)

역자 서문

피터 바이어하우스 박사의 『그가 보내신 말씀』(*Er Sandte Sein Wort*)은 독일 튀빙겐(Tübingen)대학교 교직사역 은퇴를 앞두고 쓴 그의 최종 저술로서 세계 선교학계를 한 눈에 바라본 대작이며 방대하고 원숙한 복음주의 선교신학서적이다. 바이어하우스 박사는 역자가 매우 존경하고 그 가르침을 따르는 역자의 학위논문 지도교수이다. 그의 저서를 번역할 뜻을 두고서도 여러 해 동안 이루지 못하였다가 이제는 급한 마음에 800페이지의 분량을 저자의 뜻에 의해 세 권의 독립된 책으로 나누어서, 독일에서 학위를 이수한 김영동 박사(장신대)와 손주철 박사(백석대)가 함께 번역하기로 했다. 이 책의 셋째 부분은 『성경적 선교신학』이라는 제목으로 2004년(성광문화사)에 이미 출판이 되었고, 그 두 번째 파트는 아직 번역이 완성되지 않았으며, 역자는 그 첫 번째 파트를 번역하기로 하였다. 그러므로 저자의 결론이 역자의 번역서에는 나타나지 않는다.

잘 알려진 바와 같이 바이어하우스 박사의 선교신학적 입장은 동시대의 이성주의, 인본주의, 진보주의 신학들을 극복한 G. Warneck, K. Hartenstein, A. Bengel. W. Freytag의 구속사적 선교신학 노선에 서 있다. 그는 구약시대와 신약시대 그리고 2,000년간의 교회사 시대를 거쳐 오늘에 이르기까지 신구약성경은 시종 하나님의 구원계획이 예수 그리스도 안에서 완성되며, 그의 구원계획을 이루는 도구로서의 선교는 다가오는 하나님 나라와 하나님의 심판을 앞에 두고 땅 끝까지 복음을 전파하며 예수 그리스도께서 세상의 구주이심을 전하는 것이라고 진술하고 있다.

역자가 번역하는『그가 보내신 말씀』의 제1부는 성경이 처음부터 선교의 책이었다는 것과 세계선교의 근거가 바로 성경이라는 것이다. 바이어하우스 박사는 기독교 신앙과 세계선교의 근거인 성경말씀은 온 인류가 구원을 받을 수 있는 유일한 길이며, 성경 자체의 소리를 살아 계신 하나님의 말씀으로 듣고 믿을 때, 이방인들이 놀라운 기적과 하나님의 도우심을 체험할 수 있는 책으로 증거하고 있다. 오늘날 성경은 2,092개 언어로 번역되어 있고, 교회는 성경을 통해서 온 인류에게 구원의 메시지를 전파하고 있다. 바이어하우스 박사는 인간의 입을 통해서 하나님의 말씀이 전해지기는 하나, 성경의 저자는 성령이며 성경자체는 불가침적인 권위를 가지고 있음을 확언한다. 성령의 인도하심으로 성경은 삼위일체의 하나님을 알게 하고, 하나님과 화목하게 하며, 이를 위해서 어떤 외부자료도 필요하지 않다고 진술하고 있다.

제2부에서 바이어하우스 박사는 고등문서비평학적방법과 WCC의 혼합주의 신학과 상황화 신학들(해방신학, 정치신학, 민중신학 등)의 유물론적 성경해석과 모든 종교들과 담을 헐고 하나의 새로운 세계공동체를 형성하려는 대화주의 신학들의 규범을 탈선한 세계관과 선교에 관한 해석학적 위기를 극복하기 위한 대안을 제시하고, 프랑크푸르트 선언문(1970년)과 베를린 선언문(1974년)을 기초하여 20세기 에큐메니칼 선교운동의 잘못된 인본주의적 해석학에 대해 경고하였다. 그는 성경적 계시의 진실성과 성경의 유기적 통일성과 사도성과 무오성을 변증하고, 말씀하시는 신적 인격인 성령의 주관으로 성경이 생성된 것과 그리스도를 구원사적 해석학의 입장에서 설명한다. 그는 또 성도의 구원이 예수 그리스도의 십자가와 부활을 통한 속죄와 화해 행위에 의한 성경적 신앙에 있음을 천명하고, 말씀의 청취자가 마음에 비춤을 얻고 깨닫고 순종함으로써 부활하신 그리스도와 만난다는 성경의 선교적 기능을 입증하고 있다.

제3부는 2004년 성광문화사에서『성경적 선교신학』이라는 제목으로 이미 출판되었다. 여기서 저자는 하나님께서 인류의 구원을 위해서 교회에 위탁하

신 것이 선교임을 재천명하고 있다. 그는 죄 사함의 권세와 심판의 권세를 가지신 그리스도의 이름이 제자들에 의해 선포되는 곳에(마 28:18-20; 막 16:18) 그리스도께서 현존하심과 구원과 치유가 수여되고, 성령께서 교회에 실제적이고 인격적으로 오심으로서 하나님과의 파괴되고 손상된 관계가 통합적으로 치유된다는 전인 구원을 설득력 있게 설명한다. 치유의 사역자는 성령이고 교회는 그리스도의 이름으로 행하며(행 3:6), 치유내용은 죄의 용서와 하나님과의 관계회복이며, 이때 하나님의 실제적인 구원과 통치가 나타나는 것이다. 그는 성경은 제1차적 선교자료이고, 교회는 복음화의 열매이며, 복음화의 결과로 교회는 사회적인 책임을 감당할 수 있게 됨을 주장하고 있다.

그는 또 하나님의 말씀을 전파하는 선교용어에 관해서 서술하고 있다. 신약성경에 61회나 나오는 동사 '복음을 전파한다'(keryssein)는 그리스도의 보내심을 받은 전권대사와 같은 교회의 역할을 의미하고, 복음은 불가침의 의미가 있다. 그러나 그 능력과 권세는 바로 예수 그리스도의 권세이고, 그의 우주적인 권세는 부활하신 후에 세계선교를 위해 사도들에게 위임된 것이다. 복음을 '증거한다'(martyrein)는 동사는 신약에 76번이나 나오고 순교자로서의 증거를 포함하는 피의 증거를 의미한다. 증거하다(행 1:8)와 순교하다(계 2:13; 6:9)의 동사는 *mart*라는 동일한 어간이 있다. 성경이 바로 이러한 증거의 내용이다. 그 밖에 '가르치다'(didaskein)라는 동사는 신약성경에 97번 나온다. 케리그마가 그리스도의 십자가와 부활을 통한 구원을 전파하는 것이라면 디다케(didache)는 성경이 증거하는 하나님의 뜻을 밝히는 것이다. 케리그마가 기초라면 디다케는 건물이다. 이 가르침의 명령을 받은 제자들은 하나님께서 말씀을 보내셨고, 말씀은 육신이 되셨으며, 성령은 이 말씀을 이해시키고, 구원하시는 하나님의 사랑을 땅 끝까지 세상 끝 날까지 모든 민족에게 전파해야하는 소명이 있다.

바이어하우스 박사의 최종저서『그가 보내신 말씀』은 급변하는 20세기 후반기 교회가 신앙과 선교의 기초를 상실해 가는 세속화 시대에 해석학, 실천신학, 성경신학, 조직신학 분야가 포괄적이며 치밀하게 연구되고, 성경이 하나님이 보내신 말씀이라는 것과 그 말씀의 절대성과 귀중성을 다시 한 번 발견할 수 있게 해준다. 그의 책『그가 보내신 말씀』전권은 실로 20세기말 선교신학의 대작이라 하지 않을 수 없다.

이번에 역자의 존경하는 스승 피터 바이어하우스 박사의『그가 보내신 말씀』을 출판하게 됨을 무척 기쁘게 생각하며, 출판을 허락해준 CLC에 진심으로 감사드린다. 역자는 하나님이 보내신 말씀에 관심 있는 모든 탐구자들과 모든 선교관계자들과 신학자들에게 본서를 필독서로 추천한다.

2008년 8월

이동주

서론

본서는[1] 선교신학의 핵심에 관한 저술이다. 그러나 많은 독자들이 우선 놀라게 될 것이다. 그 이유는 이 책이 전문적인 선교신학적 저술의 한계를 뛰어 넘어서 해석학, 조직신학, 교리사, 실천신학의 고전적 분야에서 서술된 책이기 때문이다. 그러므로 본서는 선교신학적 제목에 흥미를 가진 기독교인들을 위한 간접적인 안내가 될 수 있다. 물론 여러 다른 선교신학 책들도 있다. 다른 선교신학 책들도 여러 신학분야의 틀 속에서 교량적 위치에 있다. 그러나 이러한 연구를 위해서는 특별히 본서가 적합하다. 이는 본서가 일반적 신학적 의미에 관한 문제에 집중하였기 때문이다. 성경의 권위가 현대 해석학적 방법들과 다른 인식의 원천들과 의미해석의 도입 앞에서 어떻게 주장 될 수 있겠는가? 이 질문은 오늘날 기독교 사상과 행위의 모든 영역을 관통하고 있고, 상당히 넓게 확산됨으로 인해 교회의 신앙적 위기를 초래하고 있다.

원래 필자는 성경해석학적인 문제에 대해서는 선교신학의 기초적 진술의 틀 안에서 신앙고백을 포함하여 한 단원에서만 다루려고 의도했었다. 그러나 이 소재는 이러한 전제 하에 소제목으로 다루면서 저작상 도치되어버렸다. 성경은 신학적인 인식근거이고, 동시에 선교사역의 중심자료로서, 그 자체가

---

[1] 각주형식은 모든 독자가 동일한 흥미를 가지지 않는 저작상의 날자를 가능한 한 생략하였다. 원서 인용은 미국의 아포코피 형식(Apokopierungs-System)을 따랐다. 각주에는 다만 저자 이름과 출판연도와 페이지 숫자만 기록하였다. 문서의 정확한 정보는 알파벳순으로 기록된 저자명과 출판연도가 기록된 대규모의 참고문헌에 제시되었고, 같은 해에 쓰여진 동일한 제목은 자모순으로 배열하였다.

믿음의 내용이며, 선교의 매개로 형성된 포괄적인 틀이다. 필자는 이 책을 저술해 나가는 동안 성경의 권위를 존중하는 데서 오는 권세와 참 기독교 선교의 존재유무 그리고 교회의 존재유무가 관계된다는 점을 점점 더 확실하게 느꼈다. 필자는 이 시대의 신앙투쟁 속에 개입함으로 말미암아 많은 통찰력을 얻었고, 바로 여기서 모든 것이 근본적으로 훌륭하게 구체화되었고, 그로 인해 내용적 배열이 바뀌게 되었으며 책은 크게 확대되었다.

필자는 지금까지의 선교학에서 이러한 기초신학적 연구가 이루어지지 않았다고 보기 때문에 이 저술의 정당성을 인정한다. 에큐메니칼 운동의 선교신학에 관해서는 세 가지 문제가 역사적으로 연구되었다. 즉 영어권에서 아더 존스톤(Arthur Johnston)의 박사학위 논문인「세계복음화와 하나님의 말씀」(*World Evangelism and the Word of God*, 1974)과, 노워드 이리(Norwald Yri)의「권위 추구」(*The Quest for Authority*, 1978)와, 필자의 제자 마틴 함멜(Martin Hamel)의 박사학위 논문「새로운 에큐메니칼 선교신학의 성경관과 성경 사용」(*Schriftverstärdnis und Schriftgebrauch in der neuen Ökumenischen Missionstheologie*)이다. 이 논문은「성경 – 선교 – 에큐메니」(*Bibel – Missin – Ökumene*, 1993)라는 제목으로 출판되었다. 이 저자들은 지혜롭게 자기들의 한계를 정하고, 해석학적 – 조직신학적 기초와 선교해석학적 전개를 포기하였다. 그러나 그것들은 장기적으로 볼 때 선교학과 선교실천을 위해서 더 포기될 수 없었던 것들이다. 여기에서 문서적인 균열이 두 가지로 설명된다. 첫째로 전통적인 선교운동과 선교신학을 위해서 원칙적으로 성경의 권위가 자명한 것으로 전제된 것이다. 다른 한편으로 후기 현대 과학적 해석과 상황화 신학을 통한 손상이 너무 심각하여 선교학적 전공분야는 이 과제를 다룰 수 없는 것으로 본 것이다. 이는 다만 전공 내부적인 대화로만 극복할 문제였다. 다른 말로 하자면 선교신학자는 아주 숙달된 항변을 요구하는 해석학적 조직신학적 동료들의 연구결과를 필요로 한 것이다. 필자는 이러한 점에 대해서 확신을 가지고 대담하게 행하였다. 지난 40년 간 신학전반에서 지배적이었던 역사비평 연구결과를 가지고 성경의 내용적 일치에 대해서 말한다는 것은 전혀 불가능한 것이었다. 그러나 성경의 일치성은 선교 초기로부터 20세기 중엽까지 모든 성경신학에 자명한 전제였다. 이방인 선교는 이 총체적인 이해에서 근거된 것이다. 위와는 대조적으로 하인리히 발츠(Heinlich Balz)는 유럽선교신학적[2] 시각에서는 신학적으로 그 평가절하 될지는 몰라도 객관적으로 틀림없는 말을 하였다. 그는 누가의 구원사적으로 설명할 때와 통전적인 성경으로 확대해 볼 때(O. Cullmann), 모든 성경적 선교신학자들 시대에는 편집사와 전승사의 징후가 전혀 없었다고[3] 바르게 확언하였다. 이 애석한 상황에서 루드비히 뤼띠(Ludwig Rütti)는 "성경적 조직신학적 소견으로 선교의 특성과 필요성이 개발된 선교신학을 시대에 뒤떨어진 것이라고 설명"하고[4] 그 대신에 그는 그 자신의 항목을 "선교의 세계관계에 대한 질문"으로 선택하였다.

이러한 확신과는 달리 필자는 새로운 선교관을 위해 노력하는 것이 필요하고 또 합당하다고 생각한다. 성경은 그의 역사적 생성과 그 증거자들의 다양성에 의해서 공개적으로 그 자체가 통일적인 완성품으로 이해된다. 이 의도는 적어도 필자의 관심사로 인한 해석학적 시도에 상응한다. 이 해석학적 의도는 필자가 사역하였던 튀빙겐(Tübingen)대학교 개신교 신학부에서 20년 간이나 진행된 것이다.[5] 이것이 결정적인 이유는 아니지만 정확히 말하자면 그것은 나의 저술을 확인하는 계기가 되었다.

이제 나에게 즐거운 관심사는 이러한 계획을 가진 나에게 충고와 격려를 해준 사람들에게 기쁨으로 감사하는 일이다. 필자는 사무적으로, 기술적으로 도운 튀빙겐의 '선교신학과 에큐메니칼 연구소'의 동역자들에게 감사드린다.

---

2) 항상 많이 읽혀지는 George W. Peters가 쓴 교재 『선교적 행위와 성경적 위임』(Missionarisches Handeln und biblischer Auftrag<1977>, 영어원서로는 A Biblical Theology or Mission<1992>)에 관해서 먼저 언급되어야 했다.
3) H. Balz, 1992, 438.
4) L. Rütti, 1972, 12.
5) Hartmut Gese, Vom Sinai zum Zion, München, 1974; Ders., Zur biblischen Theologie, München, 1977; Peter Stuhlmacher, Schrifauslegung auf dem Wege zur biblischen Theologie, Göttingen 1975; M. Deming, Gesamtbiblische Theologien der Gegenwart. Das Verhältnis von AT und NT in der hermeneutischen Diskussion, Stuttgart, 1985.

나의 조교 베르너 노이어(Werner Neuer) 박사는 나의 글을 조직적신학적으로 심사하였고, 기센(Gießen)의 에카트 슈나벨(Eckhard Schnabel) 박사는 신약해석학적으로, 코른탈(Korntal) 교수 도로테아 킬루스(Dorothea Killus)는 성경신학적으로, 마라아 네스텔레(Maria Nestele)는 기술적으로 도와주었다. 잉에 마이어(Enge Mayer)와 필자의 학술조교 안드레아스 하이트(Andreas Heid), 요르크 뭄(Jörg Muhm), 하인리히 오팅어(Heinlich Otinger) 베른하르트 쇼버 라우디엔(Bernhard Schaber Laudien)과 미하엘 베버(Michael Weber), 마르쿠스 베어슈테트(Markus Wehrstedt), 알렉산더 빙클러(Alexander Winkler)는 전문지식을 가지고 자료의 구조와 도서목록 등을 정리해 주었다. 킬루스 부인과 오팅어씨, 베버(Weber)씨는 학술적인 도움으로 상세한 색인을 완성시켜 줌으로써 필자의 저술을 도와주었다.

이 대규모의 저술을 위해 경제적으로 지원해 준 후원자들에게 진심으로 감사드린다. 필자의 튀빙겐과 코른탈의 학생들은 이 선교신학 책이 나올 수 있도록 수강해 준 사람들이었다. 본서를 나의 사랑하는 아내 잉계드(Ingegärd)에게 바친다. 그녀는 그의 고향인 스웨덴의 조용한 공간을 필자에게 선사함으로써 필자는 방해받지 않고 본서를 준비할 수 있었고, 그녀는 언제나 나에게 참고 견딜 수 있도록 격려하였다.

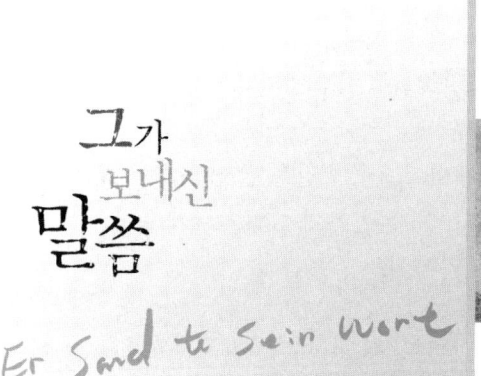

제1장

선교신학적 자료 해명의 필요성

세계선교는 지난 20세기 후반에 교회의식 속에 새롭게 자리 잡았다. 두 가지의 역사적인 충격이 있었다. 그것은 한편으로 세계선교협의회가 1961년 뉴델리에서 세계교회협의회 안에 병합된 것과 많은 사람들이 세상에 대한 교회의 최종적 사명이 선교라는 것을 인식한 것이고,[1] 다른 한편으로 60년대에 세계복음화를 위한 강한 책임감을 각성한 복음주의자들이 새롭게 연합한 것이다.[2] 그것은 여러 차례의 중요한 회의에서 표현되었고, 1974년 로잔(Lausanne)에서 열린 '세계복음화를 위한 국제대회'에서 절정에 이르렀다.[3] 로잔운동은 여러 나라에 새로운 선교의 기쁨을 더하였고 동시에 더 깊은 선교학적 반향을 불러일으키고 전략적 계획과 동역의 의미를 일깨웠다.

1. 현대 선교사상의 위기와 양극화

모순되게도 위 두 가지의 새로운 각성의 교회신학적 상황은 동시에 상반적으로 발전하게 되었다. 이에 따라 어떻게 온 교회가 선교적 책임을 착수할 것

---

1) N. Karlström, 1962, 233–275; L. Newbigin; P. Beyerhaus, 1970, 9–24.
2) F. Laubach, 1972.
3) A. Johnston, 1984.

인가를 여러 곳에서 되풀이하여 질문하였다. 본래 선교란 무엇인가? 지금까지 '선교를 해야 할 것인가'는 '선교가 무엇인가'로 그리고 이 질문의 전위는 다시 두 가지의 근거를 가지게 되었다.

선교운동 측면에서 그것은 1958년 가나에서 열린 제6차 세계선교협의회에서 에큐메니칼 병합에 관한 역사적인 결정으로 시작되었다. 발터 프라이타크(Walter Freitag)이 훌륭하게 묘사한 바와 같이, 바로 이곳에서 '선교' 그 자체가 문제가 된 것이다.[4] 이 대회에서 주로 토론된 것은 제2차 세계대전 후 부권주의 시대 이후에 묘사된 "선교의 위기"라는 표현이다.[5] 세속사적, 선교사적, 신학사적 동기들이 여기서 서로 연관되었다. 한스 베르너 겐지헨(Hans-Werner Gensichen)은 선교의 근거와 목적과 사역의 삼중 위기에 관해서 옳은 말을 하였다.[6] 선교적인 항목은 이 조건들 아래서 계속 변천되었다.

동시에 서양교회 쪽에서는 지금까지의 전통적인 선교관과 조화될 수 없는 신학이 발전되었다. 50년대와 60년대에 현대적 경향들이 새롭게 나타나기 시작했다. 그것은 극단적인 성경비평에 의해서 전통적 신앙의 확신을 심각하게 의문시한 것과[7] 기독교의 기본개념들을 철저히 재해석한 것이었다. 그것은 교회사역을 위한 것과 거리가 먼 결과를 초래했다. 거기에는 어떤 영역도 예외되지 않았는데 특히 선교관에 그러했다. 그 결과 WCC총무는 위와 같은 신학적 추세에 관해서 특별한 흥미를 표명하였다. 제네바는 동시대적 사상을 세계로 옮기는 중심지로 발전하였다. 오래된 교회만이 아니라, 원래 경건주의적 선교사역으로부터 자라난 아프리카, 아시아, 라틴아메리카의 어린 교회들의 선교동기들도 새로운 목적을 위해서 가지게 되는 영적 소용돌이에 빠지게 된 것이다.

여기서 활동하는 "~의 신학들"(Genitiv-Theologien)의 결과로 세속화신학[8]

---

4) W. Freytag, 1961, Bd. 1, 111.
5) P. Beyerhaus, 1987.
6) H.-W. Gensichen, 1971, 27.
7) W. Künneth, 1975, 23-39.
8) F. Gogarten, 1966; A. van Leeuwen, 1966.; H. Cox, 1966.

이 시작되었고, 그것은 1961년 뉴델리의 WCC 총회와 1968년 웁살라의 WCC 총회의 에큐메니칼 분위기를 지배하였다. 이 회의들은 결정적으로 지금까지의 전통을 새로운 선교관들이 되게 하였다.[9] 그후 1966년 제네바에서는 혁명신학[10]이 창안되었다. 그 후 곧 라틴아메리카에서 해방신학[11]이 그리고 신학의 사회비판신학과 비슷한 상황화 신학들이 "민중신학들"(Volkstheologien)이라는 이름으로 기타 대륙에도 현재하게 되었다.[12]

거의 동시에 타종교들에 대한 새로운 흥미는 그들의 신학적 비판과 타종교들과의 대화로 발전되었다. 그와 병행하여 아프리카-아시아의 저자들은 토착화 신학에서 종교-문화적인 통합을 찾으려고 노력하였다.[13] 기본적인 공동 관심사로서 많은 구상들이 이 세상적인 해방을 추구하며, 그 자신을 역사 속에서 행동하는 주인공으로 인식하고 인간의 자기실현에 관한 새 시대적인 요구를 명백하게 들어내었다.

이러한 영적 운동의 돌진으로 인해 국제선교운동들 내부에서는 당황하게 되었고 논쟁들이 일어나게 되었다. 최초의 기본 위기는 1961-1974년 사이에 선교운동들의 논쟁을 거쳐[14] 서로 다른 신학으로 그리고 서로 다른 조직으로 양분된 것이다. 이 에큐메니칼 드라마의 각 국면들과 사건들은 무수한 저술들을 통해서 제시되었다. 일부는 필자에 의해서도 제시되었다. 그러므로 여기서는 양분된 이후의 제네바의 선교 에큐메니와 복음주의 운동에 관해서 규명하는 것으로 충분하다. 그들은 선교와 전도에 대한 서로 다른 이해를 가지고 그들의 국제대회를 개최하였다. 그들은 1973년 방콕[15]과 1974년 로잔에서

---

9) 비교: K. Bockmühl, 1974; G. Vicedom, 1969; P. Beyerhaus, 1970.
10) H. Krüger, 1968, 84-99.
11) G. Gutierrez, 1984.
12) P. Beyerhaus, 1986.
13) 다음의 발행물들을 보라. *Theologische Stimmen aus Asien, Africa und Lateinamerika*, Hg. v. P. Beyerhaus/G. Rosenkranz/G. Vicedom/H.-W. Gensichen, 1965-1968, 또한 1981년부터 발행한 제3세계신학, hg. v. Institut Mission(Aachen)을 보라.
14) D. McGavran, 1977.
15) *Das Heil der Welt Heute*, 1973, hg. v. Ph. A. Potter; P. Beyerhaus, 1973; Th. Wieser(Hg.), 1973.

각각 국제대회를 개최하였고, 1910년 에딘버러의 역사적인 세계선교대회의 70주년 기념대회를 1980년에 멜버른(Melbourne)과 파타야(Pattaya)에서 그리고 1989년 샌 안토니오와 마닐라에서 각각 개최하였다.

2. 선교대회 선언문들의 의미

변화된 세계에서 기독교선교의 제시 및 근거에 대한 내적 불확실성 극복을 위해서 그리고 왜곡된 현대 성경관의 방어를 위해 씨름하면서 60년대와 70년대에 복음주의측이 발표한 선교신학적 원리에 관한 선언문들은 의미있는 것이다. 그들 가운데서 표현된 네 가지 관심사는 (1) 성경적 선교동기 강조점의 이동에 대한 하나의 경고음으로서, (2) 고전적인 선교동기의 신학적 기본입장을 명제와 반명제로 강화하는 고백적인 행위로서, (3) 세계선교의 새로운 도전적인 입장에 관계된 전략제시로서, (4) 확실한 성경적 근거로 여전히 지속되는 사명에 대한 재헌신을 위한 영적인 경고로서 표현되었다.

특별한 국제적 파급효과가 이러한 복음주의 내지 신앙고백적인 진영에서 가결된 세 가지 선언문들로부터 일어났다.

1) 휘튼 선언문[16]은 1966년 4월 해외선교를 위한 협의회의 최종표명이었다[17]

이 문서를 근거로 북미 복음주의 선교단체인 국제해외선교회(International Foreign Mission Association)와 복음주의해외선교회(Evangelical Foreign Missions Association)가 연합하였다. 이 두 가지 조직체의 연합은 마비되어 가는 "공회

---

16) *Wheaton-Erkärung*, 1966, deutsch hg. v. P. Beyerhaus, 1970.
17) 비교: den Berichtsband des Wheaton-Kongresses: *The Church's World-Wide Mission*, 1966.

적"(Konziliaren)[18] 운동에 대비하여 고전적 부흥을 일으켰던 선교관의 재활성화를 위해 함께 사역하기 위해서였다.

2) 프랑크푸르트 선언문

1970년 3월 4일 독일에서 신앙고백신학운동을 위한 신학회(Theologische Konvent der Bekenntnisbewegung)[19]는 1968년 웁살라(Uppsala)대회의 세속화된 에큐메니칼 선교관의 선교 근거의 위기에 대하여 '프랑크푸르트 선언문'(Frankfurt Erklärung)을 발표하였다. 그것은 찬성과 반대의 세계적인 반향을 불러 일으켰다.[20] 프랑크푸르트 집회는 신학적으로 1990년 샌 안토니오(San Antonio)와 마닐라(manila) 선교대회에서 더 심오하게 발전하였다.[21]

3) 로잔언약(Lansanne Verpflichtung)

로잔언약은 1974년 7월에 열린 세계선교를 위한 국제대회에서 복음을 전하려는 공동목표를 위해 엄숙하게 서약한 기본원칙(magna charta)을 표명한 것이다. 이 문서의 개별적 주제는 15조항으로 되어 있고 대조보다는 종합적인 명제로 설명되었다. 이에 관해서는 국제협의회편에서 후론될 것이다.[22] 1989년 필리핀에서 열린 로잔II에서 발표된 마닐라 선언문(Manila-

---

18) *Conciliar*는 *Council*에서 파생된 미국적 개념으로써 제네바 에큐메니칼을 의미한다.
19) *Weg und Zeugnis*, 1980, 30–35. 202–203.; U. Asendorf/F.–W. Künneth, 1979. 9–20. ; F. Jung, 1992, 88–154. 180–200.
20) 프랑크푸르트선언문은 1987년 출판된 P. Beyerhaus의 *Krise and Neuaufbau der Weltmission, Vorträge, Aufsätze und Dokumente*, VLM, Bad Liebenzell, 3–9. 10–17에 실려 있다.; 영어번역은 McGavran의 서론과 함께 미국 잡지 Christian Today지 (1970년 4월)에 가장 먼저 실렸다.
21) *Diakrisis*, 11(2/1990), 2–10에 게재됨
22) 여기에는 Pasadena–Konsultation zum "Prinzip der homogenen Einheit"(1977), die Willowbank–Konsultation über "Evangelium und Kultur"(1978), die High Leigh–konsultation über den "einfachen Lebensstil"(1979), die Konsultation über Weltevangelisation in Pattaya(1980), die Konsultation über das "Verhältnis zwischen Evangelisation und sozialer Verantwortung" in Grand Rapids(1982), der Internationale Kongreß über das "Gebet

Manifest)²³⁾에서도 근본적으로 로잔언약을 상세하게 확언하고 현실화하였다.

복음주의적 선언문들은 무수한 선교회들, 교회들, 고백적, 지역적 집회들이 위와 상응한 문서들로 그들의 고유한 선교관을 발굴한 것들이다.²⁴⁾ 그 예로서 1990년 브라질의 꾸리티바(Curitiba)에서 개최한 루터교 세계연맹(Lutherischer Weltbund)에서 발표한 선교선언문이 있다.²⁵⁾

4) 로마 가톨릭의 노력

로마 가톨릭 측에서도 50년대 이후에 새로운 상황에 접하면서 지금까지의 동기, 법규, 전략적 실제에 관한 질문들에 대해서 그 자신의 선교관을 설명하고자 노력하였다. 그것은 무엇보다도 세계선교와 전도를 위한 세 가지 문서에 구체적으로 설명되었다. 그것은 첫째로 제2바티칸 공의회의 선교훈령인 "Ad Gentes"²⁶⁾이다. 그 진술들은 선교학적 반향을 통해서 그리고 또한 다른 공의회 문서들을 통해서 특히 교회 교의헌장인 "Lumen Gentium"과 목회헌장인 "Gandium et Spes"를 통해서 설명되고 있다. 둘째로 로마 가톨릭 선교신학 문서는 교황 요한 바오로 IV세가 1975년 로마 주교회의에 봉납했던 사도적 경고인 "Evangelii Nuntiandi"²⁷⁾라는 세계선교에 관한 문서이다. 이 선언문은 동시에 1990년 12월에 교황 요한 바오로 II세가 1973년 방콕 대회와 1974년 로잔 대회에서 얻은 결론을 선교공문(Mission-Enzyklika)의 소제목 "Redemptoris

---

in der Weltevangelisation" in Seoul(1984), die Konsultation über den "Heiligen Geist in der Weltevangelisation" in Oslo(1985) und die Konsultation über die "Bekehrung" in Hongkong(1988).
23) Das Manifest von Manila(1989), in *Evangelisation mit Leidenschaft*, 1990, 329-349.
24) 모든 선언문들을 다 편집한 문헌은 아직 나오지 않았다. *New Directions in Mission and Evangelism*(1992)에서 선택적인 편집을 하였다.
25) *Gottes Mission als gemeinsame Aufgabe* 1989.
26) *KKK(Kleines Konzilskompendium)*, 1974, 599-653에 해석과 함께 수록되었다.
27) Apostolisches Schreiben Papst pauls VI. über die Evangelisation in der Welt von heute, 1979, in *Verlautbarungen des Apostolischen Stuhls Nr. 2*.

Missio"[28])에 제시하고 있다. 이 문서에는 전통적으로 수십 년 전의 교황 칙서들과 지금까지의 교황들의 선교공문들이 포괄적으로 들어 있다.[29] 이 문서의 목적은 이제 타종교들과의 대화 시대로 인해 선교시대를 벗어나게 되었다고 하는 만연된 견해 앞에서 선교사명의 지속적인 유효함을 주장한 것이다.

이 가톨릭 문서 역시 복음주의 선교학을 위해서 주목할 만한 가치가 있다. 특히 앞에 언급한 두 개의 선언문들은 현대의 왜곡 발전된 그들의 처방 때문에 그리고 포기할 수 없는 성경적 선교론의 기본원리에 대한 새로운 확증 때문에 복음주의 선교학자들에 대해 놀랍게 동의하고 있는 것이다.[30]

로잔언약과 명백하게 병행되는 이 "Evangelii Nuntiandi"의 경고(Exortation)로 로잔언약을 기초한 대표자 존 W. 스토트(J. R. W. Stott)는 그의 동지인 바티칸 공동총무(Einheitssekretariat) 바실 미킹(Msqr. Basil Meeking)과 함께 선교에 대한 복음주의와 로마 가톨릭과의 대화(ERCOM)를 계획하게 되었다. 그는 1977년 4월에 베니스에서 초교파적인 대화를 시작하였고, 이 대화는 1984년까지 이어졌다. 이 대화로 인해 복음주의와 가톨릭의 구원관과 선교관 사이에 신학적인 공통점과 차이점이 새롭게 발견되었고 그것은 최종적인 보고서에 제시되었다.[31]

WCC쪽에서 1961년 세계선교와 복음전도위원회(KWME)가 결정된 해로부터 첫 20년 간은 비교될 만한 문서가 나타나지 않았다. 오히려 그와는 반대로 그 이후 제네바에서 소집한 회의들과 보고서들은 에큐메니칼 선교관의 철저한 변화로 인하여 복음주의의 경고음을 근원적으로 야기시켰다. 에큐메니칼

---

28) Enzyklika Redemptoris Missio Seiner Heiligkeit Papst Johannes Pauls II. *über die fortdauernde Gültigkeit des missionarischen Auftrages*(1990).
29) *Päpstliche Rundschreiben über die Mission von Leo XIII. bis Johannes XXIII.*, hg. v. Joseph glazyk. Vier-Türme-Verlag, Abtei Münsterschwarzach, 1961.
30) 일 예로 복음주의 교회성장운동의 아버지 Donald McGavran은 1981년 그의 동료 Arthur Glasser와 함께 저술한 *Contemporary Theology of Mission*에 훈령 Ad Gentes의 전문을 싣고, "Vatikan II는 성경에 기록된 대로 교회의 선교사명에 관해 제시하고 있다"고 설명하고 있다. (A. Glasser/D. McGavran, 1983, 182).
31) J. Stott/B. Meeking, 1987.

회의들의 작업 보고서들과 분과 보고서들도 선교신학적 기본의미에 있어서 마찬가지다. 그것은 특히 1968년 웁살라 대회의 제 2 분과를 위한 강연초안에도 해당된다. "파송에 대한 균열"[32] 은 즉 철저한 세속화와 혁명과 '대화 신학'들의 조짐이었다. 1973년 방콕(Bangkok),[33] 1980년 멜버른(Melbourne)[34] 그리고 1989년의 샌 안토니오(San Antonio)의[35] 에큐메니칼 선교보고서들의 분과 보고서들과 결의서들도 역시 참작할 만한 자료들이다.

1974년 로잔의 주목할 만한 사건은 복음주의운동이 예기치 못한 활기를 띠자 제네바 선교국이 그들의 선교학적 관심을 이전보다 더 진지하게 받아들이게 된 것이다. 분리된 복음주의 선교력을 에큐메니칼 운동 속에 포괄시키고자 하여 당시(1972-1984년) 세계선교와 복음전도위원회(KWME)의 회장이었던 에밀리오 카스트로(Emilio Castro)는 선교신학적 원리 설명서를 준비할 계획을 세웠다. 복음주의적인 관심을 그 안에 포함하여 뉴델리 회의 이래로 발전했던 WCC 선교관이 묘사되었다. 이 문서는 "선교와 복음전도"(하나의 에큐메니칼 선언문, "Mission und Evangelisation, Eine ökumenische Erklärung" 원래는 Bekräftigung으로 영어로는 Affirmation)로 묘사되었다. 이 문서는 세계선교협의회(IMR)와 WCC가 병합된 후 21년이 되자 1982년 제네바 선교위원회가 이 해를 신학적인 성년(theologische Volljährigkeit)으로 맞이하여 작성된 것이다.[36] 이 문서 안에는 중요한 구원론적, 기독론적 고백들과 1974년 로잔대회 이래 재촉 받은 몇 개의 선교 전략적인 목적이 받아 들여졌기 때문에 복음주의 쪽에서도 약간의 찬성이 일어났다. 그러나 지금까지 대립적으로 발전한 에큐메니칼과 복음주의의 양극화된 선교관은 이 문서에서 극복하지 못하였다. 양쪽의 시각은 오히려 자유스럽게 괄호 속에 집어넣고 상반된 양립적인 묘사 – 이것은 에큐메니칼 서류들의 독특성이다 – 을 통해서 그들의 대립성을 감추었다.

---

32) *Sektions-Entwürfe*, 1968, 29-53.
33) *Das Heil der Welt heute*, 1973.
34) *Your Kingdom Come*, 1989.
35) *Dein Wille geschehe*, 1989.
36) *Mission und Evangelisation. eine ökumenische Erklärung*, 1982, 3.

여기에서 그들은 양쪽의 시각을 포괄하여 동일한 복음으로 증명하고자 하였기 때문에 양쪽의 성경적 선교관의 토대에 관한 깊은 신학적 성찰은 간과되었다. 그러나 이러한 증명은 논쟁되고 있는 새로운 "에큐메니칼 해석학"[37]의 원리들에 대해서 우선 대화상대자들에게 이해될 수 있어야 했다. 1982년도 선언문의 해결되지 못한 이 불투명성 때문에 선교사역의 실천을 위한 행정규정은 이전과 다름없이 아주 대립적인 결과로 남아있게 되었다. 이 문제는 노골적으로 1989년 산티아고에서 개최한 제10차 에큐메니칼 선교대회에서 표출되었다. 즉 데이비드 보쉬(David Bosch)는 네 개의 분과 모임 중에서 첫 번째 보고서인 "살아 계신 하나님에게로의 회심"에 관해 준비하고 1982년 에큐메니칼 선언문의 복음주의적인 쪽에서 풍성한 발표를 하였다.[38] 이에 반해 특히 제2분과의 보고서는 현저한 차이를 보였다. 그 보고서 "고난과 투쟁에의 참여"에서는 전적으로 방콕과 멜버른 대회의 정치적 선교신학의 노선을 따랐다.[39] 선교신학적인 혼란과 불일치가 에큐메니칼 현장에서 전혀 극복되지 않았다는 것이 여기에서 증명되었다. 1975년 나이로비(Nairobi) 총회로부터 1989년 샌 안토니오(San Antonio)[40] 복음주의 서신들과 1991년 캔버라(Canberra)[41] 총회에 이르기까지 많은 에큐메니칼주의자들과 복음주의자들은 여러 차례에 걸쳐 세계 기독교 대 조류들의 선교관의 일치점을 추구하였다. 그 일치점은 실상이기보다는 하나의 경건한 욕구였다.

---

37) So Bischof John Reid, 1980, 476.-Vgl. auch die Dissertation von M. Hamel 1993, 2-5, 238-284.
38) *Dein Wille Geschehe*, 1989, 134-148.
39) *Ebd.*, 149-165.
40) 복음주의적 관심을 대변하고 있는 San Antonio 세계선교대회 참가자들의 편지와 인사말은 마닐라 세계복음화를 위한 국제대회(Lausanne II)를 향한 것이다. in *Dein Wille geschehe*, 276-282.
41) "Ein Brief von Teilnehmern, die gemeinsam evangelicalen Perspektiven vertreten, an die Kirchen und Christen in aller Welt", in *Canberra*, 1991, 128-132.

3. 계속되는 대립

세계 기독교 선교계획들 사이에는 깊은 골이 생겼다. 그 결과로 두 개의 선교신학적 분석들이 각각 독립적으로 행해졌다. 그 하나는 1979년 본(Bonn)대학교 가톨릭 선교신학자 토마스 크람(Thomas Kramm)의 박사학위논문 "선교의 논거를 위한 신학적 모델분석과 검증"이다.[42] 크람은 두 가지의 매력 있는 세력들을 제시하였다. 그것들은 초고백적인 개신교 선교관과 가톨릭 선교관의 양극화이다. 그 대립은 한편으로 "구원사적-교회론적인 모델"로써 교회와 세상이 명백하게 분리된 배타적이고 근본적으로 내세 지향적인 구원관이고, 다른 한편으로 "역사적-종말적 모델"로서 세속사와 구원사의 결합을 통하여 근본적으로 진보적이고 세속적으로 실현하자는 구원관이다.

이와 매우 비슷한 자료가 두 복음주의 선교학자 도날드 맥가브란(Donald McGavran)과 아더 글래서(Arthur Glasser)의 "현대 선교신학"(Contemporary Theologies of Mission)에[43] 있다. 그것은 당대의 선교신학사상을 분석한 책이다. 그들은 네 가지 영향력 있는 주요 형태를 제시했다. 그 중 둘씩은 매우 서로 근접해 있고, 그 둘의 일치 내용은 다른 두 개에 대립해 있다. 그 공통적인 한쪽은 복음주의와 로마 가톨릭 선교신학이고, 그 중 후자는 무엇보다도 선교훈련 Ad Gentes의 내용이다. 그와 대치하여 뉴델리에서 개최된 제3차 WCC 총회 이래 "공회적"(konziliare, 즉 제네바 에큐메니칼) 선교신학과 그와 비슷한 라틴아메리카의 해방신학이다. 그 저자들은 두 첫 번째의 방향을 고전적 선교실재의 성경적-신학적 자명성의 연속으로 보았다. 그들은 다른 한쪽의 방향을 모든 기독교선교 전통과는 신학적으로 단절된 구상으로 인하여 "새로운 선교"(New Mission)라고 칭하였다.

글래서와 맥가브란의 관찰은 정확하다. 그러나 그들의 시각은 그 이상의 구별이 매우 필요하다. 즉 한편으로 복음주의 선교신학은 이전 1961년 뉴델

---

42) Th. Kramm, 1979.
43) A. Glasser/D. McGavran, 1983.

리와 1973년 방콕의 에큐메니칼 선교적 도전에 함께 대항했던 1966년의 휘튼대회와 1974년 로잔대회의 복음주의 선교운동처럼 서로 일치하지 않는다는 점이다.[44] 그동안 여러 가지 복음주의 선교신학이 생긴 것이다. 그들은 이따금 그것을 "극단적 복음주의"라고 칭한다 - 이들은 공회적(konziliare)요소 내지 해방신학적 선교사상을 받아들였다. 다른 편으로 로마 가톨릭적 입장 역시 통채로(monolithischen Block) 제시되었다. 로마 가톨릭 선교신학은 하나의 배타적인 모습으로서 근본적으로 고전적 가톨릭 전통을 이어 받아 위에서 언급한 Ad Gentes와 Evangelii Nuntiandi의 두 가지 성명서를 규범적으로 정리하였다.[45] 이러한 고찰은 기존적인 사실을 오직 단편적으로만 본 것이다. 오히려 실상은 이미 언급한 가톨릭의 권위 있는 공고들이 이끌어 가게 한 가톨릭 선교신학자들의 적은 한 부분일 뿐이다. 이것은 라너학파(Rahner-Schule)의 보편적 구원론적 요소와(이는 교황 요한 바울 2세와는 다른 점이다)[46] 가톨릭 선교학에서 라틴아메리카적 해방신학의 사회 - 정치적 선동으로 입증된 것이다. 이것은 공문서로 알려진 위의 두 가지 로마 가톨릭 문서보다 더 영향력이 큰 것이다. 그러므로 글래서와 맥가브란이 보인 대조는 이 두 진영에 의해서 사실상 정반대로 진행된 것이다.

위에서 언급한 진보적 - 가톨릭 측과 보수적 - 복음주의 양측 연구에 있어서 그 비판들의 일치는 어떤 경우라도 놀라운 것이다. 양측은 거침없이 오늘날의 모든 교회와 종파들의 선교관들과 정교회의 선교관까지[47] 포괄적으로 제시하였다. 중요한 것은 그들의 신학적 양극화에 관한 관찰의 일치이다. 그것은 선교적 행동을 위한 그리고 현재 세계문제의 해결을 위한 유능한 결론의 양극화이다. 이 서로 다른 결론들은 광범위하게 확대되어 위에 제시된 양쪽에 관심을 기울여, 그 반대쪽을 근본적으로 문제 삼아서, 오늘의 세계 실제

---

44) 비교: J. Jongeneel(1995, 155) erklärt: "[…] ebenso wie die Ökumeniker bilden auch die Evangelikalen keinen monolitischen Block."
45) 비교: hierzu J. Dörmann, 1988, 111ß125.
46) 비교: J. Dörmann, Bd. 1, 1990; 2/1, 1992; u. 2/2, 1994.
47) I. Bria, 1980 u. 1986; A. Keshishian, 1992.

문제를 극복하기 위한 중요성을 부정하거나 성경적 신학적 합법성에 관해 논쟁한다.

이렇게 나타난 대립은 물론 불가피하다고 느낀다. 그리고 항상 다시금 서로 조정하고자하는 노력을 야기한다. 특히 복음주의 측에서 때때로 이를 다만 구두선교와 사회적 참여의 두 가지 총체적인 선교사명 중 비중의 차이일 뿐이라는 생각으로 기울어졌다.[48]

이 두 선교신학적 사고구조들 사이의 대립은 다만 상대적이고 매우 실제적인 문제를 의미하는 듯하다. 그래서 그것은 존 스토트가 1968년 웁살라 대회를 돌아보며 제시한 선교형식인 복음전파와 봉사(Verkündigung+Dienst)의 의미로 실천적 중간방법(via media)을 통해 평균화될 듯하였다.[49]

그러나 이러한 전제가 지금까지의 조정 안에 의해서 해결될 수 없었던 것은 이 대립이 근본주의 신학에 근거하여 더 깊은 곳에 놓였기 때문이다. 이 양극단적 입장에 있는 변호인들은 필자가 여러 가지 분석들을 통해 제시했던 바와 같이,[50] 그들의 출발점이 이미 초월과 내재의 서로 다른 인식론적 조항을 주장하고 있는 것이다. 그것은 모든 신학적 개념들을 – 신학의 중심 내용인 신관에 이르기까지 – 새로운 것으로 채우는 결과를 초래한 것이다.

그래서 이제 우리는 선교신학적 근거를 설명할 긴급한 결정적인 논거에 부딪히게 될 것이다. 이 긴장을 야기한 에큐메니칼 상황은 세계교회협의회 내에서 터져 나온 대립성을 깊이 있고 날카롭게 파악하고 신학적으로 처리할 것을 일깨웠다. 단순한 실제적인 조정안은 우리를 더 이상 도울 수 없다. 그것은 근시안 적이기 때문이다. 우리는 오늘날 모든 신학적 원리의 불확실성에 접하였고, 세계의 대 위기에 접하였다. 그러므로 세워진 선교사명이란 지금까지 추구하였던 정통이론(Orthodoxic)이 정통실천(Orthopraxis)으로 대체된 것이고, 그것은 즉 '바른 신앙'이 '바른 행위'로 대체된 것이다.

---

48) V. Samuel, 1989, u.a..
49) J. Stott, 1968, 39.
50) 비교: P. Beyerhaus, 1981, insbesondere 39–71 u. Ders. 1992.

이것은 선교에서도 신학적 논리로 설득력 있게 왜곡 선택한 항목으로서 마비와 이질화 마침내는 자멸로 이끄는 것이다(51).[51]

4. 규범적이고 통합적인 선교관의 추구

다른 한편으로 본래 성경적 방향이긴 하지만 역사적으로 인지되지 않는 협착성, 편협성, 부분적 이질화에 빠진 선교관이 있다. 이러한 선교운동은 그 사명을 완수하기가 어렵다. 이러한 보수적 선교관은 그 불충분성 때문에 본의는 아니지만 선교학적으로 반대편의 구상을 유발한다. 이 안에서 지금까지 유념하지 못했던 부분적인 진리가 – 그 편협성으로 인해 – 하나의 이단적 선교관의 핵심에 포함된다. 우리가 이단들을 교회의 미불된 계산서들에 비교한다면, 선교학적인 이단 역시 원래 합법적 근거를 가진 선교관 내부의 신학적 결핍의 결과일 수 있다. 이런 경우 신학적으로 왜곡된 선교관을 가지고 우리에게 충돌을 강요해온다. 교회가 등한시했던 점을 발견함으로써 그들 안에 있는 어떤 진리의 요소(Wahrheitselement)를 가지고 그들의 독특한 생각을 성경적으로 새롭게 포함시키는 것이다.

그 외에도 현재의 선교실제는 우리에게 우리의 선교론이 그들의 생산력과 능력을 시험하고 경우에 따라서는 교정하도록 여러 동기를 부여한다.

그 첫째는 자매 교회들과의 교회연합적인(ökumenischen) 만남이다. 비록 그것은 보통 같은 전제들을 가지고 생겨났지만, 그들의 역사적인 인도됨과 그들에게 주어진 은사들(Charismen)로 말미암아 가끔 합법적인 다른 시각의 기독교 선교관의 발견과 전개에 도달한다. 이러한 만남은 성경적 진리를 위한

---

51) 마지막으로 WCC 공동책임자들과 선교부에서 한 번도 거부한 일이 없는 Barbados–선언문이 있다. "인디안들의 해방을 위해서"(원어로 For the liberation of the Indians, 1971)에는 놀라운 예가 있다. 그 안에는 즉 민속학적인 동기로 그리고 선교에 관해서 사안에 적합하지 않게 파괴적인 비판을 가하였다. "(라틴아메리카) 인디안 주민을 위해서 그리고 교회자신의 도덕적 완성을 위해서 최고의 방법은 모든 선교사역을 중지하는 것이다"(*Ibid*., 280).

공동 노력의 과정에서 그리고 신적 계시의 왕궁에 아직도 숨겨져 있는 보화를 함께 재발견하게 한다. 그 일 예로 통합된 "남인도교회"(1947) 형성을 위한 연합행위를 들 수 있다. 그들은 "평화를 위한 타협이 아니라 진리를 위한 포용이다"라는 표어 아래 서 있었다.[52] 최근에 필자는 수십 년간 많은 교회들이 선교신학적 사상으로 받아들인 교회의 선교적 존재의 초교파적인 재발견과 선교의 삼위일체적인 근거와 그의 구속사적 목표설립에 관해서 생각하고 있다.

둘째는 선교실제에서 얻을 수 있는 열매가 약속된 선교전략들을 새롭게 발견하는 것이다. 이것들은 물론 기독교의 영적 포괄성의 위험에 관해서 깊이 생각하지 않은 인도인들의 입장과는 다른 신학적인 통찰이 필요한 것들이다. 사람들은 보통 동질단위의 원리(Homogeneous Unit Principle)에 대해서 생각한다. 이는 자발적으로 성장한 신생교회들을 위한 사회학적 연결망의 중요성을 의미하는 것이다. 그러나 이 신생교회들은 - 유일한 원리로 제기하자면 - 인종적인 칩거로 오도될 수 도 있다.[53] 선교신학과 선교실제가 분리되어 표류하는 것은 양측을 위해서 다 비운이다.

셋째는 일부는 방해물로 일부는 깨우침으로 경험된 선교운동의 역사적인 도전들이 수긍될 수 있다는 것이다. 그 도전들은 이따금 지금까지의 파송관과 이에 근거한 선교방법들을 교정하는 것이다. 그것이 입증되는 점은 제 3세계의 사회 정치적 변혁이 분명히 복음을 위한 민족단위의 수용성과 결정적인 관계에 있다는 것이다. 그것은 우리가 복음전파와 사회적 책임 내지 구원과 해방 사이의 내적 관계들을 새로이 숙고하게 한다.[54]

선교신학은 두 가지의 대립된 시험들로부터 보호되어야 한다. 그 사명은

---

52) "우리는 평화 때문에 타협하기를 원하는 것이 아니라 오히려 진리 때문에 포괄적으로 보는 것이다." 이 문장은 이미 *Tranquebar-Konsultation*(1919) 강령에 기록되어 있다, vgl. B. Sundkler, 1954, 102.
53) 비교: hierzu den Bericht der Pasadena-Konsultation über das "Prinzip der homogenen Einheit", in *Lausanne geht weiter*, 1980, insbesondere, 15-19.
54) 비교: hierzu T. Housten, 1990, 107-116.

단순히 당대적 역사적 도전들에 의해서 받은 새로운 구상을 설계하도록 되어있지 않다. 그 예가 에큐메니칼 공회적 추세이다(die ökumenisch-konziliare Tendenz). 역으로 조상들에게 대한 신의로 알려지고 과거에 인정받던 입장들을 단순히 반복하는 것으로는 충분하지 않다 - 그 예가 보수적 복음주의적 추세이다(die konservative-evangelikale Tendenz).

선교신학은 오히려 규범적이고도 응용적인 사명을 가지고 있다. 그것은 모든 기독교 사상과 행위에 돌이킬 수 없이 규정된 원천으로부터 선교행위를 위한 척도로 지정된 것이다. 이를 위한 근본적인 전제는 항상 성경의 증거를 새롭게 듣는 것이다. 하나의 진실한 선교적 부흥은 오직 성경적 신학의 부흥과 그 사용을 기대하는데 있다.[55] 이렇게 얻은 신학적 척도는 동시에 위에서 언급한 오늘날의 도전들과도 관련된다. 그것은 하나님의 인도하심을 주목하는 선교체험가(인본주의 학문적 통찰을 가치 있는 보조로 제시할 수 있다)와 세속사적 권세와의 충돌이다.

이 기독교 선교책임자들은 지금까지 여러 가지 다른 척도를 가지고 수행하였다. 사람들은 위에서 다룬 복음주의적(또한 에큐메니칼 공회적) 선언문들을 로마 가톨릭적인 것과 비교한다. 그러므로 후자는 신학적으로 그리고 실제적으로 무게를 측정하는 것이 눈에 띈다. 그러나 전자는 보다 비상 경보와 선구자적 등대의 성격을 가지고 있다. 그들은 대부분 아주 짧은 기간 내에 형성되었고 성경적 근거들을 부가하여 사역하였다. 로잔언약 본문이 바로 그 대회 이후에 소집한 측에 의해서 해석되었다.[56] 그 개체적 양상은 그것을 넘어서 신학적으로 그리고 선교학적으로 이미 언급한 협의들과의 관계에서 자세히 설명되었고 그 보고서들이 표명되었다. 1974년 로잔대회 이후에 뒤따른 클라우스 복뮐(Klaus Bockmühl)에 의해 간파된 두 개의 판결은 아직까지 유효하다.

---

55) D. McGavran (1983, 126) nennt diese Aufgabe: "making doctrines missionarily effective and biblically correct."
56) J. Stott, 1980, 113-200; R. Padella(Hg.), 1977.

그 사명은 물론 휘튼, 프랑크푸르트, 베를린의 복음주의 성명서들 이후에 계속 남아있다.[57] 그 사명은 에큐메니칼의 새로운 선교관과 신앙관 그리고 긍정적인 성경적 선교관의 반명제를 넘어선 것이다.[58]

세계 복음주의를 위한 로잔대회의 온화한 태도와 부드럽고 신중한 언약의 본문은 물론 에큐메니칼 세계관의 문제를 제거하지 못했다. 아마 그것은 이 정표로 제시된 것이며 그것은 신학적 기초의 확증과 발전 후에 통보한 강령일 것이다.[59]

여기에 진술한 것과 또 필자가 평가한 관심사가 본서를 쓰게된 결정적인 동기다. 필자 자신은 1970년과 1990년의 프랑크푸르트 선언문들의 초안을 떠맡았고, 1974년 로잔언약을 편집하였다. 필자는 1968년 웁살라대회에서 개시한 지금까지 발전된 새로운 제네바 에큐메니칼 선교관과 논쟁적인 선교신학들을 발표하였다. 필자는 또한 로잔언약의 주제로 소집되는 거의 대부분의 협의에 참여하였다.[60] 본서의 관심사는 대부분의 논쟁적인 신학이 유발했던 요약된 입장표명들을 이제 하나의 간추린 선교의 성경신학적 근거로 발전시킨 것이다. 동시에 이를 통해서 이러한 변증적인 이의가 필요하다는 것을 밝히고, 이 입장이 더 이해되기를 바라는 것이다. 필자의 입장은 구속사적인 독일 복음주의 선교신학적 전통에 서 있다. 이것은 습득에 뜻을 두고 시작한 것이지만 오늘날 발생한 다른 입장들에 대한 조심스러운 논쟁이 되었다. 동시에 필자는 성경적 사명을 위한 복음의 사자들이 오늘날 세상에서 고무되기를 희망한다.

아래 세 가지 관심사는 본서의 근본구조와 일치한다. 제1부에서는 사도시대로부터 20세기 중엽까지 기독교 선교는 성경적 계시에 의한 구속사적인 통

---

57) 1974년 그리스도 승천일에 첫 번째 유럽의 고백협의회(Bekenntniskongreß)를 마치는 날 Berlin 에큐메니칼 선언문 *"Freiheit und Gemeinschaft in Christus"*가 작성되었다. abgedruckt in *Reich Gottes oder Weltgemeinschaft*, 16-41.
58) K. Bochmühl, 1974, 162.
59) *Ebd.*, 180.
60) 각주 22번에 지칭하고 있는 여덟까지 협의회들 중에 필자는 세 협의회(Pasadena, 1977, High Leigh, 1979 und Oslo, 1985)에 부재하였다.

일적 시각에 근거하였고, 이를 실행함에 있어서 그 확실함을 경험하였다. 제2부에서는 – 불가피한 신학적 논쟁에서 – 먼저(5장과 6장) 선교신학과 선교실제에서 황폐하게 된 결과에 관해 설명하게 된다. 그것은 개혁신학적 형식원리(Formalprizip)인 "오직 성경으로만"(Sola – Scriptura)을 포기함으로써 생겨난 것이다. 현대 해석학적 구상의 전제와 방법에 관한 논쟁은 제7장에서 제시된다. 그것은 선교를 위해서 설득력 있는 기본전제가 영적 – 구원사적 성경이해를 통해서 얼마나 발견될 수 있는가에 관한 것이다. 마지막으로 제3부는 이 토대에서 참 선교의 전파 내용과 형태가 보편적으로 어떻게 성경의 권위에 의해 규정되었고, 그 설득능력과 구출능력을 어떻게 얻는지에 관해서 보여주고 있다.

Er Sandte Sein Wort

제1부

선교의 책
– 성경

제2장
성경의 선교적 기초

성경과 선교는 본질적으로 그리고 변증적으로 서로 연관되어 있다. 성경은 하나님의 자기계시의 정본으로서 그 근원은 자기를 삼위일체로 이 세상에 계시하신 구원사적인 하나님의 선교(Missio Dei)에 있다. 성경은 이 사건을 증언하고 그 의미를 알리고 있는 것이다(비교: 요 3:16). 역으로 선교는 성경에 계시된 하나님의 구원계획을 세상에 실현하는 일에 참여하는 것이다. 동시에 선교는 성경의 기초와 이유와 내용과 목적인 모든 민족의 구원을 위해 보내심을 받은 예수 그리스도를 증거 하는 것이다(눅 24:45-47). 그러므로 한편으로 선교는 오직 성경을 이해하기 위한 해석학적인 열쇠이고, 다른 한편으로 성경은 모든 선교실천의 명령이며 도구이다. 우리의 본래적인 주제는 주관적으로나 객관적으로나 성경은 선교의 책이라는 것이다. 이는 성경과 선교가 내적으로 하나로 결합되어 있기 때문이다. 모든 선교의 중심에는 하나님의 선교(Missio Dei)가 있고 교회의 선교(Missio Ecclesiae)의 핵심은 성경에 계시된 말씀을 모든 민족에게 전하는 것이다.

이 도전적인 진술은 먼저 성경적으로 그 이유를 들고 다음에 선교역사적으로 구체적으로 설명된다.

1. 구약의 선교적 동기

구약은 이미 완전한 선교비전을 지니고 있다. 그러나 신약에서 인지할 수 있는 바와 같이 명백하지는 않다.[1] 그 반대로 이미 설득력 있게 알려진 해석학적 선교학적 일치점으로서 구약은 이스라엘이 믿음을 전파하기 위해 경계선을 뛰어 넘도록 파송된 바에 관해서는 알려져 있지 않다는 것이다.[2] 그와 상응하여 일세기 동안 구약학자들과 선교학자들은 어떻게 이스라엘 신앙의 보편적 진술과 부분적 진술이 연합될 수 있는가에 대한 역설적인 문제에 대하여 파헤쳤다.[3] 여러 면으로 구약학은 이 추정적인 모순을 종교사적 진화가설을 통해서 해결해 보고자 노력하였다.[4] 우리는 이 부분에서 이 문제에 관한 우리의 고유한 대답을 선취하려고 하지 않는다. 왜냐하면 이것은 먼저 우리의 구원사적 해석학(제7장) 이후에 결정적으로 설명되기 때문이다. 그러나 여기서 이미 우리는 양적, 질적으로 불충분하다는 의식을 갖고 몇 개의 구약적 자료들에 관한 중요한 연구들은 언급해야 한다. 그것들은 성경적으로 논쟁의 여지가 없는 것들이다.

1) 성경의 첫 11장에는 창조, 타락, 홍수, 바벨탑과 언어의 혼란에 관해서 기록되어 있다. 폰 라드(Gehard von Rad)에 의하면 창 12장부터 시작되는 이스라엘의 구원사는 하나님이 온 인류에게 어떻게 관계하셨는지에 대한 우주적인 역사(kosmischer Vorbau)와 연결하여 설명된 것이다.[5] 하나님은 그가 세상에 보내신 그의 말씀의 능력에 의해 자연과 역사를 주권적으로 통치하시고(시 107;20, 사 55:11), 그의 무한하신 보편성을 증명하고 계신다. 이것이 세계선교

---

1) "신약과 구약의 결정적인 차이는 선교이다. 신약은 본질적으로 선교에 관한 책이다"(ein Buch über Mission). H. Rzepkoqski, 1974, 80.
2) D. Bosch, 1991, 17, 그의 박사학위 논문에 제시되었다, 1959, 19; F. Hahn, 1965, 20; H. W. Gensichen, 1971, 57. 62, sowie H. Huppenbauer, 1977, 38.
3) D. Bosch, 1991, 16 –20.
4) E . Scheurer에 의한 증거: 1993, 72 –95.
5) G. von Rad, 1963, Bd. 1. 138f.149 –178; Ders. 1953, 15f.

의 전제이다.

2) 이 보편성은 이스라엘이 모든 민족 앞에서 그의 하나님 여호와를 전능하신 창조자이며 구원자로서 영광을 돌린 많은 시편과 다른 구약의 찬송에 나타나 있고(예: 시 19:1-6; 24:1f; 38:6-9; 65:6ff; 67; 148), 오히려 그들을 함께 찬양하도록(Doxologie) 요청한다(시 66편; 67편; 96:7ff; 100편; 117:1). 여기에 또한 본래적인 선교동기가 있다.[6]

3) 이미 그 조상 아브라함과(창 15:18; 17:2-19) 이삭과(창 26:4) 야곱의(창 28:12f) 부르심으로부터 이스라엘 민족을 특별한 언약의 상대자로 선택하신(출 32:24; 19:5; 신 5:2) 그 중심 내용은 모든 민족을 향해 계획된 하나님의 역사의 일부분이다(출 19:4-6).[7]

4) 특히 예언서들 중에서[8] 여호와는 하나님으로 제시되었고, 이 땅의 모든 민족들을 주관하시고 그들을 동일한 율법으로 심판하신다. 이스라엘을 향한 징계도 같은 근거를 둔 것이다(암 1:3ff; 사 19-21장; 렘 46-51장; 겔 25-32장 등). 이런 의미에서 여호와로부터 보내심을 받은 선지자들은 신약적 사도들의 선행자들이다.[9] 주목할 일은 타민족에 대한 이사야의 예언(사 19:22-25)과 이어서 이스라엘과 애굽과 앗수르가 하나 되어 훗날에 함께 여호와의 축복의 언약에 거하게 된다는 구원의 약속이다.[10]

---

6) 보편적으로 모든 나라들은 그들의 고유한 신들을 섬기고 있었고, 그것을 폐하거나 교체하는 것은 민족을 배반하는 것으로 여길 그 때에 시편과 같은 예배서에 이와같이 우주적인 음색으로 명백하게 제압하는 것은 놀라운 일이다. H. Lapham, 1925, 24.
7) H. Huppenbauer, 1977, 39f.
8) 이 보편주의는 구약 예언의 특색이다. 그러나 이방인의 귀화는 바울에 의해서 온전히 밝혀지기까지 신비에 싸여 있다. G. Warneck, 1897, ML, Bd. 1, 63.
9) 하나님에 의한 구약 선지자들의 파송은 신약성경의 선교를 위한 중요한 전단계이다. O. Bets, 1993, 24.
10) H. A. Lapham, (1025, 17). 필자는 이 예언적 진술을 진실한 선교사상의 돌파로 본다.

5) 구약의 유일신 사상이 본래적인 것인지 아니면 역사적으로 이루어진 것인지에 관한 종교사적 논쟁에도 불구하고, 선지자들에 의하면 구약적인 계시의 정점에서 여호와는 모든 이방민족의 신들 위에 뛰어난 하나님이라는 것은 의문의 여지가 없다. 그는 이 모든 신들을 무기력하게 할 권세와 능력을 지니고 계신다(시 82:1; 86:8; 95:3; 96:4f 등; 렘 10:14; 48:7; 사 42:8; 44:6 – 10; 미 5:12). 이 투쟁적인 동기는 다시금 여호와는 홀로 모든 민족의 영광으로 경험되어지는(시 22:28; 습 2:11; 3:9; 슥 4:9) 선교적 비전에 대한 근본적인 전제가 된다(사 45:23).[11]

6) 이 시각에서 십계명 중 첫 계명의 근본적인 의미가 나타난다(출 20:2 – 3; 신 5:6f). 이 계명은 이스라엘의 예배만을 위해서가 아니라 하나님이 택하신 민족의 존재이유(raison d'etre)에도 해당된다(신 4:19f; 4:32 – 35). 역사가들과 선지자들의 시각에서 이스라엘의 모든 역사는 이방민족들의 장에서(in foro gentium) 그의 계명에 순종하느냐, 불손종하느냐에 대한 여호와 하나님의 반응에 결정적인 의미를 지니고 있다(출 20:5f; 신 30:15 – 20; 삿 2:10ff; 왕하 24:2 – 4; 대하 36:14 – 16).

7) 바벨론 포로시기에 마지막 이사야서의 둘째 부분에서 이스라엘은 대언자 여호와의 종(ebed Jahwe)을 통해서 모든 민족들 앞에서 유일하신 여호와의 구원 능력과 다른 신들의 무기력함의 증인으로서 부르심을 받았음을 깨닫기 시작하였다(사 42:1 – 9; 44:6 – 8; 49:1 – 6; 52:13 – 53). 다시 말하면 증인개념이 바로 성경적 선교관에 근본적으로 함축되어 있다. 논쟁적인 질문과는 상관없이 – 적어도 기대하기는 – 구약성경에 지배적인 구심적 보편주의(zentripetal Universalismus, 즉 시온이 모든 민족의 순례중심지라)는 이스라엘의 원심적 운동(zentrifugale Bewegung)을 통해서 이루어진다.

---

11) J. Thuren, 1982, 18.

8) 구약의 선교적 비전은 선지자들을 통해서 일어나고 성전예배를 통해서 이미 의식적으로 예측한 바와 같이 그 종말론적인 대망에 의해 충만하게 전개 된다(시 68:25-33; 96:7-9). 하나님이 이스라엘과 열국에 행하시는 보편적인 행위로 말미암아 결국에는 그들이 하나님께 경배하고 섬기기 위하여 시온산에 모여 든다(사 2:2-5; 미 4:1-5; 사 18:7; 60:1-3; 단 7:9-14). 그리고 그들은 여호와의 메시아적 통치 아래 결정적으로 편입되고 - 전에 행하셨던 심판 후에(겔 38:18-23; 슥 14:12-15) - 그들은 영원한 기쁨의 만찬에 참여한다(사 25:68; 슥 14:16-19). 구약의 묵시록 편에서는(예: 사 24-27; 65:17-25; 단 7:9-14) 우주적 차원의 구원을 받아들인다 - 이 종말관은 명백하게 우주적 구원의 동기를 형성한다. 그러나 이것은 아직 이스라엘의 파송을 명시한 것은 아니다. 그러나 그것은 지금까지 언급한 바와 같이 - 성경의 총체적 선교 비전에서 포기될 수 없게 연관 되어 있고, 그것은 신약에서 최종적으로 계시된다.

이러한 의미에서 구약 전체는 선교에 성경적 기초를 바쳐주는 근본적인 전제를 이루고 있다. 이것이 없다면 구약은 근본적인 논증 없이 허공에 떠 있게 된다. 이미 예수 그리스도와(마 8:11) 사도들에 의해서(예: 행 10:34-36) 확인 되었듯이[12] 구약은 초대교회에서 선교의 근거를 요구할 때 사용되었다(행 8:30-35; 15:17f).[13] 이와 상응하여 앞으로 서술될 것이지만, 구약은 나중에 교회의 세계선교를 위한 원시적인 계시문서에 속한다. 구약은 새로 복음이 전파된 민족들이 기독교 구원사 속으로 흘러 들어가는 것을 이해하는 데 도움이 된다.

이스라엘 민족에게 소명과 계시로 주어진 열방에 대한 선교사명은 예수께서 오시기 전에 이미 종교적으로 인식되었다. 이 지식은 바벨론에 의해 이스라엘 국가가 파괴되고 바벨론에서 돌아온 후에도 다시 건국하지 못한 국가적

---

12) 행 13:46 이하에서 바울은 비시디아 안디옥교회에서 유대인의 회당의 거절로 인해 이방인에게로 향하게 된 바를 사 49:6로 명시하고 있다. 그는 롬 15:11에서 시 117:1을, 12절에서 사 11:10을 인용하고 있다.
13) Schrrmacher는 중요한 논문(1994, 114f)을 제공하였다. "신약의 세계선교는 무엇보다도 예수님의 선교명령에 근거한 것이 아니라 구약에 근거한다."

대 참사에 대조적으로 일어났다. 특별히 이러한 운명으로 흩어진 유대인들 (Diaspora)에게서 선교의식이 자라났다. 주전 3세기에 유대교 학자들은 알렉산드리아에서 구약을 그리스어로 번역하였다. 이 70인역 성경(Septuaginta)는 [14] 희랍에 흩어진 유대인들과 회당에서 사용하는 예배서가 되었다. 그들 중 다수는 비유대교적 환경에서 종교적인 선전을 하였고 특히 철학적으로 교육받은 사람들 가운데서 더욱 그러했다.[15] 점차 증가되는 개종자(Proselyten) 또는 '하나님을 두려워하는' 비유대교도들이 친밀해지거나 그렇지 않으면 유대교 공동체에 편입되었다.[16] 그 밖에도 70인역 성경은 후기 고대세계에서 주목할만한 영적인 능력을 증명하였다. 본서를 통해서 부패한 다신교에 유일신 개념과 탁월한 윤리가 소개되었다. 이 두 가지가 사회에 영향을 미쳐서 그들의 종교적 거점은 상실되었다. 이와 같이 그리스어 구약성경의 확장으로 후에 지중해 연안에 초대교회의 복음전파가 승리할 수 있었던 것이다. "이스라엘의 성경은 기독교회의 선교사들이 개종자를 얻기 위한 성경이 되었다"[17] 4세기 경 히에로니무스(Hieronimus, dir 340-420)에 의해서 라틴어 성경 불가타 (Vulgata)가 번역되기까지 70인역 성경은 표준적인 구약성경이었다. 70인역 성경은 또한 콥틱어와 에티오피아어 번역성경의 원본이 되었다. 즉 그것은 아프리카에서 첫 선교서적이 되었던 것이다.[18]

결론으로 우리는 아래와 같이 확인할 수 있다. 구약에 의한 선교의 성경적 근거를 대답하기 위해서 우리는 신약적인 파송명령이 이미 이스라엘의 역사서와 선지서에 특별하게 진술되어 있기 때문이라고 할 수는 없다 – 비록 그것이 오늘날 일반적으로 받아들여지는 바와 같이 불가능한 것은 아닐지라도,[19]

---

14) B. Aland, 1986, Bd. 1. 478f. u. Ernst Würthwein, 1988, Kap.V.
15) 이에 관해서 M. Goodman은(1989, 175-185 u. 1990, 53-78) 개종자를 얻기 위한 유대교 선교가 조직화된 것이 아니라 개체 공동체나 개개인의 즉흥적인 선교였다고 설명한다. H. Solin에 의하면(1983, 616 각주 45) 어떤 경우엔 열심히 선교하기도 하였다.
16) P. Stuhlmacher, 1981, 108f.
17) Ebid., 109.
18) J. S. Mbiti, 1987, 30.
19) 비교: 이 책이 출판되는 도중에 공개된 A. Neufeld의 『선교신학의 구약적 기초』(Die

요약하자면 이러한 시도는 몇 개의 구절을 통해서[20] 이스라엘 밖의 민족공동체에 대해서 좋게 판단한 것이다. 그러나 오히려 이에 대한 우리의 사명은 그리스도 안에서 그가 창조하시고 보존하신 온 세상 민족들을 향하신 하나님의 우주적인 동기의 폭발에 의한 것이다. 우리가 깨달아야 할 것은 – 직접적이던 간접적이던 간에 – 부활하신 그리스도의 선교대명(마 28:16-20)은 구약으로부터 그 윤곽이 들어났다.[21] 더 정확하게 말하자면 복음적 선교신학은 비록 그들이 항상 동일한 신중성으로 헌신하지 못했고 전문학술적인 항변은 때때로 단편적인 해결로 만족했을 지라도 초기부터 그의 해석학적인 사명을 인식하였던 것이다.[22]

2. 초대교회의 선교와 신약성경의 근원

신약성경은 초대교회의 선교와 관련되어 서로 다른 시기에 생성되었다는 것과, 그러므로 그것은 탁월한 선교적 의미가 있다는 것에 관해서는 오늘날

---

alttestamentliche Grundlage der Missionstheologie, Bonn, 1995)의 결정적인 사관은 이 단원에서 이미 참작되었다. 그 설명된 구약적인 진술은 사 49:6의 여호와의 종에 관한 것이며 그것은 행 13:46 이하에 인용되었다. 제사장 나라(출 2:6)로써의 이스라엘의 구원사적 소명이 신약적 교회에 옮겨진 것 역시 의미 심장하다. 기독교인은 현재 출 19:5 이하의 언약의 백성이며, 왕 같은 제사장이고 그들의 찬양과 선행을 통해서 하나님의 영광을 이방인에게 선전하는 것이다." J. Thuren, 1982, 21.

20) "선교의 동기는 몇 개의 말씀이나 구절에 기초된 것이 아니라[…], 성경전서가 한 권의 선교책이다"라고 A. Lehmann은 진술하였다(1960, 172).
21) "그의 구상은 구약의 보편적 구원관이 처음부터 신약의 선교사상을 목표로 두고 있다"고 G. Warneck은 ML, BD. 1. 1897. 135에 서술하고 있다.
22) 구약을 참작할 성경적 개요로는 – 필자가 보기에 – G. Simon(1935, 74-83)의 것이 마지막 논문이다. 그는 당시 벧엘에서 가르치던 선교신학자의 영향을 받았다. 76쪽에 서술하였듯이 그는 빌헬름 피셔 (Wilheam Vischer)의 『구약의 그리스도 증거』(*Das Christuszeugnis im Alten Testament*, 1934)에서 큰 자극을 받았다. 지금까지 독일어권 개신교 선교신학에서 구약 선교론을 포괄적으로 다룬 연구보고서는 에리히 쇼이러(Erich Scheurer)의 박사학위 눈문이다. *Die Bedeutungen der Mission mit Hilfe des Alten Testamentes in der deutschsprachigen Evagelischen Missionstheologie*, 1993.

논쟁의 여지가 없다. 그것은 완벽함에 대한 요청 없이 다음의 몇 가지를 해석학적으로 제시한다.

1) 사복음서

사복음서는 모두 고대교회적 전통으로 일부는 사도가(마태와 요한), 일부는 사도들의 동반자가(마가와 누가) 기록했다. 그것들은 지중해 연안의 유대인들 내지 이방인과 기독교 청취자들과 독자들에게 예수님을 언약의 메시아이며 신적인 구세주로 전파하고자 하는 저자들의 불붙는 소원으로 결실하게 된 것이다. 이 의도는 요한이 그 첫 서신 서론에서 "…너희가 우리와 사귐이 있게 하려 함이니 우리의 사귐은 아버지와 그 아들 예수 그리스도와 함께 함이라"고 서술한 바와 같다. 그것은 그 이후에 깨닫게 된 요한복음 20:31의 "오직 이것을 기록함은 너희로 예수께서 하나님의 아들 그리스도이심을 믿게 하려 함이요, 또 너희로 믿고 그 이름을 힘입어 생명을 얻게 하려 함이니라"고 한 말씀과 상응한다. 이 소원은 역시 의심의 여지가 없이 세 공관복음서 기자들의 중요한 동기이다. 양식 비평가들은 공관복음서들이 원래 몇 개의 주제로 이루어진 초대교회의 선교용 설교들로부터 모아진 것이라고 주장하였다.[23] 이러한 견해는 특히 마틴 디벨리우스(Martin Dibelius)[24]에 의하여 나타나는데, 그는 공관복음서들은 원래 그의 신적인 능력을 나타내는 예수님의 기적 이야기와 동시에 항상 구원을 위한 그의 보내심의 의미와 믿음을 일깨우기 위한 짧은 예수님의 말씀으로 이어진다(비교: 마 8:13-26; 9:6-29; 17:20). 사회비평적 해석가들의[25] 근대 가설에 의하면 공관복음서적인 Q문서(역시 가설이지만)에서[26] 모집된 예수님의 말씀들도 역시 선교를 위한 설교신학적 성격을

---

23) 이 제목은 물론 게하르손(B. Gehardsson, 1977)과 리스너(R. Risner, 1981)의 책 5-19쪽에 서술한 양식비판에 대한 비판이며, 그것은 오늘날 매우 논쟁적이다.
24) M. Dibelius, 1933, 8-65.
25) L. Schottroff/W. Stegemann, 1981, 54-88.
26) 역사비평 연구에 의해 발전한 두 문서설(Zwei-Qwellen-Theorie)은 마태복음과 누가복음이

띄고 있다. 그렇다면 초대교회에 순회하던 은사자들이나 선지자들은[27] 유대 지방에서 그것을 그들의 선교사역을 위한 설교자료로 삼았을 것이다. 이 이론은[28] 일반적으로 통하는 이론은 아니다. 그러나 이에 대해서 데이비드 보쉬(David Bosch)는 흥미를 느끼고 있다. 그 이유는 이 문서가 선교를 위해 의심할 바가 없다는 것을 밝혔기 때문이다.[29] 즉 그것은 주로 불쌍한 자들과 잃어버린 자들을 찾으시는 하나님의 사랑에 관한 것이며, 원수를 사랑하는 것 까지 포괄한 하나님 나라의 윤리이며 반항적인 사람들을 얻고자 한 사랑에 관한 것이다.[30]

우리는 확실한 기초가 되는 이미 우리에게 전달된 문서화된 복음을 가지고 나아갈 수 있다. 이 연구에서 주목할 만한 점은 어떤 경우이던 선교신학적인 동기가 이 문서의 구상을 지배한다는 것이다. 이것은 무엇보다도 공관복음서에 공통적으로 나타난다. 요한복음에도 두 가지가 있다.[31]

(1) 예수님은 자신을 복음서에 의해서 선교사로서 묘사하였다. 그는 그 자신의 사역을 보내심 받음으로 설명하였고(마 10:40; 15:24; 21:37; 10:16), 누가복음 4:11-30과 마태복음 11:2-6(눅 7:18-23)에서는 그 의미를 구약의 이사야 61:1 이하의 선지자적 파송에 의해서 조명하였다. 이러한 묘사는 요한복음을 관통하고 있다(요 3:17-34; 5:23-30; 6:29; 7:16-33; 8:16; 11:42; 12:45; 17:3-18). 예수님의 파송 이해는 그의 비랍비적이고 순회설교자적인 삶의 스타일

한편으로는 마가복음과 다른 한 편으로는 예수님의 말씀인 Logion-Qwelle-"Q"를 기초자료로 사용하였다는 것이다. - 그러나 일반적인 학술적 수용에도 불구하고 이 두 문서설은 예레미아스(J. Jeremias), 리넨만(E. Linnenmann), 리스너(R. Riesner)와 같은 현대의 몇 연구가들에 의해서 공격을 받고 있다.
27) G. Theissen, 1977, 14-20.
28) 예수께서 72제자를 파송하는 눅 10:1-20 말씀에 연결할 수 있다.
29) D. Bosch, 1991, 28f와 521(각주 6).
30) D. Senior, 1983, 159.
31) 사복음서 모두가 선교적 성격을 지닌다는 것은 빌헬름 웰러(Wilelm Oeler, 1936)가 처음으로 지적하였다. 그의 시각은 슈나켄부르크(R. Schnackenburg, 1984, 8-72), 루이츠(M. R. Luiz, 1987)와 오쿠레(Okure, 1988)에 의해서 확인되었다.

과(마 8:20) 그의 행위에서 설명된다. 그는 복음을 - 탁월한 선교적 복음을 - 전파하였다. 그리고 그들이 믿을 수 있도록 기적을 행하셨다(비교: 히 2:3f). 그의 사역은 당위성(Muß)에 의한 것이었고(마 16:21; 17:12, 눅 9:44; 13:33; 19:5; 24:26), 그것은 그를 모든 도시와 농촌에서 큰 무리에게 복음을 전파하게 하였다(막 1:38f, 마 4:23; 9:35). 그가 보내심을 받은 대상은 예수께서 현저하게 제한하신 바와 같이 "이스라엘 집의 잃어버린 양들"뿐이었다(마 15:24). 비록 그는 처음부터 이방인들을 미래의 확대된 메시아적 공동체로 내다보고 있었고(마 8:11; 눅 13:28f) 때로는 그의 특별한 사역으로 시내산 언약에 의한 제한된 범위를 넘어섰지만 부활전의 예수께서는 의식적으로 첫 언약의 백성인 종족적 영역에 머물러 계셨다(마 8:5 - 13 병행구절; 막 7:24 - 30 병행구절; 막 8:1 - 10 병행구절).[32] 주목되는 것은 구약에는 부분적 그리고 보편적 구원이 역설적으로 연달아 진술되어 있고, 그것은 예수 그리스도에게서도 마찬가지로 발견된다. 이 스스로 제한한 그의 사역은 경계선을 뛰어넘는 선교사적 성격을 띠고 있다. 그 우선적인 목표인 이스라엘의 "잃어버린 양"들이란, 이스라엘의 종교 대표들의 비판대상과 당시 배타적으로 하나님의 나라를 기다리던 당파들과 구원에서 제외된 자들로 여겨지던 여러 사회계층을 다 포함하고 있다.[33] 그 군중은 매일의 양식을 얻기위해 투쟁해야하기 때문에 그 억압적이고 의식적인 계명들을 지킬 수 없던 사람들이다(마 11:28; 23:4). 그들은 도덕적으로 축출된 - 세리들, 창기들, 죄인들로서 육체적인 허물을 범한 사람들이다. 그들 모두에게 예수 그리스도는 그의 고향 나사렛 회당에서 메시아적인 자기소개로 그의 강림에 의해 구원의 날이 가까웠다고 설교하였다(눅 4:18f; 비교 눅 7:22). 마틴 헹엘(Martin Hengel)은 만약 초대교회 선교 전체가 그 스타일이나 내용에 있어서 전혀 설명할 수 없었다면, 그것은 그들이 모범(Vorbild)적인 첫

---

32) O. Betz, 1993, 25.
33) 이런 의미에서 역사적 예수님의 파송은 보편적 성격을 지니고 있다. 즉 그는 모든 이스라엘의 구원을 위해 노력한 것이라고 L. Goppelt,는 그의 *Theologie des Neuen Testament*, 1991, 254 - 260 에서 가르치고 있다. 역시 F. Hahn, 1965, 24 - 33도 마찬가지다.

선교사 예수님을 알지 못한 것이었다고 주장하였다.[34] 그 뜻은 복음서 여러 본문이 오직 예수님의 선교사적 파송에서만 이해되며, 그가 제자들의 파송을 위한 원본으로 제시되었다는 것이다(마 10:40; 눅 10:16; 요 17:18; 20:21).

(2) 세 공관복음의 공통성은 그들이 이미 예수님의 부활절 이전의 제자들의 파송에 관해서 설명하고 있다는 사실이다. 이에 의해서 그 자신의 파송을 확장시켰고(마 10장 병행구절) 그의 인격적인 강림을 전파하였다(눅 10:1). 복음서들의 주목할 만한 부분은 존재론적으로 제자들의 소명을 취급하였다는 것이다. 이는 아주 비랍비적인 사건이고[35] 그들의 후기 사명을 위한 효과적인 훈련이다. 가까운 제자들 동아리 12명을 사도들로 칭함은[36](마 10:1–4; 막 6:30; 눅 6:13–16; 요 13:16) 그들을 이미 선교사 삶의 사명자로 부르심을 의미한다. 이를 위해서 마태복음 10장 병행구절의 첫 번째 파송은 의미있는 임명이다. 유대지역 내부로의 첫 번째 제한적인 파송에서(마 10:5f) 그리고 또한 그들에게 명백한 기독론의 침묵(Ausklammerung)은[37] 역사적 예수님의 파송의 연장으로써 입증된다. 그러나 비록 부활절 이전의 선교가 일시적으로 제한된 사명으로 제시될지라도 그것은 이미 부활 이후 파송의 본래적인 요소를 포함하고 있다. 이를 위해서 무엇보다도 그의 세계선교는 유대인들을 향해 집중적으로 시작한 것이다. 그리고 이것은 구원사적 중심지인 예루살렘에서 일어났다.[38] 그 의미는 그것이 전략적인 지시일 뿐만 아니라 동시에 선교사가

---

34) M. Hengel, 1971–72, 35–37, "Jesus als Urmissionar". Hengel 인용(36, 각주. 67), E. Grässer, 1969–70, 22. The Church saw in *Jesus the Archetype of the Missionary.*"
35) M. Hengel, 1968, 42ff.
36) D. H. Rengstorf, ThWNT, Bd. 1, 397–448, 406–446; W. G. Kümmel, 1969, 118ff; J. A. Bühner, Art. *apostolos*, EWNT, Bd. 1. 342–351 Lit.
37) 비교: 마 10,32f
38) 예수 부활 이후에 "제자들은 메시아의 부활을 모든 이스라엘에 전파하기 위하여 예루살렘은 종말적 구원의 본부(Vorort)일 뿐만 아니라, 유대인들을 위한 모든 선교적 노력의 중심지이다 […]. 이스라엘에 말하려는 모든 사람은 예루살렘에서 해야 한다." M. Hengel, 1971–21, 31; 비교: O. Betz, 1993, 25: "예루살렘은[…]출발점이다. 이는 그 도시가 메시아가 왕위에 오르고 거

전파할 하나님 나라에 대한 복음을 신학적으로 제시한 것이다. 구원은 이스라엘에게 구약적 언약을 성취한 것이고, 또한 "유대인에게서 나오는 것"이다 (요 4:22).

공관복음서의 여러 본문에는 두 가지의 제자파송 사건이 겹쳐있다(예: 마 10:17-23). 그것은 해석학자들에게 오직 첫 번째 파송에 속한 요소를 앞으로 있을 사도적 소명과 구별한 해석학적 사명을 제시하는 것이다. 여기서 칭한 해석학적 난점이란 인자가 오기 전에(단 7:13f) 제자들이 파송을 받아 이스라엘의 모든 동네를 다 다니지 못했을 때 종말이 온다는 예수님의 예언이다(마 10:23). 이에 관한 역사비평적 해석학은 이 본문이 초대교회의 서로 다른 선교관들과 선교운동들이 병존함으로써 성립되었다는 것이다.[39]

그러나 이러한 분석은 단지 가설적이고 근거자료를 명백히 입증하지 못했다. 유기적으로 필자는 이와는 달리 이 구절이 사실 처음부터 그의 제자들을 준비시킬 때 시간적 기능적으로 첫 번째의 제한적인 파송만이 아니라 부활 이후에 우주적 공간에서 계속된 세계선교까지 의미한 것으로 보인다. 무엇보다도 예수님의 파송의식은 초기 유대교적 역사 전제에 의한 단지 인간적인 것이 아니라(이것은 어느 정도 세례요한의 경우에 해당된다), 이미 우주적 영역에 대한 그의 사명의 구원사적 통찰력을 전제하고 있다(막 10:4, 요 3:16).

(3) 같은 전제로서 세 번째로 우리는 복음서들의 선교학적 유형에 관하여 다루게 된다. 그것들은 모두 부활하신 그리스도가 그의 제자들에게 수여한 세계선교명령에 관한 것이다. 복음서들의 가장 인격적인 종결은 마태복음의 구상에 있다. 마태복음에서 "대 사명"은 사실로 마지막 부분에 기록된 것만이 아니라 동시에, 고딕 성전의 선들이 위로 추켜 오른 것과 같이 탁월하게 강조

주해야 할 곳이기 때문이다. 더욱 그곳은 모든 민족을 끌어안는 선교적인 존재로 중요한 가치가 있다(사 2:2f)."
39) G. Schille, 1967; H. Kasting, 1969; F. Hahn, 1969, 37ff.

한 극치를 맺고 있다.⁴⁰⁾ 때때로 하르낙(Adolf von Harnack)과 같은 자유주의 해석가 편에서 마태복음의 선교명령의 근본에 관해서 실망한 사람이 있을지라도 이 사실은 오늘날 모든 해석가들이 인정하는 것이다. 선교명령은 복음서 기자가 보다 더 완벽하게 해두기 위해서 첨부한 부활전통에 속한 부분일 뿐만 아니라, 오히려 예수 역사의 신학적 핵심으로 제시된 것이다. 그것은 마태가 문서형식과 신학 내용을 목적의식을 가지고 전개한 것이다.⁴¹⁾ 마태복음의 중심 주제는 마태복음 28:16-20 본문에서 나타나고 있다. 그는 이미 구세주(Heilskönig)로 태어난 신생아를 환영하였고(마 2:2, 11), 그의 육신적 사역의 절정에서 그의 제자들 중에 첫 번째로 시몬 베드로로부터 하나님의 계시에 의해 이스라엘의 메시아이며 살아 계신 하나님의 아들이라는 것을 인식하고 고백된 분이시며(마 16:18-20), 구원사역을 완성하시고 부활승천하신 분으로 계시된 분이다. 그분에게 하늘과 땅의 모든 권세가 주어졌고, 그러므로 그는 그의 사도들을 파송하여 그에게 속한 모든 민족을 그의 순종하는 제자로 부르시는 것이다.⁴²⁾ 이 목적은 후에 모든 민족을 위한 최초의 사도인 바울의 사도적 파송의식과 직결 된다(롬 1:5; 15:18).

아직까지도 우리가 의도하는 남은 교회의 사명인 선교명령의 의미가 설명되지 않았다(비교: 제8장). 오히려 우리는 먼저 마태복음 내지 모든 복음서들에서 선교사명을 목적론적인 입장에서 탁월한 선교신학적 문서로써 그 완전한 적합성을 제시하려고 한다. 복음서들은 단지 역사적인 흥미로 기록된 것

---

40) 이에 바르넥(Gustav Warneck, ML. Bd.1. 1987, 91)은 "선교명령"을 율법적으로 오해할 것이 아니라 "복음의 보편적 구원사상의 결론"으로 제시하였다. 그러나 좀 추상적이고 불분명하다.
41) 마 28:16-20의 포괄적 의미는 다니엘 7장의 보편적 구원사적 조명에 의해서 새롭게 이해되었다. 1941년에 EMZ에 제공한 미헬(Otto Michel)의 논문 "인자와 모든 민족" (Menschensohn und Völkerwelt, 257-267, 비교: Ders., 1950/51, 16-26)은 특히 중요하다 – 다른 주석가들도 미헬의 이러한 입장을 원칙적으로 인정하였다 – 개체적인 구절해석에서는 차이가 있어도 프리드리히 (G. Fridrich, 1983, 177, 각주 144)는 표어처럼 동시대 주석가들의 비판을 열거하였다. *Das theologische Programm des Matthäus*, (J. Blank, 1965, 289-310); *Der Gipfelpunkt des Evangeliums*, (G. Bornkamm, 1975, 289-320); *Das wichtigsste Anliegen des Evangeliums*, (H. Kosmala, 1965, 132-137): *Der Gipfelpunkt des Evangeliums*, (U. Luck, 1967, 494-508).
42) P. Beyerhaus, 1972, 7-20.

이 아니라, 예수 그리스도를 지중해 지역에 운반해 주려는 목적을 가진 불붙는 신앙의 표현이다.[43] 그러므로 해석학적 열쇠는 분명하게 주어졌고, 이것으로 모든 질문을 해석해야한다.

2) 사도행전

사도행전은 이미 그 고전적인 명칭에 의해서 그리고 그 내용 전체에 의해서 포괄적인 초대교회의 선교역사가 최초로 기록되었다. 그 역사는 그리스도의 승천과 그 영을 부어주심으로 시작되었고, 세계선교사 바울의 세 번의 선교여행을 특별히 참작하였다. 기독교 선교의 이론가들과 실천가들은 여기서 모든 시간과 모든 대륙을 위한[44] 모범적인 사도적 선교전략을 발견한다. 그리고 알렌(Roland Allen)이나 뵈어(Herry Boer)[45]와 같은 선교학자들은 사도행전의 원래 주체는 사도들이 아니고 그들을 통해 행하시는 성령이라는 것을 주목했다. 이 자명성 앞에서 모든 사도행전의 선교적 측면을 일일이 증명할 필요는 없다.

3) 신약의 서신들

특히 바울의 서신들과 다른 모든 서신들은 다만 – 서양학자들이 오랫 동안 해석해온 것과 같이 – 우선적으로 조직신학적 논문들이나 또는 바울의 그리스도의 신비에 관한 증거들로서만 해독하지 않는다면 그들의 본래의 뜻은 파악될 수 있게 된다. 오히려 우리는 먼저 그들의 삶의 정황(Sitz im Leben)에서 그것들을 들추어내야 한다. 즉, 바울(또는 베드로나 요한)의 사도적인 사역 중

---

43) J. Fiorenza, zit. bei D. Bosch, 1991, 16.
44) 사도행전은 오순절의 대 사건 이후 교회의 선교에 관한 보고서다. 그 내용은 선교로 인한 핍박, 투쟁, 복음전도에 의한 하나님의 백성의 성공과 실패"라고 전-아프리카 교회(All-Afrikanischen Kirchen-Konferenz)의 총무는 서술하였다. Sarwat Shehata, 1978, 2.
45) R. Allen, 1912; Ders. 1962; H. Boer, 1961.

에 기록된 서신들은 아주 구체적으로 이방인들 가운데서 모인 선교공동체 내의 제자들의 생활문제에 관한 것이다. 이것은 본래 구스타프 바르넥(Gustav Warneck)이 이미 그의 선교론에서 명백하게 강조한 것이다(I, p. 41). 그는 그러므로서 신약성경을 현대 선교경험의 빛에 의해서 연구하도록 장려하였다. 왜냐하면 그것은 초대교회의 선교경험과 많은 경우에 비슷하고 그러므로 쉽게 간과하거나 오해할 수 있는 특징을 날카롭게 조명하였다. 이 점을 특히 그의 아들이며 제자인 요한네스 바르넥(Johannes Warneck)도 명심하였다. 그도 역시 포괄적이고 성공적으로 "오늘날 이방인 선교의 빛으로 본 바울"의 서신들에 관해 저술하였다.[46] 그도 역시 "우리가 바울서신들을 선교서신들로 이해하지 않는다면 우리는 바울서신들을 올바르게 이해하지 못한 것이다"라고 하였다(p. 226). 구스타프 바르넥의 제자 리히터(Julius Richter)가 1929년에 쓴 책은 – 어느정도 뒤늦은 선교학의 해석학적 근거지만[47] – "선교서신들로서의 바울서신들"을[48] 연구한 것이다. 그는 서론에 진술한 바와 같이 "지난 수십년간 신약성경연구로 바울에 관한 무수한 논문들이 나왔으나 모두 적합하지 않았다"(komme zu kurz, p.3)고 하였다. 이에 반해 리히터는 "사도를 이해하는 진정한 열쇠는 그의 선교사명"이라는 확신을 가졌다. 앙겔색손의 선교학 역시 신약의 서신들이 무엇보다도 첫 사도적인 선포와 개종자들의 교육을 반영하고 있는 것으로 알려져 있다.[49]

이 선교신학자들이 일찍이 인식한 것은 현재 신약주석에서도 밝혀지고 참작되고 있다.[50] 여기서는 선교실천에 그렇게 크게 무게를 두지 않고 있다. 예를 들면 초대교회와의 목회적이고 교회지도적 실천이나 또는 이방인 내지 혼합주의 위험과의 변증적인 논쟁들에 관한 것들이다. 여기서 알 수 있는 것은

---

46) J. Warneck의 저서명 (1913)도 그렇다.
47) J. Richter, 1927. 1929년도 그의 저서의 서론을 비교하라.
48) J. Richter, 1929.
49) G. Phillips, (1946, 47f)는 이를 고전 15:1-10(부활); 11:23(성만찬); 살전 4:1-2(윤리); 엡 4:20(기독론); 롬 16:17(근본이론)으로 증명하였다.
50) 초대교회 선교에 관한 포괄적인 저서는 최근 연구로 아직 밝혀지지 않고 있다.

조직신학적으로 전개한 모든 사도들의 신학은 근본적으로 그들의 사도적인 소명과[51] 책임에 대한 것이다. 그들은 성령께 사로잡힘으로 선교적 책임을 전개한 것이다.[52] 헹엘은 바울신학의 두 가지 기본 동기를 종말적 – 구원사적으로 그리고 기독론적 – 구원론적으로 인식하였다. 이 사상은 바울이 기독교 복음에 대한 이스라엘의 수수께끼 같은 경직성에 관해서 심사숙고한 것이고, 바로 이 일로 인해서 세계선교의 길이 열린 것으로 이해된 것이다. 일반적으로 헹엘의 근본적인 명제는 초대기독교의 역사와 신학이 선교역사와 선교신학이라는 것이다(p.38). "옛 학자 바울은 첫 번째 기독교 '신학자'가 되었다. 왜냐하면 그는 선교사였기 때문이다. 그 말은 그의 신학이 – 포괄적으로 말하자면 – '선교신학'이라는 말이다"(p.23).

이것은 아주 새로운 지식은 아니다. 이미 마틴 캘러(Martin Kähler)는 그 자신의 신약신학과 선교연구의 결론을 "선교는 신학의 어머니"라고 하였다.[53] 사실 바울신학의 중심주제 중에 고대 지중해 지역의 민족들과 그 중에서 회심한 유대인들과 이방인들로 구성된 기독교 공동체 가운데 어떤 것도 그의 사도직에서 초래되지 않은 것이 없다. 그러므로 그는 계시신학적으로, 창조물과 양심을 통한 하나님의 자기 계시와 예수 그리스도를 통한 그의 구원계시와의 관계에 대한 문제를 논의 하였다(롬 1:18 – 20; 2:12 – 16). 구원론적으로 그는 유대교의 율법적인 의와 영지주의적인 추리에 대한 대답으로 그리스도 안에 있는 새로운 피조물이 됨으로써 하나님과의 분리와 고난과 죽음에 대해 극복 했다는 것을 보여주었다. 교회론적으로 그는 당시 지중해 지역에서 민족들이 계속 이동하는 사회적 변동기에 그리스도의 몸으로서의 새로운 공동

---

51) 비교: Seyoon Kim, 1981.
52) 사도서신에 관하여 헹겔(M. Hengel, 971 – 972, 17f)은 "바울은 선교사로써 그의 선교관을 전개하였다. 그것은 바울신학의 정황(Sitz im Leben)이 모든 민족들을 위한 사도의 선교였다. 그는 선교를 주님(Kyrios)의 통치에 관한 세계적이고 종말적인 선포라고 이해하였다. 이방인 선교는 구원사적으로 우선적이며, 이방인 선교는 그리스도의 재림시 이스라엘의 구원을 위한 전제가 된다"고 하였다.
53) M. Kähler, 1971, 190. 189 쪽에도 비슷한 진술이 있다. "신학은 기독교선교의 동반자적인 표명이다."

체의 의미를 발전시켰다. 성례적으로 그는 무수한 성인식과 신비주의적 희생제에 대하여 세례와(롬 6장) 성찬식의(고전 11장) 의미를 세워 놓았다. 마지막으로 그는 로마황제의 제국주의적 요구와 세계 역사의 목표에 대한 종말론적 질문에 대답하였다(롬 13:1-6; 11-14; 고전 15:24-28). 더욱 의미있는 것은 바울이 질문들에 관하여 자신의 창조적인 세계관을 이야기하거나 그가 만난 모든 종교철학적 제시에서 얻은 혼합주의적 절충주의적 대답을 한 것이 아니다. 오히려 그것은 이스라엘 족속의 성경을 끊임없이 조명하고 그 참 의미와 구원사적인 위대함을 그를 부르신 그리스도의 계시의 빛에 의해서 조명한 것이다(예: 롬 1:2; 4:3; 9:17; 10:11; 15:4; 16:26; 고전 15:3f; 갈 3:8-22; 4:30; 엡 3:1-3; 딤후 3:16f).[54]

4) 요한계시록

요한계시록에는 그 만화경과 같은 낯설고 다양한 요소들이 서로 잇달아 터지는 묵시적 상징들과 비전들이 일곱인으로 봉해진 책에 끊임없이 나타난다. 우리가 그 근원과 삶의 자리를 초대교회의 선교사상적 맥락에서 이해한다면, 그것은 임의로나 추상적으로나 항상 모순적으로 해석할 대상이 아니다. 해석학적 역사가 보여주듯이, 그 책의 해석에 항상 풀릴 수 없는 신비한 성격이 남아 있다는 것이다. 그것은 먼저 – 구속사적 해석가들이 설득되었던 바와 같이 – 사실적으로 종말론적으로 완성될 때 온전하게 밝혀질 것이다. 그것은 – 모든 신구약의 예언서들처럼 – 시대사적, 통치사적, 종말론적 분야가 서로 중첩되었기 때문이다.[55]

그러나 요한계시록은 – 칼 하르텐슈타인(Karl Hartenstein)이 확신한 바와 같이 – 최종 세대를 위해 저장된 비밀문서로 보아서는 안 된다. 오히려 그것

---

54) 바울복음의 근거에 관하여 김세윤의 1981. 51-99를 보라!
55) 비교: C. A. Auberlen, 1874, 396-400.

은 우선 첫 번째 독자, 즉 당시 교회를 위한 복음으로 이해해야 한다.[56] 그것은 책의 앞부분(2장과 3장)에서 당시 구체적으로 소아시아에 있던 교회들에게 보낸 일곱 개의 편지로부터 시작되었다. 여기에서 그들에게 보낸 편지가 그 당시의 영적 상황에서 나온 구체적인 내용뿐만이 아니라, 요한이 그들에게 전한 계시에도 해당된다.[57] 요한계시록이 편지라는 특성이 이 사실을 근본적으로 증명하고 있다(비교: 1:4-6; 9-11; 22:21; 22:10).[58] 사도시대 말 당시 선교적 존재였던 교회는 두 가지로 협박을 받고 있었다. 하나는 내부적인 와해와 혼합적인 변질이고, 다른 하나는 대 제국적인 핍박이었다. 이 두 가지 위험이 정도의 차이를 두고 사도적인 경고와 다른 신약성경적인 배경을 이루었다(예: 히 12:10-17; 벧전 5:8-11; 약 5:10-11; 딤후 2:8-13; 살후 1:5-11; 빌 1:19f). 여기서 우리는 교회와 그 지도자들의 소명의 근본적인 측면을 주목하게 된다. 이것을 주목하지 못한다면 많은 부분의 본문들을 이해할 수 없게 된다. "초대교회의 모든 기간 동안 선교는 적대감과 핍박 가운데 있었다… 1세기 중엽부터 교회는 외부의 이단사상과 체념에 대해서 투쟁하기 시작하였다."[59]

신약성경 내의 책에서 요한계시록보다 더 기독교에 적대적인 세계에서 선교적 교회의 위험에 대해 철저하게 응답하는 것은 없다. 그 제목은 예수 그리스도의 승천에서부터 그의 재림까지 온 세계사에 해당된다. 그 기간은 하나님의 나라와 사탄적 영감을 받는 이 세상과의 극적인 투쟁기이다. 그러나 그 결국은 그리스도의 우주적 승리와 그의 가시적 통치와 그에 대한 열국의 최후 굴복이다. 마침내 최종적 종말에 하나님 아버지께서 그 첫 번째 창조물 대신에 새 하늘과 새 땅을 세우신다(21-22장).

이 종말적인 시각은 종말에 대한 호기심을 해소하는 데 있는 것이 아니라

---

56) K. Hartenstein, 1954.
57) G. Rosenkranz, (1977, 59). 그는 요한계시록에는 설교된 말씀만이 아니라 기록된 말씀이 선교사적 선포로써 발생하였고 그것은 바울을 통해서 이미 준비되었던 것이라고 한다.
58) M. Karrer, 1986.
59) P. Stuhlmacher, 1981, 133f.

오히려 이 중간기에 처해 있는 교회가 강하고 확실하게 투쟁하기 위함이다. 이 투쟁은 그리스도와 그의 원수 마귀와 하늘과 땅에 속한 그의 추종자들 사이에서 벌어지는 것이다(계 12:7-12). 교회는 이 투쟁에서 그의 선교적 증거와 그 고통에 참여하기 위해서와 마침내는 그리스도의 승리와 그의 종말적 통치에 참여하기 위해서 부르심을 받았다.

칼 하르텐슈타인[60]은 아우-베르렌(C. A. Auberlen)의[61] 요한계시록 해설에 따라, 요한계시록의 중간부분인 4장에서 19장까지를 4-11장까지와 12-19장까지 비슷한 분량으로 둘로 나누었다. 첫 부분은 높임 받으신 주를 숨겨진 권능자이신 천지의 주재자로 보았고, 이에 반해서 두 번째 부분은 교회를 주제로 세상의 권세 하에서 투쟁과 고통 중에도 세상을 위한 선교적 증거로 채워진 중간시기의 교회를 구원사적 의미로 보았다(p.10). 이를 통해서 - 결정적인 신학적 통찰력으로 - 교회의 선교 영역은 확대되었다. 그것은 타종교인들을 얻었을 뿐만 아니라, 또한 선교적 통치를 폭력으로 저항하는 형이상학적 권세들과 충돌하였다. 바울 역시 교회의 선교를 대적하는 초월적인 영역을 그의 파송에 포괄하는 요소로 이해하였다.[62] 가장 인상적인 것은 에베소서 6:10-20의 말씀이다. 다른 서신들에서도 같은 동기를 찾아볼 수 있다(예: 롬 8:38-39; 골 2:2-15; 고전 15:24).

현대 독자들에게 가장 낯설게 보이는 이 마귀 사실주의는 확실히 신약성경 내용에서 비롯된 것이다. 또한 계몽주의로부터 비롯된 인식론적 비판적 해석학 역시 이를 비신화화 해야 하는 재해석 자료로 여기고 이런 것에 접근하지 않는다.

그러나 사도적 상황과 오늘날의 선교학적 상응성은 타종교권 종족들에 대한 선교적 경험에 의해서 새로운 해석학적 의미를 부여한다. 제3세계 토착교회 신자들에게는 형이상학적 영적 권세가 사도적 교회의 신앙처럼 손에 잡히

---

60) K. Hartenstein, 1969, 10-12.
61) C. A. Auberlen, 1874, 특히 238-243을 보라.
62) C. E. Arnold, 1989.

는 경험적인 사실이다. 그러므로 그들은 이 신약의 영역에서 – 적어도 지성적으로 – 아무 문제가 없이 접근한다. 위험한 것은 그 총체적 존재가 주변 이교도의 마술적인 힘(okkulte Mächte)이나 교회 내부의 혼합주의 문제이다.[63] 그러므로 그들에게는 계시록의 일곱교회에 보내진 서신의 끝에 기록된 반복되는 약속은 엄청난 신앙적인 힘이 된다. "이기는 자는…"(계 2:7, 11, 17, 26; 3:5, 12, 21).

선교신학적으로 이에 상응하여 이 요한계시록의 말씀은 골고다의 어린양의 승리를 핍박 받는 교회와 직접적으로 연결하여 볼 때 구원론적이고 순교론적인 시각에서 특별한 깨달음이 된다. "또 여러 형제가 어린양의 피와 자기의 증거 하는 말을 인하여 저를 이기었으니 그들은 죽기까지 자기 생명을 아끼지 아니하였도다"(계 12:11).

이와 같은 진술은 세계교회의 현재 선교 상황적 해석을 통해서, 성경의 복음이 비취는 곳마다 그 내용을 직접적으로 확인될 수 있다. 이에 관해서는 다음 장에서 서술하려고 한다.

---

63) P. Beyerhaus, 1964, 114–131.

제3장
성경의 선교 역사적 의미

1. 성경번역과 성경보급에 대한 선교적 시각

1) 고대 및 중세교회

기독교회는 그의 확장사 초기부터 놀라운 선교도구로 성경의 내용들을 사용하였다. 선교사들과 감독들과 교사들은 성경을 선교지 언어로 번역하여 열심히 보급하였다. 선교적인 동기로 그들은 원래 아람어로 된 예수님의 가르침을 당시 지중해 연안에서 보편적으로 사용하던 공통언어인 그리스어로 사복음서를 기록하였다. 그러나 그 세기에 교회가 여러 다른 문화권에 들어서자 다시 새로운 번역사역을 시작하게 된 것이다. 이때로부터 인류역사에서 다시는 정지될 수 없는 대번역사역을 시작하게 된 것이다. 교회는 부활하신 예수 그리스도로부터 직접 복음을 모든 민족에게 전파하라는 대 사명[1]을 우주적으로 시행하였다. 그것은 각 사람이 난 곳 방언으로 하나님의 큰 일 말함을 듣게 된 것과 같은 하나님의 뜻을 전한 오순절의 기적과 같은 것이다(행 2:8, 11).

2세기 말에 신약은 시리아어로 제공되었다. 약 180년에 라틴어 번역이 시작되어 늦어도 3세기 중엽에는 모든 서구 지역교회에 라틴어 신약성경이 보

---

[1] 우리는 기꺼이 예수님의 선교명령을 "the Great Commission" 이라고 한 영어 선교전문용어를 받아들인다.

급되었다.[2] 이는 로마제국 안에서 프랑크족의 언어(Lingua Franca)가 그리스어로부터 분리되기 시작하였기 때문이다. 4세기 말에는 다마수스(Damasus)교황의 지시로 교부 히에로니무스(Hieronymus, 약 340-420)는 이탈라(Itala)의 재교정을 바탕으로 번역한 불가타(Vulgata)를 마침내 트렌트 회의에서 로마 교회의 정경이 되게 하였다.[3] 세기에 이어서 신약성경은 아르메니아어, 콥틱어, 에티오피아어 등 지중해 동부와 남부의 언어들로 번역되었다.

이 고대교회의 신약과 구약성경[4] 번역은 콘스탄틴 이래 교회사적 대 전환으로부터 오래지 않아 황제 데오도시우스 2세(Theodosius II) 때까지 진행되었고 성경확산과 공개적 통용은 이미 철학적이고 국법적인 그리스 고전문서로부터 분리되었다. 데오도렛(Theodoret)은 "해가 비취는 한 모든 것은 그들로부터 이루어지고 히브리어에 이미 말씀한 바는 그리스어뿐만이 아니라 로마어, 이집트어, 스키타이어, 서로마틱어(Sauromatische)와 모든 민족의 언어로 번역되었다"라고 승리감을 기록하고 있다.[5]

속사도시대와 초기 교부시대 교회가 성경번역과 성경확산을 위해 크게 긴장한 것은, 이를 그들의 공식적인 영역과 개인적인 삶의 영역에서 중심적인 위치와 기능으로 수용한 것과 상응했다. 교회의 중심적 예배와 그 밖의 예배에서 성경봉독과 그 해석은 유대교의 회당(Synagoge) 전통을 따라 - 말씀중심 예배(Wortgottesdienst)에서 가장 중요한 부분이었다. 구약 책들과 곧 사복음서와 바울서신들이 여기에 속해있다. 그것들은 - 벌써 초대교회 시대에 - 세례 교인의 교육과 교회 직분자들의 신학 교육을 위한 토대였다. 후자를 위해서는 교리학교(Katecheten Schulen)가 생겨났다. 성경은 교회에서 신앙의 원리(regula fidei)와 훈련의 원리(regnla disciplinae), 즉 신앙과 교회 법규의 척도가 되

---

2) K. Aland. 1983, 33.
3) 현 세기 70년대에 비로서 바티칸 신학들은 신약성경을 라틴어로 다시 번역하였다. 1980년 3월30일에 교황 요한 바오로 2세는 막 출발된 라틴어 성경을 필자에게 전달하였다. *Novum Testamentum et Psalterium juxta novae Vulgatae editionis textum, Typis Polyglottis Vaticanis*, 1974.
4) A. v. Harnack, 1972, 32.
5) Theodoret, Graec. affect. cur. V., zit. n. Harnack, 1912, 64.

었다. 이미 2세기부터 하나님의 세계통치, 구원론, 윤리, 최후심판과 같은 성경의 가장 중요한 요점들은 신앙고백, 교리문답 안내서(Manualen)를 총괄하고 있다. 가장 잘 알려진 예로서 초기 로마(Symbolum Romanum)와 사도들의 가르침(Didache ton Apostolon)이 있다.

고대교회 변증가들과 사도적 교부(postolischen Vätern)들이 만든 성경적 문서들은 학자들에게 신앙 권면과 변증적 기초를 세우게 했다. 그것은 성경지식이 교회의 경계선을 넘어서서 학자 층에까지 확대되기 시작했던 것을 전제한다.

이와 같은 것은 하르낙(Adolf von Harnac)이 "고대교회의 개인적인 성경 사용"으로 표기하고 그가 항상 근본적으로 연구한 것과 관련된다.[6] 이미 일찍이 독서에 정통한 기독교인들이 가정에서 필요한 성경적 도서들을 만들기 시작하였다. 파피루스 두루마리는 적어도 유복한 사람들이 지불할 수 있는 값으로 살 수 있었다. 더 가난한 교인들은 스스로 베껴 써야 했다. 이렇게 구약과 신약의 서신들과 복음서들을 점차 자신의 신학 도서실(Bibliotheca divina)에 갖다 놓았다.

기독교인들은 아침, 저녁으로 또는 낮의 휴식 시간이나 그들의 가정경건회 시간에 성경을 읽었다. 그들은 그들의 교회 지도자로부터 그렇게 하도록 독촉을 받았다.[7] 그러므로 유대교 전통이 유지되게 한 것이다.[8] 이와 상응하여 고대교회의 어린아이들은 어릴 때부터 성경내용을 확신하게 되었다. 일곱 살부터 여아는 시편을 외우고 사춘기까지는 성경전서를 다 읽었어야 했다. 부인들은 남자들처럼 성경에서 매일의 과제를 읽고, 하나님께 아주 헌신한 사

---

6) A. v. Harnack, *Über den privaten Gebrauch der heiligen Schriften in der Alten Kirchen*, Leibzig, 1912.
7) 오리겐은 그의 설교를 통하여 기독교인들에게 하루에 한 두 시간씩은 가정 성경공부에 바치라고 엄명한다. 그것은 지식인 사제나 평신도 모두에게 해당된다. 비교: 그의 책 *De pricipees*, 특별히 제 4권을 보라.
8) 딤후 1:5과 3:15에 바울은 그의 제자들에게 어릴 때부터 – 즉 그의 회심 이전에 – 그의 유태인 모친과 그의 외조모로부터 성경말씀을 배웠다는 것을 기억하게 한다.

람들은 매일 기도와 묵상과 강독으로 수 시간을 보내야 했다.[9] 고대교회의 주교들은 성경자체가 결정적으로 영적인 설득 능력과 교육적인 힘이 있어 기독교인들은 – 성령의 조명으로 – 이것을 개인적으로 읽을 때 그릇되지 않게 가르침을 받을 수 있다고 확신하고 있었다. 그들은 동시에 공예배에 성실하게 참석하고, 논쟁적인 해석에 대해서는 주교들의 권위 있는 가르침을 준수한다는 것을 전제하고 있었다. 이에 관해 이레니우스(Irenäus)는 "교회로 그의 피난처를 삼고, 그 품에서 양육 받고 성경으로 양육 받게 하라…. 교회는 이 땅에 낙원(Paradies)으로 심어졌다. 낙원의 모든 나무들에게서 너희는 먹을 수 있다. 이는 모든 성경말씀을 의미한다"[10]라고 언급하였다. 변증가들과 고대 교부들은 신자들이 지속적으로 성경을 읽었고, 그래서 그들의 영적 이해와 판단 능력과 분별능력은 영지주의자들과 말시온주의자들의 그릇된 주장에 의해서 강화된다고 간주하였다. 이미 바나바 서신에(21:6) 모든 기독교인들은 하나님에게서 배운자들이고 그들은 주님이 우리에게 요구하신 것을 탐구한다고 하였다.

특히 기독교인들에게 자유로이 인용하거나 낭독한 성경본문을 그들의 이웃들에게 자신의 믿음으로 전하며 증거하고, 그것을(행 17:11과 같이) 자신의 확신에 의해 판단하고자 노력하였다.[11] 이렇게 초기 교회의 성경확산 시기에 성경은 많은 이방인 지식층에 중요한 기독교 선교사가 되었다. 저스틴(Justin)과 타치안(Tatian)과 테오필루스(Theophilus)는 그들 스스로가 성경연구를 통하여 예수 그리스도를 믿게 되었다고 증거하고 있다.[12] 이방인 독자들이 이 결정적인 문서에 대해 결정하지 않았을 때, 그래도 성경은 내적 충돌을 일으키게 하고 더 숙고하게 하거나 또는 이방인 철학과 셀수스(Celsus) 같이 – 강력한 토론을 야기하였다.

---

9) A. v. Harnack(1912, 86f) unter Hinweis auf Hieronymus(ep. 54, 107 u. 128) sowie Basilius(ep. 296) und Chrysostomos(Homil. XXI in ed Ephes. T XI, 160).
10) Irenäus V. 20, 2 deutsch zitiert nach v. Harnack(1912, 37).
11) So z. B. der Apologet Aristides Apol. 16.
12) Justin Dial. 7; Tatian Orat. 29; Theophilus ad Autol. I, 14; Hinweis bei Harnack, 1912, 30.

종합하면 콘스탄틴 이전의 교회나 그 이후에도 성경은 아주 중요한 위치에 있었다. "그것은 모든 사람을 위해서와 모든 개인을 위해서 신앙, 규율, 삶 그리고 지식의 책이다. 오리겐 학파는 성경을 세상 창조 이래 두 번째 하나님의 창조물이라고 판단하였다. 교회의 원리에 의하면 모든 사람은 오직 하나님으로부터 배웠다. 그 의미는 성경 안에서와 성경으로부터 매일 영혼의 양식을 얻어서 산다는 것이다.[13] 신앙은 성경 강독내용의 경험에 의해서 성숙된다. 로마제국 시대의 이방 주권자들도 역시 곧 성경 문서의 이러한 의미를 기독교인들의 생동하는 신앙과 교회의 모임을 통해 주목하게 되었다. 그러므로 그 첫 번째 기독교 박해 시대의 핍박 방식은 그들의 성경을 압류하는 것이었다. 저항적인 신자들은 그러한 어두운 기간을 다만 과거에 외웠던 성경구절로 이겨냈다. 여러 사람들이 놀라운 능력을 증거 했다. 예를 들면 – 팔레스틴에서 처형당한 – 소경 이집트인 요한네스(Johannes)는 신구약성경전서를 다 암송할 수 있었다.[14]

게르만족과 슬라브족 선교 역시 그 초기부터 적어도 성경의 일부를 그들의 언어로 번역한 것이 효과적이었다. 341년에 니코메디엔(Nikomedien)의 유셉(Euseb)으로부터 고튼족의 주교가 된(후기는 서고튼족에 의해 납치당해 투옥되었다) 카파도키아의 울필라(Wulfila gr. Ulfila: 311~383 A.D.)의 번역은 유명하다. 그는 성경전서를 그리스어에서 고틱어로 번역하였다.[15]

9세기 중엽에 두 명의 그리스 형제 메토디오스(Methodios –885)와 콘스탄티누스(Konstantinos), 퀴릴로스(Kyrillos, 830 –869)는 매렌(Mähren)과 판노니엔(Pannonion)에서 슬라브족의 사도(Apostel der Slaven)로 사역하였다.[16] 그들은 성경의 일부를 그들의 언어로 번역하였고, 그들 자신의 알파벳, 즉 퀴릴적 내

---

13) A. v. Harnack, 1912, 59.
14) Eusebious, Mart. Pal. 13.
15) 이 번역의 일부가 6세기의 Codex Argenteus 형태로 남아 있고, 이 값진 문서를 오늘날 웁살라 대학 도서관 Carolina Rediviva에 진열했다.
16) L. Götz,1897, 성 Methodios 죽음 1100년 기념일에 정교회는 이 두 개척선교사의 유산에 대한 새로운 의무감으로 자극되었다. I. Bria(Hg.), 1986, 65 –68.

지 고대 슬라브어 철자를 만들었다. 그 철자는 오늘날 러시아어의 근간이 되었다.

그와 대조적으로 로마 가톨릭교회는 중세부터 20세기 초까지 성경번역에 별로 힘쓰지 않았다. 심지어 타민족에 세속주의와 분리주의적 추세에 대한 두려움 때문에 성경을 보급하지 않았다. 그래서 종교개혁 이전에 이미 성경을 서구 민족의 언어로 번역하려는 운동이 일어났다. 그러한 활동은 널리 알려진 옥스퍼드 신학자 존 위클리프(John Wycliff 또는 Wiclif: 약 1320 – 1384)이 모범을 보였다.[17] 그는 가장 확실한 개혁운동의 선구자이고, 그 자신의 성경연구를 근거로 일찍이 중세교회가 그 형태나 가르침이 사도적 교회와는 큰 차이가 있다는 것을 알게 되었다. 초기(반교황적)교회법적 개혁추구로 – 그는 정부와 민족의 뜻과 프란체스코 구걸수도사들이 원조를 받아 – 1378년에 가톨릭교회의 가르침에 비판을 가하였다(성직 계급과 화체설에 관하여). 그는 처음으로 성경을 교회의 규범으로 강조하였다. 그것을 위해 그는 (Hereford의 니콜라우스와 함께) 불가타(Vulgata)를 영어로 번역하기 시작하였고, 성경을 사도들의 본을 받아 영어계 종족들을 복음화하기 위하여 "가난한 설교자들"(성직자들과 평신도들) 소위 롤라르덴(Rollarden, 대적자들이 험담하는 이름, "가라지 뿌리는 사람들")에게 보냈다. 그러자 곧 그들에게 큰 핍박이 일어났고(1385) 그들은 지하로 숨었다. 위클리프은 지하 가정의 보호를 받으면서 혹독한 이단 정죄를 이겨냈다. 그의 죽음 이후 그는 콘스탄츠 회의에서 잔 후스(Jan Hus)와 함께 이단자로 정죄 받았다. 발굴된 그의 뼈는 1428년에 화장되었다.

1934년에 타운센트(W. Cameron Townsend)는 종교개혁보다 앞섰던 영국의 유산을 새로이 결실하기 위한 위클리프 성경번역회를 만들었다. 그들은 성경 번역을 통하여 복음이 전파되지 않은 모든 민족에게 복음을 가져다주려고 매진하고 있다. 또한 그들은 롤라르덴의 검소한 생활을 받아들여 문화적으로

---

17) G. Lechler, 1973; G. Benrath, 1966.

외지고 미개한 종족을 위해 헌신한다.[18]

2) 개혁시대의 성경

앞에서 잠시 언급한 바와 같이 새로운 교회시대와 선교시대가 성경번역사의 돌파로 인해 시작되었고, 마틴 루터는 독일어로 성경을 번역하였다. 다른 공로들은 놓아두고라도 성경번역은 개혁자들의 가장 중심적인 사역이고 활동사적으로 가장 중요한 사역이다. 그 중요성도(루터교적, 개혁주의적, 재세례교회적) 새로운 개신교적 신앙의 경계선을 넘어섰다.

유쾌한 법학도로서[19] 끔찍한 사건을 체험했던 마틴 루터(1483-1546)는 수도원에서 여러 해를 도덕적으로 불안하게 보냈다. 이로 인해 한 수도사로서 그는 에르푸르트(Erturt) 골방에서 그리고 비텐베르그(Wittenberg) 성경신학교 수로서 깊은 성경연구를 통해 큰 구원론적인 깨달음에 이르렀다. 특히 로마서는 (이미 이전 교부 어거스틴과, 이후 부흥 설교가 존 웨슬리의 구원체험을 위한 도움이 되었다) 그의 성경묵상의 기초가 되었다. 로마서 1:16 이하와 3:28 이하는 그에게 열쇠가 되는 구절들이다. 이 말씀에서 그는 하나님의 심판의 실체에 관한 고통스러운 질문에 실존적으로 자유하는 해답을 얻었다. 그 실체는 가혹하게 복수하는 심판자의 계명이 아니라 그의 아들 예수 그리스도의 희생을 통해서 우리 대신 율법의 거룩한 요구를 이루신 하나님의 은혜이다. 그러므로 죄인은 행위에 의해서 그의 죄 된 소행을 의롭게 해야 하는 것이 아니라, 그는 복음을 믿고 죄 용서와 하나님의 자녀됨을 받아들임으로써 행복한 변화를 경험하는 것이다. 이 바울적 구원의 복음은 신 존재에 대한 스콜라 철학적 사색과 Juris Canonici 사본의 중요성 때문에 중세 신학사에서 여러 경우에 배제되었으나 루터의 탑 체험(Turmerlebnis)으로 인하여 새롭게 조명되었다. 그러므로 그는 바른 신학을 하나님의 선물이라고 말한다. "바른 신학은 성경에

---

18) C. W. Hall, 1959; E. E. Wallis/M. A. Bennet, 1964.
19) H. Boemer, 1951, 30-40.

유일한 근원을 둔다." 이것은 우선적으로 이해에 있지 않고 전인간적인 산 체험으로 말미암는다. 이것 외에도 바른 신학은 문서신학과 체험신학이다.[20] 그 때부터 루터의 구원관은 1517년 10월 31일(그의 항목들을) 공공연히 발표하기 전에 그의 모든 성경해석의 해석학적 열쇠가 되었다. 특히 로마서, 갈라디아서, 시편을 그는 강의에서 두 번(1513-1315년과 1518-1521년)이나 가르쳤다. 루터는 16세기와 그 후의 수백 년간의 교회사를 위한 바울복음의 재발견자가 된 것이다. 그것은 먼저 개신교를 위해서 그리고 가톨릭교회의 해석학에서 그의 성경이해의 중심인 "오직 믿음으로만"(sola fide)의 칭의론은 옳다고 인정된다.[21]

루터는 1521년 보름스(Worms)의 국회(Reichstag)가 왕과 국회의원들 앞에서 교회와 충돌한 제목에 대해 책임을 지우고 위협적으로 그에게 취소시키려 하자 루터는 성경을 최고의 교의법원이라고 변호하였다. 그가 성경의 증거와 명료한 이성적 근거로 반박하지 않았다면, 그는 자신이 양심적으로 인용한 성경구절들에 대해 대항한 기독교인이 벌 받지 않고는 그렇게 행할수 는 없다는 것을 알았을 것이다.[22] 이 유명한 고백과 함께 마틴 루터는 극단적으로 개인적 위험을 무릅 쓰고 그를 따르는 모든 기독교인들을 위해 성경원리를 보좌 위에 올려놓았다. 그 뜻은 성경이 최고의-모든 다른 교회와 신학적 권위들을 능가하는-고등법원(Appellatations in stany)이라는 말이다. 오직 성경만이 기독교인의 행위를 위한 방향과 의무를 지시하는 교사이고, 재판관이며 자비하신 하나님의 사자이고 또한 그의 계명의 고지이다.[23]

이 과정이 지난 몇 일 후 황제의 파문과 교황의 추방으로 루터는 고향으로 가는 길에 색슨의 선제후 프리드리히 데스 바이젠(Friedrich des Weisen)의 군

---

20) W. von Woewenich, 1948, 219.
21) U. Wilckens, 1978, 247.
22) M. Brecht, 1981, 438f.
23) E. Lohse, 1983, 49; Gehard Ebeling은(1960, 499) 이미 루터가 1509-1510에 쓴 어거스틴과 Petrus Lombardus 저서들의 각주에 하나의 예리한 반철학적 입장을 묘사하고 그와 상응하여 강력하게 성경의 권위와 그 언어를 사용했다고 강조하였다.

대의 보호로 튀링겐의 바르트부르크(Wartburg)로 납치되었다. 거기서 그는 무명의 융커 외르크(Junker Jörg)로서 계속 개혁사역을 추진하고 기도하며 숭고한 문헌을 정리할 기회가 있었다. 그가 1521년 12월 살며시 뷔르템베르크(Wittenberg)를 방문했을 때 그의 동료가 신약성경을 독일어로 번역하는 일이 복음전파를 위해 피치 못할 일이라고 하며 급히 번역을 요청하였다. 루터는 곧 이 일을 착수하여 3개월 내에 끝냈다. 이때 그는 용감하게 기회를 잡아 뷔르템베르크(Wittenberg)에서 그의 유명한 사순절의 첫 주일 설교를 하고 개신교 운동에 끼어든 광신자들을 대적하였다.

루터의 독일어 성경번역은 처음으로 그리스와 히브리어 원서에서 번역한 책이다. 루터는 그의 신약성경번역을 위해 에라스무스(Erasmus von Rotterdam, 1466–1536)가 준비한 그리스어 원서 Textus Receptus를 사용하였다. 난해구를 위해서는 불가타(Vulgata)의 도움을 받았고, 불만족스러운 이전 독일어 번역가로부터는 도움을 받지 않았다. 이전 독일어 번역가의 그릇된 점은 무엇보다도 라틴어 본문과 독일어 본문의 형식적 등가를 위해 노력했던 점이다. 그러므로 단순한 독자들은 그것을 이해하기 힘들었다. 루터는 이와 대조적으로 20년간을 실존적으로 성경의 영적 세계에 살고 있었고 바로 어제 쓴 것과 같은 글을 남겨 놓았다.[24] 그는 가끔 – 특히 후기에 번역한 구약은 더 그렇다(1530년 완성) – 큰 언어학적 난관에 빠졌다. 때때로 한 개의 히브리어 개념에 꼭 맞는 독일어를 찾느라고 일주일이 걸렸다.[25] 특히 중유럽과 근동지방의 자연과 문화 사이의 차이를 극복하기가 힘들었다. 그러나 그가 그의 조력자와 함께 항상 극도의 노력을 기울인 것은 독일 성경 독자들이 성경의 세계와 우리를 분리하는 레싱(G. E. Lessing)의 그 악명 높은 추한 무덤(Garstigen Graben)의 느낌을 다시는 일어나지 않도록 하는 것이었다.[26]

루터에게는 성경번역이 탁월한 선교적 사명이었다. 그에게는 그것을 성취

---

24) H. Bornkamm, 1979, 54.
25) WA 30 II. 636, 15–18.
26) 루터의 번역원리에 관해서는 S. Reader, 1983과 B. Stolt, 1983을 비교하라.

하기 위한 세 가지의 놀라운 전제들이 있었다. 첫째는 그의 개인적 연구와 영적 체험으로 성경의 진술과 개념에 대한 신학적인 깊은 조예가 있었다. 둘째로 그는 구사능력과 원본을 아름다운 시적 독일어로 옮기는 섬세한 감각이 있었고, 셋째로 독일 성경은 독자들에게 국민적 친밀성이 있었다. 그는 그 후 우리의 주제에 아주 깊은 의미가 있는 "통역관이 보낸 편지"(1530)[27]를 통해 번역 원리에 관해서 묘사하고 있다. "집에서 어머니에게, 골목길에는 어린아이들에게, 시장에서는 사람에게 질문하고, 그들이 어떻게 말하고 통역하는지 그 입(Maul)을 쳐다본다. 이렇게 그들은 독일어로 말하는 것을 알아 듣는다." 루터가 본다고(sehen)고 한 것은 문자적으로 담화 과정만을 의미하는 것이 아니다. 오히려 그는 이와 더불어 자주 성경 이야기 자체에 묘사된 활동들을 의미한다고 한다. 예를 들면 구약에서 희생제물로 한 마리의 양을 잡는 것과 관련된다.

한 성경번역가가 성경 자료에서 언급된 여러 측면의 자연, 문화, 기술영역의 바른 개념을 얻기 위해 얼마나 포괄적인 교육을 받아야 하는지는 분명하지 않다. 이를 위해 루터는 다양한 분야의 전문가들의 조언을 받았다. 성경본문에 충실하고, 현재 독자가 이해할 수 있고, 그러면서 본문이 예배의식으로 낭송될 때 울리는 거룩성에 대한 경외감이 울어나는 것이 루터의 특별한 번역원서 들이다.

이렇게 그의 성경번역은 후에 다른 언어로 번역하는 데 고전적인 모범이 되었다. 그것은 그 지역교회와 민족의 삶을 위한 동일한 기초적인 의미를 갖게 되는 것이다. 즉, 영국의 킹 제임스 바이블이나 스웨덴의 구스타브 바사 바이블(Gustav Wasa-Bible)처럼 그가 번역한 성경이 독일 개신교회를 위해서 높은 교육적 가치를 갖기 때문에 루터는 또한 여러 방언이 뒤섞인 독일의 높은 문화적 언어의 창조자가 되었다. 그의 가장 중요한 토대로는-유일한 토대는 아니고-당시 색슨족의 법률 언어를 택하였다. 루터는 그의 성경번역에 이색

---

27) WA 30 II, 637; Moderne Fassung, in Luthers Deutsch. Bd. 5. 73.

적인 언어로 독자에게 불필요한 충돌을 일으키지 않으려고 노력했다. 그와 동시에 자연인에게 항상 불쾌하거나 미련한 것으로 보이는(고전 1:23) 하나님의 복음의 깊은 내용이 삭감되지 않도록 했다. 이 예술품은 노력 없이 이루어지지 않았다는 것을 그는 아래에 묘사하였다.

> "나의 사랑하는 사람들이여, 나는 번역할 때 명료하고 분명한 독일어로 번역하려고 애를 썼습니다. […] 이제 독일어 번역이 완성되었으니 누구든지 읽고 확실하게 알 수 있게 되었습니다. 누구든지 3 - 4쪽을 눈으로 읽어 내려가도 하나도 이해하지 못할 부분이 없을 것입니다. 우리는 여러분들이 쉽게 통과할 수 있도록 그 곳에 놓여있는 돌들과 나무토막을 정비하느라고 땀 흘려 번역하고 염려했습니다. 이제 잘 다듬은 곳들을 통과할 때 전에 거기에 어떤 돌들이나 나무토막들이 놓여 있었다는 것을 전혀 의식하지 못할 것입니다."[28]

다만 하나님의 계시말씀을 주의 깊게 듣는 것과 듣는 자들의 헌신적인 사랑은 선교사역의 두 가지 전제이며, 이것이 그를 책임 있게 사역하도록 할 수 있었다. 그런데 그는 단번에 끝내지 않았다. 오히려 그는 곧 원본을 더 나은 신학적인 이해로 본문을 완성시켜야 했고 더 나은 이해를 위해서 항상 재교정해야 했다. 그는 두 가지를 염두에 두고 진행했다. 그 하나는 의사소통 (전달) 문제였다. 독자에게 독일어 본문이 정말 이해될 수 있게 하려고 루터는 위에 언급한 "통역관이 보낸 편지"(각주 27, 역주)에서 알 수 있듯이 이미 자신을 "역동적 등가"(dynamisches Äquivalenz)의 대안으로 인정했다. 그는 물론 유진 니다(Eugene Nida)[29]가 이미 언급했던 이 개념을 알지 못하고 있었지만 루터는 가능한 한 히브리어나 그리스어 단어에 최대로 적합하고 정확하게 독일어

---

28) WA 30 II, 636, 15 - 25.
29) E. A. Nida, 1960, 49f; Ders. 1964; Zum Thema "dynamische Äquivalenz" vgl. W. A. Smalley, 1961, Kap. 6 u. 7.

로 표현하였다. 왜냐하면 그러한 내용상의 정확한 상응성은 많은 경우에 없기 때문이다. 불행히도 히에로니무스(Hieronimus)는 그의 불가타(vulgata) 번역에서 그런 것을 주목하지 않았다. 그러므로 그가 번역한 많은 라틴어 신학적 중심개념에서 깊은 히브리어적인 또는 그리스어적인 원래의 깊은 개념을 놓쳐버렸다. 그것은 필연적으로 평범한(천박한) 복음이해로 이끌었다. 그에 반하여 루터는 원서에 있는 의미를 가능한 한 힘있고 인상적인 독일어 표현으로 살려 내려고 하였다. 잘 알려진 예로 루터는 "Ex abundantia cordis os loquitur"(마 12:34)를 직역한-거의 이해할수 없는-"마음의 넘침에서 입은 말한다"(Aus dem Überfluß des Herzens redet der Mund)라는 문장을 여러 번역들을 연구한 뒤에 결국 격언적에 있는 "마음에 가득한 것이 입으로 흘러나온다"(Wes das Herz voll ist, des geht der Mund über)[30]로 번역하였다.

　루터 번역의 특징 중에 또 다른 한 가지는 신학적인 것이다. 그는 구약과 신약성경이 밀접성을 가질수록 성경은 그 자체에 인상적인 명백성(claritas)[31]이 있다는 것과 성경 전체가 하나의 중심 복음에 연합되어 있다는 하나님의 뜻을 더욱 더 분명하게 확인했다. 루터는 이 성경 전체의 목표를-아마도 후에 벵엘(J. A. Bengel)이 항의한(s. u. 4장 2c) 일종의 개인적인 구원론으로 축소된 시각으로-죄인 구원의 복음에서 인간에 대한 하나님의 목표로 탐지하였다. 그는 이 확신을 그 자신의 길고 무거운 영적 체험에서 얻었고, 그것을 항상 새로운 시도로 다시 입증하였다. 그가 더 오래 묵상할수록 그리고 기도하면서 성경에 파고들수록(Oratio, Meditatio, Tentatio) 이 복음이 그에게 모든 그의 글들의 중심에 들어왔다.[32] 그러므로 그는 단어 선택과 성경본문을 신학

---

30) Züricher Übersetzung: "Wovon das Herz voll ist, davon redet der Mund". Burns: "Der Mund spricht nur das, was das Herz erfüllt."
31) Vgl. F. Beisser, 1966; B. Bothen, 1990; A. Buchholz, 1993, 74-139.
32) 예외로 젊은 루터의 판단에 야고보서와 유다서, 히브리서와 요한계시록은 그의 첫 신약전서에서 두 번째 경전으로 끝부분에 놓았다.(s. u. 7장 1d). 비교: 1522년 9월 성경의 신약성경 서문. 루터 정통신학은 이 성경의 개체적 문서에 대한 루터의 비판을 확실한 이유를 가지고 따르지 않았고, 그러므로 후기 성경은 그의 비판적인 논평 때문에 루터의 서문을 인쇄하지 않았다. Lohse, 1983, 60.

적으로 번역할 때 항상 모든 언어의 형태들을 규정하였다. 루터에게는 성경 번역에 합당한 사람이란 오직 영적인 복음이 먼저 자신에게 임해야 하고, 거듭난 신앙적 체험이 있어야 한다는 것이 절대적이었다 "아! 통역이란 훌륭하고 신성한 하나의 예술이 아니다. 거기엔 참으로 경건하고 진지하며 근면하고, 두려워하며, 기독교적이고, 유식하고, 경험적으로 습득된 마음도 있어야 한다."[33] "루터는 그의 두 번째 시편 강의 끝에 성경교사는 두 가지, 즉 성경의 언어 지식과 성령이 있어야 한다고 말했다."[34] 후기 경건주의적 개념인 거듭남의 신학(Theologia regenitorum)은 루터의 번역 칭의(traslatio justification)에 맞는 것이다. 믿음으로 의롭다함을 받은 그리스도인이라는 말이다. 이러한 영적인 일치는 성경에 대한 관심을 촉진하였고, 그 선포된 구원 역사가 오늘날 성경번역가가 필요한 아름다운 개념으로 아버지의 말씀에서 모국어로(Wort des Vaters in die Sprache der Mutter) 마음속에 온전하게 옮겨지기를 추구하였다.

이 루터의 번역은 무엇보다도 후기 시대와 문화에서 대성경번역가와 성경해석가들로 나누어졌다. 그것은 루터의 신학적 해석과 지식을 무시하거나 오직 의사소통 측면만 중요시하는 곳에서 시작되었다. 그것은 성경의 영적 완전성에 의해서 도달해야 했다.[35] 그러므로 그것이 뛰어나게 성공적인 새번역이기 때문에 역동적 등가(dynamischen Äquivalenz)의 시각에서 기독교회에서 받아들이지 않았다는 것은 아마도 놀라운 일이 아니다(비교: 요 10:4).

독일어로 된 성경은 종교개혁을 통해서 다시 나온 초대교회 복음을 인간의 마음에 지니거나 개신교회적 삶을 공급하고 형성하는 실제적 기초가 되었다. 무엇보다도 종교개혁적인 복음은 개신교도의 가정생활에서부터 경건주의 시대까지 개인적인 성경강독을 통해서는 별로 전달되지 않았다. "성경 공부

---

33) WA 30 II, 640, 25-28.
34) S. Reader, 1966, 154.
35) S. Raeder는 루터의 통역관이 보낸 편지에서 세 가지의 방법론적 원리들을 제시하였다. 그것을 형식에 담으면 "a) 철자의 자유 b) 철자의 연결 c) 본문의 뜻과 사실의 분명한 표현이다." 그 뜻은[…] "루터는 많은 경우에 성경이 의미하는 것 때문에 비독일어적 본문묘사를 유지하는 것이 필요하다고 하였다."

는 우선 신학자들의 일로 남아 있었다."[36] 성경말씀은 오히려 간접적으로 열린 예배에서 행하여지는 설교나 성경봉독을 통해서 교회교육이나 상담을 통해서, 잘 읽혀지는 가정용 설교집이나 최소가 아니라 최고의(last but not least) 개신교회의 찬송가집을 통해서 들을 수 있었다. 역시 마찬가지로 성경적 복음의 확장을 위해 중요한 것은 성경자체가 종교개혁의 찬송들이 되었고 후에 바울 게하르트(1607-1676)의 이해하기 쉽고 경건한 찬양으로 복음이 기독교인의 마음속에 깊이 전달되었다. 이렇게 종교개혁 이후에 성경이 다방면으로 사용됨으로 성경은 항상 새로운 민족어로 번역되고, 언제나 선교역사에 일어났던 것과 같이 그리고 점차 더 강화되었듯이 복음은 확장되었다. 교회에서 매일 모국어로 사용하는 성경! 이것이 개신교회의 본질을 설명해준다. 모든 교파(Denominationen)[37]가 속해 있는 개신교회는 무엇보다도 말씀의 교회(Kirche des Wortes)[38]로서 복음화와 세계선교를 할 수 있는 능력이 있고, 또 이 사명을 위해 부르심을 받고 있는 것이다. 왜냐하면 말씀을 바로 이해하면, 항상 교회 공동체를 넘어서서 세상으로 파고들어 가기 때문이다. 본래 종교개혁적 개신교회의 중요성은 선교에 놓여 있다.

이러한 지식을 그의 생애 동안 실천에 옮겼던 루터의 첫 추종자는 크라이너의 종교개혁자인 프리무스 트루버(Primus Truber, 1508-1586)였다. 라이바하(Laibah)에서 출생한 신학자는 일찍이 종교개혁의 가르침을 그의 사랑하는 민족인 슬로베닌(Slowenen)과 크로아틴(Kroaten)에게 설교하였다. 그럼으로 반 종교개혁자인 주교로부터 비난을 받자 그는 자신을 로텐부르크(Rothenburg)의 설교자로 칭하고 1548년부터 그가 새로 번역한 슬로베니아어로(Slowenischen) 소요리문답(Kleinen Katechismus)을 인쇄하였다. 동시에 그는 - 쏘넥(sonneck)의

---

36) K.-F. Daiber/I. Lukatis, 1991, 32.
37) "스위스 종교개혁 이래 성경공부가 무슨 의미가 있는지 생각해 보면 취리히(Zürich)에 있던 츠빙글리(Zwingli)에 의해 소위 "Prophezei"가 설립되었다. 그것은 취리히 신학자들의 월간 성경연구에 첨부된 열린 교회의 설교로 시작된 것이다. R. Pfister, 1961, Sp. 636.
38) 개신교는 루터의 본을 통해 "성경적인 경건운동"의 한 종류로 보였다. 그의 역사의 후기에도 그는 거듭 이 기본 임무를 회상하였다. 개신교에서 거듭 개혁운동이 일어나는 것과 그의 여백에[…] 이 항목이 새로운 활력을 일으키도록 힘썼다. K.-F. Daiber/I. Lukatis, 1991, 31.

남작 한스 폰 운그나드(Hans von Ungnad)와 함께 – 성경을 세 개의 남슬라브어, 즉 윈디어(Windisch)와 크라바티어(Krabatische)와 키릴어(Cirulisch)로 번역하였다. 그는 1566년 튀빙엔 근처 데렌딩겐(Derendingen)에서 목사로서 사역할 때에 뷔르텐베르크(Württemberg)의 공작들, 크리스토프(Christoph, 1550-1568)와 루드비히(Ludwig, 1568-1593)로부터 크게 환영받았다. 의미있는 것은 경건주의자 트루버(Truber)가 슬로베닉(Slowenischen) 천주교 신자의 개혁을 위해서만이 아니었다는 것이다. 그의 희망은 오히려 "터키와 터키 국경에 사는 선량한 민족에게" 개신교의 부흥을 통하여 신앙적으로 터키인 앞에서 좋은 답변과 변증을 하는 것이었다. 이는 루터도 표명하였던 선교사상이다. 트루버는 이사야 11장과 데살로니가후서 2장의 번역을 통해 무하마드와 적그리스도의 나라와 신상이 […] 오직 하나님 아들의 말씀을 통해서 쇠하여지고 파괴될 것이라고 예견하였다. 그러므로 트루버와 그의 통역자들은 2만 5천 장 이상의 인쇄된 남슬라브어 성경을 터키인들이 사용하게 하였고 그리고 (실현하지 못한 계획인) 터키어 번역까지 제작하도록 하였다.[39]

유감스럽게도 이 복음의 선교적 확장에 대한 인식은 마틴 루터의 생애 동안이나 그후 루터적 정통주의 시대에도 실현되지 못했다. 세계선교는 당시 대부분의 교회 지도자들이나 신학자들에게 의식되지 못했다. 칼 홀(Karl Holl) 이래 동시대 루터 신학자들은 예수회 추기경 로버트 벨라미니(Robert Bellamini, 1542-1621)의 가톨릭적 비판에 대해 (이는 후에 개신교 선교학자 구스타프 바르넥<Gustav Warneck>이 떠맡았다).[40] 여러 방면으로 루터를 변호해야 했다. 루터와 그의 개신교 추종자들은 가톨릭 수도원의 선교사역에 비해서 비교할 수 있을 만한 선교사역을 하지 못했다.[41] 이러한 노력들은 데이비

---

39) P. Truber, 1562, abgedruckt bei O. Sakausky,, 1989.; Auszug auch bei W. Raupp, 1990, 49f; Zum Biographischen: M. Rupel, 1965.
40) G. Warneck, 1910, 8-17; Ähnlich E. Schick, 1943, 14.
41) K. Holl, 1928, 237-239; W. Holsten, 1953, 1f.11; H. W. Gensichen, 1060, 122; J. A. Scherer, 1987, 65f; Ingemar Öberg, 1982, 25-42.

드 보쉬(David Bosch)[42]가 올바로 진술한 바와 같이, 하나의 경직된 변증적 성격에 있다. 그것이 정말로 역사적으로 행해지지 않았다는 것을 나중에 차감할 수는 없다. 이 상술한 역사적 상황은 그 자체로 납득할 만한 이유를 가지고 있다. 그러나 루터나 그의 추종자들은 교회정치적 상황으로 인한 선교적 마비에 대해서 한 번도 슬퍼하지 않았다는 것을 부정하지도 않고, 또 루터 정통주의 대표들이 그리스도의 선교명령의 유효성에 관해서 분명하게 부정했다는 것을 변호하지도 않는다.[43] 여기에 개신교회를 선교사역자로 계몽하고자 했던 벨츠의 유스티니안 프라이헤어(Justinian Freiherr von Welz, 1621-1666)는 비참한 상황이 되었다.[44] 루터교 조직신학자 필립 니콜라이(Philipp Nicolai, 1556-1608)[45]의 신학적 공정성과 개신교적 수용력에 대해서 사람들은 그를 개신교 선교사역의 결핍에도 불구하고 동시대적 로마 가톨릭과 정교회의 선교사역 결과들을 철저히 긍정적으로 평가했다고 했다. 그것은 에큐메니칼 비전이기보다는 오히려 종교개혁적 신앙에서 판단된 것으로, 하나님의 말씀의 능력이 인간의 사역과 관계없이 역사할 것이며 그래서 고백적인 연합이 이루어질 것으로 본 것이다.

현대 루터 변증가들이 말씀의 능력을 이해하고 오직 은혜와 믿음으로만 죄인을 의롭게 하시는 하나님의 복음을 온 세상에 전파해야한다고 이해함으로써 말씀에 놀라운 선교능력의 원동력이 있다는 것을 이끌어낸 것은 옳다.[46] 그것은 루터 시대에 이미 종교개혁의 좌익으로 알려진 재세례운동

---

42) D. Bosch, 1991, 235f.
43) 뷔르템베르크(Wittenberg) 신학과는 1692년 4월 24일에 선교명령이 오직 사도들에게만 해당되었고 "개인적인 특권"이었다고 판정하였다(Consilia Theologia Witenbergiensia, Frankfurt/M. 1964, Teil I, 179ff). Wittenberg 대학교 Wetzhausen의 Erhardt Truckses des H. R. R. Grafen이라는 이름 하에 발송 중지된 종교사상(*Religions-Scrupel*, G. Warneck에 의해 발췌 인쇄, 1910, 27). Johannes Gehard(1637 사망)도 Philipp Nicolai의 책 *De Regno Christi* (1599)의 임명에 의해 쓴 그의 Loci Theologici 23차와 24차에서 논쟁하였다.
44) F. Laubach, 1962; Ders., 1989, 24-32.
45) W. Hess, 1962, 97-159.
46) 루터는 복음을 한번 물 속에 던지면 원형의 물결을 일으키고, 그것이 멈추지 않고 물가에 다다르게 하는 하나의 돌에 비교하였다. 즉 그것은 설교와 함께 전파 된다. 그것은 사도들을 통

(Täuferbewegung)의[47] 폭발력이 되었고 반세기 후에 경건주의의 복음적 구원관의 주관적 수용과 루터교 내부에서의 대확장 운동이 되었다.

루터적-종교개혁적 신앙관의 선교적 원동력은 이미 언급된 문서론과 구원론 이외에 세 번째 가장 중요한 가르침인 성도들의 보편적 제사장직이다. 왜냐하면 이와 효과적인 관계에 있을 때 두 개의 다른 요소들이 그들에게 있는 폭발력을 방출할 수 있기 때문이다. 이제는 성경이 더 이상 독점적인 교회 조직, 즉 주교와 신학자들에 의한 행정에 묶이지 않았다. 성경은 원칙상 성도들 개체의 손에 놓이게 되었고, 교인은 그로 인해 살아가게 되었다. 그래서 교회는 선교적 운동을 시작할 수 있었다.

무엇보다도 우리는 여기서 종교개혁의 원리인 "모든 세례교인의 제사장직"(Pristertum aller Getauften)은 루터 시대에 순수한 이론으로 머물러 있었다는 것을 분별력 있게 알아야 한다. 그는 불행하게도 그의 구원론적 지식에 상응하는 교회론적, 창조적 사역을 통해서 선교적 개시를 하지 못했다. 왜냐하면 그의 1526년 독일 미사 서언에서 그가 한탄한 바와 같이 그것을 위한 사람들이 없었기 때문이다.[48]

그는 일부 그르치기도 했고 그 안에는 루터 자신이 소개했던 "군주의 교회 통치"(landesherrliche Kirchenregement) 교회론을 통해 이질화되었다. 교회의 경계선과 세속 군주인 최고 비숍(summus episcopus)의 영역은 같았기 때문에 이방인 선교는-사실적으로-이방이 거기 거할 경우 제후 자신이 통치하는 곳 안에서만 가능했다. 그것은 예를 들면 스웨덴 왕국의 구스타프 바사(Gustav Wasas, 1555이래)의[49] 라프인(Lappen)들을 위한 선교나 또는 덴마크의 소유였

해 시작되었고 점점 확산되어 설교가들을 통해 세상 여기저기로 몰려간다. 핍박을 받으나 그 것을 들은 사람들에 의해 계속 전파된다[…]. 비교: H.-W. Gensichen, 1960, 119-125 역시 I. öberg, 1982, 34-38.-루터의 선교에 관한 설명을 잘 모아놓은 책은 W. Raupp (1990)이 편집한 *Mission in Quellentextes*, 13-20이다.
47) w. Schäufele, 1966.
48) M. Luther, 그러나 나는 아직도 그러한 교회나 모임을 배역하거나 세울 수 없다. 왜냐하면 그 것을 위한 사람들이 없기 때문이다.
49) G. Warneck, 1910, 23.

던 인도 서부 해안의 트랭크바(Tranquebar)에서의 힌두선교[50]에 해당된다.

3) 경건주의의 성경적 신앙과 증거 열정

선교의 본래적인 의미는 독일경건주의 발생으로부터 왔다. 그것은 루터의 종교개혁의 영적인 완성이고 변화이며, 성경의 추진력은 마침내 경계선을 뛰어넘으며 계발될 수 있었다.

경건주의에서는 초기부터 개인적 구원체험과 성경적 경건과 선교적 활동이 함께 진행되었다. 역사적 개혁 프로그램인 Pia Desideria[51]는 프랑크푸르트/마인 지역 목사들 동아리에서 필립 스페너(Philipp Jacob Spener, 1635-1705)[52]에 의해서 1678년에 발표된 것인데, 그는 첫 번째 논점으로 성경이 예배에서 필요하다는 것과 더 나아가 성경의 보급을 요청하였다. 성경은 가정에서 읽혀져야 하고, 교회 공동체는 특히 사도적인 모범을 따라 성경본문을 질문과 의견교환을 통해서 해석해야 한다. 이 대화에는 특별히 평신도가 참여해야만 한다. 두 번째 논점으로 종교개혁은 모든 평신도들의 제사장직을 강조하고 그것이 실행될 것을 요구하였다. 따라서 평신도들은 스스로 책임있게 성경을 읽어야 하는 것이 공동체적 전제가 되었다. 교회 속의 소교회들(Ecclesiolae in ecclesia)이란, 즉 성경에 관한 활발한 상호작용을 원칙으로 한 성도들의 가정공동체를 의미한다.[53] 이 평신도적 성경신앙 활성화는 곧 경건주의의 지도자를 성경 보급을 위해 파견되도록 했다. 칼슈타인의 칼 힐데브란트(Carl Hildebnand von Canstein, 1667-1719)와 함께 아우구스트 프랑게(August Franke, 1663-1727)는 1710년에 할레(Halle)에 하나의 효과적인 기구인 칼슈타인 성경교육기관을 세웠다 - 이것이 오늘날의 첫 번째 개신교 성서공회다. 교회 역사가인 쿠르트 알란드(Kurt Aland)는 (아래와 같이) 평가하였다.

---

50) Vgl. A. Lehmann, 1955.
51) Phlipp Jacob Spener, Neuausgabe 3, 1964.
52) J. Wallmann, 1982, 205-223.
53) K.-F. Daiber/I. Lukatis, 1991, 34.

의심할 것도 없이 경건주의는 대체로 - 특히 할레의 경건주의 방식으로 독일 개신교회에 성경을 보급하는 일에 기여하였다. 그것은 이전 몇 세대에 행해졌던 것을 능가하는 것이었다. 이는 특별히 교회에 해당되는 것이다. 이로 인해 이전에는 이와 같은 것을 알지 못했던 개인은 이제 성경을 계속 가까이 할 수 있게 되었다. 확실히 루터교 정통주의 신학자들도 역시 성경에 확신을 가진 사람들이었다. 그러나 경건주의 신학자들은 성경 사용의 강도를 더 하였다. 전에 점점 식어졌던 성경과 그 해석은 경건주의 속에서 신학연구의 중심이 되었다.54)

이 고전적 경건주의 신앙으로 신도들의 성경 중심적인 공동체 모임에 이단적인 성격이 전혀 없었다. 왜냐하면 그들은 처음부터 세상을 향해 강렬한 행동을 펼쳤기 때문이다. 그것은 다른 부류의 신앙인들과 연합적 관계를 맺었다 - 진젠도르프(Nikolaus Ludwig von Zinzendorf) 백작(1700 - 1760)의 형제 공동체(Brüdergemeine)를 들 수 있다 - 두 가지 영역에서 하나는 그들의 강한 사회봉사적 책임감이었다(diakonische Verantwortung). 할레의 프랑켄 지방의 공공사역이 그들에게 큰 직관적 판단력을 주었던 것이다. 다른 하나는 유럽 교회사에서 이방인 선교를 착수한 것이다. 그것이 덴마크 - 헬레선교(Dänisch - Halleschen Mission)이다. 그들은 - 독일 경건주의와 코펜하겐에 있는 덴마크왕국의 종교국과 영국 기독교인 지식진흥회(Society for the Promotion of Christian Knowledge <SPCK>)의 연합사역으로 - 1706년에 첫 개신교 선교사 두 명을 인도로 파송한 것이다. 그들은 프랑케(Franckes)의 제자 바돌로메우스 지겐발크(Batholomäus Ziegenbalg)와 하인리히 프륏차우(Heinlich Plütschau)였다.55)

덴마크 - 할레선교는 그 희망찬 시작과 그들의 역사적 번영과 그들의 비극적 패배를 볼 때 성경신앙과 선교적 권세의 포괄적 관계에 대한 고전적인 견

---

54) K. Aland, 1960, 24 -59.
55) W. Germann, 1868.

본이라고 묘사할 수 있다. 루터교 경건주의가 각성하여 첫 번째 한 일은 독일의 해외사절단 파견이었고, 같은 장소인 할레에 최초의 독일 성경학교를 세운 일이었다. 그것은 거의 동시에 진행되었다. 그와 상응하여 할레의 인도 선교사들은 성경번역을 첫 공동체 설립을 위한 첫 번째 사명으로 받아들였다. 지겐발크가 1706년 9월에 남인도 코로만델 해안(Küste Koromandel)에 도착하자마자 사랑스런 하나님의 말씀을 말라바르어(malabarischen)로 번역하겠다고 하는 그의 소원을 표현한 것은 선교역사상 의미있는 일이다.[56] 왜냐하면 비록 예수회 선교사들이 172년간이나 거기서 사역을 하였지만 지금까지 현지어로 된 성경이 단 한 장도 없었기 때문이다.[57] 지겐발크는 그 어려운 드라비다족의 관용어를 습득하자 곧 신약성경을 1711년 3월 31일에 타밀어로 다 번역하였다. 1719년 그가 조기 사망하기까지 구약성경을 룻기까지 번역해 놓았다.

지겐발크가 시작한 문서작업은 1720년(지겐발크의 죽음 후) 언어에 많은 은사가 있는 홀랜드 선교사 벤쟈민 술체(Benjamin Schulze)가 추진하였다. 그는 열심히 번역하여 몇 해 안에 성경의 그 나머지 부분을 타밀어로 번역하였다. 지겐발크에 의해 트랭크바(Tranqueber)에 세워진 인쇄소에서 술체가 완성한 것 모두를 인쇄하였다. 타밀어 번역을 마친 후에 그는 마드라스로 옮겨갔다. 여기서 그는 동일한 열정으로 성경을 텔루구(Telugu)어로 번역하였고(마르다스 북쪽 2천만 명의 인도인이 사용하는 드라비다족 언어) 동시에 아주 다른 언어인 산스크리트 언어군에 속해 있는 힌도스탄어(Hindostani)로도 번역하였다. 그는 영국의 SPCK와 함께 사역하면서 마르다스 배후 지역에 기독교 문서를 보급하기 위해 전력하였다. 그것은 수많은 기독교 학교 설립과 새로운 교회들

---

56) A. Lehmam ,1953, 33-45. 1708년 8월 22일에 지겐발크는 코펜하겐의 궁전설교자 뤼트켄(F. C. Lütken)에게 편지를 썼다(Lebmana, [Hg], 1957, 80.에 게재되어 있다). "나의 가장 큰 걱정은 성경과 사랑하는 하나님의 말씀을 교회의 기초로서 말라바르어로 번역하는 것입니다. 이를 위해서 저는 매일 하나님이 저를 유능하고 노련하게 해달라고 기도합니다. 말라바르어는 모든 유럽 언어와는 아주 다릅니다. 그럼에도 저는 하나님의 말씀이 아주 분명하게 이해할 수 있게 번역할 수 있다고 생각합니다.

57) St. Neill, 1952, 195, zit. b. A. M. Chrigwin, 1954, 41.

을 영적으로 돌보기 위한 전제였다.

타밀선교(Tamulen-Mission) 역시 크랭크바에서 내륙으로 지금까지 닫혀있던 탄조르(Tanjore)와 타밀왕 라자(Radja)의 자리까지 잘 전진하였다. 1740년에 트랭크바 교회는 1,226명으로 자라났다. 지방 교구에는 2,578명의 기독교인들이 있었다. 덴마크-할레선교사역은 - 비록 인도를 소유하려는 영국과 불란서의 식민전쟁의 외적 방해가 있었지만 - 두 사람의 천부적 재능과 온전한 헌신으로 영적인 꽃이 피게 되었다. 인도인 요한 필립 파브리키우스(Johann Philipp Fabricius, 1740-1791)와 크리스챤 슈바르츠(Christian Fr. Schwarz, 1750-1798까지 사역)는 인도인들에 의해 "수도사 신부"(Mönchspriester)라는 별명이 주어졌다. 독신 파브리키우스는 마드라스에서 고난당하고 있는 전쟁 빈민들을 위해 선행을 하였다. 그는 그와 친밀해진 현지 추종자들의 영혼들은 오직 민족 언어를 통해서만 도달할 수 있다는 것을 곧 깨달았다. 그래서 그는 근본적으로 더 나은 타밀어 성경번역을 하게 되었다. 그의 영적 자세에 관해서는 그 자신의 말로 그 내용을 알 수 있다. 모든 단어가 가장 알맞게 주어졌는지를 위해 마치 불쌍한 죄인처럼 또 다시 성경 원문 속에 기어 돌아다니며 심사숙고 하였다.[58] 우리는 이와 상응하는 루터의 통역관이 보낸 편지의 원리를 기억한다! 이렇게 파브리키우스의 성경번역은 신약성경의 체험에서 나왔고, 선교지에서 번역된 성경들 가운데서 가장 오랫 동안 최고의 책으로 손꼽혔다.[59]

크리스챤 슈바르츠는 내륙 개척사역을 한 첫 할레선교사들 중의 하나였다. 영국의 한 주둔군 설교가로서 그는 전쟁의 혼란 중에 한 그의 지혜로운 충고로 인해 그리고 후에 그의 후계자에 의해 깊은 신뢰를 받게 됨으로써 탄조르(Tanjore)의 왕(Radja)에게서 마침내 "왕의 사제"(Königspriester)라는 명예로운 칭호를 받게 되었다. 그는 이런 것도 몇 가지 책임 있는 외교상의 사명으로써 인지했다. 그에게 더 중요한 것은 무엇보다도 남인도의 뜨거운 햇살 아

---

58) H. Gundert, 1868, 186.
59) W. Oehler, 1951, Bd. I. 225.

래서 매일 복음을 전하는 일과 학교들과 빈민들을 위한 기금 마련과 특히 현지 복음전도자들의 교육이었다. 그는 모범적인 선교사역자였다. 그룬더트(H. Grundert)가 독일 인도 선교사들의 생애를 기록하며 그를 18세기 "확실하게 검증된 선교사"라고 한 바와 같다.60) 그는 탄조르에서 사망할 때 생동하는 한 교회와 2,800명의 교인들을 남겨 놓았다. 이 시대에 덴마크-할레선교사역은 - 또한 슈바르첸의 개척 사역을 통하여 현지인 복음전도자들로부터 남부 고지의 티네벨리(Tinevelli)까지 확장하였다. 1806년 그들의 100주년 기념 해에는 60명의 할레선교사들과 그들의 인도 동역자들의 투입으로 36,970명의 현지 기독교인들이 그들의 모 교회 트랭크바와 주립 교회들에 모였다.

그러나 파브리키우스와 슈바르츠의 사역 전성기에 벌써 덴마크-할레선교기관은 모두 운명적인 쇠퇴기에 접어들었다. 마침내 1820년에 SPCK에 주립교회들을 양도하고, 1825년에는 트랭크바의 덴마크 시온교회의 목사직 연합을 통해 "고백기관"으로서의 선교는 끝이 났으며, 1841년에 트랭크바 모교회는 라이프치히 선교에 양도됨으로써 역사적으로 종료되었다. 이렇게 과거의 크고 명성 있고 전성기를 이룬 축복된 트랭크바 선교는 침몰하였다. 필자의 시각으로는 그것이 마지막 독일 선교였다.61) 마지막 덴마크-할레의 사신 아우구스트 캐머러(August Friedrich Cäammerer)가 1834년 9월 사망하기 3년 전에 쓴 이 충격적인 이야기는 본국 선교회 친구들에게 쓴 것이다. 가장 오래 계속되었던 개신교의 해외선교가 마침내 중단된 이유는 무엇이었던가? 선교학자들과 인도교회 지도자들 중에 북인도 루터란 고스너교회(Gossner-Kirche)의 대표지도자 요엘 라크라(Joel Lakra)62) 같은 분은 여러 가지 이유를 들었다. 첫째로 초기부터 선교회를 억압했던 것과 정치적인 혐오 그리고 초기 독일 개신교 선교의 조직력과 전략, 협력의 부족이었다고 하였다. 이 경우 할레-

---

60) H. Gundert, 1868, 225.
61) A. Lehmann, Es bagann in Tranquebar, 1955. 290.
62) Diskussionsbeitrag auf der Zweiten Vollversammlung des LWB in Hannover, 1952, zit. bei A. Lehmann, 1955, 290.

코펜하겐-트랭크바의 삼각관계의 긴장은 선교원리의 부적합성과 좁은 소견으로 일어나는 잦은 마찰로 선교사들의 고통과 인도교회들의 상처로 더욱 악화되었다. 요엘 라크라는 현지교회 설립에 실패한 이유는 당시 아직 알지 못했던 독일 부권주의 문제 때문이라고 책망하였다. 여기에 또 가톨릭이나 앵글리칸과 같은 종파주의 선교가 더욱 경쟁심을 일으켰던 것이다. 이 모든 이유를 통합하면 – 이러한 사멸의 결과는 아닐 지라도 비슷한 사건이 다른 선교지에서도 일어난다 – 이러한 역사적 사건과 같은 최후의 인간적 문제는 일어나지 말았어야 했다. 1775년부터 내적 손실이 밖으로부터 참으로 비극적으로 일어났다. 우선 유럽대륙에서 파송된 사람들이 해외선교사역 자체를 영적으로 집어삼켰다(abfraß). 그것은 18세기 중엽에 솟아난 신학적 합리주의(Thologische Rationalismus)의 특징이 반계시적이고 성경비판적이기 때문이었다. 이러한 판단에 대해서는 독일 선교역사가 군더트(H. Gundert)로부터 바르넥(G. Warneck), 리히터(M. Richter), 레만(Arno Lehmann) 모두가 같은 의견이다. 후자는 "몰락의 결정적 촉구"에 관한 그의 비판에서 다음과 같이 요약했다.

> 뿌리가 건강하지 않았다! 선교사들의 모교회는 거절하였다. 영적인 원천이 고갈되었다. 그들에게 어떤 물도 더 이상 흐르지 않았다. 모 교회에서 더 이상 성경을 진정으로 하나님 말씀으로 믿지 않게 되자 이렇게 되어버린 것이다. 유럽에서 영적 생명의식이 식어짐으로 트랭크바 선교는 마비되었다. 예전의 예와 새로운 예를 에큐메니칼 교회들의 맥락에서 들 수 있다.[63]

이미 1735년에 할레의 프랑케의 제자 프라일링 하우센(J. A. Freyling Hausen) 교수는 (아래와 같이) 묘사하였다.

---

63) A. Lehmann, 1955, 293; G. Rosenkranz, 1977, 1694도 비슷하게 비판하였다. "고향은 합리주의 통치로 인해 선교의지가 해체되었다. 헌금도 정리되었다. 그러므로 운명적으로 선교사들은 빈곤하게 되었다. […] 현대 정신에 빠진 할레의 신학과는 선교사역을 위한 후보자들을 더 이상 얻을 수 없게 되었다."

"예전에도 선교사들을 발견하기는 어려웠다. 그러나 지금은 더 어려워졌다는 것이 놀라운 일은 아니다. 왜냐하면 많은 젊은 학자들이 참된 복음을 아주 배척하는 원칙을 가하였기 때문이다. 그러므로 속지 않기 위해서 후보자 시험에 한층 더 큰 주의를 기울일 필요가 있다. 왜냐하면 그러한 사람을 선교사로 택하게 되면 단순히 철학적 도덕을 전달하고 행복에 도달하려고 하면서 은밀히 자기 자신의 사상에 자양분을 주고 그는 이방인들에게 가서 그들 자신이 알고 주장하는 바를 선교할 뿐이기 때문이다."[64]

덴마크-할레선교는 고전적 루터교 경건주의의 첫 번째 선교적 삶의 표현으로 설립되었다. 그 생명력은 종교개혁적-구원론적 중심으로 변함없는 성경적 신앙에서 나왔다. 그리스도를 통해 구원받은 자신의 경험과 십자가에 달리신 그리스도의 구원 행위에 대한 믿음을 통해서 영원한 죽음 가운데 있는 죄인이 구원받는 바울적 복음은 복음을 증거하려는 경건주의적 열정의 원동력이다. 때때로 신학에 잘 반영되지 못한 이러한 확신[65]은 영적으로 그리고 역사적으로 큰 위험에 빠졌다. 할레대학교에서 경건주의적 학자 슈페너(Spener)와 동시대의 철학자 크리스찬 볼프(Christian A. Wolff)는 경건주의 선교의 영적 기초를 깊이 의문시 했다. 그 기초는 계몽주의 시대의 합리주의였다. 그는 인식론적 비판과 중국 유교의 도덕 철학과의 만남으로 인한 종교사적 상대주의로 선교를 위태롭게 하였다. 볼프는 할레대학교 부총장 취임식 강연에서(1721)[66] 완전히 무종교적인 중국인들의 도덕이 기독교적인 것을 훨씬 능가한다는 아주 매혹적인 묘사를 하였다. 볼프는 경건주의자들에 의해 일단 할레대학교로부터 해임되었다. 그러나 그는 1741년 계몽주의적인 프로이센

---

64) J. F. Fenger, 1845, 251f.
65) Heinrich Frick(1922, 182-187)은 할레선교의 쇠락의 의미에 대해서 말하며, 경건주의가 "객관적인 종교적 가치에서부터 주관적 구원체험으로, 집단적 감정으로부터 개인의 체험으로 돌이킴"을 의미할 때 프랑케와 진젠도르프는 교리적으로 루터란 정통주의로 고백한 바와 같은 자신의 고유한 신학을 만드는 데 성공하지 못했다는 것을 지적하였다.
66) Chr. A. Wolff, Oratio de Sinarum philosophia practica, Frankfurt, 1726, Auszüge bei M. Richter, 1082, 46-49.

의 프리트리히(Friedrich) 대왕에 의해 다시금 영광스럽게 추대되었다. 그때로부터 합리적 종교관은 더욱 확대되었다. 개체 종교들 속에 있는 소위 특수계시에 대한 불확실성 앞에서 오직 도덕이 모든 것을 연결하는 근본적인 의미라고 하였다. 그러므로 기독교 선교사역은 성경적-교리적 가르침의 확산이나, 또는 도덕적 수준이 더 높을 수도 있는 타종교인들을 개종하는 것이 될 수 없다는 것이었다. 오히려 성경에도 포함되 있는 일반적 인간 도덕의 척도를 가르쳐야 한다고 하였다. 이러한 영적 기후가 유럽에 퍼져갔다. 그래서 무수한 철학적, 신학적 합리주의자들은 노골적인 적대감으로 지금까지의 경건주의적 선교를 타도하였다. 이러한 합리주의적 선교비판은 함부르크 철학자 사무엘 라이마루스(Samuel Reimarus, 1694 – 1768) 편집장을 상속한 레싱(Lessing)의 "볼펜뷔텔러(Wolfenbütteler)의 원고"에 실려 있다. 이 유인물에서 "모든 사람이 근거로 놓고 믿을 수 있는 계시의 불가능성"[67]을 주장한 라이마루스는 300년간 기독교 선교는 아시아 문화 신봉자들의 월등한 학적 능력과 연구에도 불구하고 아무것도 얻은 것이 없다고 하며, 소수 개종자들은 "단순히 현세적인 이익으로 또는 눈먼 소경의 노예적 무지로 기독교에 들어섰거나" 또는 그들이 그것을 "오직 겉으로만 받아들였을 뿐"이라고 하였다.[68] 라이마루스는 이른바 해외선교가 가망 없다는 이유를 설명했다 – 개신교의 성서공회 역사는 후에 그에게 논박 했어야한다 – 그가 주장한 불가능성은 성경을 500개의 언어로 (무엇보다도 중국어로!) 번역하고 출판하는 것이었다. 그는 "그러한 두렵게 많은 수의 다국어는 더 이상 희망할 수 없다"고 본 것이다.

기독교의 중심을 구원론으로부터 도덕과 계몽주의 원리인 '영혼불멸론'으로 옮김으로써 신학적 합리주의자들은 '이방인의 행복'에 관한 문제연구에 몰두하기 시작하였다. 수십 년간 그에 관해서 – 오늘날은 새롭게 현저하게 – 합리주의적, 정통주의적, 경건주의적, 신학들 사이에서 집중적으로 문서 논쟁이 있었다. 에버하트(Eberhard, 1739 – 1809)는 그의 두 권의 책『소크라

---

67) In: Lessings Werke, hg. v. Lachmann – Muncker 3. Aufl. Bd. 12, 316 – 358.
68) *Ebd.*, 339.

테스의 새로운 변증학 내지 이방인의 행복론 연구』(*Neue Apologie des Sokrates oder Untersuchung der Lehre von der Seligkeit der Heiden*, 1787)에서 모든 종교는 그 지역(상태 특성)의 자연 생산품이라고 논하면서 '야생적인 아프리카'(Wilden Afrikas)에 기독교를 이식하는 것은 넌센스라고 하였다(Unding). 선교는 다만 "교회 지배자의 정복 욕망"일 뿐이라는 것이다.[69] 우리는 이러한 판단의 시사성에 놀라게 된다. 우리 포스트모던 시대도 이와 비슷한 "두 번째 계몽주의"를 경험한다.

할리주의 사상은 프랑크의 공공기관과 코펜하겐의 선교 관청에서 그치지 않았다. 1776년부터 선교 비판가인 교수단의 한 비서는 "자기 종교를 바꾸는 모든 이방인은 도덕적으로 칭찬할 수 없고 비열하다"고 비판하였다.[70] 할레에서 경험론적인 학문 및 교육 이론이 확립되었는데 이것은 인도 선교를 위한 교육을 없애고, 선교사들은 모든 학교기관에 집중하도록 하고, 복음선포는 현지인들에게 맡기게 했다. 본국의 후원자들은 이방인 개종에 대한 선교보고를 기대하기보다는 오히려 자연 과학류에 대한 정보에 더 흥미를 가졌다. 그러므로 현대 이전 세대의 트랭크바의 두 지도자 존(John)과 도틀러(Dottler) 선교사의 중심사역은 인도인과 유럽인의 학교였다. 그리고 그들은 식물채집과 조개 채집을 통해 세계 최고의 존경을 받았다.[71]

성경 – 인도에서 루터란–경건주의 초기와 전성기의 지배적인 관심은 성경번역과 전달에 있었으나 그 마지막 시기에는 성경이 전혀 사용되지 않았다. 그들은 학교 강의에서 교리문답 자료를 약 100개의 성경요절로 대치했다. 그 계몽주의적 첫 구절은 문맥에서 떼어낸 요한복음 1:18의 반절인 "본래 하나님을 본 사람이 없으되"였다. 거기에다 한참 밑에 있는 요한복음 3:16의 "하나님이 세상을 사랑하셨다[…]"는 중심 내용을 담았다. 이렇게 할레선교사 존은 "이방인을 위한 소책자"에서 대변자들이 받아들일 수 있는 한계선을 넘어섰

---

69) J. A. Eberhard, 1787, Bd. 2, 56.
70) W. Oehler, 1951, Bd. 1, 52.
71) W. Germann, 1886, 348.

다.[72] 쉬리포겔(Schreyvogel)이 묘사한 바와 같이 트랭크바에서 성경은 우화집이 되 버렸다.[73]

존과 로틀러(Rottlers)의 후원 아래 젊은 집단이 인도로 파송되었다. 그들은 가능한 한 자연 과학적 자료들을 아주 편리하게 공급받았는데, 모든 선교역사가들로부터 "부적합하고 비윤리적"이라고 묘사되고 있다. 그 중에는 술주정뱅이로 잘 알려진 술고래(Früchtennicht)라는 이름도 있다!

트랭크바에 100년간이나 존재했던 덴마크-할레선교회는 1806년 그 100주년 기념일에 축제도 열지 못했다. 피치 못할 외적 철거의 날짜에 관해서는 앞에서 거론하였다.

예전에 그렇게 "유명하고 성황하고 축복되었던 트랭크바 선교"의 몰락에 관한 우울한 인상을 진정시킬 수 있는 길은 오직 조직의 종말이 - 선교사 캐머러(Cämmerer)가 두려워했던 것처럼 - 하나의 몰락을 의미하는 것이 아니라는 것이다. 오히려 내륙에 있는 교회들은 먼저 두 개의 영국선교회 - 개신교 SPCK와 고교회의 SPG(Society for the Propagation of the Gospel) - 가 인수하여 목회 사역을 하였다. 그 다음엔 1839년에 후기 라이프찌히 선교회의 드레스덴 위원회가 인도교회에 독일 루터교 선교사 한 명을 보내달라는 트랭크바의 덴마크 목사와 선교사인 크눗손(Knudson)의 도움요청에 응하기로 결정하고, 이에 곧 바로 인도에서 소멸되지 않았던 라이프찌히 선교회의 영적인 힘을 온전히 제공하였다. 이 루터교의 사역은 점점 과거의 덴마크-할레선교회에 의해 모집된 다수 교회와 연결하였다. 그러나 그들은 성공회 전통에서 결코 본국의 전통을 느낄 수 없었다. 마침내 그들에게서 독일적, 스웨덴적, 미국적 선교사역에서 타밀복음주의 루터교회(Tamil Evangelical Lutheran Church)가 배출되었다.

우리는 의도적으로 가장 오래된 루터교-경건주의 선교사역의 정황을 자세히 다루었다. 왜냐하면 영적 삶의 법칙과 그 타당성을 증명하여 원형적으

---

72) Antwortschreiben des Kopenhager Missionssekretäats Hee-Wadum am 15. 10. 1992. zit. bei A. Lehmann, 1957, 300.
73) A. Lehmann, *Ebd*.

로 문서화하고자 함이 이 책이 의도하는 바이기 때문이다. 덴마크-할레선교의 역사적 상승과 쇠퇴는 기독교 선교의 영적 권능이 직접 살아 있는 하나님의 말씀으로 경험한 성경적 계시의 증거로 창조된다는 사실을 긍정적으로나 부정적으로 반영한다. 선교사역은 이 하나님의 말씀 안에 사는가 아니면 거기서 돌이키는가에 따라 그 권능이 보전되거나 상실된다. 그 외에 다른 지식적인 원천이나 행동의 동기로 얼굴을 돌리면 피할 수 없이 몰락한다. 여기서 트랭크바 선교역사는 각 교회와 각 현지 개척교회가 모두 정신적-영적 기독교 연합적인(ökmenischen) 관계에서 거의 피할 수 없다는 것을 분명히 밝힌다. 인도 선교사역의 몰락의 본래 이유는 현지의 정치적 방어나 종교적 권세나 또는 현지교회의 영적 권태나 반항에 있지 않았다. 오히려 그것은 먼저는 유럽 파송기관의 교회 신학적 주변 환경의 합리주의적 추세로 인한 것이고, 이것이 해외로 건너가서 마침내 그곳으로 파견된 선교사들과 해외 교회들이 연루 되었기 때문이다. 그와 반대로 후에는 중부독일(Mitteldeutschland)에서 일어난 신앙고백적 능력은 영적-신학적으로 새롭게 각성되고, 그것을 넘어서 과거 할레선교로 말미암았던 인도의 딸-교회들(Tochtergemeinde)과 마침내는 타밀복음주의 루터교회에까지 도움이 되었다.

영국과 북미

독일의 루터교 경건주의의 선교 각성과 병행하여 18세기 초에 영국교회에서는 신앙적인 무리에 의해서 복음이 도달하지 못한 사람들에게 복음을 전해야 한다는 복음적 책임감이 다시 일어나게 되었다. 그것은 대륙적 경건주의와 많이 비슷한 청교도 운동에서 시작되었다. 그들의 영적인 체험과 적극적인 신앙 보존으로 강조된 경건성의 범주에서, 그들은 성경과 종교개혁의 신학 유산으로 살아갔다. 이러한 경건성은 영국에서 엘리자베스 1세의 통치 이래 더욱 윤리적으로 심화되었다. "영국은 한 책의 백성이 되었고 그 책은 성경이었다[…]. 온 민족이 옛 인생관으로부터 새로운 인생관으로 변화되었다. 새로운 도덕적 충동은 모든 사회적 계층에 영향을 미쳤다."[74] 이렇게 준엄한 청교도주의는 영국과 미국의 18세기 복음주의적 부흥의 중요한 영적 선구자로 표현되었다. 청교도 북미 이민자들 역시 인디언들과 만났을 때 처음으로 그들 주변의 이방 민족을 위한 복음전도의 책임감을 각성하게 되었다. 무엇보다도 이민자의 다수는 그들의 생존 문제가 위협받자 자신들을 약속된 가나안 땅의 원주민 가운데 있는 이스라엘의 역할로 보게 되었고, 후에는(1835-1848) 마찬가지로 남아프리카에 있는 부르의 포르트레커(burichen Vortrekker)에서도 그랬다. 그러나 이미 북미의 청교도 선교회가 영국 믿음의 형제들의 후원으로 생겨났다. 그 가운데서 이미 알려진 인디언 개척 선교사 존 엘리오트(John Eliot, 1604-1690)[75]와 데이비드 브레이너드(David Brainerd, 1718-1747)가 일어났다. 엘리오트는 기독교 촌들에서 그가 얻은 기독교인들을 조직하여 구약적 모형대로 하나의 성경적인 법규를 만들었다. 이 목적을 위해 그는 동시에 성경을 모히칸어(Mohikanische)로 번역하였다. 이 번역책은 미 대륙에서 처음으로 인쇄한 책들 중에 하나였고 또한 성경번역과 인쇄는 새로 접한 백성들에게 복음을 전하는데 가장 오래된 역사적 본보기가 되었다.[76] 척윈(Chirgwin)은 이 진행에 반해서 "청교도는 그들이 비기독교 세계에 접촉하자마자 첫 번째 한 일이 성경번역이라는 것은 중요한 사실이다. 이는 성경이 복음을 전하는데 그들의 뜻을 이루는 최고의 도구이기 때문이다"라고 언급했다.[77]

이와 같이 인디언과 북미는 명백하게 동시대적 기독교 세계선교사에서 새로운 장을 열었다. 과거에는 이와 같은 선교사역과 성경번역과 성경전파가 이어진 끊을 수 없는 띠로 묶여 있지 않았다. 이는 위대한 개신교 성서공회를 통해 활발하게 원조되었다. 이러한 결합 없이는, 예를 들어 기독교 선교를 통

---

74) A. M. Chirgwin, 1954, 35.
75) O. E. Winslow, 1968.
76) A. M. Chirgwin, 1954, 38.
77) *Ebd.*

한 신속한 복음 확장이나 거의 세계 모든 나라에 설립된 성경적 현지교회 등은 불가능했을 것이다.

4) 현대 선교운동에서의 성경

케네스 라토렛(Kenneth Latouertte)이 위대한 세기(Großes Jahrhundert)라고 칭한 선교역사의 시기는 120년 간을 포괄한다. 이 시대는 1793년 영국에서 일어난 선교적 각성으로부터 시작되어 1910년 에딘버러(Edinburgh)에서 열린 세계선교대회에서 끝난다. 최초의 선구자는 침례교 구두 수선공과 그 후에 칼카타대학교 근동학 교수인 윌리엄(1761-1834)[78]이다. 그는 1972년에 그의 유명한 "의무에 대한 질문[…]", 독일어로 "이방인 개종을 위해 방법을 설치하는 기독교인의 의무에 관한 연구"[79]를 선언하였다. 여기서 그는 그리스도의 선교명령이 오늘 날에도 의무화 되고 있다는 것을 그가 속한 침례회만이 아니라 영국의 모든 개신교회와 간접적으로는 서구의 모든 개신교회의 심장과 양심에 당부하였다. 해외로 향한 지정학적 개방들은 이러한 일 성취를 위한 유리한 전제가 되었다. 케리는 교회 지도부의 불신이나 단순한 경고에 좌절되지 않았다. 오히려 그는 그 후 몇 년간 영국령 동인도(Britisch-Ostindien)로 여행을 떠나기로 결정하고, 곧 바로 덴마크의 세람포(Serampore)에서 그의 두 친구 조슈아 마쉬만(Joshua Marshman, 1768-1837) 그리고 윌리엄 와드(William Ward, 1764-1823)와 개신교 개척사역을 시작하였다. 그 세람포의 3인조(Serampo Trio)는 처음부터 성경을 복음화 할 민족과 종족의 언어들로 번역하는 것을 그들의 가장 중요한 사명으로 깨달았다. 그 때 이 세 선교사는 처음부터 가능한 한 빨리 하나님의 말씀을 인도 인접 대륙의 수 개 국어의 주 언어로 번역하고 중국까지 복음을 전하려는 강한 비전을 가졌다. 세 선교사가 30년 만에 완성한 사역이 얼마나 놀라운지는 오늘날 우리가 상상할 수도 없을

---

78) M. Drewery, 1978; B. Miller, 1980.
79) W. Carey, 1792, New facsimile edition, 1961; Deutsch: W. Carey, 1993.

정도다. 그들은 40개의 다른 언어로 성경의 일부를 번역하였다. 케리 자신은 네 개의 북인도 언어인 뱅갈어, 마라티어(Marathi), 힌디어, 고대 산스크리트어로 성경전서를 번역하였다. 그 외에 그는 그 언어들의 문법책들을 썼다. 그 밖에도 그는 선교사들, 번역가들 그리고 학자들의 원형이 되었고[80] 그 외의 시간과 에너지로 인디고 농장을 구상하고, 출판사를 세우고, 칼카타식물원을 설계하며 또 뱅갈에서 교수로서 강의하였다. 잘 알려진 그의 표어는 "하나님으로부터 큰 일을 기대하라-하나님을 위해서 큰 일을 기획하라"였고, 이에 상응하여 그는 어중간함으로는 만족할 수 없었다. 확실히 이와 같이 넓혀진 행동 반경에서 거의 모든 첫 번역 작품은 언어상 불완전 할 수밖에 없었다. 그러나 그는 정면으로 돌파하였고, 다른 사람들이 그 위를 지나 그가 시작한 세계복음화를 계속 할 수 있도록 길을 터놓았다. 이 업적으로 모두에게 명백해진 것은 무엇보다도 우선적 선교도구인 성경을 모국어로 공급하는 것이었다.

세람포대학교 학장인 아브라함(C. E. Abraham) 교수가 1952년 세계성서공회(UBS) 총회에서 올바로 묘사한 바와 같이 성경번역과 출판은 선교사역의 부산물이 아니라, 오히려 그것은 트랭크바에서[81] 소박하게 시작되었던 근대 개신교 선교운동의 개척자의 선교계획에 의한 관심사로부터였다. 요한네스 바르넥(johannes Warneck)은, 선교역사상 성경확산의 의미에 관한 그의 교육적 소책자의[82] 서두에서 대 탐험 선교사 데이비드 리빙스턴(David Livingstone, 1813-1873)의 인상적인 기념물에 대해서 기록하였다. 사실 이 광경은 삼베시(Sambesi)의 빅토리아 폭포를 방문하는 모든 사람들을 같은 존경심으로 채울 수 있다. "그 손에는 성경을 쥐고 있다. 그는 이 책을 고통 받는 아프리카의 (열대병과 노예무역의 P. B.의 각주) 출혈과 상처를 위해 구원의 도구로 가져갔고, 이 미지의 땅을 두루 연구하고 그의 생명을 그곳에 주었다"(p.6). 우리는 리빙스턴의 일기에서 자주 탈출구가 보이지 않는 상황에서 종종 죽도록 지친 "선

---

[80] 개척 번역가로써 캐리의 공로와 약점은 W. A. Smalleny, 1991, 40-52에 설명되었다.
[81] C. E. Abraham, 1953, 196.
[82] J. Warneck, 1939.

교사, 탐험여행가 그리고 박애주의자"(웨스트민스터수도원의 비문)가 인격적으로 그리고 그의 성실한 아프리카 동역자들을 위해 성경에서 어떤 능력을 얻어냈는지를 읽을 수 있다. 용무와 쟁기 외에도 아프리카의 선교와 식민 개척과 개발을 위한 영적 도구로서도 그는 성경을 아주 중요하게 여겼다(그는 이 두 가지 사명 사이에 모순을 느끼지 않았다).[83]

바르넥은 리빙스턴의 모습에서 근대 선교사의 원형을 보았다. 사실로 많은 아프리카 지역의 다른 개척 선교사들도 동시에 성경번역가가 되었다. 그들은 당시 이백만이 넘는 인구가 사용하는 무수한 아프리카 말들을 어학적으로, 음성학적으로, 문법적으로, 언어학적으로 개발하였다. 이 일들은 칼 마인호프(Carl Meinhoff)나 디트리히 웨스터만(Dietrich Westermann)이나 또는 그 이후 에른스트 담만(Ernst Dammann)과 같은 전문가들을 통해서 아프리카어가 연구되기 훨씬 이전에 일어난 것이었다. 아프리카에서 첫 번째 성경번역가들은 소위 나마-선교사들(Nama-Missionare) 이라고 칭하는 카프랜드(Kapland)에서 사역한 슈멜렌(Schmelen), 클라인 슈미트(Klein Schmidt), 크뢴라인(Krönlein)과 독일-서남 아프리카에서 헤레로(Herero, 서남 아프리카 흑인의 일종-역주)에서 사역한 선교사 후고 한(Hugo Hahn)과 라트(Rath)와, 바셀 선교회 선교사 사커(A. Saker)와 쉴러(Schüler)는 카멜룬(Kamerun)의 두알라어(Duala-Sprache)의 연구자였고 벳샤우아넨(Betschauanen)에서 사역한 런던선교회 선교사 로버트 마펫(Robert Mottet)과 베를린선교회 선교사 슈만(Chr. Schumann)과 로버트 알렉산더 메렌스키(Robert Alexander Merensky)와 바울 슈웰누스(Paul Schwellnus)는 남아프리카의 줄루(Zulu)와 바소토(Basotho)와 바웬다(Bawenda)와 동아프리카를 위한 고전 스와힐리어 성경(Suaheli-Bible)의 번역가 라이프찌히 선교회 선교사 뢸(Röhl) 박사가 있다.[84]

개척 선교사들의 성경번역이 얼마나 포기되기 쉽고, 그들의 위험한 삶의 스타일이 얼마나 자주 영적 좌절을 가져오는지 오늘날에는 거의 이해할

---

83) Biographien: G. Seaver, 1957; H. Wotte, 1988.
84) J. Warneck, 1939, 9ff; W. A. Smalley, 1991, 3. Kap, "Missionaries, Translators, Scholars"

수 없을 것이다. 그러나 오늘날에도 위클리프 성경번역가(Wycliff-Bible-Translates)들에게는 어느 정도 해당되는 말이다.

성경을 번역한다는 것은 우선 이미 알고 있는 어떤 말과도 비슷하지 않은 아주 낯선 이디엄(말투)을 그의 고유한 음성학과 그의 단어 그리고 그의 구문론적 구조를 파악해야한다는 것을 의미한다. 거기에는 원시적인("primitiven") 언어의 매우 복잡한 동사와 명사의 변화들이 있다. 이는 그 안에 각인된 아주 고유한 사상과 사회구조가 깔려있기 때문이다. 그러나 그것을 볼 수 있는 – 사전이나 문법 책과 같은 – 어떤 학문적 도움도 얻을 수 없다. 개척 번역가는 이런 언어를 그 자신이 녹초가 되는 기후 속에서 현지인들의 원시적인 생활방식으로 살아감을 통해 파악할 수 있다. 그 일을 위해서는 먼저 종교적으로 그리고 정치적으로 근거된 불신임을 극복해야 한다. 예를 들면 정령주의적 세계관의 신봉자들은 언어를 그들에게 속한 마술적 영혼의 성분(Seelenstoff)으로 생각한다. 그러므로 그들은 두려워하며 낯선 것에 넘어가지 않으려고 자신을 지킨다. 왜냐하면 악한 마술사가 그들에게 악한 영향을 입힐까봐서이다. 그래서 그들은 오래도록 외국인에게 그들의 언어의 비밀을 통찰하도록 허락해주지 않는다. 그들은 다른 언어를 사용하는 이웃 종족에게까지도 경계태세를 취한다. 이것은 뉴기니아의 파푸아족에서 사역하였던 노이엔데텔사우어(Neuendettelsauer) 선교사들의 경험이었다.[85] 로버트 모리슨의 번역사역 초기에는 "낯선 마귀들"의 번역을 도와주는 현지인들에게 사형의 위협까지 있었다. 라인 지방 선교사 슈멜렌(Schmelen)은 그의 많은 노력으로 – 물리적 고문들로부터 – 그곳 유목민들의 언어를 배웠다고 요한네스 바르넥은 기록하였다. 그는 14년 동안 빵을 먹지 못하였고 고기와 우유도 얻기 힘들었다. 그의 식량은 개미집에서 발견하는 풀씨에서 얻는 오트밀 같은 것이었다. 그는 양모 옷을 입고, 괴팍한 추장들이 명하는 힘든 행동규율을 행해야 했다. 그것들은 나밉(Namib)광야를 통과하는 힘든 여행을 하는 것 등이었다. 그것은 사실로 전

---

85) J. Warneck, 1939, 19.

문적인 실적이었다. 그것은 – 현대 어학 실습을 위한 어떤 발음기호도 없이 – 나마(Nama)족의 복잡한 흡파음(Schalzlauten)적 예리한 소리를 정복하는 것이었고, 그는 마침내 그것으로 하나님의 말씀을 번역하기 시작했던 것이다.[86]

성경 판매원들과 같이 선교사가 많은 현지인 동역자들을 끌어 안은 것은 적지 않은 긴장과 희생이었다. 현지 권력자들이 반 기독교적으로 공격할 때 그들은 자주 아주 위험한 길로 다녔다. 많은 성경 배포자들이 투옥되고 태형을 받았으며, 여러 명이 문서선교를 하다가 순교하였다.

우리가 인도나 중국 또는 아프리카 선교 초기를 살펴보면 이러한 현상이 현대 위대한 세계선교 세기에도 적용 된다. 복음이 전해지는 민족마다 복음전파와 성경번역의 두 가지가 행해진다. 어떤 경우에는 후자가 먼저 이루어진다. 그곳에서는 공개적 설교문 만이 아니라 복음증거가 설교자와 청취자들 모두의 생명을 위협받는 소그룹 안에서도 이루어진다.

이런 경우는 특히 중국에서 있었다. 이러한 핍박은 19세기 중엽까지 모든 "외국 마귀"를 대적하는 극단적인 미움으로 진행되었다. 불운했던 두 차례의 아편 전쟁한(1842 – 1844, 1858 – 1860)에 의해 서구와의 무역과 선교를 위한 문이 무력으로 열리게 되었다. 이미 1807년에 런던선교회 선교사 로버트 모리슨(1782 – 1834)[87]은 남중국에 위치한 섬 마카오에서 상업도시 캔톤으로 이주하였다. 그러자 곧 그는 거대한 사역 – 이미 중국 여행 전에 런던에서 익히기 시작했던 – 즉 그 어려운 중국어를 완전히 정복했던 것이다(이렇게 한 사람의 유럽인은 이루어 냈던 것이다).[88] 그는 현지인 조력자들을 얻어서 – 그들은 그 자신보다 더 큰 위험에 처했다 – 성경번역에 착수하였다. 그는 이를 위해 전통문학 형식원리(Wen – li)를 택하였다. 가톨릭 배경에서 나왔다고 알려진 「중

---

86) *Ebd.*, 9f.
87) M. Broomhall, 1934.
88) 개척 선교사가 중국어를 배운다는 것은 얼마나 어려운지 모리슨의 친구 밀네 (Milne)는 다음과 같이 묘사했다. 이를 위해서는 놋쇠로 된 몸과 강철로 된 혀와 떡갈나무로 된 머리와, 용수철로 된 두 손과 독수리의 두 눈과 사도의 마음과 천사의 기억력과 무두셀라의 나이가 필요하다. J. Richter, 1928, 65.

국어 사복음서』(Quattuor Evangelia Sinice)는 그의 사역을 수월하게 해 주었다. 이 책은 1804년 영국 박물관에서 발견된 중국어 필사본이다. 그것은 공관복음서 외에 사도행전과 모든 바울서신을 포함하고 있다.[89] 1810년에는 처음으로 모리슨의 사도행전이, 1814년에는 그의 중국어 신약성경이 완성되었다.[90] 8년 후에 세람포-트리오에서 온 요수아 마쉬만(Joshua Mashman) 박사는 16년 간의 사역을 통해 성경전서를 중국어로 번역하였다. 유감스럽게도 그것은 무익한 일이었다.[91] 몇 년 후에 나타난 모리슨의 성경전서는 신뢰할만한 것으로 인정되었고 그것은 마침내 확고한 위치를 차지하게 되었다. 그것은 40년 동안 계속 교정 번역 본의 근거자료가 되었다. 무엇보다도 모리슨과 마쉬만이 사용했던 원리(Wen-li)는 학자들만 접근할 수 있었다. 그러므로 그 번역은 마침내 중국인 90%가 이해할 수 있는 새로운 만다린어 번역에 의해 무효화되었다. 1919년에는 거의 모든 중국 개신교회가 사용하는 중국 성경으로 통용되는 Union Mandarin Version이 나왔던 것이다. 이 책에 관해서는 불신자들도 그들의 첫 번째 모국어로 된 위대한 책(großes Buch)으로 묘사하고 있다. "그 영향력으로 볼 때, 이 번역서는 위클리프, 틴탈(킹 제임스 고전 성경번역가), 공식적으로 권위를 부여받은 번역물이나 루터성경에 비교된다."[92]

5) 성서공회의 성경적 의미

19세기 개신교 선교운동이 유색 인종들의 대륙과 태평양 군도로 확장되면서 동시에 모든 곳에서 성경번역이 시작되었다. 그것은 선교회들이 인쇄 기

---

89) J. Asperg, 1956, 19f.
90) 이미 1300년에 신약성경과 시편 번역만 1294년에 북경에 도달한 이태리 프랜시스회 수도사 몬테 코르비노의 요한(Johann von Monte Corvino)에 의해 완성되었다. 그것은 출판된 일이 없다. 그것은 아마 위의 언급한 필사본 『중국어 사복음서』(Quarttuor Evangelica Sinice) 의 기초였을 것이다.
91) E. Nida, 1972, 72. -마쉬만 역시 언어적 통일성으로 보아, 언급된 가톨릭 필사본을 사용한 것으로 알려졌다.
92) A. Lehmann, 1960, 174; Zum ganzen vergleiche S. H. Hudspeth, 1952.

술과 출판까지 맡아야 했기 때문에 그들 홀로 감당할 수 없는 것이었다. 이러한 상황에서 1804년 런던에서 해외 선교가 개시되면서 영국성서공회(Britische und Außländische Bibelgesellschaft<BFBS>)가 설립 되었다.[93] 그것은 19세기 영국 교회와 자유교회 복음주의 운동의 큰 열매 중의 하나였다. 그 동기는 웨슬리 부흥운동의 영향을 받아 영적 거룩함을 요청하는 빈민층에서 성경을 절실히 필요로 했기 때문이었다.

당시 크게 주목을 받고 유명해진 영국성서공회(BFBS)는 그 일원에 의해서 다음과 같이 설명되고 있다.[94] 영국 목사 찰스(Charls)가 1802년 런던의 소책자(Traktat) 회사 모임에서 웨일즈(Wales)를 위한 자신의 성서공회를 세우려는 의견을 내었을 때, 그의 침례교 동료 훅(Hugh)이 펄펄 뛰어 오르면서 "웨일즈를 위해서라면 영국을 위해서는 왜 안 될 것이며, 이 세상을 위해서는 왜 안 되겠느냐?"는 역사적인 질문을 하였다. 그러자 곧장 런던의 사보이(Savoy)교회 독일 목사 슈타인코프(C. F. A. Steinkopf)가 이를 지지하면서, 그의 영국 소책자 회사의 일로 독일과 스위스를 여행하면서 알게 된 비슷한 문제로 성경 결핍에 관해서 설명하였다. 비록 영국이 당시 정치적-경제적으로 (나폴레옹의 봉쇄로) 최악의 상황에 처해 있었지만, 부흥적 신앙의 용기는 승리하였다. 그래서 1804년 3월 6일 런던의 600명의 신도들의 모임에서 영국성서공회를 설립하게 된것이다. 이때는 분명히 참으로 중대한 사업을 시작한 때였고, 곧바로 교회연합사역과 교회연합 공동체(Ökumenische Arbeitsgemeinschaft) 사역이 되었고, 그곳에 다른 나라에 설립된 성서공회도 참여하게 되었다. 모든 교파의 신도들과 고백들이 "성경의 계속적인 확장을 위해서"라는 하나의 목표를 위해 연합되었다.

이 성경운동은 가난한 개신교인들에게 뿐 아니라 가톨릭 교인, 성경을 모르던 동방 정교회 교인, 타 종교인들에게까지도 영향을 미쳤다. 개신교 부흥으로 윌리엄 케리와 함께 시작된 현대 선교운동은 타 종교인들에게 성경적

---

93) Lit.: William Canton, *A History of the BFBS 1804-1954*, London, 1965.
94) P. Beyerhaus, 1954a, 46-48; Ders. 1954b. 9f. (위의 인용은 이미 역자가 제시하였다.)

복음이 전달되기를 원했다. 척윈(A. M. Chirgwin)은[95] 19세기 선교협의회들과 성서공회들이 얼마나 거의 동시에 세워졌는지를 설명하였다. "이 두 운동의 조상들과 설립자들은 서로가 필요하다는 것을 잘 알고 있었다. 그러므로 이 둘은 거의 동시에 발생하였다[…]. 영국에서는 침례교 선교회, 런던선교회, 성공회 선교회 및 감리회 선교회가 1792년부터 1818년 사이에 세워졌다. 영국 성서공회는 1804년, 딱 맞게 위 시대의 중간에 설립되었다. 즉 성경은 새로 일어나는 선교운동에 온기를 주었다." 이와 똑같은 일들이 북미와 유럽 대륙에서도 일어났다. 이 시대 외에는 이렇게 많은 선교단체들과 성서공회들이 생긴 적은 한 번도 없었다[…]. 한 가지 만족할 만한 설명은 성경이 그의 복음적 본질 때문에 선교단체들을 설립하게 하고, 선교단체들은 성서공회들을 필요로 하기 때문에 이것들이 설립되도록 도와준 것이다. 그래서 무수한 기독교인들이 이 두 연합된 운동 안에서 협력하게 되었다.

당시 설립된 성서공회는 BFBS였고, 그것은 철저히 해외선교사역을 촉진시켰다. 유럽대륙의 협의회들이 본 고장의 요구로 다시금 연합하게 되면, 그들은 모든 대륙에서 여러 나라 말로 성경을 번역하려는 선교사들의 요구에 따라 강력하게 사명을 이루어나갔다. 1954년까지 150년간 약 10억에서 20억의 성경과 쪽 복음이 온 세상에 전달되었다. 가장 중요한 짐은 BFBS가 짊어졌다. 그 후 수십 년간 미국성서공회가 원조하였다.

성서공회는 이렇게 확실해진 선교목표를 위해 그들의 사명을 상업적으로 운영할 수 없었다. 모든 성경과 쪽 복음의 99%를 생산비보다 싸게 제공하였다. 그러므로 BFBS는 영국의 선교회들을 본따서 자기 고향에서 1,520명의 자선가와 1만 명의 명예 조력자를 세웠다. 이 성서공회는 항상 자선가 친구들을 두고 있었다. 설립자들 중에서 유명한 필안트롭(Philanthrop)과 국회의원 윌리엄 윌버포스(William Wilberforce, 1759-1833) 같은 런던의 상류층 클랩함(Clapham) 그룹 회원들도 있었다. 이 사람들은 제국적인 시각으로 BFBS의 세

---

95) A. M. Chirgwin, 1954, 46f.

계 확장을 촉구하였다. 그러나 수익의 상당 부분을 소유주에게 돌리지 않고 자선회에서 파악한 전국의 무수한 빈곤한 자들을 위해 썼다. 힘있는 모든 교회 공동체가 연합하였고, 그로 인해 성서공회는 영국에서 강력한 에큐메니칼 능력을 갖게되었다. 경제적 측면에서도 역시 잊어서는 안 될 것은 하나님의 말씀에 대한 뜨거운 사랑이 있는 사람과 다른 사람에게 그것을 전달하고 싶은 소원이 있는 사람만이 바른 희생을 할 수 있다는 것이다.

하나의 조직적인 문제는 선교지에 성경을 보급하는 일이었다. 그것은 모든 나라에 지부를 설치하고, 다시 해외 선교회는 가장 중요한 성서공회의 조력자가 되는 것이었다. 인쇄된 성경은 선교회를 통해서 목표한 독자들의 손에 도달했다. "많은 경우에 특별히 외진 지역에서 선교부는 동시에 성경 보관소가 성경 보급의 중심지가 되었다."[96] 오늘날 예를 들어 근동지방에는 5만 명 인구의 도시에 성경 보급소가 없는 곳이 없다. 중앙 알렉산드리아, 칼카타, 홍콩 등에도 그들의 BFBS 지부가 있다. 이미 일찍부터 BFBS 사역은 선교회와 동역하고 있었다. 그 파송 받은 번역 선교사는 – 현지 기독교인들과의 동역으로 – 많은 번역사역을 하였다. 그 출판 비용은 에큐메니칼의 도움으로 충당했다. 그러나 역시 200개가 넘는 언어들의 번역사역은 전문인에 의해서 도움을 받게 된다. 사람들은 19세기에 어떤 기관도 BFBS와 같이 강한 실천적인 에큐메니칼 연합사역은 없었다고 한다. 그들의 계획적인 조정으로 인하여 어떤 개신교 선교지역도 성경번역과 그 보급이 잘 이루어진 곳이 없고 비경쟁적이었던 곳이 없었다는 것이다.

BFBS가 실행했던 에큐메니칼 동역 사역과 그 보편적 사역 목표는 제2차 세계대전 이후 지금까지 외부선교에 참여하지 않은 성서공회가 획기적으로 활동을 전개하는 것이었다. 그것은 1946년 성서공회 책임자들과 교회지도자들의 영국 헤이워드 햇스(Hayward Heath)에 모여서 세계성서공회(United Bible Societies, UBS)를 설치한 것이었다. 모든 국가 성서공회들이 그와 연합 되었

---

96) A. M. Chirgwin, 1954, 48.

다. 독일에는 독일성서공회(Stuttgart에 소재), 홀랜드에는 홀랜드 성서공회가 설치되었다. 이 나라는 하나의 위대한 선교전통을 가지고 있었다. 일찍부터 이미 어학자들은 홀랜드 선교사들과 함께 동역하였다. 예를 들면 토라자(Toradja)의 셀레비스(Celebes)에서 사역한 유명한 아드리아니(N. Adriani)박사와 같은 분을 들 수 있다.

세계성서공회의 목표는 "모든 사람이 그들의 모국어로 읽을 수 있도록 성경을 조달하는 것이다. 그러므로 모두가 구원의 복음을 읽고 예수 그리스도를 그의 주님으로 고백하게 하려는 것이다."[97]

제2차 바티칸회의 이후 위에 설명한 것에 대한 교회의 동의로[98] 가톨릭 성서공회와도 함께 동역하게 되었다. 그것은 UBS의 표준 선에 속하였고 그 후 제3세계의 가능한 한 모든 교파에서 사용할 수 있는 통일 성경을 출판하게 된 것이다. 가톨릭교회와 선교는 그들의 부족함을 채우고자 했다. 가톨릭교회는 19세기 동안 내내 선교지에 성경보급을 별로 하지 않았고 일찍이 BFBS와의 연합사역도 중단되어 있었다. 1970년대에도 브라질의 교회는 성경을 가지고 있지 않았다. 이와는 정반대로 라틴아메리카에서는 생명력 있는 보수주의적 복음주의 선교가 성경주의를 표명하였다. 이것이 제6대륙에서 그들의 갑작스런 성장의 주요요인이 되었던 것이다.[99] 그들은 "선교사의 가장 친한 친구"라고 일컬어지는 성서공회로부터 큰 도움을 받은 것이다.[100]

선교회와 성서공회의 동역사역은 인상적인 통계학을 제시한다. 1804년에는 성경이 72개 국어로 번역되었다. 성경전서는 1994년에 341개의 언어로 번역되었고, 신약이 822개 언어로, 쪽복음이 929개 언어로 번역되었다. 그 의미

---

97) G. H. Wolfensberger, 15-18.
98) "성경의 입구는 그리스도를 믿는 자를 위해 열려 있어야 한다 […]." 교회는 "모성적인 심장으로 성경 사본들을 가지고 많은 언어로 알맞게 그리고 정확하게 성경이 번역되도록 해야 한다. 그 번역들이 교회적 권위와 일치하고 각 권의 책들이 완성되어 제공될 때 기독교인들은 그것을 사용할 수 있다." "Dei Verbum" 22, in KKK, 369.
99) G. H. Wolfensberger, 1968, 27; D. McGavran, 1970, 173.
100) A. Lehmann, 1960, 33.

는 하나님의 말씀을 사람들이 2,092개 언어로 읽을 수 있다는 뜻이다.[101]

흥미로운 것은 각 대륙별로 번역된 성경전서만 비교하면 1994년에 아프리카에서 127개 어로, 아시아에서 105개 어로, 오스트레일리아와 태평양에서 28개 어로, 유럽에서 62개 어로, 중남미에서 11개 어로, 북미에서 72개 언어로 번역되었다. 특별히 대부분 전형적인 "선교대륙"인 아프리카와 아시아에서 번역에 참여하였고, 모든 남미대륙의 국가들에서는 이베리아의 스페인어나 포르투갈적인 불어가 사용되기 때문에 성경은 아주 적은 수의 언어로 번역되었다.

선교사들에 의해 보급된 성경과 쪽 복음의 통계도 인상적이다. 1992년에 UBS의 보고에 의하면 1천 7백만 권의 성경전서가 1993년에 1천 8백만 권, 1천 4백만 권의 신약과 4천 8백만 권의 복음서와 시편이 그리고 5억 4천 9백만 권의 쪽 복음이 보급되었다.[102] 세계성서공회의 사역에 관해서는 성서공회 연합 잡지(Bulletin of the United Bible Societies, London)가 보고하고 있다. 이외에도 성경번역과 성경보급에 대한 역사서 및 동시대적인 시각에 관한 영어와 독일어 책자들이 있다.[103]

개신교 선교역사는 종교개혁시대에 소박한 시작으로부터 오늘날의 세계적인 확장까지며, 그것은 큰 희생을 통해 입증된 성경의 설득 능력에 관한 믿음의 역사이다. 이 신뢰성은 선교적 기독교의 고유한 영적 경험에 근거한 것이다. 그것은 성경적 회복의 시기는 항상 새로운 복음적 각성과 연결되고, 개신교 선교운동은-정평 있는 고대교회의 예와 같이-선교적 선포와 함께 성경을 모든 문화 속의 사람들을 위해 복음화 활동의 가장 중요한 도구로 사용하였다. 성경이 모든 언어로 번역될 수 있다는 것은 무수한 선교체험을 통해 증명되었다. 이와 관련된 영적 육적 수고로 인해 번역 선교사들은 그들의 부

---

101) Mitteilungen der Deutschen Biblegeschellschaft im Juni 1994.
102) Nach epd., (Juni, 1993).
103) 영어 책자로는 제목이 바뀌면서 출간된 Popular Reports der BFBS (예: 1947년 "정답은 여기에", 1954년 "축제의 트럼펫", 1956년 말 마차, 1958년 세상의 분리) - 독일어 책자로는 독일성서공회에서 출판된 책자들「세상 속의 성경」과「성경본문과 사역」이 있다.

르심을 결코 부끄러워하지 않았다. 그 이유는 예수 그리스도를 통한 구원의 복음이 모든 사람에게 이해될 수 있도록 제시되고, 그래서 그들은 그것을 파악하고 영생을 얻을 수 있기 때문이다.[104]

2. 교회 설립 동력으로서의 성경

1) 성경적 복음의 수용성

왜 개신교 선교는 모국어로 성경본문을 공급하여 최초의 복음적 선포를 준비하고, 동반하고, 심화하는 것에 엄청난 가치를 두고 있는가? 그것은 그들이 종교개혁적인 항목에서부터 기인한 하나님 말씀의 역사하는 능력을 깊이 신뢰하기 때문이다. 그 능력은 선포에서와 기록된 말씀에서 일어나는 능력이다. 그것은 예레미야 23:29 말씀과 같이 "나 여호와가 말하노라 내 말이 불 같이 아니하냐? 반석을 쳐서 부스러뜨리는 방망이 같지 아니하냐?" 또는 이사야 55:11의 "내 입에서 나가는 말도 헛되이 내게로 돌아오지 아니하고 나의 뜻을 이루어 나의 명하여 보낸 일에 형통하리라"는 성경 자체의 증거와 같다.

이러한 확신은 곧 오늘날 선포되거나 읽혀지는 성경말씀이 현재 수용자에게 놀라운 능력으로 전개된다는 선교사들의 경험을 통해 확인되었다. 남아프리카 벳샤운(Betschaunen)족의 풍부한 경험에서 연고한 런던의 개척 선교사 로버트 마펫(Robert Moffat)은 이렇게 회고하였다.[105] "성경은 하나의 권능이고 나는 거듭 거듭 – 모든 부류의 사람들처럼 – 미개한 사람들도 그렇게 되게 한 강한 감동의 증인이 되었다. 내 자신의 삶 가운데서 그 능력을 감지하였고 목격하였다. 굳은 돌 같은 마음도 그 능력 앞에선 저항하지 못했다." 마펫은 여기서 직접적으로 아프리카의 정령숭배자들에 대해서 언급

---

104) J. Warneck, 1939, 32.
105) Zit. b. J. Warneck, 1939, 67.

하며 그의 진술은 "다른 모든 부족의 사람들처럼"이라는 선교신학적 보편
타당성의 어법으로 묘사하였다. 그는 성경말씀이 기독교 이전 사람들의 모
든 문화와 종교에 투입된 설교자들의 유일한 선교 무기와 도구가 됨을 입
증하고 또 의무화하였다.[106] 그것은 성경말씀에 대한 파악 능력을 증명하
였다. 이 확신은 루터신학의 인간학적 전제와 상응하는 것이다. 그것은 또
한 말씀전파 영역 밖의 인간의 구원론적 인식을 부정하듯이, 그것은 말씀
에 대해 그들의 귀가 막혀 있지 않다는 것과 말씀을 들을 수 있는 그들의 능
력과 의무를 강조한다.[107]

전기 개신교 선교신학자 중에서 특별히 진젠도르프(Zinzendorf)는 이방인
의 청취 준비성에 관해서 결정적으로 그의 가르침의 원리를 삼았다. 그는
무엇보다도 이 원리를 모든 이방인에게 무차별하게 적용시킨 것이 아니라
말씀 전파와 동행하시는 성령이 그 마음을 열어 말씀을 받아들일 수 있게
만든다는 것을 전제하였다. 이러한 것이 개별적으로 발견되고 회심자들이
교회에 모이는 것은 보냄을 받은 모든 지역에서 헤른후터(Hermhuter) 형제
선교사들의 본래적 사명이었다.[108] 진젠도르프는 이방인의 보편적인 청취
능력을 가정한 것이 아니고, 이방인에게 보냄 받은 사도직과 관련하여 성
령 또는 구세주를 통해서 자연인의 마음(Herzen des Wilden)이 준비 됨을 인
정한 것이다.[109] 진젠도르프와 19세기 후기 또는 20세기 전기 선교사들의
신학적인 차이는 원칙적인 문제가 아니다. 그것은 진젠도르프가 개인적인
성령관을 이방인의 청취능력의 실현 근거에 관해 숙고함으로써 정립한 것
이다. 그는 또한 복음의 보편적인 확장에 관해서 그렇게 낙관하지 않았다.
그것은 후기 선교사들이 특히 정령숭배 세계에서 선교역사적으로 경험했

---

106) *Ebd*, 6.
107) *Formula Concordiae II*, Vom freien Willen. Affirmativa, BSLK, 777. –Flacius는 하나님의
계시를 청취할 수 있는 인간들의 확실한 사전지식을 인정한다 (nach G. Maier, 1990, 63).
108) E. Beyreuther, 1960, 74–76, 97–99.
109) N. L. Graf von Zinzendorf: "Methoden der Wildenbekehrung"; abgedruckt bei O.
Uttendörfer (Hg.) 1913, 45.

던 바와 같다. 그러는 사이에 민족들이 기독교로 대 이동을 하였다.[110]

그러나 이 경험들은 결코 정령을 숭배하는 부족들의 종교들에 국한된 것이 아니다. 오히려 선교 책자들 속에는 무수히 많은 이슬람, 힌두교, 불교, 유교의 종교철학적 아시아 고유 종교들로부터 개종한 사람들의 간증들이 기록되어 있다. 많은 사람들의 회심은 한결 같이 초기의 거부에도 불구하고 성경말씀이 그들에게 역사한 것에 관해 압도적인 인상을 남겼다. 요한네스 바르넥[111]에 의하면 어떤 힌두는 "기독교는 […] 우리 인도 사회의 죽음의 삯이다. 그러므로 기독교는 나를 기독교인이 되게 할 아무것도 없다. 만일 누가 나를 기독교인이라고 부른다면 그것은 나에게 죽음보다 더 끔찍한 것이다. 왜냐하면 힌두교는 나에게 내 생명보다 사랑스럽기 때문이다."라고 말했다. 그러나 바로 이 인도 사람이 성경을 읽고 기독교인이 되었고 세례를 받았다. "이 책 중의 책만이 나를 회심시켰고, 이 책은 수 백만 명을 나처럼 회심하게 되길 바란다"라고 설명하였다.

역시 아르노 레만(Arno Lehmann)이[112] 보고한 한 지위 높은 아시아 정치가의 증거도 인상적이다. 그는 7년 간 감옥에 있었다. "그리고 그는 대부분 손, 발이 결박 되 어 있었다. 한번은 7개월 동안 눕지도 못했다. 사형 집행일만 세고 있었다. 출생부터 유교도였던 그는 그 나라의 종교들을 검토하였다. 무교, 불교, 유교 그것들이 다른 세계에 관해 이야기 해 주기를 원했다. 아무것도 그에게 산 소망을 주지 않았다. 그 때 그는 기독교를 기억하였다. 그래서 그는 신약성경을 감옥소로 밀수하였다. 그는 족쇄에 매였기 때문에 그 책을 스스로 잡을 수가 없었다. 한 동료 죄수가 문에서 보초를 서고 다른 죄수가 그 책을 잡고 그의 눈앞에 들고 책장을 넘겨주었다. 그 책을 읽은 죄수는 기독교인이 되었다. 그는 다른 죄수들에게도 그것을 들려주었고 많은 사람을 구원하였다. 그의 관리자도 읽게 되었다.

---

110) J. Warneck, 1922, 203f.
111) J. Warneck, 1939, 65.
112) A. Lehmann 1960, 180.

성경책과 직접 관련된 회심에 관한 한 유명한 예가 선교역사에 있다는 것을 G. 테일러(Geraldine Taylor)가[113] 보고하고 있다. 이것은 중국 내지선교회 설립자 며느리에 의한 보고이다. 그의 생애에 관한 것은 고전 유교 학교에서 발견할 수 있고, 후기엔 중앙 중국에 가장 유명한 복음전도자 중의 하나가 되었다. 그는 희(Hsi)로 알려져 있다. 이 최고학력자는 사회로부터 물러나서 연구에 몰두하였다. 그는 가끔 듣는 설교들로부터 감명을 받지 못했다. 한 경건한 선교사 데이비드 힐(David Hill)은 그와 개인적 친교를 맺는데 성공하였다. 그러나 그와의 종교적 대화로는 결정적인 지점에 도달하지 못했다. 그러나 그가 추구했던 다른 길에서 실패하자 다른 길에서 결국 그는 의도적으로 "잊어버렸던" 그의 책상 위에 있는 신약성경을 망설이면서 잡고 읽기 시작하였다. 그리고 곧장 예수님의 생애에 붙잡혀서 끝까지 중단할 수가 없었다. 그의 내적인 눈에서 휘장이 치워지자 그는 직접 예수 그리스도를 보게 되었고 그와 대화하게 됨을 느꼈다. 그에게 돌발 사건이 일어난 것이다. 그 교만한 유교학자는 그 자리에서 무릎을 꿇고 자신을 그리스도께 드리며 그를 자신의 구주와 주님으로 영접하였다. 그는 일어나서 다시는 돌이키지 않는 길로 나아갔다.

고등 종교들의 추종자들, 특히 무슬림들은 – 핍박의 두려움 때문에 공개적인 기독교 설교를 듣기 두려워한다 – 아주 빈번히 비밀히 성경공부를 한다. 이것을 통해 내적 변화가 일어난다. 이러한 방법으로 한 북인도 감리회 감독 존 수반(John Subhan)이 믿고 돌아왔다. 그는 원래 한 엄격한 수피교의 독특한 무슬림이었다. 그는 소년기에 꾸란 학교에 다녔고 물라(이맘)에게서 종교교육을 받았다. 그 후에도 그는 교회나 기독기관과 연관이 없는 이슬람 지역에서 살았다. 그는 외국인 선교사나 자국인 목사를 만난 적이 없다. 기독교적 인사말을 들은 일도 없었다. 그런데 하루는 복음서가 그의 손에 도달했다. 그는 읽기 시작하였다. "그때 그 일이 일어났다"고 그는 후에 고백하였다. "그것이 내 마음을 설득하였고 나는 기독교인이 되기로 결심했다" 이 경우에도 인쇄

---

113) Geraldine Taylor, 1902, 170–173.

된 성경말씀은 기독교 신앙을 일깨우는 유일한 도구였다.[114]

최근에 역시 개인적인 성경 공부를 통해서 충격을 받은 극적으로 돌아온 한 영적인 무슬림 학자에 관해서 미국 NNI(News Network International)[115]는 보도하였다.

이맘이 성경강독을 통해서 기독교인이 되다.

잘 알려진 이집트의 이슬람 대학교인 알 아자르 대학교(Al AzharUniversity) 대학원 졸업생인 실바도르 알리 아흐메드(Sylvador Ali Achmed)는 11년간 이맘으로서 카르툼(Khartoum)의 한 지역인 샤그라(Shagra)에서 근무하였다.

젊은 이맘은 논쟁적인 반기독교인으로서 후에 비교종교학 박사학위를 준비하기 위해서 신약을 읽기 시작하였다. 그러나 성경을 읽자 그는 곧 가장 깊은 곳에서 요동하기 시작하였다. 그는 회고하면서 "나는 믿어지지 않았다." "그리고 나는 읽은 바를 따르기에 두려웠다. 그러나 나는 감동을 받았다"고 하였다. 성경과 꾸란의 비교연구 6개월 후에 그는 아침내 1988년 9월에 기독교인이 되기로 결심하였다.

비록 그의 부인이 처음에는 그의 결심을 따랐지만 후에는 아버지에 의해 비무슬림 아흐메드의 탄핵에 동의하였다. 그녀는 네 자녀를 맡았고 남편을 떠나 이혼 소송을 하였다.

그러나 아흐메드는 그의 신앙을 신실하게 지켰고, 1990년 3월14일에 세례를 받았다고 말했다. 약 1년 후에 아흐메드의 옛 부인은 그를 고소하였다. 그것은 우마르 알 바쉬르(Umer al-Bashir) 장군의 통치하에 강화된 이슬람화 기간에 치안당국에 의해 남편의 신앙적 타락 때문에 수사가 진행되었기 때문이다. 아흐메드는 소환되었는데, 그는 지난 주일예배에 참석한 일과 그가 기독교인임을 숨기지 않았다.

그는 곧장 체포되었고 쇠사슬에 묶여 독방에 감금되었다. 그 다음날 아흐

---

114) A. M. Chirgwin, 1954, 70f.
115) Zit. nach der Übersetzung in Prophetische Mahnwache Nr., 5/1994, 5.

메드는 대법원 판사 6명에 의해 고발되었다. 그들은 그에게 왜 이슬람을 배반하였느냐고 심문하였다. "나는 진리를 알게 되었습니다." "그 질문은 나에게 관계가 없습니다." "나는 기독교인에게 관계된 질문에만 대답할 수 있습니다."라고 아흐메드가 대답하였다.

"그래서 당신은 이슬람을 포기하였소? - 그 일엔 사형이 구형되는 줄 알고 있겠죠?"

"예, 저는 그에 상응한 꾸란 구절들을 잘 알고 있습니다. 나는 11년간 이맘이었다는 것을 이미 당신에게 말했습니다. 나는 이슬람이 나를 그 때문에 죽음을 요구한다는 것을 알고 있습니다."

마침내 판사는 그에게 6개월 간 구형을 선포하고 그에게 경고하였다. "당신이 이슬람으로 전향하기를 거부하고 계속 당신의 예수 그리스도를 믿는다면, 당신의 구속은 6개월 더 연장되고 당신이 역개종 하기까지 계속될 것이오!"

6개월 후에 수단의 교도소 직원들이 명백하게 뜻을 달리하였다. 아흐메드는 대담하게 옴두르만(Omdurman)감옥 방에서 성경공부와 기도회를 열었다. "3개월 후에 우리 감옥소에서 305명이 고백적 기독교인이 되었습니다"라고 아흐메드는 적어 7명의 무슬림 출신이 있는 NNI 통신에 전하였다.

마침내 그는 아주 위험한 인물로 낙인찍혔다. 감옥 속의 이맘 아흐메드는 동부 카르툼(Khartoum)의 게리프(Gerif)감옥으로 이동할 것을 신청하였다. 그곳은 형을 받은 죄수가 사역할 수 있는 곳이다. 거기서 아흐메드는 그의 복음 전도사역을 계속하였다. 그러자 잠시 후 그는 8명의 기독교인을 만나게 되었다. 그 다음 주간에는 50명이 감옥소의 한 나무 밑에서 모였다. 두 달 후에는 115명의 신자들이 한 방에서 예배를 드렸다.

위와 같이 두 감옥소에서 한편으로는 놀라운 기도응답으로, 다른 한편으로는 아흐메드의 예수님의 가르침에 대한 담대한 전파로 인해 많은 수감자들이 기독교에 불붙었다. 그의 6개월간의 형벌은 판사가 협박한 바대로 연장되지 않았다.

"내가 감옥에 들어온 이유를 내가 보통 무슬림이 아니기 때문이라고 믿는다"고 아흐메드는 NNI에 설명하였다. "나는 이맘이었고 그래서 이슬람 신앙인들이 내 뒤에 있었고, 그것이 그들을 위험하게 하였다. 그러나 감옥에서 내 주위에 있는 사람들이 개종하자 아마 책임자들이 감옥에서 내보는 것이 더 났다고 결정한 것 같다"고 말하였다.

이 신앙고백담은 이슬람에서 기독교회로 들어오는 전형적인 예인 것 같다. 한 아프카니스탄에서 사역하는 선교사는 설교나 교육사역이나 의료선교를 통해 인도되는 숫자보다 얼마나 더 많은 무슬림들이 성경읽기를 통해 기독교인들이 되는지에 놀라워했다. "전에 무슬림이었던 기독교인에게 무엇이 그리스도를 주목하게 하였으며 그리고 무엇이 당신을 개종하게 하였냐고 묻는다면 나는 대다수의 경우 성경 공부를 통해서라고 확실하게 대답할 수 있다."[116]

이러한 사건들은 개신교 선교 초기부터 있었고, 성경번역이 완성되기도 전에 놀라운 일들이 일어났다. 이방인들과 새로운 신자들이 자기들에게 내려주신 하나님의 말씀 듣기를 갈망하였기 때문이다.[117] 그들은 특히 예수 그리스도에 대한 신약복음에서 하나님의 음성을 들었다. 거기에 주목되는 것은 여러 나라에서 선포되는 복음은 네 번째 복음이다. 놀라운 일들은 힌두교적 그리스도의 신비를 기대하는 사람들에게서만이 아니라,[118] 오히려 기독교 공업단지에 있는 사람들에게 일어났다. "종종 거칠거칠한 고객에게 팔기 위해서는 요한복음이 가장 적합했다."

성경에 타종교인들에게 특별하게 설득력이 있어 보이는 부분이 있는가? 이에 대한 대답은 제각기 다르다. 그것은 타종교들의 상이성과 복음화된 지역의 상황에 따라서 각각 다르다. 개인적 상태에 따라서도 다르다. 요한에스

---

116) Ch. Wilson, 1937, 237.
117) J. Warneck, 1939, 32.
118) J. Warneck, 1939, 32.

바르넥은 그의 고전 『복음의 생명력』(Lebenskräfte des Evangeliums)[119]에 선교사들의 보고서들로부터 한 도식을 세웠다. 그것은 각 성경의 복음이 지금까지 복음이 도달하지 않았던 정령 숭배자들의 세계를 신론적으로 어떻게 열어 이해시키는가에 관한 내용이다. 많은 경우 우선적으로 인간에게 가까이 다가오시는 전능하신 창조주, 살아 계신 하나님의 계시에 의해서다. 왜냐하면 그들의 전통 신화들은 인간이 도달할 수 없는 아주 먼 곳에 있는 아주 막연한 원초신(Urhebergott)에 관한 것이며, 그러므로 이방인들의 초월 경험이란 본래 강신술적-마술적 영에 대한 것이다. 성경적 창조 기사는 자주 이방인들에게 압도적이었다. 특히 그 이유는 - 두 번째 시각으로 - 그것은 불확실한 전통적 신비술이 아니라, 문서기록에 의해 보증된 계시에 의한 것이기 때문이다.

이와 같은 성경의 사실은 지금까지의 관념 세계에 혁명을 일으키는 신비한 힘으로 역사했다. 여기에 신화적인 문화 속에서 - 정령숭배나 시간과 주체가 없는 소위 고등 종교적 세계관을 통해서 - 성경계시의 역사성은 역사적으로 검증할 수 있는 부분을 포함하여 선교사와의 만남에서 결정적이다. 현대 서구신학 쪽에서 역사를 무시함으로써 기독교 신앙의 전제를 포기한다면, 불교 승려의 깨어 있는 눈을 피할 수 없는 운명이 될 것이다.[120]

영적으로 입증할 수 있는 역사가 특히 비기독교 지식인 성경 독자들 가운데서 통일적으로 증명되었다. 그 통일성은 그들의 기독론적-구원론적 경험에 있었다. 칼 하임(Karl Heim)은 일본의 선불교도들과 신을 찾고 있던 쿠로사키(Kurosaki)[121]에 관해 특히 인상적인 예를 보고하고 있다. 그는 이미 범신론적 신비 신체험을 한 사람이었다. 그러나 그것은 항상 잠깐의 꿈같은 절정이었을 뿐이다. 형제교회의 한 소박한 선교사는 그가 복음 안에서 예수 그리스도를 만나길 원한다고 간주했다. 성경말씀이 그를 점차 종교적 위기에서 해방해 주었다. 이는 그가 이제 지금까지 하나님을 떠나있던 것이 자기 일생의

---

119) J. Warneck, 1922, 203-344.
120) W. Schilling, 1979, 128-143, bes. 128-132.
121) K., Heim, 1957, 206-208.

원죄였음을 의식했기 때문이다. 하임은 아래와 같이 보고하였다.

이 무너진 상태에서 그의 영혼은 위대하고 모든 것을 변화시키는 복음에 마음을 열었다. "하나님이 세상을 이처럼 사랑하사 독생자를 주셨으니 이는 저를 믿는 자마다 멸망치 않고 영생을 얻게 하려 하심이니라." 그는 형제교회의 소박한 친구들의 행동으로 인해 완전히 회개하고 철저히 변하였다. 지금까지 그는 비평신학의 영향으로 예수님의 복음과 신약의 서신서들 사이의 차이를 보아왔고, 그는 바울의 여러 부분이 불필요하고 해로운 것이라고 생각했다. 그러나 지금은 그가 그리스도의 십자가 복음의 놀라운 능력을 이해함으로써, 모든 성경은 그에게 하나님의 말씀에서 온 중심 진리가 되었다. 지금까지 성경은 그에게 종교사적 입장에서 많은 저자들의 작품들이 수집된 것으로 이해되었다. 이제는 그것들이 그에게 하나님의 영으로 기록된 하나님의 말씀으로서, 메시아의 약속과 하나님 아들에 관한 복음과 그의 생애와 그의 죽음과 그의 부활과 재림에 관한 복음이었다. "나는 성경 같이 통일성 있는 책 외에는 생각할 수 없다." 성경에 대해서 이러한 평가를 한 그는 역시 우리에게도 특별한 의미가 있는 신학자이다. 왜냐하면 이방 세계에서 온 사람은 성숙한 형태로 와서 성경에 대해 전혀 편견 없이 대하고 전혀 새롭게 발견하기 때문이다. 성경에 대해 아무 선입견 없는 생각으로 대할 때 성경은 하나의 태양 중심에서 나오는 광속 같은 압도적인 통일성 그 이상이다.

성경의 신뢰성과 권위 그리고 그 계시문서의 통일성에 대한 높은 평가는 곧바로 현지 기독교인들의 격렬한 성경번역 요구로 나타났다. 왜냐하면 그들은 성경을 생명의 원천이며, 믿음과 질서와 윤리에 대한 권위 있는 지시를 받을 수 있는 충만한 하나님의 계시의 문이라고 전제하기 때문이다.

정령 숭배자들에게 하나님의 자기 계시에 관한 성경적 복음의 중요성은 하나님이 인간의 형상으로 우리에게 오시고, 우리의 비참한 상황에서 구원하신 예수 그리스도에 대한 증거에 있다. 특히 정령 숭배자들에게는 예수님의 마귀적 권세에 대한 승리와 추방으로 인간의 실존에서 구원이 경험된다. 그 후에 이방 기독교인들은 죄 의식이 싹트고, 그리스도의 희생적 죽음의 구원론적 의미는 죄에 대한 속죄와 아버지와의 화해라는 것을 알게 된다.[122]

이러한 도식의 타당성에도 불구하고 선교사들은 아주 유연하게 다루었다. 왜냐하면 가장 그럴듯한 정령 숭배적 상황에서 이 원칙에도 무수한 예외가 있기 때문이다. 그러나 선교사들과 현지 기독교인들은, 각각 청취자가 특정한 성경말씀과 보고에서 발견하게 되는 그들 개인적인 내적 필요를 중심으로 구원의 복음이 이해된다는 것을 경험하였다.[123] 수마트라의 한 군사 감옥에 갇힌 전쟁 범죄자 일본 장교는 쇄르퍼 성경(Shärfer Bible)의 탕자 비유의 삽화를 쳐다보자 갑자기 소리쳤다. "이것이 나입니다."[124] 또 "당신은 성경에서 읽은 것을 이해하십니까"라는 선교사의 질문에 한 아프리카 여인은 이렇게 답을 했다. "나의 주여, 내가 그 책을 읽는 것이 아니라 그 책이 나를 읽습니다."[125]

제3세계의 기독교인들은 자신을 아브라함, 롯, 모세, 다윗, 베드로, 루디아 등과 같은 성경적인 특정 인물과 매우 쉽게 동일시한다. 그것은 어떤 경우에도 해외선교사들이 수여한 아프리카와 아시아 기독교인들에게 세례 시 그들이 상징적으로 하나님의 백성의 구원사적 공동체에 연합되었다고 느끼도록 성경적인 이름들을 수여하여 설명한 것은 아니다. 선교사들은 가끔 세례 지망자나 그 부모로부터 받은 진기한 이름들에 대해 놀란다. 나의 아프리카 조력자는 아벧느고(Abed-Ngo, 단 1:7)라고 한다. 그 이름은 과거 가룟 유다 같은 자기의 좋지 않은 생활을 회개하고 개종한 자신을 칭하게 한 것이다.

---

122) Vgl. hierzu W. Freytag, "Das Problem der zweiten Generation der jungen Kirche", in Ders., RuA, Bd I, 245-258, bes. 252f u. 257f.
123) 칼 하르덴슈타인은 황금해안 방문여행에 관해 설명한다. "정글 속 한 작은 마을에서 그들은 인사할 때 내부에 작은 십자가가 그려진 붉은 깃발을 가지고 있었다. 나는 그것에 연결하여 그 십자가가 기독교인에게 무엇을 의미하는지를 그들에게 설명하였다. 그 수난이야기가 처음으로 이방인들에게 소개되었을 때 요 3:16의 장과 절수와 사건의 의미까지 정확한 현재가 되었다.
124) H. De Kleine, 1950, 38f.
125) W.J. Platt, 1953, 188.

화해의 말씀에 대한 개인적인 긍지로 아프리카 성경 독자의 위와 같은 접근은 구약의 사회적 상황이 아프리카의 단결된 부족사회와 유사함을 발견했기 때문이다. 아프리카 기독교인들은 "성경에서 자기들의 것과 비슷한 세계관을 경험하고, 성경인물 중에서 신학으로 복잡 하지 않은 아주 단순한 형태의 믿음을 본다."[126] 즉 구약은 사회구조적 일치 때문에 토착교회의 삶을 위해서 포기할 수 없는 의미를 지닌다.[127] 이슬람 선교에서 알려진 권위자 크리스티 윌슨 박사(Dr. Christy Wilson)는 얼마나 많은 무슬림 개종자가 그들의 개종 근거를 구약에 두는지 놀랍다는 보고를 하였다.[128] 구약에서 모든 문화 속의 기독교인이 역사적 사건을 설명할 뿐만 아니라, 특히 시편을 원시적인 기도서로-흥미롭게도!-잠언 역시 그 지혜문서로, 구약은 인류가 보편적으로 타고난 내적 지혜, 진리 그리고 아름다움을 인식할 수 있는 친밀성을 보여준다.[129]

이 예화적인 양상들은 여러 다른 인류문화에 특히 문자가 없는 부족 종교 하에서 신구약성경의 놀라운 정황을 보여준다. 이는 기독교 이전 주변 세계 토착 교회의 전 역사에도 해당된다. 선교사들은 아프리카 부족과 첫 만남에서 놀라운 성경적 지식에 깜짝 놀랐다.[130] 그 성경 지식은 선교사들이 이미 구두로 전한 것들이었다. 필자 역시 선교사역 중에 북 트랜스발(Nordtransvaal)의 바소토(Basotho)에서 경험하였다. 손님들을 접대한 이방 족장은 통치자의 자리에서 열린 복음선교대회 같이 감사 연설을 하였다. 그 기막힌 성경지식으로 제2의 선교적 설교 같이 역사했다 - 이 공공연하게 확고한 아프리카인들의 성경에 대한 사랑은 결정적으로 교회가 한 때 '흑암의 세상'이었던 이곳에 자발적으로 복음을 전파하였기 때문이다.[131] 그것은 첫 선교사가 이 지역에

---

126) O. W. Okite 1973, 122.
127) W. Freytag, "Das Alte Testament und die junge Kirche" (1946), in Ders., RuA, Bd. 1, 193-210; G. E. Phillips 1942; G. E. Wright, 1951, 265-276.
128) Ch. Wilson, 1937, 237.
129) Vgl. H. Gese, 1962, Art. "Weisheit" u. "Weisheitdichtung", in RGG 3, Bd. 6. Sp. 1574-1581.
130) J. S. Mbiti (1987, 48) spricht von einer "wachsende Stoßkraft der Bibel in Afrika".
131) H. M. Stanley, 1881.

들어오기 전에 이미 이따금 아프리카 기독교인 개인들이 자기들의 촌으로 들어가서 자기 부족을 위한 영적 모임을 시작했다는 것을 보여준다.[132]

한 유명한 예로 상아 해안에서 복음의 선구자이며 "선지자"인 웨이드 해리스(Wade Harris)를[133] 들 수 있다. 오늘날까지도 누가 그에게 성경 한 권과 개인 구원의 지식과 복음 전도 사명을 일깨워 주었는지 모른다. 알려지기는 그는 한 번도 선교사나 선교회와 관계한 일이 없었다는 것이다. 그러나 그는 세례 요한의 이야기를 읽자 그 자신도 광야에서 외치는 하나님의 음성이라는 내적 확인을 받았다. 그래서 그는 그 때부터 중앙 아프리카의 서해안 지역을 걸으며 한손에 십자가 지팡이와 다른 손에 성경을 들었다. 곧 그는 한 농촌에 도착하였다. 그는 성경을 쳐들고 큰 소리로 "나는 너희에게 하나님의 말씀을 선포한다"고 소리쳤다. 누가 그에게 위임된 권위에 관한 질문을 하면 그는 확실하게 "나는 이 책에서 말하는 파수꾼이다." 그러므로 내가 소리친다. "예비하라! 예비하라"라고 대답하였다. 해리스는 오직 그의 백성에게 충만하게 도래하는 구원의 예비자로 자신을 확신하였다. 사실로 서구 선교사들이 상아 해안에서 그들을 만났을 때 영적으로 잘 준비된 바탕을 발견하였다. 웨이드 해리스의 기초적인 성경적 복음전파에 의해 수만 명이 믿고 예수께로 돌아왔다.

이러한 선험적으로 열린 현상은 인도와 같은 다른 문화에서도 목격하게 된다.[134] 왜냐하면 제3세계의 무수한 신생교회들과 단순한 교인들까지 성경적인 특징이 있기 때문이다. 그들은 성경을 값진 보석같이 보호하고 필요로 한다. 자주 새신자들은 성경을 종교적 경외심으로 돌본다(이러한 것은 이따금씩 미신적으로 왜곡될 수도 있다). 아프리카 신학자 존 음비티(John Mbiti)는 잊지 못할 어린 아이 때의 경험을 가지고 있다. 그는 부모의 부재중에 참지 못할 영적인 목마름으로 몰래 그 값진 성경을 읽어보았다. 그때 한 불운이 발생했다. 세

---

132) 1995년 케임브리지 대학교 출판사에서 펴낸 벤트 순드클러(Bengt Sundkler)의 대 교회사는 전적으로 현지 기독교인을 통한 자발적인 개척선교와 교회설립에 관한 관점으로 쓰여있다.
133) W. J. Platt, 1934, 52.
134) 인도에서는 가끔 기독교와 이방사상이 혼합되기도 한다.

살난 남동생이 그것을 움켜쥐고 한 장을 거의 찢은 것이다. 수 년간 그것이 그의 양심을 괴롭히고 어쩌면 용서받지 못할 죄를 졌는지도 모를 고통을 당하였다.[135]

2) 교회 설립을 위한 생명의 원천으로써의 성경

척윈(A. M. Chirgwin)은 그의 책『성경과 세계선교』(*The Bible in World Evangelism*)에서[136] 성경은 개인적으로는 회심한 기독교인이 되게 하고, 교회가 생기도록 하는 유일한 도구가 된다고 주장한다. 실제로 모든 대륙에서 일어나는 이를 뒷받침하는 인상적인 예증들이 있다. 사람은 개인 성경공부를 통해서 복음을 깨달으면 그 중요하게 깨달은 것을 다른 사람에게 나누려하는 열정을 느낀다. 그들은 자신들의 아프리카 숲에서 작은 집회를 열거나 이 복음을 전하기 위해 다른 장소로 길을 떠나기도 했다.

에릭 펜(Eric Fenn)은[137] 한 일본 과부에 관한 사건을 설명하였다. 한 소녀가 때 그 과부에게 누가복음을 전하며 "이 책을 받아 읽으세요. 제가 이 책을 길에서 발견했는데 즉시 읽어 보았습니다. 이 책에는 무력한 자를 도와주는 한 사람에 대한 놀라운 이야기가 써 있습니다. 그래서 저는 즉시 당신을 생각했습니다. 당신도 이 책에서 분명히 위로 받을 것이다." 이 여학생은 세 자녀를 가진 이 부인이 아무 재력이 없고, 무익하게도 신도 제단에서, 한 불교 승려에 의해서 그리고 순례여행을 통해서 양식을 구하고 있었다는 것을 알고 있었다. 이 과부는 간절하게 이 복음서를 처음부터 끝까지 읽어보고 싶었다. 그녀는 마침내 그 생의 사모하던 휴식과 방향을 명백하게 발견하게 되었다. 곧 바로 그녀는 다른 기독교인들을 고대하였다. 그들과 공동체가 되고자 하였다. 그러나 그 주변에는 기독교인들이 하나도 없었다. 그녀는 이웃 도시 장터에

---

135) J. S. Mbiti, 1987, 35.
136) A M. Chirwin, 1954.
137) E. Fenn, 1952, 17.

서 한 선교사의 설교를 접하고 새로운 충격을 받았다. 그녀는 그에게 그의 산촌을 방문하여 세례식을 베풀어 주기를 청하였다. 그러자 곧 그녀는 이 책의 강독을 위해 그의 친지들을 모았다. 그리고 곧 몇 달 후에 이 일본의 산촌 마을에 하나의 작은 성경공동체(Bibelgemeinde)가 생기게 되었다.

일본의 한 탄광업이 파업되었을 때 두 젊은 기독교인에게 생각이 떠올랐다. 그것은 그들의 동료들에게 이웃에 있는 성경 보관소에서 두 대의 짐차로 성경과 복음을 실어 와서 그들의 자유 시간에 읽을 수 있게 하고자 한 것이다. 그 결과로 처음에는 회의적이었던 많은 독자들이 성경에 사로잡혔다. 그 때부터 그들은 성경 공부반에 모여들었고, 그것은 선교적 개척교회의 시초가 되었다.[138]

발리(Bali)에서 한 선원이 항구에 누가복음을 남겨 놓았다. 발리인들 한 그룹이 성경을 읽기 시작하였고 성령의 불이 붙기 시작하였다. 그 결과 "누가인들"(Lukaner)이라는 현지인 운동이 일어났다.[139]

헤어만스부르거(Hermannsburger)의 선교사 디트리히 바스만(Dietrich Wassmann)이 전한 인상적인 보고서가 있다. 그것은 이집트 갈라 지역(Galla-Land)에서 선교사들이 추방될 때 일어난 자발적인 부흥과 복음화 운동에 대한 것이다. 거기에 한 여자 마술사가 있었다. 그는 성경을 읽고 그 복음에 붙잡혔다. 그 결과 그녀의 촌에서부터 하나의 큰 부흥운동이 일어난 것이다![140]

비슷한 보고가 토바-바탁랜드(Toba-Batakland)에도,[141] 중국의 여난(Yünan)에도, 북 아프리카에도, 북나이제리아의 하우사랜드(Haussa-Land)에도 있다. 그러므로 1938년 탐바람(Tambaram)에서 열린 제3차 세계선교대회에 보고된 바에 의하면[142] "많은 장소에 개인 또는 그룹이 있다. 그들은 예수 그리스도에 대한 신앙을 공개적이든 비공개적이든 고백하고 더 많은 가르침을 원하고

---

138) P. Beyerhaus, 1954a, 10.
139) A. Lihmann, 1960, 179.
140) D. Wassmann, 1947.
141) J. Warmeck, 1939, 39.
142) *Madras Series*, Bd. 3, 238.

있다. 하나님의 말씀에 대한 인상은 인간의 협력 없이도 곧장 오성과 마음에 빛을 비쳤다. [⋯]고 하였다." 성경의 회심 능력과 교회설립 능력에 대한 한 사례가 최근 인도차이나에서 보고되었다.[143] 그것은 태국의 영적 인물 사왕다 천채(Sawaeng Da Chuen Chai)이다.

한 주정뱅이로서 그는 항상 고삐 풀린 생활을 하다가 마침내 1984년 절도와 살인범으로 평생 감옥형을 받았다. 감옥 안에서 점차 제정신이 돌아오면서 그는 공포와 수치와 양심의 가책으로 사로잡히게 되었다. 그는 자신에 대한 절망으로 소리쳤다. 그러나 아무도 그를 듣지 않았다. 그래서 그는 - 무익하게 - 자살을 시도하였다. 어느 날 그는 감옥 독서실에서 한 낡은 책을 발견하고 아무 생각 없이 몇 줄 훑어보려고 그 책을 열었다. 그가 계속 읽자 갑자기 그 마음에 불이 붙는 것을 느꼈다. 그는 사흘간 이 책에 깊이 빠지게 되었고 내적으로 점점 밝아지게 되었다. 그는 그 책이 꾸며낸 이야기인지 아닌지를 알고 싶어서 같은 수감자에게 물었다. 그 중에 기독교인이 한 명 있는 것을 알게 되었다. 그는 그 안에 있는 모든 내용이 다 사실이고 그도 성경을 가지고 있다고 하였다. 그 친구는 그를 감옥 내 기독교인 그룹으로 초대하였고 성경 통신과정에 등록하게 하였다. 3년 동안 그는 성경대로 살려고 노력하였고, 그 결과 그의 우울함은 떠나갔다. 마침내 그는 고린도후서 5:17에 부딪혔다. "그런즉 누구든지 그리스도 안에 있으면 새로운 피조물이다. 이전 것은 지나갔으나 보라 새것이 되었도다." 결정적으로 이 말씀이 그를 영적으로 도약하게 했다. 그는 예수께 기도하며 예수님을 그의 삶에 들어오시게 했다. 이것은 하나의 극적인 변화를 일으킨 것이다. 그는 믿음의 치유를 경험하자 그의 생명을 함께 수감되어 있는 자들을 위한 봉사자로 헌신하였고, 그는 기독교인이 없는 코랏(Korat) 감옥으로 옮겨질 때까지 먼저 그곳의 기독교인 그룹의 인도자가 되었다. 몇 명의 죄수가 그와 함께 성경공부반을 형성할 준비가 되어 있었다. 거기서 다섯 명이 시작하여 30명의 무리가 되었다. 그중의 절반이 그리

---

143) "From Prison to the Pulpet", in UBS Special Report 5, (July 1994), 16.

스도께 생명을 바쳤다. 이 변화된 삶의 모습으로 인하여 더 많은 죄수들이 복음을 받아들이게 되었다. 마침내 사왕다는 그의 모범적인 행위로 인해 왕의 생일에 특혜를 받고 구치소를 떠나게 되는 놀라운 일이 일어났다. 그리고 놀라는 가족과 함께 다시 연합하게 되었다. 그는 이웃 교회에 소속하였고, 그 목사의 충고에 따라 단기 성경학교에 입학하였다. 그래서 그는 오래 간직하였던 꿈을 이루었다. 그는 곧 그 교회의 지도자와 설교자로 지명되었다.

특히 라틴아메리카의 개신교회는 지금까지 형식적인 가톨릭교회 신도들 가운데서 자발적인 성경공부 결과로 생겨났다. 존 맥케이(John Mackay) 박사 (당시 국제선교협의회의 회장)가 확인한 바와 같이 "성경은 라틴아메리카의 개신교회 운동의 개척자였다." 찰스 터너(Charles Turner)는 그의 말에 찬성하며 오늘날 라틴아메리카에 하나님 말씀을 철저히 따르는 그렇게 능력 있는 복음주의 교회가 일어난 것은 허구가 아니라고 말했다.[144]

이렇게 여러 곳에서 자발적으로 교회가 설립된 것은 거의 모든 개신교 선교회들이 교회를 설립하기 위해서 복음화를 실천한 데 있고 이것은 알려진 기본원리다. 칼 하르텐슈테인(Karl Hartenstein)은 황금해안에서 선교사들이 어떻게 즉흥적으로 복음을 노래로 만들어서 온 교회가 후렴을 화음으로 부르고 환호하며 그 메시지가 의도하는 바를 가슴과 마음속에 넣어서 자신의 것이 되게 하는지를 경험하였다.[145] 성경을 교회 회중의 중심이 되게 하는 개신교회의 선교전략은 이미 윌리엄 케리(William Carey)에 의해서 알게 되었다. 그의 놀라운 번역사역으로 항상 토착교회가 세워졌는데, 그것은 성경공부를 통해 이루어졌다. 인도 신학자 아브라함(C .E. Abraham)은 150년 후에 그의 발자취를 따라 세람포에 왔는데 그는 1952년 UBS – 대회에서 보고하며. "케리에 의한 첫 번째 세례는 1800년 12월 25일이었고, 67일 후 1801년 3월 3일에는 벵갈

---

144) G. Wolfensberger, 1968, 27.
145) J. Warneck, 1939, 74f.

어로 처음 출판된 신약성경이 성찬 예식상에 놓여 있었다. 그는 그때 바울의 말씀 골로새서 3:16 "그리스도의 말씀이 너희 속에 풍성히 거하여[…]"에 대해 전하였다. 즉 케리는 "선교사들의 영적 생활이나 회심자들의 영적생활이 오직 그들 속에 풍성히 거하는 그리고 모든 지혜 안에 거하는 하나님의 말씀을 통해서 보존될 수 있다"고 하였다.[146]

항상 이 사도의 경고와 일치하는 곳에서는 다시금 교회 공동체의 삶은 풍성하게 된다. 무슬림 지역과 같은 힘든 지역에서 강행한 하우사교회들(Haussa Gemeinden)의 성경 가르침과 복음화 실현에 대한 기쁨이 묘사되었다.

카메룬 초원 지대에서 위(We) 언어로 완성된 신약성경의 역사에 대한 묘사는 인상적이다

> "위(We)교회에 첫 권이 전해졌을 때 현지인 설교자는 기뻐서 그것을 가슴에 품고 소리쳤다. '이제 우리는 강건해질 것이다.' 한 저녁에는 사람들이 볼 수 있도록 불길이 높이 솟아올랐다. 그리고 성경들을 손에 들고 축제를 하며 선교학교 학생들이 동산으로 올라갔다. 이 전도자는 이날의 의미를 알려주며 그 불빛이 하늘을 향해서 밝게 비췬 것 같이 이제 복음의 빛이 위(We)인들의 마음속에 비춰게 될 것이다"고 하였다. '우리가 우리 언어로 된 하나님의' 말씀을 가지게 된 후에는 어떤 것도 우리를 하나님의 사랑에서 끊을 수 없게 되었다. 우리는 이 책과 함께 주 그리스도께서 우리 땅에 들어오셨기 때문이다. 모든 이들은 일어서서 그들의 횃불을 점화하였다[…]."[147]

교회가 그의 모든 삶과 교회 규율과 교육지침을 의문시 되지 않는 권위인 성경에 두었을 때 영적 지식은 자라난다. 새로운 기독교인들은 끌고 들어온 과거의 비기독교적 자세와 행실들을 검토할 준비가 되어 있다. 하나님의 말씀에 의해 변화되는 것은 때때로 아주 힘든 결정이다. 요한네스 바르넥이 수

---

146) C. E. Abraham, 1953, 196.
147) J. Warneck, 1939, 51.

십 년간 수마트라의 바탁(Batak)족에 영적변화(Transformation)가 오게 되는 경험을 한 바와 같다. 사람들은 말씀을 오래 기다릴수록 변화시키는 능력이 더 크게 나타난다고 통찰하였다.[148]

자발적으로 일어난 의미심장한 기도생활에 대한 각성이 이러한 영적 진보에 속한다. 기독교인들은 성경에서 응답된 기도들에 관해서 읽고, 신구약에서 하나님이 기뻐하시는 기도의 여러 본보기들을 발견한다. 그것은 다만 조직적으로 공부하고 성경의 풍성함에 깊이 몰두하면서 첫 체험의 열정이 지식과 성화 과정에서 중지되면서 방해를 받는다. 이제 그것은 오직 신생교회가 조직적으로는 성경적 복음의 시각으로 나타나고, 영적 도상 초기에 불충분하게 표출될 때 일어날 수 있다. 여기 포함되는 것은 무엇보다도 그리스도의 십자가의 깊은 의미와, 종말적인 소망과, 갈라디아서 5:6의 믿음과 사랑의 관계이다.[149]

더 대조적으로 가장 강력하게 조직적으로 양육된 성경적 신앙을 가지도록 한 선교교회는 1884년부터 한국에 개척된 미국 장로교회와 감리교회이다. 필자의 책 『신생교회의 독립』(*Selbständigkeit der jungen Kirchen*)[150]에 묘사한 바와 같이 동아시아에서 유일하게 교회가 성장하게 된 비밀은 네비우스 방법(Nevius-Methode)에[151] 의한 세 가지 독립원리에 있었다. - 자급, 자전, 자치 - 그것은 성경공부를 통해 이루어졌다. 남성들을 위한 세례 준비로 이미 읽은 성경을 그들의 부인들에게 가져다주고 난 후, 그들은 교회 공동체에서 교육적으로 조직된 성경반에 영접되었다. 이것은 그들이 알맞은 단계에 속하여 영적 성장을 이루게 하였고, 그들은 실천적 봉사자가 되도록 인도받게 되었다. 그 결과로 성경본문과 매우 친밀한 신뢰관계가 되고, 그것은 집집마다 그리고 공동체마다 펼쳐보는 책이 되었다. 이에 대해 깊은 인상을 받은 존 모

---

148) *Ebd.*, 61.
149) J. Warneck, 1922, 282-306, 334-344.
150) P. Beyerhaus, 1956, 219-227.
151) J. Nevius (engl. Original), 1885, (dt. Übersetzung), 1993.

트(John Mott)는 자주 담대하게 묘사하였다. "만일 세계적인 핍박이 일어나서 모든 기독교의 성경이 파괴된다 해도 그것이 절대적인 대 참사가 되지는 않을 것이다. 왜냐하면 열 사람의 한국인의 암기에 의해서 성경의 모든 내용이 복귀될 것이기 때문이다."

소위 신생교회들의 경험으로 선교사들과 토착교회의 신자들은 동방과 북아프리카에서 페르시아, 남인도, 이집트, 에티오피아와 시리아 콥틱 정교회와 같이 일부 혼합주의적이거나 권위적 전통에 굳어진 고대교회에 성경모임을 통해서 새롭게 생명력을 일으키고자 했다. 이 노력은 토착적 계급주의 자들의 개종자에 대한 두려움으로 인해 무산되었다. 그 대신 성경적으로 깨우친 교인들은 고립되어 하나의 새로운 선교교회가 되었다. 이러한 교회는 무엇보다도 남인도의 대 마-토마-교회(Mar-Thoma-Kirche)를 들 수 있다. 후에 이 교회는 토착교회 성직자에 의해 스스로 노력하여 새롭게 열매를 맺었다. 오늘날 에큐메니칼 방문자는 이 오래된 교회가 새롭게 생명력 있는 교회로 갱신됨을 보고 놀랐다. 이러한 갱신은 그들의 역사적 미래를 위한 아주 유일한 희망이다. 그러나 발터 프라이타크(Walter Fraytag)이 언급한 바를 두려워해야 한다.[152] 성경의 부재는 한 때 막강하였지만 이슬람교 아래서 역사적으로 파산된 북아프리카의 교회와 같은 결과를 낳게 한다!

더 언급한다면 정체된 유럽의 민족교회들도 그들의 영적 부흥과 각성을 위한 노력들을 성경에서 찾는다. 그를 위한 중요한 예로 1981년 독일 개신교(EKD) 주립교회는 '성경적인 각성'을 선포하였다.[153] 그것은 에큐메니칼의 준비 모임으로 '1992년 성경과 함께하는 해'로서,[154] '새로운 영성의 추구'와[155] '선교적 교회성장'을 위한 현대적 처방을 위해 개최하였다.[156]

또한 20세기에 일어났던 가톨릭교회의 성경운동도 언급할 수 있다. 그 운

---

152) W. Freytag, in Ders., RuA, Bd. 2, 1961, 63-72.
153) S. Meurer (Hg.), 1982.
154) G. Wiesde, 1992.
155) *Gauben heute. Christ werden-Christ bleiben*, 1988.
156) H. von Goessel, 1965; A. Kuen, 1975; G. W. Peters, 1982; F. Schwarz, 1984.

동으로 마치 종교개혁에서 배출된 개신교회처럼 오늘날에 적지 않게 규칙적으로 성경을 읽는 가톨릭교도들이 있다. 이 결과로 개신교, 가톨릭 그리고 초교파적 교회들의 성경적 신앙에 대한 종교 사회학적 연구가 시작되었다.[157]

3. 토착교회의 성경적 성숙

1) 선교의 목적: 교회의 자립

"대 세기" 중엽 이래 개신교 선교운동은 해외 선교지를 위한 사역 목표를 독립적 토착교회 건설에 두었다.[158] 이것은 모 교회에서 받은 기독교 신앙을 스스로 책임지고 보호하고 또 전파하는 것이다.[159] 그것은 앵글로 색슨족의 첫 두 선교학자 R. 앤더슨(Rufus Anderson)과 H. 벤(Henry Venn)[160]에 의해 시행되었다. 그들은 신학적으로 이 자립 원리를 자치, 자급, 자전의 세 가지로 상세히 다루었다. 그러나 교회론에 관한 진술이 없었다는 점에 대해 이미 이론이 제기되었다. 이 점에서 - 1950년 중국에서 모택동이 권력을 쥐게 되자 - 3자 원리가 그것이다.[161] 그것은 정치적이고 이데올로기적인 운동으로 반 교회적이며, 지상에서 그리스도와 한 몸이 된(고전 12:12이하; 엡 5:23) 지상의 모든 성도들과 함께 영적 공동체를 이루지 못하게 하는 것이었다. 그러므로 1952년 하노버(Hannover)에서 모인 세계루터교연맹(Lutherischer Weltbund) 제2차 총회에서는 참 교회의 표징은 자율(Antononic)이 아니라 그리스도의 통

---

157) K. -F. Daiber/I. Lukatis, 1991, 176-186.
158) 필자의 박사학위 논문에 상세히 다루었다(P. Beyerhaus, 1956).
159) Leitender Sekretär der American Board of Commissioners for Foreign Missions von 1832-1866; vgl. R. P. Beaver(Hg.), 1967; Th. Schirrmacher, 1993.
160) Leitender Sekretär der Anglikanischen Church Missionary Society von 1841-1872; vgl. M. Warren(Hg.), 1971.
161) P. Beyerhaus, 1964a.

치(Christonomie)라고 하였다.[162] 이는 교회가 그의 개인적 주인이 아니라 오히려 천국에 계신 통치자 예수 그리스도의 통치 아래 있고, 그로부터 그의 생명과 지도를 받는 것이다.

　이점을 알았다면 그 다음 질문은 어떻게 이 땅의 교회가 보이지 않는 그리스도의 인도를 받을 수 있는가 하는 것이었다. 그에 대한 대답은 개신교회적 이해로서 교회는 목자의 음성을 들어야 한다는 것이다(슈말칼드고백 제 II항). 이 뜻은 육신이 되신 영원한 말씀이 그의 승천 후에도 계속 역사하고 계시며, 지금도 그 영원한 말씀을 실제로 현재하시는 성경말씀에서 만나게 되는 것이다. 선교사역을 통해 자라난 현지교회가 독립되고 영적으로 성숙하는 것을 독립이라고 한다면 그것은 신학적으로 의미가 있다. 이런 의미에서 현지교회는 그의 생활범주에 우선적으로 사람들 – 그리스도인들과 이방인들-을 위한 복음전도에 대한 책임감을 가지는 것이다. 그것은 그가 읽는 성경이 적어도 신약만이라도–성경전서라면 더 좋고–그들의 민족 언어로 쓰여 있어야 한다.

　현지 기독교인들의 성경번역을 위한 일정한 교회사적 소요시간에 따라 점점 성경의 교회론적 의미가 강화된다. 이 소원이 종종 유능한 번역가의 투입으로 완성되기를 기다리는 시간이 길면 길수록 기쁨은 더욱 크다. 우리는 많은 선교지에서 신생교회들이 모국어로 된 성경을 가질 수 있게 될 때 얼마나 크게 인상적인 표현을 하는지 알고 있다. 자주 이러한 사건들은 모든 교회들과 종족들이 함께하는 감사예배와 함께 큰 기쁨의 잔치를 열게 한다. 예를 들면 1882년 9월 3일 남아프리카 바소토(Basotho)에서 그리고 1905년 론드(Londe, 콩고 하부지역)에서 1916년 1월에 처음으로 받게 된 완성된 피오티－성경(Fioti－Bible)을 들 수 있다.[163] 모국어로 쓰인 성경을 갖는 다는 것은 두 가지의 역사적인 사실을 알게 한다. 그것은 교회사와 민족사의 사건이다.

　교회가 사도들과 선지자들의 터 위에 세워진 지식에서(엡 2:20) 토착교회는

---

162) Vgl. P. Beyerhaus, 1956, 366, Anm. 27.
163) J. Warneck, 1939, 49f.

신구약성경의 말씀을 통해서 교회사적 뿌리에 온전히 다가간다. 이 때 그리스도는 마치 오늘과 성경이 기록된 당시에 어떤 시간적 간격이 없듯이 그의 첫 제자들을 통해 곧 바로 현 세대에 말씀하신다.[164] 그러므로 교회는 성경말씀에 문을 여는 날이 그의 생일처럼 또는 존 음비티(John. S. Mbiti)가 담대하게 묘사한 것처럼 그들 자신의 오순절을 경험한다.

> "번역물이 처음으로 출판될 때 무엇보다도 신약성경, 더욱이 성경전서가 발행되면 교회는 그 언어권에서 오순절을 경험한다. 교회는 그 언어권에서 오순절의 불길을 경험한다. 교회는 새로 출생하고 그들은 오순절의 불길을 영접한다. 사도행전 2장에서처럼 토착교회는 처음으로 자기의 '방언으로[⋯] 하나님의 큰일을 말함을 듣는다'(행 2:6-11). 하나님의 영은 귀를 열어 주시고 사람들은 그들에게 아주 설득력 있게 말씀하시는 하나님의 말씀을 듣는다. 토착 기독교인들은 그 후 더 이상 이전처럼 살지 않는다."[165]

결정적인 변화는 - 적어도 원리적으로 - 토착교회가 이제는 더 이상 복음을 운반해 온 외국 선교사들의 후견을 받지 않는다는 데 있다. 교회가 구두적 전달에 의한 지시를 따를 때는 아직 부분적으로만 하나님의 말씀에 접할 뿐이었다. 그들의 신앙은 거의 간접적으로 들은 신앙이고 하나님의 계시는 아직 충분하게 전달되지 않았기 때문에 적지 않게 불신앙으로 불안해 했다.[166] 그러나 이제 토착 기독교인들은 직접 들을 수 있고, 권위 있게 판단할 수 있고 복음을 책임 있게 관리하고 전달할 수 있게 되었다. "이렇게 지역 언어로 된 성경은 아프리카 교회 생활 형성에 직접적으로 역사하는 개별적인 요소가 되었고"[167] 성경의 권위는 개인적으로 그리고 공동체적 삶에서 모든 종교, 사회,

---

164) J. S. **Mbiti**, 1987, 38.
165) *Ebd.*, 33f.
166) 이것이 멜라네시아의 소위 카르고-운동(Kargr-Bewegumg)이 일어난 동기다.
167) J. S. **Mbiti**, 1987, 35.

문화를 넘어서 운반되었다. 이제부터 모든 신앙인들의 보편적인 제사장직이 제한 없이 역사할 수 있게 된다.

이것은 두 가지의 교회사적 귀결에 도달한다. 한편으로 토착교회는 이제 해외 선교기관들 내지 다른 에큐메니칼 협의회에 대한 자신의 큰 책임을 가지게 되었고 다른 한편 지역교회들은 국가적 중앙교회에 대해 자립이 된다. 그것은 교회의 권위가 중심에서 주변으로 옮겨져서 교회의 영적 생명력이 은혜롭게 역사하게 될 것이다. 그것은 무엇보다도 서로 분리되는 위험에 처하게 된다. 이러한 위험은 예수 그리스도의 지체들의 유기적인 일체성에 대한 의식으로 머리에 대한 각 지체의 영적 문제를 즉시 설명하지 않을 때 발생한다.[168]

결정적으로 중요한 것은 보편적인 성경접근이 이단적 교제로 이끌지 말아야 할 것이다. 오히려 선교사들의 성경번역과 토착교회의 인수는 – 결코 종결되어서는 안된다 – 영적 인수와 신생교회를 통한 내용 전환이 점진적으로 따라야 한다. 오직 이렇게 할 때만 그들의 참된 성숙함이 확인된다.

2) 토착교회의 성경취득

지역 언어로 성경번역을 완료한 번역가들은 물론 읽는 자들의 기쁨이 성경번역이 완료된 것만으로 복음과의 교통문제가 단번에 다 해결된 것 같은 착각에 빠지게 해서는 안 된다. 오히려 이로 인해 두 가지의 새로운 과업이 생기게 된다. 그것은 교정과 수용이다. 성경번역가는 아주 적은 경우에만 첫 번째 번역으로 만족한다는 것을 보여주고 있다. 번역된 성경은 성경의 언어와 동일한 내용으로 번역이 되어야 그 권위를 인정받을 수 있다. 첫 번역 성경은 곧바로 교정본을 필요로 한다. 이는 그 번역본의 오류 때문만이 아니라 첫 번역 성경에서 사용되는 여러 낱말과 표현이 이전에는 한 번도 사용되지 않았던

---

168) D. Barett(1986, 109f, 127–134). 바렛은 아프리카의 독립교회 형성에 대한 주제를 옛 선교교회로부터의 분리에 대해 증거하며 성경의 일부나 성경전서가 아프리카 부족에게 주어질 때 교회가 성장한다는 것을 소개하였다.

것이기 때문이다. 그와 반대로 언어를 깊이 연구하는 동안에 성경의 진리에 알맞은 훨씬 더 좋은 개념을 발견하기 때문이다.[169] 여기 큰 차이가 있다. 탁월한 번역성경들은 곧장 토착민에 의해 별 어려움 없이 읽혀진다. 일부는 고전적 가치문서가 되기도 한다.[170] 이와는 대조적으로 번역 성경이 모든 투자와 노력에도 불구하고 독자들에게 낯설게 느껴지는 경우도 있다. 이러한 결과는 어쩌면 그들이 그릇된 언어 선택을 했을 뿐만 아니라 선택한 현지어 개념들이 원서가 의미하는 것과 다르기 때문이다.

이 두 가지 문제는 두 가지 차이가 있다. 그 첫 번째는 – 일반적으로 외국인 – 번역가는 토착어에 대한 완벽한 지식이 없다. 그러므로 그는 그릇되게 표현을 하였던가 아니면 문법적 오류를 범하게 된 것이다. 다른 문제는 성경적 단어에 꼭 맞는 동의어를 찾지 못했기 때문이다. 그 이유는 현지 독자의 언어에 그 단어가 존재하지 않기 때문이다. 그 말은 전달되는 성경적 실제가 현지 비기독교 문화적으로 형성된 세계에 외형적으로 유사한 수용기능이 없다는 뜻이다. 그 의미는 성경적 복음의 핵심이 많은 토착 언어로 전혀 전달될 수 없다는 뜻이 아니다. 그러나 그것들은 그 언어로 꼭 유사한 개념 묘사가 되도록 현지 개념들과 경험들을 통해 알맞게 번역되어야 한다. 이러한 능력은 때때로 성경말씀의 내용을 문화적 전환에 의해 놓쳐버릴 수 있다. 예를 들면 발리성경에서 "믿음"(Glauben)이라는 단어를 "그의 마음(Herz)을 어떤 사람에게 두다(legen)"로, (뉴기니아의) 야벰(Jabem) 번역으로는 희망의 동의어로 "지평선을 통해보다"(durch der Horizont sehen)을 선택했다. "우리는 선교사들이 – 또는 토착 기독교인들이 – 성경의 은사들을 묘사하려고 발견한 표현들을 더 확실하게 나타내기 위한 성경적 – 신학적 단어 사전을 만들 수 있으면 하는 바램이 있다.[171] 우리는 선교사들 번역사역의 난문제에 관해 언급하였다. 후자의

---

169) J. Asperg, 1956, 11.
170) 이 예로 버마에서 사역한 미국선교사 아도니람 젓슨(Adoniral Judson)의 성경번역을 들 수 있다. 스맬리(W. A. Smalley, 1991. 50)는 이 항목에서 킹 제임스 번역을 든다. 성경언어는 기독인 독자의 감동에 따라 변동될 수 없는 거룩한 언어다.
171) G. Warneck, 1939, 27.

문제는 의심할 바 없이 더 큰 문제다. 전자는 이론적으로 번역자의 언어 지식이 늘고 본토인 언어학자를 발견하여 필요한 구문론적 교정을 받으면 된다. 사실로 선교역사상 외국 선교사가 개별적으로 번역의 주된 짐을 지는 것은 점점 더 예외가 되었다. 성서공회들은 개역을 진행할 경우 능력이 준비되는 대로 번역가를 현지인 팀과 연결시키는 규정을 만들었다. 이 때 보통 언어학적 자질만이 아니라 영적 자질이 있어야 한다. 조력자는 현지교회에서 구한다. 왜냐하면 그들은 그들의 영적 성숙을 근거로 번역문의 신학적 내용을 위해 현지어로 알맞은 내용을 택하여 제시할 마음에 맞는 직감을 가지고 있기 때문이다.

이제 이미 두 번째로 칭했던 첫 개역 사역으로 옮겨간다. 인간의 언어들은 고정된 형태가 아니다. 오히려 함께 나누는 이웃들과의 삶과 역사적으로 변화하는 문화에 관여하고 있다. 문장상의 개념들은 확실하게 규정된 개념이 아니고 그의 그릇이다. 그들의 전통적인 내용은 새로운 내용과 연관되거나 변화되거나 때로는 아주 대체되어야 한다. 교활한 정치적 정복자는 언제나 적의 지리적 영토보다 언어적 개념들을 점유하는 것이 더 중요하다는 것을 알고 있다.[172] 모든 이념들은 이 원리로 작용하고 대개 놀라운 성공을 거둔다. 신학적 개념들도 이념적으로 왜곡될 수 있다는 것은 별로 알려지지 않았다.

여기서 무엇이 성경적 복음이 현지어로 번역되는 과정에서 합당한지를 알기 위해서 개념의 오용을 예로 들면 분명해질 것이다. 그것은 점유(Possessio)[173]의 과정과 관계가 있고 내용의 변화와 그 합법성은 예수 그리스도의 통치 하에서 정당화된다. 그는 그에 의해 구원받고 그가 얻은 사람들의 문화에 요구하며 성령의 새롭게 하고 변화시키는 역사를 통해서 실행한

---

172) 예를 들면 냉전시 모스코바에서 조종한 막스주의 "평화운동"의 평화개념의 횡령에 대해 생각할 수 있다. 중국 철학자 공자(B.C. 551-419)는 국가적 질서 관계에서 언어적 정확성에 관해서 명백히 알고 있었다. "그가 새로 등극한 젊은 황제로부터 그 혼란한 나라를 어떻게 평정케 할 것인가의 질문을 받았을 때 그는 간단명료하게 대답하였다. "개념들을 다시 바로 세우시오. 그리고 개념들이 혼란스럽지 않도록 서두르시오!"
173) 선교학적 개념 "Possessio"에 관해서는 J. H. Bavinck, 1961, 178-190과 P. Beyerhaus, 1987b, 119-142를 보라.

다. 성령은 영원 전부터 의사소통의 신적 지배자이다(제9장 4). 성령은 소유하게 된 언어에 직접 역사하지 않는다. 오히려 거듭나고 영적으로 변화된 신앙인에게 역사한다. 성령은 항상 그들의 언어와 연결되어 역사하고 동시에 – "모든 이성을 초월하여" 무엇보다도 비언어적인 성례를 통해서 역사한다.[174] 이 새로운 창조의 기적이 전달되는 언어사건이 거룩한 공동체(Communio Sanctorum), 예수 그리스도의 교회가 된다. 그들의 삶, 신앙, 사랑, 희망, 성령의 은사와 열매 안에서 그들은 함께 모이고, 그들의 경험은 곧바로 새로운 언어로 신앙고백적 표현으로 나타난다. 그 음성학적, 구두적, 구문적 요소들은 전통언어에서 받은 것들이다. 그러나 그것들은 위로부터 그리스도인들에게 주어진 새로운 사실에 의해서 다 타버렸고, 정화되었고, 활성화되었다. 현지인 중에서 거듭난 지체들의 종교적 체험은 토착적인 개념들과 묘사들 속에 새로운 내용을 수여한다. "성령을 믿사오니"라는 고백은 이전에 전혀 없었던 의미의 단어들이 된다. 그러므로 지적요소에 관계된 언어가 영적 말씀과 연합될 때 신성한 성격을 받아들일 수 있게 된다.

이런 모양으로 이 사건이 앞서 진행되듯이 성경의 참된 습득이 현지교회에 의해서 시작된다. 처음에는 낯설고 생기 없던 많은 말씀과 문장들이 이제 현지교회 성도들의 영적 체험에서 직접적인 공명을 얻게 되는 진술효과가 진행된다. 이렇게 개인적인 신앙고백으로 감동된 이 새로워진 언어는 이방인들의 양심을 변화시킨다. 그러나 가끔 부적합한 중국어로 참된 정화와 심화에 도달하려면 하나의 전제가 필요하다. 그것은 교회 공동체의 삶은 참으로 빈약한 언어가 점차 풍부한 내용으로 채워질 수 있는 영적 능력을 소유하고 있어야 한다는 것이다.[175] 성경은 교회 밖에서 독립적으로 존재하는 것이 아니라 그의 존재 장소는 교회 내적 삶에 있다. 이들은 그들의 영적 상호관계에서 생

---

174) 참 그리스도인은 그리스도 안에 숨겨져 있다. 그것은 교회의 성례적 측면에서 나타난다. 선교는 다면적으로 일어난다. "그리스도의 비밀"(고전 4:1)의 복음을 위한 사자는 성공 또는 실패를 계산할 수 없다. 선교사역은 나타내 보일 수 없는 숨겨져 있는 기독론과 그로 인한 교회론을 전하는 것이다(H. Bürkle, 1993, 60.).

175) J. Asperg, 1956, 12 덴마크 선교사 Skovgaard Pedersen을 특수 참작.

기를 얻는다. 그 생기는 최초부터 그들의 공통적인 신적 근원자로부터 부여된 것이다.

이와 상응하여 이미 위에서 설명했던 바와 같이 성경번역이 교회적 삶과는 별개로 교회사와 선교역사에서 완성된 경우는 드물다. 세계선교사적 경험으로 요한네스 바르넥(Johnnes Warneck)[176]은 성경번역이 신생교회의 삶에서 일어나는 것이라고 확인하였다. 그러므로 성경을 번역하는 것이 선교사의 첫 사역이라고 할 수 없다. 먼저는 토양이 그것을 위해 준비되어야 하고 무엇이 말씀에 써있는 지를 경험한 무리가 있어야 한다. 하나의 민족이 소유한, 즉 하나님의 백성 자신의 책은 무엇보다도 성경이다. 성경은 현재 하나님의 백성 구성원들이 번역하고 그 후에 교정에 공헌한 것이다.[177]

이와 반대로 선교역사에서 오직 성경이 그들의 중심이 되고, 그 풍성함을 더욱 깊이 통찰하고 노력하는 현지교회는 그들의 초기 소망과 생명력을 보존할 수 있다.

> 인도교회사는 200년 이상 그 가르침을 구축하였다. 교회사에서 보면 영적 삶의 활기는 교회의 성경 발견이 원인과 결과처럼 결합된 데서 일어난다. 그것은 성경을 참고로 놓아 두는 교회에 비하여 이교도에 대해 저항하는 힘과 탁월성이 나타났다. 그리고 집단 개종으로 세워진 신생교회가 예배시에 성경을 많이 사용하며 양육될 때 탈락으로부터 보호된다.[178]

3) 교회 공동체의 성경적 훈련

교회는 직접 모국어 성경을 갖게 됨과 동시에 그것을 그 민족에게 전달하

---

176) G. Warneck, 1939, 30.
177) 그것은 예를 들면 통가성경(Tonga-Bible)의 경우와 같다. 그 교정을 위해서 감리교 선교교회에 속한 여왕 살로테(Salote)도 참여하였다. "A Queen and her Bible"(1954).
178) C. E. Abraham, 1953, 196f. unter Hinweis auf J.W. Pickett, "*Christian Mass-Movements in India*"

고 그것을 바로 읽을 수 있도록 인도할 책임이 주어진다. 이것이 이루어지지 않을 때는 위탁한 성경의 보물이 - 유럽에서와 같이 - 쓸모없게 되는 위험에 처할 뿐만 아니라, 다른 한편으로 큰 시험을 받을 수 있는 물활론적 문화권에서 성경이 마술적으로 오용될 수 있다.

우선 성경은 먼저 남녀에게 그리고 교육적으로 알맞은 방법으로 아이들에게 전해져야 한다. 성서공회를 통해 성경이 선교에 의해 보급되기 시작하자 성경 유포자들은 능률적으로 성경을 전파하였다. 그들은 성서공회에서 세운-남녀-현지 기독교인이었다. 그들은 사회 문화적으로 주변의 많은 사람들과 친밀하다. 현지 그리스도인들은 현지 시민들의 삶의 습관과 걱정, 기쁨, 문제들과 친근하고 그들에게 자연스럽게 출입한다. 아주 직접적으로 그들은 농촌과 일터와 장터와 들판과 항구와 나룻배와 광산과 성전지역과 순례대상들에게 나타난다.[179] 일반적으로 악명 높은 예외도 있지만 말이다.[180] 그들은 그들의 삶 속에서 불변하는 하나님의 말씀의 능력을 경험하고 변화된 사람들이다. 그들은 불타는 소원을 가지고 이 말씀의 풍요함을 그들의 백성에게 나누며 그것을 위해 많은 시간을 바친다.[181] 그들은 그 지역 언어를 사용함으로 그들의 권면을 잘 받아들인다. 그 일은 그들에게 현대적으로 과도하게 공급되는 인쇄물 증거로 만족하는 제3세계 독서열망에 상응한다. 중요한 것은 이것이 그들에게 사무적인 단편일 뿐만 아니라 동시에 성경내용이 마음에 심겨진 살아 있는 말씀이라는 것이다. 그 다음에 곧 추구하는 것은 복음에 관한 열정적인 대화이다. 이러한 상황에서 우리는 집 앞에서 자발적으로 복음에 관해 이야기하는 교회 지체들의 원조가 동의를 얻는 데 큰 도움이 된다는 것과 그 사람들이 삶의 상황 속에서 다른 경우보다 더 큰 수용성과 지식욕을 보이

---

179) W. J. Platt, in IRM 52, (1953), 185.
180) 이러한 예외로 예를 들면 "중국인연합회"(Chinesischen Verein) 몇몇 동역자들이 독일 자유 선교사 칼 귀츨라프(Karl Gützlaff)를 그의 복음화 계획을 고무하여 중국 내지를 위해 설립하였으나 영적 기초의 결핍과 감독의 부패로 인해 곧 바로 붕괴되었다. 비교: H. Schlyter, 1946, 215-239.
181) G. Wolfensberger, 1968, 83; A. Chirgwin, 1954, 100ff.

고 있다는 것을 알았다.[182] "예수님은 책들을 보낸 것이 아니라 사람들을 보냈다." 그리고 책들 중의 책은 종이로 남아 있으면 안 된다. 그것은 오히려 사람들에 의해 전해지고 그 문서내용이 복음의 살아 있는 목소리로써 전달되어야 한다. 처음부터 성경유포사역은 토착교회의 후원으로 이루어졌고 그 책임으로 인해서 더욱 넘치게 확산되었다. 이를 위해서 교회는 가능한 한 명예직에 있는 성경교육을 받은 동역자들을 동원할 필요가 있었다. 인도교회, 인도네시아교회, 아프리카교회에서는 성경부인들, "선교를 위한 여군들"은[183] – 첫 도움인 가족적 돌봄을 포함하여 – 세심한 훈련 후에 가정에 돌아온다. 그들은 남자들이 관습적으로 열어놓은 출입구를 발견했다. 예를 들어 인도의 즈나나(Zenanas, 여성의 거실)[184]가 그것이다. 특히 성경 여성들의 목표를 위한 그룹을 가족 외에 병원, 맹인숙소, 구치소 또는 고립된 시골 주민들을 위해서 설립한다. 수마트라(Sumatra)의 바탁교회(Batak-Kirche)의 급성장으로 라인선교회가 인도한 성경 여성회는 가지가 큰 열매들을 얻었다. "여성들 중에 더 훌륭한 복음전도자들이 있다."[185]

롤랜드 알렌(Roland Allan)[186]은 일찍이 선교학적 지식을 언급하며 교회의 조직적 성장과 자발적 확대를 위해서 곧바로 교회기초와는 거리가 먼 수준 높은 고위 성직자를 두게 되면 위험하다고 하였다. 오히려 교회지체들 중에서 은사가 있는 사람들을 택하여 교회기초와 연합되어 있는 봉사자와 성직자를 발견하여 교육시키는 것이 났다고 주장하였다. 이를 위한 중요한 근거는 교회사역과 복음전도를 위해 제공된 문서내용과의 깊은 친밀성이다. 1938년 제3차 탐바람(Tambaram) 세계선교협의회의 에큐메니칼 규정집에는 아프리카와 아시아교회에 이러한 내용의 경험이 가득 담겨 있다. 여기에 하나의 장관을 이룬 예가 이미 위에 언급했던 한국의 성경공부반 제도이다. 그 원리는

---

182) G. Wolfensberger, 1968, 75.
183) W. Oehler, 1951, Bd., 2, 192.
184) J. Warneck, 1939, 41.
185) *Ebd*.
186) R. Allen, 1953 u. 1956; H.W. Metzner, 1970, 213-231: "Volunrtary Clergy".

다음과 같이 종합된다. (1) 성경을 사역의 중심에 세워둔다. (2) 모든 기독교인은 조직적인 성경공부 반에 참여한다. (3) 모든 선생과 조력자는 성경선생으로 양육 받는다. (4) 성경적 기초에 의해 엄격한 교회 훈육을 받는다.[187]

수십 년간 선두에 선 제3세계 교회성장은 이 초기 교회적 지식의 중요성을 상실하지 않았다. 그것은 1978년 7월 전 아프리카 대륙교회총회(AACC)와 세계성서공회 연맹(UBS)과 아프리카의 공동주체대회인 '성경과 복음전도'에서 볼 수 있다.[188] 여기서 지역교회가 의미있는 성경공부를 지도할 수 있고 아프리카 신학을 가르칠 수 있고 지도층만 아니라 평민들도 이를 획득할 수 있도록 영적 직무가 세워졌다. 이렇게 해야만이 현지교회는 이념들과 이슬람과 아프리카 종교들과 사회적 변혁에 의한 도전을 설득력 있게 맞이할 수 있다.

모든 신생교회의 생명력은 교회 봉사 및 직무들과 성도들의 보편적 제사장직의 사이가 가능한 한 가까운 관계를 유지함에 달려있다. 이에 관해서 일부는 성경학교들을 통해서 다른 일부는 성경수련회 장소에서 또는 통신을 통해서 제공되는 성경공부를 들 수 있다. 노르웨이 루터교회의 라디오선교 개척자 시거드 애스크(Sigurd Aske)는 1962년 아디스 아베바(Addis Abeba) 라디오 방송국에 '복음의 소리'를 설치하였다. 그는 "방송국과 연결한 원거리 성경공부가 교회들과 민족들의 미래에 점점 더 도움이 될 것이라"고 주장하였다.[189]

이러한 여러 방식의 성경적 교회설립의 목표는 개인적 성장과 교육의 요청만을 만족시키는 것이 아니라, 더 나아가 이를 통해서 성경이 교회와 가족의 연속적인 기도생활을 위한 든든한 기반이 되는 것이다. 이렇게 그들은 현지 기독교인의 모범적인 삶과 증거를 통해서 교회와 민족의 모든 삶의 영역에 영향을 끼치는 능력의 원천이 될 수 있다.

고무적으로 증명된 것은 규칙적인 성경공부와 여러 가지 방법을 통해 얻은

---

187) *Madras Series*, Bd. 4, 155.
188) Monatlicher Informationsbrief über Evangelisation Nr. 11-12, ÖRK, Genf, 1978, 5.
189) G. Wolfensberger, 1968, 97.

경험들에 관해 모교회와 신생교회들이 나누는 교회연합적인 관계이다.[190]

그것은 양쪽 교회의 활력이 될 수도 있고 선교적 사역을 강화할 수도 있다. '국제성경읽기 운동'은 이미 수십 년간 셀 수 없는 공을 세웠다.

4) 교회공동체-성경선교

토착교회 및 지역교회가 실제로 성경에 대한 사랑에 붙잡힐 때 하나님의 말씀의 권능은 그들을 그들 주변의 불신앙적 세계에 전하도록 재촉한다. 우리는 이미 앞장에서 제시한 바와 같이 전통적인 전문적 성경배포자 사역의 성공으로 처음에는 동반자적이다가 결국 토착교회의 시작으로 교체된다. 이는 무엇보다도 그들이 성경적 복음을 주변에 전파하도록 부르심을 받았기 때문이다. 그러므로 성경배포는 복음화의 중요한 요소이다. 위에서 언급한 심포지움에서 논한 "아프리카 복음화를 위한 방향"[191]에서 얻은 첫 번째 논점은 아프리카의 교회는 성경을 지식적으로 아는 것으로만 만족하지 않고 교회가 성경의 복음을 복음전도의 노력을 통해서 세상에 전파하라는 것이었다.

강독한 성경말씀의 효력은 종교적 소비성향처럼 아무것과도 비교할 수 없게 비상하다. 새로운 개종자들이 가지는 복음전도의 소원은 많은 경우 자발적이다. 그러나 장기간의 복음전도를 위해서는 현지교회에 의한 조직적인 교회 전도전략 교육을 발전시키고 목적 지향적이고 잘 분류된 방향으로 조정할 필요가 있다. 이에 대한 고무적인 모범사례들이 제3세계선교지에 많이 있다.

볼펜스베르거(G. H. Wolfensberger)는 예를 들어 남인도 농촌교회 케샤바람(Keshavaram)에 관해 보고하였다. 그 교회는 비록 자체적인 성경읽기를 통해 영적으로는 성숙하였지만 기형적이 되었고, 그러한 교회의 문제는 그들에게 선교의식을 지닌 지도자가 복음전도의 영향력이 있는 프로그램을 제시할 때

---

190) E. H. Rebertson, 1961; S. D. Weerasinghe, 1964.
191) Monatlicher Informations brief für Evagelisation, Nr. 11/12. ÖRK, Genf, 1978, 5.

까지 지속되었다. 중심교회로부터 주변마을로 나가서 그들의 신앙을 증거하려는 소규모의 선교팀이 형성되었다. 영적 체험으로 고무된 그들을 통해 하나의 복음화 운동이 시작되었고, 그것에 온 교회가 참여하였다. 그 운동의 중심에는 예배의식이 있었고, 각 촌에서 두 명의 대표자들을 중앙교회의 찬양실 한 쪽에 세우고, 그들의 성경들을 제단에 놓았다. 예배의식 진행에는 장래에 규칙적인 성경읽기와 그들의 교회가 그것을 지속할 것에 대한 약속이 포함되어 있었다. 설교자의 설교는 성경이 얼마나 교회의 생명이며 인류역사에 큰 영향을 끼쳤는지가 가시적으로 표현되었다. 이어서 그들은 기도로 축복한 성경을 파송의 말씀과 함께 돌려받는다. "이 생명의 떡을 받아라. 그리고 이것을 너희가 마음과 가족과 세계에 운반하여라." 이 감명으로 그들은 자기 농촌으로 돌아가서 용감하게 신자들과 불신자들에게 성경이 올바로 읽혀지도록 힘썼다.[192]

중남미 개신교인들의 성경 캠페인에는 큰 선교적 의미가 있다. 그들은 토착교회의 삶에 깊은 인상을 남겼다. 상징적으로 이 운동을 위해서는 '펜조티연구소'(Penzotti-Institut)가 있다. 이 연구소는 1956년 9월에 미국성서공회에 의해 멕시코시티에 세워졌다. 프랜치스코 G. 펜조티(Franzisco G. Penzotti)[193]는 극심한 박해에도 굴하지 않고 그 주민들에게 성경을 배포하여 그들을 신앙으로 인도한 한 알려진 성경사도였다. 펜조티연구소는 토착교회들이 성경을 전달하는 교육적 사명에 헌신하였다. 같은 이름 하에 후에는 중남미 내부와 외부에서 많은 비슷한 교육프로그램이 진행되었고, 그 지역에 알맞은 프로그램이 개발되었다. 펜조티연구소를 통하여 성경캠페인은 세심한 교육을 통해 조직적으로 준비하고 진행하고 평가하는 일을 주도하였다. 약 6주간에 걸쳐 펜조티연구소는 자신을 하나의 '실험실'로 이해하였다. 그 안에서 학생들이 먼저 세상의 다양한 상황과 관계에서 숙달되게 하는 것이다. 여기서 그들은 곧

---

192) G. Wolfensberger, 1968, 90f.
193) Franzisco G. Penzotti, apostol de y de la verdad; Vgl. zum folgenden G. Wolfensberger, 1968, 27-45.

이와 상응한 행동으로 그들의 교회에 파송되고 가능한 한 목적한 방문사역을 위해 연합한 사역자들과 함께 성경 배포를 위해서와 개인적인 신앙결단을 요청하기 위해서 집중기도를 한다. 복음화 근거지는 일반적으로 가정모임이나 연합 기도회이다. 그들은 새신자들의 영적 인도에 대한 책임을 떠맡는다. 또 중요한 것은 지역교회와의 가까운 접촉으로 마침내 새신자들이 정규적인 교회생활에 합류하게 하는 것이다.

펜조티연구소는 서로 차이가 많이 나고 규칙도 많이 다르다. 많은 경우에 그들은 엄청난 활동으로 사역을 확장한다. 큐리티바(Curitiva) 같은 대도시나 상 파울로(Sao Paolo)에서는 100교회까지 동원되고 그들에 의해서 수천 권의 성경이 팔렸다. 그러나 원래 관심은 곧바로 핍박이 일어나게 되는 대규모 행사 시행이 아니다. 오히려 그것은 새로운 교회들을 세우기 위해 장기간의 계획을 발전시키는 것이다. 이러한 교회들은 중남미의 대사회적 위기시에 도덕적 책임을 지고 돌보려고 노력한다.

> 받은 정보로는 이러한 행사들의 중요성과는 한편으로 교회의 선교적 본질의 실행과 다른 한편으로 교회가 깊이 관계한 성경해석이다.[194]

성경보급은 그 보급자들이 각기 다른 대상들의 다양한 필요성을 의식하고 그에 상응한 방법을 선택할 때 더 효과적이다. 그것을 위한 사역근거지로 스스로 성경의 능력으로 살고 또 새신자들에게 그들 중에 거하시는 성령의 실재를 전달할 수 있는 살아 있는 교회가 있어야 한다. 일반적으로 교회의 성경선교는 찾아 온 사람들에게 성경에 기록된 방법으로 사랑을 경험하게 한다. 그것은 거리에서 찬양단을 동반한 설교와 대화에서부터 성경연극까지 여러 방법들을 들 수 있다. 후자는 인도에서 오래된 전통과 연결 할 수 있다. 발리(Bali)와 자바(Java)에서는 그림자 연극(Wayang)[195]을 선교에 사용하여 몰려드

---

194) *Ebd.*, 44.
195) 기독교 발리인 화가 I. Nyoman Darsane의 와양 도상학(Wayang -Ikonoqraphie)과 그 신학적

는 군중에게들 엄청나게 매력 있는 영향력을 줄 수 있다.[196]

마지막으로 언급하는 것은 아직도 제3세계 많은 지역에는 문맹으로 인해 성경이 보급될 수 없다. 여기에 프랑크 라우바하(Frank Laubach)는 읽기 자료로 성경본문을 택하여 솔선하여 철자 배열 운동을 하였는데 그것은 놀라운 결과를 야기하였다.[197] 성경본문의 음향효과를 위한 음향 카세트는 도움이 되었다.

5) 교회 박해시 성경의 증언

성경이 교회에서 중심 위치에 놓이게 된 것은 고난의 상황 속에서 가장 명백할 것 같다. 교회에 피할 수 없이 의식화된 것은 그의 영적인 삶의 능력이 살아 역사하는 하나님의 계시된 말씀에 근거한 것이기 때문이다. 살아 계신 하나님의 말씀이 위로하고, 경고하며, 그들에게 길을 알려주었는데 그것은 그들이 지금까지 경험해보지 못했던 깊은 체험이었다. 하나님의 어떤 말씀이 본질적이고 어떤 말씀이 덜 본질적인가를 분별하는 값진 능력을 갖게 되었다. 교회 지체들이 기독교 이전의 전제에 붙들려 있다는 것과 이를 통해서 진정한 성숙이 이루어진다는 것을 발견하였다. 이런 종류의 체험들은 최근에 설립된 선교교회의 삶에서와 마찬가지로 고대교회의 위기 시에도 있었다.

선교역사에 나타난 한 유명한 예가 라나발로나 I세(Ranavalona I) 여왕의 통치시대에 노르웨이 루터교와 프랑스 천주교의 마다가스카(Madagaskar) 선교교회에서 확증되었다. 1835년에 그는 교회에 엄청나게 잔혹한 핍박을 가하였다. 용감한 기독교인들을 심문하고 투옥하고 창으로 찌르고 불태우거나 바위에서 떨어뜨렸다. 그러나 어느 누구도 그렇게 무서운 고문으로 교회를 타락시킬 수는 없었다. 오히려 그 말라가시스(Malagasis)의 기독교 신앙은 더욱 확

주석은 Theo Sundermeier(1991, 69-72)에 있다.
196) J. Poerwowidagdo, 1992; I. Ketut Waspada, 1988.
197) F C. Laubach, 1947; Ders. 1949. Ders. 1950.

신에 찼다. 받은 지 얼마 되지 않은 성경을 빼앗기지 않으려고 그들은 70권의 성경을 땅에 묻었다가 숲 속에서 열리는 밤 집회를 위해 다시 꺼내서 예배 시에 읽었다. 비록 순교자는 늘어났지만 초기 성도들의 수가 1,000명이었는데 핍박 후에는 10,000명으로 확대되었다.[198] 비슷한 – 그렇게 극적이지는 않지만 – 보고가 다른 신생교회들의 역사에도 있다. 가장 최근 이야기 중 하나는 중국 가정교회의 놀라운 인재와 폭발적인 성장에 대한 것이다. 성경은 모택동(Mao Tse-tung)의 문화혁명 동안 금지된 책이었다. 출판된 거의 모든 성경책이 섬멸되었으나 성경지식은 소멸되지 않았다. 이는 필리핀과 대만의 기독방송이 매일 중국으로 방송되었고 성경의 중요한 본문을 받아쓸 수 있도록 낭독되었기 때문이다. 지하의 기독교인들은 비밀히 그것을 받아썼고 그것을 예배와 기도시간에 사용하였다.[199]

런던에는 성서공회(BFBS)박물관이 있다. 그 안에는 성경들이 값진 진열품으로 진열되어 있고, 그것들은 명백하게 특별한 자국이 있다. 일부는 이방 신생교회 박해시 낡고 더럽혀진 책들이고[200] 그 중에는 옷 속에 잘 숨길 수 있는 신약성경도 있다.

이러한 경험들은 모든 조직적인 선교사역이 중단되더라도 아직 작고 내외적으로 견고하지 못한 토착교회는 살아남을 수 있을 뿐만 아니라 자라날 수 있다는 것을 증거한다. 신생교회가 위와 같은 경우 성경을 빼앗기지 않고 그때부터 더욱 증거하기에 힘쓰면 더 이상 선교사의 음성이 들리지 않는 그 곳에서 그 살아 계신 주 그리스도께서 말씀하신다.[201]

독일과 러시아의 전통교회들도 국가사회주의의 전체주의와 마르크스-레닌주의 이념의 통치 하에서 비슷한 경험들을 하였다. 그 때 성경은 다시금 교회의 값진 보물로 발견되었다. 그것은 최근의 경우 성경부족의 외적 의미에

---

198) "Die Bibel in Madagaskar", 1882, 456ff.
199) L. Lyall., 1985, 155.
200) J. Warneck, 1939, 36.
201) A. Lehmann, 1960b. 172; Vgl. D. H. Adeney, 1985, 150-152.

서 값진 것이고, 두 경우 다 영적인 의미에서 값진 것이다. 왜냐하면 고백적인 그리스도인을 통해 그 어떤 것과도 바꿀 수 없는 내용이 능력 있게 해석됨으로 말미암아 모든 삶과 고난과 기독교인으로서 존재하는 교회와 세상의 모든 영역에 새롭고 중요하게 열리기 때문이다.

성경말씀을 들음으로 인한 이 기본적인 기쁨은 세계대전 후 첫 총회(Kirchentag)에서 발터 뤼티(Walter Lüthi)나 한스 릴제(Hanns Lilje)의 성경번역에 의해 느낄 수 있다. 동일한 것이 교회투쟁의 증인들, 신학교수들, 학생 목사들, 개신교 학생공동체의 저녁성경공부 시간에 느끼게 되고, 필자는 1945-1950년에 할레와 하이델베르크에서도 경험하였다.

이러한 체험들로부터 다음의 항목들을 제시하게 된다. 실존적인 신뢰감으로 읽은 성경은 기독교인 개인으로나 교회에서나 그 삶의 위기로부터 근본적으로 그 능력을 새롭게 전개할 수 있게 한다. 실족의 시간에 교회를 세우는 성경이 미치는 능력은 중국에서 박해로 인해 추방된 한 선교사에 의한 토착교회의 체험에서 아래와 같이 인상적으로 진술된다.[202]

"성경은 하나의 불이다. 그것을 불타게 하라!

성경은 생명의 떡이다. 그것을 나누라!

그것은 스스로 변호한다. 그것은 현재와 새로운 세상을 위한 우리의 헌장이다. 그것을 가르치라! 실천하라! 하나님이 그것을 통해서 말씀하신다. 인간은 들을 수 있고, 사건이 일어난다."

---

202) Zitat von F. W. Price, 1953, As the Lightning Flashes, 123 nach C.E. Abraham, 1953, 195.

제4장
개신교 선교신학의 전통적 성경관

1. 개신교 선교운동의 성경신학적 전제

우리는 성경이 개신교 선교역사와 사역으로 설립된 교회들의 원동력이며 가장 중요한 도구로서 중심적인 역할을 하였다는 것을 명백하게 알게 되었다. 그 기초에 어떤 성경관이 – 우리가 계속 질문하는 것은 – 선교에 대한 신학적 규정이 되었는가? 개신교 선교운동의 선구자들은 이 질문으로 고민하지 않았다. 왜냐하면 그들은 성경에 대한 분리되지 않은 마음으로 출발하였고 성경을 기독교 가르침의 유일한 척도이며 기독교적 실천능력의 원천으로 알았기 때문이다. 18-19세기에 전통적 경건주의와 개신교 각성운동들의 대표자들은 그들의 이성주의적 성경비평의 논증으로 성경의 원리를 파괴하지 않았고, 그것은 선교사들과 현지 동역자들도 마찬가지였다. 에드워드 로멘(Edward Rommen)[1]이 성경의 영감과 권위가 항상 강조된 한 신학적 전통에 관하여 올바로 말한 바와 같이, 그 중요한 증인들은 경건주의 원조들인 슈페너, 프랑케, 진젠도르프이다. 과거와 현재의 부흥운동의 성경관에 대해서 두 가지 증거가 이 자세를 특징 있게 표현한다.

18세기 영국 부흥운동의 창시자 존 웨슬리는 1776년 7월 24일 그의 일기에

---

1) E. Rommen, 1987, 134(mit Lit. Anm 18).

기록하였다.[2] "만약 성경에 어떤 그르친 부분이 있었더라면 천 개는 있었을 것이다! 이 책에 어떤 왜곡된 것이 있었더라면 그것은 진리의 하나님에게서 온 것이 아니었다."

한 세기 후에 유능한 한 새각성운동의 설교가 스펄전(C. H. Spurgeon, 1834 – 1892)은 설명하였다. "우리의 무오한 기초는 이것이다. 성경이란 성경전서이며 성경일 뿐 다른 것이 아니라는 것이 우리의 고백이다. […, 그것은] 하나님의 말씀이며 그러므로 그것은 순수하고 무오한 진리다. 이 위대하고 그르침이 없는 책은 우리의 항소법원이다."[3] 뤼네부르거 하이데(Lüneburger Heide)에서 부흥운동의 아버지이며 헤어만스부르크 선교(Hermansburger Mission, 1849)의 설립자인 루드비히 함스(Ludwig Harms, 1808 – 1865)는 그의 시편강해에서 이와 비슷하게 말하였다.[4] "당신이 성경에서 읽는 것은 오직 성령의 말씀을 읽을 뿐이다. 사도들이나 선지자들의 말이 아니다. 성령이 그들의 마음과 펜에 그것들을 주신 것이다."

선교의 근거가 되는 텍스트 내지 성경을 하나님의 계시문서로서 신뢰할 수 있는지에 대한 변증적 논쟁이 19세기 말에 두드러지게 일어났다. 독일 개신교 선교학자들이나 그 후에도 – 유감스럽게도 말하자면 – 한 번도 철저한 원칙으로 다뤄지지 않았다. 본래 그들의 문서론적인 근본자세는 다만 종교개혁과 경건주의의 본질적 유산에 서 있을 뿐이었다.

우리는 우리 범주 속의 테마를 위해서 무수한 참고문헌들을 개신교 전통적인 신학 해석학적으로 상세하게 역사적이고 교리적으로 제시 할 수 있거나 필요한 것은 아니다. 여기서는 종교개혁적 입장에서 전통적인 개신교적 성경원리를 주제로[5] 기억하면 충분하다.

---

2) H. D. McDonald, 1959, 258.
3) C. H. Spurgeon, 1980.
4) L. Harms, 1868, 369f.
5) 이 테마를 위한 충분한 참고 문헌은 G. Maier, 1990, 363 – 381에 있다. – Joachim Cochlovius 와 Peter Zimmerling이 저술한 Quellen –und Arbeitsbuch *Evangelische Schriftauslegung*(1987)도 도움이 된다.

1) 종교개혁을 위해서 성경은 하나님의 말씀이고 그러므로 루터는 '성경과' '하나님의 말씀'은 바꾸어 쓸 수 있다고 하였다. 헤르만 사쎄(Hermann Sasse)는 다음과 같이 묘사하였다.

> 구약에 관해서 예수와 그 사도들이 어떻게 보았으며, 모든 시대의 교회와 종교개혁의 교회가 성경전서에 관해서 어떻게 보았는지를 상세하게 보여줄 필요는 없다. 성경은 하나님의 말씀이다. 성경은 하나님의 말씀을 지니고 있을 뿐만 아니라 하나님의 말씀이다. 왜냐하면 그것을 지닌 모든 것이 하나님의 말씀이기 때문이다.[6]

2) 성경은 여러 시대에 여러 다른 환경에서, 특수한 의도에 의한 많은 사람들에 의해 기록되었다. 그러나 원래 저자는 그들이 아니고 성령이다. 성령은 우리들에게 하나님의 복음을 성실히 전하였고, 그것을 독단적으로 변경시키지 못하게 보존하였다. 그래서 말하는 이는 그들이 아니라 성령이었다(마 10:20). 기독교회는 원래 모든 교파가 공통으로 확신하는 고백인 성령의 자증성, 특히 베드로후서 1:19이하, 요한계시록 22:18-19f, 디모데후서 3:16을 의지한다. "모든 성경은 하나님의 감동으로 된 것으로 교훈과 책망과 바르게 함과 의로 교육하기에 유익하니…." 헤어만 사쎄는 이 감동(Inspiration)이라는 개념을 정의하며, 그것은 성령 하나님이 인간에게 그의 계시의 말씀, 즉 그가 세상에 계시하기는 원하시는 말씀을 구두적 선포나 문서를 기록할 때 마음속에 주어서 그 말씀하시거나 기록한 말씀을 제한 없이 그것을 하나님의 말씀이라고 말할 수 있는 것"[7]이라고 했다.

3) 성경은 기독교 신앙의 유일하고 구속력 있는 표준이다. 왜냐하면 그것은 하나님이 그의 영원한 구원 결정으로서 역사 속의 한 민족인 이스라엘의 구

---

6) H. Sasse, 1981, 210.
7) *Ebd.*, 229.

체적인 역사 속에서 자신을 계시하시고, 그를 그의 보편적 구원의 복음의 수령자와 운반자로 규정한 것이다. 오직 이 권위 있는 계시에서만 구원을 발견할 수 있다. 1577년 루터의 협약신조(Konkordienformel)는 이 오직(Sola)라는 말을 다음의 의미심장한 문장으로 묘사하였다.

> 우리는 모든 가르침과 교사를 세우고 판단하는 규범과 척도를 오직 선지자들과 사도들의 문서인 신구약성경임을 믿고 가르치고 고백한다. 기록된 바와 같이 '주의 말씀은 내 발의 등이요 내 길의 빛'(시 119편)이며, 성 바울은 '하늘로부터 온 천사라도 다른 복음을 전하면 저주를 받으리라'(갈 1:8)고 하였다. 고대나 현대의 유명한 선행들의 다른 문서들은 성경과 동일시 여길 것이 아니다. 오히려 함께 동일한 것에 지배를 받고, 증인이 되는 것 외에는 다른 어떤 것도 받아들이지 않는다[…].[8]

아주 비슷하게 영국교회의 가장 중요한 신앙고백서의 39항에는 "성경은 구원에 필요한 모든 것이 있다. 그러므로 그 안에서 읽을 수 없는 것은 누구에게든지 신앙고백이나 구원에 필요한 것으로 권할 수 없다. 그 아래에서 우리가 성경이라고 칭하는 신구약성경을 경전으로 이해하고 교회에서는 그 권위에 대해서 한 번도 실망해 본 일이 없다"라고 고백한다.[9]

4) 교회의 가르침에 관한 모든 논쟁문제에서 가장 큰 항소기관은 절대적 진리이고 신빙성 있는 성경이어야 한다. 그 진술에는 모순이 없고 그릇됨이 없다. 후에 많은 논쟁이 있었던 이 무오성이 모든 영역에서인가 아니면 중심 테마인 구원에 대해서만인가에 관해서 루터는 질문하지 않았다. 그러나 그것은 인간의 말에 대치된 하나님의 말씀의 무오성에 대한 근본적인 묘사에 관해 그 첫 번째 의미로 그는 "성경이 서로 모순된다는 것은 있을 수 없다. 그

---

8) Konkordienformel, Epiyome, in BSLK, 1955, Bd. 2, 767f.
9) *Bekennentniss der Kirche*, 240.

런 것은 생각 없고 고집 센 위선자들에게 그렇게 보이는 것이라고 하였다.[10] 루터의 후계자들은 영감은 분명하게 모든 성경말씀에 해당되고, 역사와 연대학, 천문학, 물리학, 정치학에도 관련지었다"라고 하였다.[11] 좌우지간 모든 전통 신앙적 신학에서 논쟁하는 것은 "모든 신앙고백 항목에서 성경의 절대 무오성, 명백성, 흥분성…"에 관한 것이다. 성경에는 하나님과 그리스도와 성령과 구원과 완성과 교회와 성례와 칭의와 성화와 종말에 대한 신학적 오류가 없다.[12]

5) 전통적 개신교 성령이해는 교육적 권위뿐만 아니라 성경말씀의 생명을 불러 일으키는 것과도 연관된다. 성경은 창조와 구속과 성화를 완성하시는 전능하신 삼위일체 하나님에 의해 기록된 말씀이다. 그러므로 그것은 호소력이 있다. 그리스도 자신이 동시에 그 영원하신 말씀이다. 그를 통해서 하나님은 세상을 창조하셨고(요 1:1-4; 히 1:2) 또한 그 말씀에 가장 중심적인 의미가 있다.[13] 성경말씀은 성령에 의해 주어졌고 충만해진[14] 살아 있는 능력이다(아래 7:1을 보라). 그러므로 성경에는 사역 능력으로 사용되는 내적 능력이 있다. 성경말씀 안에서 하나님의 살아 계신 음성이 우리를 만나신다. 그는 복음이 온 세상에 전파되도록 규정하셨다.[15] 그리고 인생들 가운데서 그 역사를 완성하

---

10) WA p, 356.
11) D. Hollaz, 인용:. b. H. Schmid, 1979, 45; 그 밖의 문서는 E. Schnabel, 1986, 26-38.
12) H. Sasse, 1981, 232.
13) "[…] tota scriptura est propter Filium." – "[…] die ganze Schrift ist um des Sohnes willen." M. Luther, WA Tr 5, Nr. 5585.
14) "Das ist des heiligen Geists buch, nemlich die heilige Schrift […]" M. Luther, Bibel – und Bucheinzeichnungen, WA, 48, 43, Nr.55.
15) "성경은, 성경전서는 하나님 아버지가 인간에게 하신 말씀이다. '이는 내 사랑하는 아들이니, 너희는 저의 말을 들으라.'" H. Sasse, 1981, 217. 루터는 "복음은 원래 글자가 아니라 구언이다. […], 그리스도 자신은 아무것도 기록하지 않으셨다. 그는 다만 말씀하셨고 그의 가르침은 글자가 아니고 복음이라고 칭하였다. 그것은 펜으로 쓴 것이 아니고 입으로 말씀하신 것이다." 소요리문답(Kleiner Unterricht, WA. 10 1/1 17, 7-12, H. Sasse (*Ebd*, 226)는 아래의 글을 이용하였다. "문자는 한 번도 구어로 가르친 살아 있는 말씀(Viva vox)을 대치할 수 없다." 왜냐하면 그것은 인간에게 죄 용서를 선포한 복음의 가장 깊은 말씀이기 때문이다.

신다. 이를 위해 그는 보내심을 받은 것이다(시 55:10-11). 이 능력에 대한 높은 평가와 말씀의 생명력은[16] 곧 민족 언어로의 번역과 성경 보급으로 묘사되었다. 성경번역은 성경을 종교개혁과 경건주의 부흥운동의 가장 중요한 도구로 삼았고 우리가 알듯이 그것은 오랫 동안 복음전도와 선교의 가장 중요한 도구로 규정되었다.[17]

6) 신구약성경적 복음의 중심은 예수 그리스도를 인간이 되신 하나님이며, 그 안에서 하나님은 결정적으로 자신을 계시하셨다는 것이다. 성경의 모든 본문은 그분으로부터 그분에게로 해석된다. 신구약성경의 통일성은 거기에 있다. "다가오는 그리스도의 구원사역은 구약에서 숨겨져 있었고, 구약의 언약들은 신약에서 성취되었다."[18] 이것은 루터의 해석학적인 형식으로 긍정적인 뜻으로(그릇 해석될 수도 있다) '그리스도를 쫓는 것'(was Christum treibet)이다. 그것은 선택원리로 이해될 것이 아니라(비록 루터가 가끔 그런 추세를 보였을지라도) 오히려 해석원리, 즉 가장 중요한 해석학적 열쇠로 이해해야 한다. 루터는[19] '그리스도'가 원의 중심점이고 성경 안에 있는 모든 역사들은 올바로 보자면 그것은 그리스도에 관한 것이다"라고 언급했다.

7) 성경이 독자를 그리스도에게 인도하는 역학적 원리는 율법과 복음의 대립과 공통성이다. 하나님은 그의 구원교육을 이 두 가지 형태의 성경말씀을

---

16) "우리가 확신하는 바 우리의 영혼은 하나님의 말씀에 의해 모든 것을 경험할 수 있다.[…]. 말씀을 지닌 사람은 어떤 다른 것이 더 필요하지 않다. 그는 이 말씀 안에서 충분하고 양식과 기쁨과 평안과 빛과 재능과 의와 진리와 지혜와 자유와 모든 것이 넘친다." M. Luther, von der Freiheit eines Christenmenschen, (1620), Art. 5. in WA 7, 22, 9-14.
17) "설교는 사라진다. 그러나 책은 머물러 있다. 사람은 그것을 보존할 수 있고 복사하고 번역할 수 있다. 증거된 말씀의 영향력은 좁은 곳에 있는 청취자들에게 한정된 것이지만, 이렇게 큰 능력으로 먼 곳까지 전달된다." H, Sasse, 1981, 214.
18) J. Blauw, 1061, 53-이미 18세기에 이 분야를 기초한 "성경신학"이 있었다. 그 첫 번째 문서는 가블러(J. Ph. Gabler)의 발도르프 취임 설교문이었다.(1787. 3. 30); "성경과 조직신학의 정확한 차이에 관해서와 이 두 가지의 바른 목표 규정에 관해서", in O. Merk, 1972, 273-281.
19) WA 47, 66쪽에 있는 요 3:14에 관한 설교.

통해서 두 가지 방법으로 말씀하신다. 비록 율법은 구약에, 복음은 신약에 더 많이 쓰여 있지만, 두 가지 다 구약과 신약에 들어있다. 둘 다 하나님의 말씀이다. 그러나 복음은 본래 그리스도의 특수 직무이다(*officium proprium Christi*). 이를 통해 그는 우리에게 구주로서 죄악을 사하신다. 율법은 우리의 죄를 깨닫게 하고 우리에게 구원의 필요성을 알리는 그의 외부 작품(*opus alienum*)이다.[20] 좋은 성경신학자들을 구별할 수 있는 방법은 율법과 복음을 광신자와 혼합주의 중에서 올바로 구별해 낼 수 있는가에 있다. 그러므로 신구약성경은 구원사적으로 긴장된 내적 통일성을 지니고 있다. 동시에 그 내적 근본주의는 사도적 본을 따른 선교적 설교(행 2:37f; 3:14f; 17:29-31)에 전수되었다.

8) 역사적인 구원계시는 그리스도의 강림과 사도시대 원시교회의 성경을 통한 증거에서 종결되었고(히 1:2) 더 이상의 보증이 필요하지 않다. 기독교신앙(Suffizienz der Bibel)의 구원지식과 윤리적 증거를 위해 필요한 모든 것은 성경적 증거로 충분하다. 속사도 시대의 교회는 신약도 경전(Kanon)으로 확정하면서(그들은 동시대의 유대인들에게서 구약을 경전으로 받아들였다) 이러한 지식에 관해서 예상하고 있었다. 무오한 하나님의 말씀과 해석에 있어서 유오한 인간의 말에는 거리가 있다.[21] 루터 자신은 정경의 틀에 대해서 소위 고대교회의 이의[22]에 대해서 역사적으로 그리고 그것과 연관해서 신학으로-의심을 품었던 바를 여기서 폐하지 않고 오히려 승인하였다.[23]

9) 성경을 이해하기 위해 외부에서 수용한 해석원리와 권위 있는 해석규정은 필요하지 않다. 왜냐하면 성경은 올바로 사용하면 이해하기에 스스로 충

---

20) 비교: H. Sasse, 1981, 221 Formula Concordiae 참작, Epitome V.8. in BSLK, 791.
21) 종교개혁적으로 배타적인 부분 '오직 성경'(Sola Scriptura)이란 하나님의 말씀과 인간의 말의 차이에 관해서 객관적으로 그리고 방법적으로 돌파하는 경계설정을(Abgrenzung) 의미한다. R. Slenczka, 1987, in *Evangelische Schriftauslegung*, 428.
22) 이것은 경전 형성과정 끝에 수용한 문서인 히브리서, 야고보서, 유다서, 요한계시록이다.
23) 경전문제의 역사적 신학적 연구는 7장1d와 거기 인용한 문헌들이다.

분한 명료성을 지니고 있기 때문이다(*Claritas et perspicuitas scripturae sacrae*).[24)] 성경은 스스로에게 고유한 번역가이고(*interpres ipsius sui*)[25)] 그것은 우리에게 어두운 부분을 밝히고 성경 전체 속에서 풀어준다.[26)] 청교도들은 이로 인해 모든 신자들의 개인적 성경해석을 허용하였다.[27)]

10) 이 성경의 외적 명료성(*claritas externa*)으로부터 그것과 분리할 수 없는 관계에 있는 것은 루터의 내적 명료성(*claritas interna*)이다.[28)] 성경적 계시에 대한 인간의 충만하고 깊은 이해는 비록 하나님이 성경에서 이해와 구원에 필요한 모든 것을 확실하게 계시해 놓았지만, 그것은 인간의 타고난-죄 된-이성으로 얻을 수 있는 것이 아니다. 그러므로 하나님은 성도들에게 성경말씀과 동시에 그의 성령에 의해서 그의 생각을 열어주시고 우리를 모든 진리 가운데로 인도하신다. 칼빈은 이것이 종교개혁자들에게 공통적인 확신이라

---

24) F. Beisser, 1966; A. Buchholz, 1993, 74-138.
25) 루터는 성경이 "스스로 완전히 확실하고, 아주 쉽게 이해되고, 전혀 숨겨지지 않은 스스로 번역되고, 모든 것과 모든 개체를 검증되어 평가되고 해명된다"고 하였다[…]." -"[…] hoc est. ut sit per sese certissima, facillima, apertissima, sui ipsius interpres, omnium omnia probans, indicans et illuminans[…]." Assertio omnium articulorum, Vorrede(1520), in WA 7, 97, 22-24.
26) "[…] 아리스토텔레스와 모든 자연적 오성은 유명한 것을 통해서 무명한 것이 계시된 것을 통해서 어둠의 것이 실증되어야 한다고 가르친다." -"[…] cum et Aristoleles istorum universusque naturae sensus id monstreat, quod ignota per notiora et obscura per manifesta demonstrari oporteat." WA 7, 98, 15f. -이와 비슷하게 Ph. J. Spener도 그들(이단들)을 대항하여 명료한 말씀으로 빛 가운데서 말한 것과 똑같은 것을 어둠에서도 말하여야 한다. 이것이 성경의 바른 배움이다." Das nötige und nützliche Lesen der Heiligen Schrift (1964), in P. Grunenberg (Hg.), 1889.
27) A. M. Chrirwin, 1954, 36.
28) "성경에는 두 가지 명확성이 있고 또한 두 가지의 불명확한 점이 있다. 하나는 외적 말씀의 조력을 통해서이고, 다른 하나는 마음의 깨달음에 의한 것이다. 당신이 내적 명료성에 관해 말하자면, 하나님의 영을 모시고 있지 않는다면 아무도 성경에 있는 철자 하나까지도 알아낼 수 없다. […] 즉 성령은 성경 전체나 또는 그 한 부분의 이해를 요구한다. 그러나 당신이 외적 명료성에 관해 이야기 한다면 어떤 것도 불명확하거나 의문시 될 것이 없다. 오히려 성경에 있는 모든 것은 항상 말씀을 통해서 확실한 빛 가운데로 인도되고 온 세상에 제시한다." M. Lulher, Daß der freie Wille nichts sei(1925), in:d WA 18, 609, 4014, 인용: Luther Deutsch, Bd. 3, 160f.

고 묘사하고, 그것을 성령의 내적 증거(testimonium Spiritus Sancti internum)[29]라고 한다. 이것은 후기 경건주의적 성경이해에서 슈페너(Spener) 이래 주요한 역할을 하였고, 19-20세기 구원사적 신학을 하나의 영적 해석학으로 장려하였다(7:3).

11) 종교개혁자들의 입장으로는 - 모든 시대의 교회 신학처럼 - 성경이 천국언어로가 아니라 '하나님의 말씀이 인간이 입으로' 말해진 것이라는 것에 관해서는 논쟁의 여지가 없다. 그것은 하나님의 말씀이 세상적-역사적 인생의 조건에 참여하였고, 그 계시의 내용은 내적 이해로 인해 고갈되지 않은 채로, 그 형태가 인간의 경험적 측면인 논리적이고 역사적인 개념들 아래 놓였다는 의미이다. 개신교 문서론에는 아들의 인격 안에 있는 양성(兩性)을 규정한 칼케돈 기독론(Chalcedonische Chritslogie)에 묘사된 성경말씀의 신적이고 인간적인 관계에서 확실한 유비(Analogie)가 있다.[30] 이 차이에 관해서 후에 누구보다도 프랑케(August Hermann Franke)는 그 외적 형태와 내적 내용의 관계를 호두의 껍질과 알맹이에 비교하였다. 그것은 처음에 달콤한 알맹이를 먹기 위해 껍질을 깨무는 것이다. 그것은 "신앙적이고 꾸준한 외부적인 탐색을 통해서 내적인 깨달음에 이르는 것이다. 외적으로가 아닌 빛과 생명 자체이신 예수 그리스도 안에서 참된 공동체와 그 참여함에 의해 자기 영혼의 위안을 찾는 것이다."[31]

그것은 처음으로 성경의 학술적 문학적 연구가 규칙에 따라 음성학적이고

---

29) H. H. Chirgwin, 1954, 36.
30) 사쎄(H. Sasse)에 의해서 아는바와 같이 "그리스도의 인격에 관한 성경의 가르침에 상응하여 그리스도의 참 신성과 참 인성이 주장되어야 한다[…]. 칼케돈에서 기독론이 네스토리안주의 스틸라(Stylla)와 단성론주의(Monophysitismus)의 카립디스(Charybdis) 사이에서 휘둘려야 했던 것처럼, 성경(De Sacra Sriptura)의 가르침은 난파하게 되는 오성적-종교사적, 초자연적-환상적인 소리들로부터 보호해야 한다. 성경은 하나님의 말씀이다. 성경은 인간의 말이다[…]. 그러나 예수 그리스도의 인격 안에서 그 신성은 인격을 형성하는 것과 같이, 성경에서 인간 언어의 구체화 (Enhypostasie)는 하나님의 말씀 안에서 가르쳐야 한다. 성경의 본질은 그 성격이 하나님의 말씀이다. 성경의 인간의 말만으로는 결코 성경을 확립할 수 없다."
31) A. H. Rancke, in Einleitung zur Lesung der Hl. Schrift, insbesondere des Neuen Testamenstes(1694), in Werke in Auswahl, hg. v. E. Peschke, 1969, 221.

도 역사적으로 연구되었고, 계시 자체가 지적인 비판아래 놓이게 된 것이 아니라, 오히려 프랑케의 요구와 같이 거룩한 해석과 그와 관련된 거듭남의 신학에 관한 내적 명료성과 성령의 내적 증거의 종교개혁적 가르침을 재수용한 것이다.[32]

12) 성경의 신적본질과 인간적 형태의 서로 밀접한 연합 및 혼합관계는 먼저 성경본문의 바른 뜻을 찾고자 하는 해석자에게 본문과 직접적인 관계가 있는 문학적 감각에 대해 고민하게 한다. 더 깊은 신앙적 통찰은 기도와 묵상과 시험에 의해(temtation) 도달할 수 있다.[33] 이렇게 영적인 감각에 도달 할 수 있게 된다.[34] 하나님의 말씀은 인간의 언어로 받아들이는 것임으로 이 두 언어의 뜻은 동일한 것을 말하고 있다. 다만 여러 문서에서 전통적인 교회의 가르침은 자의적인 유비적(Allegorese) 해석으로부터 보호받고 있다. 이와 반대로 해석자는 그의 해석이 후기 많은 왜곡된 해석자들의 소위 역사비평신학적 방법과 같이 – 순수 역사적 시각으로 다루어져서는 안 될 것임을 알게 된다.

2. 경건주의적 – 구원사적 성경관

1) 개혁 신앙적 경건주의의 공통성

종교개혁적 성경관은 직접적이기보다는 오히려 경건주의를 통하여 개신

---

[32] J. Cochlovius(in: Evangelische Schriftauslegung, 71) A. H. Francke를 한 "성경에 대한 현대 사학적 – 비평의 선구자"로 묘사한다면 그것은 그릇되다. 왜냐하면 그것은 "역사비평학적 방법"(historisch – kristische Methode)과는 분명하게 다르게 묘사되어 있기 때문이다.
[33] 루터의 "Drei Regeln: Oratio, Meditatio et Tentatio", 비교: Ders., Vorrede zum 1. Bande der Wittemberger Ausgabe(1539), in WA 50, 658, 13 – 660, 16, 역시 비교: O. Bayer, 1988, 7 – 59(sowie Ders. 1994, 55 – 106).
[34] 문학적 감각과 영적 감각의 관계 또는 문서의 복수적 의미와 가르침에 관해서는 해석학적 토론 중에서 플라키우스(Flacius)의 "Beschränkung auf den Literalsinn in der hermeneutischen Diskussion"에 근거하여 문서의 의미가 자주 요약적으로 제시 되었다. 비교: 이는 G. 마이어 (Maier, 1990, 56ff. 70f.)가 잘 언급하였다.

교 초기 선교신학에 영향을 미쳤다. 왜냐하면 이는 근본적으로 경건주의적으로 묘사된 선교운동 내부의 일로 성찰되기 때문이다. 그럼에도 불구하고 이 중재는 그릇됨이 없었고, 오히려 성경 자체로부터 종교개혁적이며 특히 루터적인 성경원리가 확대되어야할 것이 요청되었다. 그 결정적인 형식적 내용적 근본원리는 고대교회에서 전승된 것이고[35] 이것은 경건주의 신학에 내포되어 있다. 또한 그들은 성령의 감동으로 기록된 하나님의 말씀으로서 성경의 불가침적 권위를 강조하였고, 그 연구와 번역은 오직 "심오한 존경과 경외함과 떨림"으로 진행해야 할 것을 강조하였다.[36] 그들은 성경적 계시의 충분성으로 인하여 '오직 성경으로'(Sola Scriptura)를 강조하였고, 그것을 의도적으로 '통전적 성경으로'(Tota Scriptura) 확대하여 모든 성경 전체가 서로 연결되는 것으로 보았다. 하나님 자신이 성경을 문학적인 문서로서 불변적 권위를 부여하였고, 그의 교부들에게 계시하신 말씀과 고대 모세시대부터, 이스라엘을 하나님의 백성으로 선택하신 때부터 그의 역사적인 구원행위에 관해서 기록하게 하였다.[37] 그렇게 그들은 이 후의 망각과 왜곡을 방지하였고 교회를 심각한 오류에서 보호받을 수 있게 하였다. 사도들과 복음전도자들도 역시 예수님의 행적과 사도들의 편지들을 신약의 경전적 형태로 보존하였다. 이 사건을 통해서 내용적으로 통일되고 모순 없이 보존되었다. 경건주의 역시 종교개혁적인 가르침인 성경의 필요성(Claritas Scriptura)을 고수한다. 이것은 벵엘(Bengel)에게 아주 명백한데, 독자들이 자연적인 이성으로 분명히 "성경의 성삼위일체와 중보자와 구원규정과 성례들과 종말론과 많은 비밀들에 관한 증거들"을 추측할 수 있다.[38]

이 외적 지식은 아직 경건주의자들이 도달한 구원을 얻는 믿음과 같지는

---

35) 이 교회사적으로 전승된 공동체는 경건주의의 성경 이해에 대해서는 H. W. Frei(1974, 40)가 "They followed the Reformers and a large consensus of Western Christendom from earliest times"에 진술하고 있다.
36) J. A. Bengel, 1753, 재판: 1974, 9ff., 인용: in Evangelische Schriftauslegung, 74.
37) *Ebd.*, 9.
38) J. A. Bengel, "Von der redchten Weise, mit göttlichen Dingen umzugehen"(1753), 인용: in *Evangelische Schriftauslegung*, 77.

않다. 알려진 바와 같이 경건주의는 기독교 신앙의 객관적 측면에서 주관적 측면으로, 무엇을 믿는가의 신앙에서 누구를 믿는가의 신앙으로 신학적 중심을 옮겼다. 이는 문서학(Skriptologie)에서 그들의 고유한 강조점을 묘사한 것이다.

2) 경건주의의 새로운 강조

결정적인 경건주의적 강조점은 - 우리가 무엇보다도 이미 루터와 칼빈에게서 발견한 바와 같이 - 성경의 내적 명백성에 대한 통찰은 오직 성경이 마음속에 조명함으로써 이루어질 수 있다는 데 있다. 먼저 신앙인들에게 성경적 복음은 가장 깊고, 넓고, 무엇보다도 그들의 치유를 위한 부르심(Anrede)에 임하는 것이다. 그 위에 모든 것이 더해진다. 필립 야콥 슈페너와 요한 아른트(Johann Arndt)는 하나님이 "성경을 계시하신 것은 그들이 종이에 써 있는 죽은 글씨를 암기하라는 것이 아니라, 그것이 우리에게 성령(Geist)과 믿음으로 살아 있고, 그로 인해 내적으로 온전히 새로운 사람이 되라는 것이다. 그렇지 않으면 성경은 아무 유익이 되지 않는다. 성경의 외적 가르침은 성령(Geigt)과 믿음으로 그리스도를 통해서 모든 것이 인간에게 이루어지는 것이다."[39] 그러므로 경건주의는 A. H. 프랑케와 함께 '거듭남의 신학'(theolgia regenitorum)을 요청한다. 그럼에도 불구하고 아른트 이래 경건주의의 조상들은 성경을 올바로 읽기 위한 포괄적인 '참 기독교의 길'을 지시하고 있다.[40] 이 신학자들에게 특별히 중요한 점은 거룩한 삶이 순전한 가르침에 상응하는 것이다.

이로 인해 말씀의 진리에 관한 관심은 그 능력과 역사로 옮겨졌고, 후자 없이는 전자도 포기된다. 그래도 성경적 진리는 믿음을 일깨우기 위해 성도들을 순종으로 이끌기 위해서 주어졌다. 기독교인들의 바른 깨달음에는 상응하는 행위가 따른다. 경건주의자들에게는 성경적 믿음의 형상화란 우선적

---

39) Ph. J. Spener, Das nötige und nützliche Lesen der Heiligen Schrift, (1694) 1889, 240ff.
40) J. Arndt, Neuaufl. 1955; C. Braw, 144-158.

으로 공동체 내에서 형제 사랑이며, 그 다음엔 외부적으로 자비의 행위이다. 이 관점은 선교사적 증거로 확대된다. A. H. 프랑케는 신학적 학문을 성령의 인도하심 아래 하나님의 나라를 촉구하는 도구로서 정의하였다.[41] 그는 라이프찌히 수학 시절에 이미 학생들을 위한 성경공부반을 열 계획을 하였다. 이 생각은 곧 바로 감동에 이끌렸고, 성경출판사는 때때로 성경 수요를 만족시킬 수 없었다.[42] 성경에 관한 신학적 작업은 이미 초기 경건주의에서 경험한 인식으로 구원이 필요한 인류에게 가능한 한 성경을 가까이 접근하게 하는 것이다. 이는 이전에 인간이 하나님의 말씀을 왜곡하고 불신앙적으로 반역했던 것과 같이, 이제는 그에게 하나님의 말씀을 믿는 길로 돌아오도록 지시하려는 것이다.[43] 이에 상응하여 경건주의의 징조로 18세기 초에 성경을 출판하는 하나의 새로운 시대가 열렸다. 필립 야콥 슈페너(1635–1705)는 이 목표를 의무로 삼고 하나님의 말씀을 우리에게 풍성하게 전달해 주고자 하였고, 칸슈타인(Canstein), 칼 힐데브란트 프라이헤어(Carl Hildebrand Freiherr, 1667–1719)와 아우구스트 헤어만 프랑케는 1710년에 세계에서 가장 역사가 깊은 성경공동체인 "칸슈타인 성경연구원"을 세웠다.[44] 또한 개신교 쪽에서 직접 활동한 북미의 인디언 선교와[45] 덴마크–할레선교(1706년 이래)와 헤렌후터 형제회(Herrnhuter Brüdergeminde, 1732년 이래) 경건주의자들에게 성경은 결정적인 역할을 하였다. 그것은 선교적 복음전파를 이룰 뿐만이 아니라 선교방법에 효율적이다.[46] 이러한 모범으로 경건주의 유산에 의한 개신교 선교운동은 오늘의 세기까지 지속되었다.

---

41) Nach D. G. Kramer, 1880/1883, Bd. 1, 396.
42) A. M. Chirgwin, 1954, 39f.
43) J. A. Bengel, Von der rechten Weise, mit göttlichen dingen umzugehen, (1753), in J. Roeßle(Hg.), Du wort des Vaters, 1962, 24.
44) E. Hofmann–Aleith, 1972.
45) K. E. Latourette, 1939, Bd. 3, 44.
46) "Ne ovum sit ovo similius quam vestra doctrina methodus Paulinae", Ausspruch A. H. Franckes, den sich Zinzendorf zu eigen gemacht hat. G. Schwarz, 1980, 173. Anm. 301.

3) 구원사적 입장

후기 개신교 선교신학을 위해서 경건주의 선교관이 특별한 모습을 드러내었다. 그것은 요한 알브레히트 벵엘(Johann Albrecht Bengel)과 그 제자들의 구원사적 견해이다. 구원사적 신학은 물론 벵엘에게서 시작된 것은 아니다. 오히려 그는 전통적 줄기에 연계하여 그 근원이 초대 교부들(특히 이레니우스[47])에까지 거슬러 올라간다는 것을 발견하였다. 그리고 특별히 그는 언약신학[48]을 통해서 개신교에 영향을 미쳤다. 벵엘은 덴켄도르프(Denkendort)의 수도원학교(Klosterschule)에서 교사로 사역할 때 그의 구원사적 해석으로 성경에 따라서 사는 독자적인 길을 갔다.

벵엘의 성경관은[49] 전통적인 종교개혁적이고 경건주의적인 입장을 넘어서서 우주적으로 확대되었다. 그는 의도적으로 성경을 구원론 중심으로 집중하여 보지 않고 창조에서, 또한 하나님의 전 역사적인 지혜의 근원에서부터 만물이 새로운 피조물로 변화되는 종말론적 완성에까지 집중하였다. 그러므로 그의 연구는 원시론(Protologie)에서 종말론까지 포괄하였고, 벵엘은 특히 후자에 흥미를 가졌다. 그에게는 특별히 이미 서술된 바와 같이 루터의 형식적인 원리를 경건주의적으로 확대하여 '오직 성경으로'를 '통전적 성경으로'(tota Scriptura)으로 기록하였다. 이 통전적(ganze Schrift)의 내용은 그 강조점이 창조, 계명, 기독론, 구원론, 성화, 교회론, 종말론으로 규정되어 있다. 벵엘로부터 다루어진 성경적 창조론은 그와 그의 추종자들에게 성경의 자연과학적인 서술에 관심을 느끼게 하였다. 역시 그의 구원사적 연구는 구원사를 포함하는 일반 세계사에 관심을 가지게 하였다. 벵엘로 말미암아 자연과 역사학 분야에서 특별한 연구가 진행되었다.

벵엘의 구속사적 견해는 내용적 측면과 형식적 측면이 있다. 그는 이 두 측

---

47) G. N. Bonwetsch, 1925, 42ff.
48) G. Schrenk, 1985.
49) 이를 위한 대표적인 문서총론: Evangelische Schriftauslegung, 72-81, 역시 E. Ludwig, 1952와 G. Maier, 1981, 393-440을 보라.

면을 '성경 전체적 증거의 통일성'으로 묘사하였다. 그 모든 부분들은 조화롭게 서로 잘 연결된 하나의 연합된 몸이다. 내용적으로 성경 전체의 역사는 예수 그리스도를 통해서 인류를 구원하실 목표였던 원래 하나님의 창조 이전의 구원계획과 상응한다. 또 벵엘에게는 그리스도가 성경의 중심이다. 그러나 그리스도는 십자가와 부활이라는 구원사역에 한정된 것이 아니라 의도적으로 설정한 창조 중재와 미래의 종말적인 세계완성이다. 그러므로 벵엘은 두 가지의 '그리스도의 미래'에 관해 이야기한다. 그 하나는 그의 성육신에서, 다른 하나는 그의 재림에서이다. 이미 창조로부터 모든 구약의 계시들은 그리스도를 향하고 있고 신약과는 예언과 성취의 관계에 있다.

형식적으로 성경계시의 통일성은 시간적인 진행에서 나타난다. 목적론적으로 신구약 두 개의 성경은 다른 모든 책들과 복합적으로 함께 참여한다. 이 시간적 진행으로 하나님의 구원 행사의 연결 고리인 대구조(*Oeconomia*)는 교육적으로 전개되었다. 그것은 한 단계씩(협정들, 시대들 또는 체제들이) 내적으로와 외적으로 고유한 특징을 지니고 차례로 일어났다. 이 시대들(tempora)은 개체 문서들의 해석과 성경적인 진술에 아주 주목할 만한 확실한 사건들을 입증하고 있다. 성경의 문서들은 신구약적 하나님의 백성들의 살아 있는 영구적인 재고품들이다.[50] 이 뜻은 그 안에 기록된 역사적 계시들이 구원사적인 진행에서 그때마다 해당된 시기에 상응한다는 말이다. 그들은 교회와 시간을 위한 초 역사적인 복음을 소유하였고 그것은 그들의 원 역사적인 목적을 초월하는 것이다.

여기서 기독교 신학은 성경적 진리가 조직신학적 가르침에 있는 것이 아니라 원근 역사적 증거들 안에서 발견되는 것이다. 성경적 문서들은 애초에 그리스도 안에 있는 하나님의 구원계획과 선지자들과 예수와 그 제자들을 통한 점진적인 계시에서 영광의 하나님의 나라를 세움으로 완성되는 그들의 내적 통일성을 발견한다. 고전적으로 벵엘 자신은 그들의 우선적인 구원적 기능

---

50) J. A. Bengel, (1753), 1974, 9.

외에 하나님의 모든 계획을 세상에 알리시는 것을 "성경의 둘째 사명"[51]이라고 하였다. 성경의 최종 문서인 요한계시록은 J. A. 벵엘에게 모든 계시역사의 목표에 관을 씌우는 결말이다. 루터의 판단과 현저한 차이는 벵엘에게 있어서 요한계시록은 내용적으로 로마서와 동등한 권위가 있다는 것이다.

사실적-미래적 시각에서의 목적론적 고찰은 구속사적 해석학의 근본적인 특징이다. 그것은 동시에 개인적으로만이 아니라 우주적 종말론으로 삭제할 수 없이 구속사적으로 생각하는 경건주의적 특징이다. 거기에 종말론적으로 향한 구원사적 선교신학이 뒤따른다.

영적-신학사적으로 의미있는 것은 벵엘의 해석학이 이미 동시대에 나타난 지성주의적 성경비판에 의해 의문시된 것이다. 그것은 그를 변호하게 했다. 이성주의적 신학이 특히 성경의 가르침의 모호성에 관해 성경적 진술의 상호 모순성을 근거로 부정적으로 주장할 때, 벵엘은 이 주장들에 대해 성경의 서로 다른 진술들을 유기적 통일성 이론에 관련지어서 대항했다. *Distingue tempora, et concordabit Scriptura*[52] 벵엘은 신학적 이성주의가 성경의 진리를 몇 개의 보편적-종교적 내지 도덕적 기본 원리로 축소시키고자 하는 한 그것으로 인해 성경이 증거하는 전부를 잃어버린다고 하였다.

이와 같이 성경신학적 해석학은 벵엘에 의하여 이미 확인되었다 – 간과할 수 없는 치명적인 산술적 사색(아래의 부설참조!)에도 불구하고 – G. 마이어(Maier)의 판단은 다른 해석들에 대해서 구속사적 해석이 세 가지 장점을 지녔다고 보는 것이다. "첫째, 그것은 계시의 역사적 구조를 가장 최초로 정당화하였다. 둘째, 동시에 충만한 계시를 받아들였다[…]. 셋째, 매우 복잡한 계

---

51) 벵엘은 또 "구원의 근거 외에 우리에게 성경은 다른 많은 값진 것을 몰아다 준다"고 하였다. 사람은 "성경을 단순한 격언들과 예화 책자로 볼 것이 아니라 비교할 수 없는 하나님의 가족에 관한 소식이며, 처음부터 만물의 마지막까지 모든 시대를 통해 모든 피조물과 인류세대와 특히 이스라엘 민족과 예수 그리스도의 교회에 하나님의 비밀이 점차 계시되고, 나가서 모든 세대와 민족들에게의 약속들과 우회로와 시험들과 무엇보다도 두 가지의 그리스도의 미래, 그의 육신으로 오심과 영광으로 오심과 성자들의 기다림과 옛 것과 새 것, 과거와 미래의 것들이 기록되어 있다"고 하였다. J. A. Bengel, 1753, in J. Rößle(Hg). Du Wort des Vaters, 1962, 30f.
52) "시기를 분별하라! 성경문서는 서로 일치한다." J. A. Bengel, 1773, 964.

시의 통일성을 가장 잘 묘사 할수 있었다"[53] 벵엘의 구원사적 성경해석은 개신교 정통주의의 부분적 성경연구나 이성주의의 삭제원리나 위협적이고 체계 없이 모든 성경적 진술을 동일하게 취급하는 후기 근본주의의 것들을 능가하는 것으로 입증되었다. 왜냐하면 벵엘의 성경해석은 성경개체 안에 특별한 뜻으로 점차적으로 계시하신 것과 계시의 깊이가 서로 다르다는 것이다.[54] 그러므로 그것은 긴장되는 조화를 위한 노력에 흥미를 느낄 문제가 아니다.[55]

부설: 벵엘의 연대학적 고찰

슈바르츠(G. Schwarz)[56]가 부르크(J. Burk)[57]에 잇대어 말한 바에 의하면 "세계사와 교회사가 그리스도 출생 이전과 이후의 연대적 배열의 범주를 더 자세하게 규정할 수 있게 한다. 그는 하나의 연대기의 척도가 일반적으로 함께 관련되고 비례관계에 서 있는 신약과 구약의 역사서와 선지서의 시간들 안에서 창조로부터 그리스도의 날까지 그의 목표가 확실하다는 것을 발견하였다. 이 연대기적 범주로[…] 벵엘은 *ordo temporum*(시간의 법칙)에서 계시록의 가치를 규정하였다. 그 역사적 사건은 창조를 *terminus a quo*(시작점)와 *dies christi*(그리스도의 날)가 *terminus ad quem*(마침점)으로 연대적으로 고정되어 있는 것이다."

벵엘은 이러한 견해를 1724년 첫 번째 강림일 경험에서 가지게 되었다. "불이 켜지자" "그에게 하나님의 책 요한계시록의 문이 열렸던 것이다."[58] 이 증거는 의심할 바 없이 그의 광신적인 흐름과 극단적 사고의 경향을 나타냈다.

---

53) G. Maier. 1990. 167.
54) 벵엘은 몹수에스티아의 테오도(Theodor von Mopsuestia)처럼 영감적 은혜를 단계적으로 구별하였다. G, Maier, 1981, 416f.
55) 벵엘은 예를 들면 이미 어거스틴처럼 신앙내용에 관계없는 역사적인 기억의 오류가 가능하다고 하였다. G. Maier, 1990, 302.
56) J. C. F. Burk, 1832, 337.
57) G. Schwarz, 1980, 24.
58) *Ebd*., 264.

그것은 그에 의해 사실로 새롭게 발견한 구원의 구조로 구원사적 날짜, 특히 그리스도의 재림을 1836년으로 계산한 것이다.

벵엘의 구원사적 성경해석은 확실히 개인적인 의견이었고 개인적인 강조점으로 제시하였다. 그들의 기본 원리는 그의 슈베비쉬 지역 제자들과 추종자들에 의해 확고하게 계속되었다. 누구보다도 그의 가장 유능한 제자 프리트리히 외팅거(Friedrich Oetinger, 1702-1782)와 그 후 두 명의 한 Hahn(Philipp Matthäus와 Michael)과 요한 크리스토프 블룸하르트(Johann Christoph Blumhardt<아들과 동명의 아버지: 역주>, 1805-1880)와 그의 친구 요한 곳홀트 바르트(Johann Gotthold Barth, 1799-1862)였다. 위 마지막 두 사람은 그들의 글과 찬양을 통해서 19세기 초기 선교운동에 큰 영향을 끼쳤고 특히 1815년에 설립된 바셀선교회(Basler Mission)와 많은 초기선교회들을 설립하게 하였다.

다른 면에서 벵엘의 사상은 조직신학적 반영으로 소위 19세기 조직신학에서 구원사적 학파를 이루었다.[59] 뛰어난 학자로 요한네스 호프만(Johannes Ch. K. von. Hofmann, 1810-1877)과 요한 토비아스 벡(Johann Tobias Beck, 1804-1878)과 그 제자 칼 아우베르렌(Carl A. Auberlen, 1824-1869)이 여기에 속하였다. 차이는 있지만 이 학파의 대표들은 쉘링(Schelling)의 자연철학과 헤겔의 역사철학의 영향을 받았다. 지금까지의 신학사적 판단으로 이것들은 호프만(C. K. van Hofmann)에게 해당되며 그것은 최근에 로버트 야브루(Robert Yarbrough)의 연구에 의해 논쟁되었다.[60] 아우베르렌은 그의 신학을 아주 근본적으로 고유하게 발전시켰다. 그는 성경에서 두 권의 중요한 계시문서인 다니엘과 요한계시록을 계시신앙적으로 해석하였다.[61] 벡(J. T Beck)과 더 직접적으로 C. A. 아우베르렌은 개신교 선교신학의 조부들인 프리드리히 파브

---

59) G. Weth, 1931.
60) R. Yarbrough, 1985, 1-57, (1. Kap.).
61) C. A. Auberlen (Neudruck), 1986.

리(Fiedrich Fabri, 1824-1889)[62]와 라인선교회(Rheinische Mission)회장이며 개신교 선교신학의 설립자인 구스타프 바르넥(Gustav Warneck)의 신학적 특징에 결정적인 영향을 미쳤다. 그 이래로 개신교 선교학에서 파송에 관한 성경적 근거를 위한 구원사적 성경해석의 전통은 20세기 중엽에 많은 이질화와 큰 위기들이 있었음에도 불구하고[63](이하 5장:5 보라) 한 번도 무너지지 않았다. 구원사적 성경이해가 성경적 개신교 선교신학의 본질적인 특징에 속한다는 것은 결코 과장이 아니다.

3. 초기 개신교 선교학의 구원사적 성경관

1) 구스타프 바르넥(Gustav Warneck)의 신학적 묘사

구스타프 바르넥(1834-1910)은 개신교 선교신학의 기초를 놓은 사람이라고 올바로 일컬어진다.[64] 비록 그 항목들이 이미 그 이전에 주어진 것이기는 하지만, 그러나 처음으로 그에 의해서 – 먼저 독일에서 – 선교신학이 조직적으로 신학의 학문분야로 발전하게 되었다. 그의 가르침이나 저서로나 그가 조직한 모임에서와 같은 경우의 바르넥의 선교신학사상은 그 당대만이 아니라, 그 후 모든 세대에 독일과 다른 유럽 등에서 발견되지 않는다. 거의 동시에 역시 독일에서 시작된 천주교 선교신학도 그의 영향을 받았다.[65] 구스타프 바르넥은 20세기 중엽 이래 미국의 복음주의 선교신학에서 도날드 맥가

---

62) W. R. Schmidh, 1965; J. Ohlemacher, 1986, 106-135.
63) 비교: G. Sautter(1985, 167-175): "Die ablehnung der biblisch-heilsgeschichtlichen Orientierung der Mission[…]."
64) G. Myklebust, 1955, Bd. 1, 281; Zu G. Warneck, 비교: J. Dürr, 1947 und P. Beyerhaus, 1956, 78-87.
65) J. Schmidlin(1923, Ⅵ): "지식적으로 필요하고 중요한 부분이 가톨릭 쪽에는 하나도 없었기 때문에 필자는 아주 빈번히 개신교 선교이론가들에게 의존해야 했고 특히 그들의 개척자이고 우두머리인 구스타프 바르넥에 의존하였다[…]." – 비교: H. Schärer, 1944, 9f.

브란(Donald Mcgavran)과 그의 제자 한스 카스도르프(Hans Kasdorf)를 통해 처음으로 발견되었다. 카스도르프[66]는 그가 대표하는 민중조직적 선교전략을 능가 했다고 보는 것은 절대적으로 그릇되었다고 비판하였다.[67] 그러나 그의 유산은 오히려 오늘날 더 확대되었다. 확실히 카스도르프는 무엇보다 바르넥의 선교전략적 사상을 선교지의 토착적 자립교회의 양육과 성장의 측면에서 생각하였다. 그러나 이 긍정적 비판에 이러한 선교의 신학적 이유는 포함되어야 한다. 그렇다. 최초의 고찰이 보여주었듯이 이 이유는 – 직접적으로 성경본문들 자체에 방향을 제시함과 동시에 과거 성경신학적 전통에서 퍼옴으로 – 그의 시대적 조건에 따른 선교이론으로서 시간에 덜 의존적이 되었다.[68]

이러한 전제로 바르넥의 신학사상을 이해하기에는 무엇보다도 당시 독일 개신교 선교운동의 전성기였던 영적 분위기를 이해하여야 한다. 그것은 19세기에 다시 각성된 경건주의의 부흥운동을 통해 일어난 경건성이었다. 여기에 거의 모든 선교운동의 뿌리와 방법이 있었다. 이전 인물들 사이에는 진정한 일치가 있었다. 바르넥의 이러한 친구들은 본(Bonn)의 실천신학자 데오도르 크리스트립(Theodor Christlieb),[69] 그나다우어(Gnadauer) 공동체 운동의 아버지와 라인선교회(Rheinische Mission) 회장 프리드리히 파브리(Friedrich Fabri)[70]이다. 파브리는 크리스트립처럼 서유럽의 복음주의 협의회의 선구자에 속해있다. 바르넥은 이 두 친구를 그가 1874년 설립한 Allgemeine Missions – Zeitschrift 의 편집자로 소집하였다(이 잡지는 바르넥이 죽은 후 1923년까지 수십 년간 독일 개신교 선교학의 주도적인 기관이었다).[71]

---

66) H. Kasdorf, 1988, 269 – 284.
67) J. Ch. Hoekendijk, 1967에 대응하여.
68) Gustav Warneck(1899, 5) 스스로가 성경이 그에게 더욱 "선교의 근거"만이 아니라 선교론에서 "선교의 교재"가 되었다고 판단하였다.
69) G. Warneck, 1899, 445ff.
70) E. Sachse, 1898, 723 – 730.
71) 1924년부터 1939년까지 Neus Allgemeine Missons – Zeitschrift(NAMZ)라는 이름으로 계속 진행되었다.

구스타프 바르넥의 신학은 그의 아들 요한네스 바르넥(Johannes W.)[72]에 의하여 묘사되었는데, 그는 그 부친의 사역지인 두 도시, 할레와 부퍼탈(Wuppertal)에 끼쳐진 그의 영향력을 통해서 묘사하였다. 그는 할레에서 성경주의 조직신학자 아우구스트 톨룩(August Tholuck, 1799-1874)[73]에게서 공부하였고 그의 제자 마틴 캘러(Martin Kähler, 1835-1912)가 바로 그때 그의 동료이며 친구가 되었다. 여기서 그는 할레의 경건주의적 성경신학적 유산과, 무엇보다도 조직신학적이고 역사 신학적으로 반영된 형태를 전수 받았다. 부퍼탈에서 G. 바르넥은 1871-1874년에 선교 세미나를 열었을 때 파브리와 친교하였고, 그는 간접적으로 슈베비쉬의 경건주의의 구속사적 사상에 접하였다.

파브리는 1851년부터 바셀 선교단체장 요센한스(Josenhans, 1851-1884)에게서 강한 영향을 받은 바셀의 교수이며 벡(Beck)의 제자인 C. A. 아우베르렌(Aubenlen, 1824-1864)으로부터 위임받았다.[74] 당시 거대한 두 대륙적인 선교회들이 얼마나 경건주의 구속사적인 성경관을 가졌었는가와 그것이 수십 년 간 더 지속되었던 점이 주목된다. G. 바르넥을 통하여 계속되는 가르침과 문서 활동도 그 근본사상은 일찍이 J. T. 벡의 책들에서 인용한 것이다.[75] 이는 당시 선교운동의 일반적인 형태였다.

G. 바르넥은 확실히 어떤 특정한 교수방향을 설정하지는 않았다.[76] 오히려 그는 절충적이었고, 비판적-수용적으로 개체적 요소에 대해 분리

---

72) J. Warneck, 1911, 39-86. 특히 46ff u. 52ff.
73) *Ebd.*, 48ff.
74) 아우베를렌은 그의 스승 J. T. Beck을 통해서 철학자 헤겔로부터 그의 고향 슈베비쉬 경건주의의(Schwäbischen Pietismus) 신학적 유산을 발견하였다. 한 전기 작품은 외팅어(Oetinger)의 신지학에 영향을 미쳤다. 그는 슈베비쉬의 경건주의적 조상들, 특히 벵엘의 성경관에 의해 그의 제자가 되었다. F. Fabri, 1897, 215. 아우베를렌의 가장 중요한 저서들은 모든 세대의 경건주의 신학자들에 의해 묘사되었고 후에는 칼 하르덴슈타인(Karl Hartenstein)도 그의 뷔르템베르크 유산을 가득히 인용하였다. 발견한 유산들: Die Theosophie friedlich Christoph Oetinger nach ihren Grundzügen(1847); 선지자 다니엘과 요한계시록 대조연구와 그의 중심구절 설명 (1854); Die Göttliche Offenbarung; Ein apologetischer Versuch, 2 Bde(1861-1864).
75) J. T. Beck에게 수강하는 것은 G. Warneck의 옛 소원이었다. 그러나 그는 경제적인 사정으로 그것을 실현하지 못했다. 비교: J. Warneck, 1911, 51.
76) *Ebd.*, 51ff.

하지 않고 열려 있는 입장이었다.[77] 이렇게 그는 AMZ에 가끔 온건한 비평적 해석의 대표자로 일컬어진다.[78] 그리고 그는 당시 전형적인 절충신학(Vermittlungstheologie)의 대표자로 입증된다.[79] 오토 베버(Otto Weber)[80]의 판단에 의하면 그는 '유일하게 각성운동에 영향 받은' 사람이었다.

타신학을 배울 모든 준비상태에서 바르넥은 동시에 독학자였다. 젊어서부터 그는 성경을 강도 있게 연구하였고 그 자신이 관찰한 바를 선교학적 관심으로 가능하게 만들었다. 그 자신은 다음과 같이 기록한다.

> […]집에서부터 성경주의자가 된 나에게 성경은 전적으로 선교사적 문서가 되었다. 선교학 이론쪽만이 아니라 선교의 이유에 더 관심이 컸다. 항상 압도적으로 나에게 다가온 것은 성경의 충만한 선교관과 선교에 관계된 것들이었으며, 뿐만 아니라 점점 더 하나님의 구원제시와 역사적으로 구원을 제시하기 위한 조직과 선교의 유기적 관계였다. 내가 이해하기에는 선교사상이 고립적인 것이 아니라, 구원계획의 유기체에서 절대 필요한 것이고, 복음은 우발적인 것이 아니라 본질적인 것이고 그래서 모든 측면에서 통찰력 있는 성경적 선교방법이 필요하는 것이다.[81]

그러므로 바르넥은 결정적으로 그의 구원사적 성경관과 포괄적인 계획에 관해서 다섯 권의 『개신교 선교학』(*Evangelische Missionslehre*, 1897-1903)에 서술하였다. 무엇보다도 "파송의 근거"에 대한 내용은 첫째 권에 나온다.

---

77) 비교: 그의 선교문서에 관한 공정한 검열로는 "Die christliche Mission – ihre prinzipielle Berechtigung und praktische Durchfürung" des Gründers des liberalen Allgemeinen evangelesches –protestantischen Missions –Vereins, *Ernst Buß*, von dessen "Reformchristentum" Warneck sich von seinem "bibelgläubigen Standpunkt alten Schlages" her grunsätzlich distanziert: G. Warneck, 1897, 453 – 365.
78) 예: 그의 동료, 할레의 구약학자 E. Riehm이 공헌한 문서: in AMZ, (1880), 453 – 465.
79) M. Kähler, 1964, 159.
80) O. Weber, 1964, 159.
81) 필자는 이 단서와 1993년 튀빙겐에서 박사학위를 받은 필자의 제자 에리히 쇼이러(Erich Scheurer)의 구스타프 바르넥과의 신학적 관점에 대해 감사한다.

2) 바르넥 신학의 중심사상

바르넥은 교회와 신학 사이에서 지엽적인 문제로 보여져 왔던 선교가 모두에게 존중받을 수 있게 하기 위하여 힘을 다하였다. 그러므로 그는 선교를 다른 것과 함께 하나의 가능한 기독교적 사명이라고 주장하지 않는다. 오히려 그는 선교를 성경적 계시의 중심에 서있는 본질적인 것으로 정착시키고자 하였고, 파송을 그리스도 안에 있는 하나님의 총체적 구원 행위 필연적인 결과로 제시하였다. 그의 선교론은 – 그의 무수한 다른 해석학적 설명과 같이 – 모든 구원사와 구원론과 함께 선교관의 내적 근거를 위한 증명으로 이끌었다.[82] 바르넥은 그의 선교론에서 선교 이유를 성경신학적(그 안에 조직신학적, 윤리적, 구약적, 예수적, 바울적인 신학을 포함하고), 교회적, 역사적, 인종학적으로 전개하였다. 비판가들은 이 네 가지 근거에 대하여 개신교의 성경원리가 낯설다고 항의하였다. 여기에 반하여 마지막에 언급한 두 가지 이유는 – 바르넥도 여기서 성경적으로 논증하였으나, 이를 별도로 하고 – 근본적으로 그의 변증적인 의도는 그에 의해 발견된 신학적 근거를 경험적으로 확인하는 데 공헌하였다. 그러나 그 외 성경신학적 기초는 다음에 크게 다루어진다(180쪽에서 대략 240쪽).[83]

이 장에서(7-12) 바르넥은 하나님의 계시사에서[…], 즉 구약과 신약문서에서 선교는 하나님의 구원계획으로서 모든 문서신학과 함께 가장 깊은 곳에서 나온 포괄적 요소라는 것을 증명하고자 했다.[84] 바르넥은 이것을 용어 색인 연구를 할 수 있도록 무수한 성경구절로 모음집을 만들거나 개별 연구

---

82) G. Warneck, ML, Bd. 1, VII: "Vorwort zur ersten Auflage."
83) 이 지나친 이질화는 성경적으로 얻은 선교사명의 의미와 목적을 민족적 조직의 시각과 연계함으로 선교학의 선교이론적인 부분을 위험하게 한다(비교: J. C. Hoekendijk, 1967, 92-97과 P. Beyerhaus, 1956, 79f). 이로 인해 신약적인 교회의 영적이고 종말론적인 특징이 충분하게 참작되지 않는다. 이것은 후에 시종 구속사적으로 사고하는 독일 복음주의 선교학자 하르텐슈타인(K. Hartenstein)과 프라이타크(W. Freytag)에 의해 더 명백해진다.
84) G. Warneck, ML, Bd. 1, 22. 다음에 나오는 본문의 괄호 속에 있는 숫자는 같은 책의 페이지를 표기한 것이다.

를 하지 않았다. 오히려 그가 권고하는 7장에서 '기독교 선교의 기초는' 에베소서에서 발전한 하나님의 은혜사상(엡 1:9f; 2:11ff; 3:4ff)과 만난다. 바울에 의하면 그리스도 안에서 하나님이 계획한 모든 민족들을 포함하는 구원의 목표가 발생한다. 사도들에게, 특히 바울에게 중심적인 관점은 선교에 대한 신학적 이해라고 보인다. "이는 복음전파를 통해서 그리스도 안에서 구원이 예비된 것과 이방인들이 하나님의 가족이 되는 길을 마련하는 것은 같은 하나님의 의도다." "복음과 선교가 하나에서 뿌리까지 충분한 유기체로 결합되어 있다"(61)는 통찰력은 오직 하나님의 감동으로 바울에게 임한 것이다. 그럼에도 불구하고 여기서는 하나님의 아주 새로운 사건을 충분히 알 수 있도록 하지는 못했다. 오히려 그는 예수께서 그의 중심내용으로 보호하셨던 예수 자신의 숨겨진 메시야적 파송의식의 비밀에서 하나님의 의도를 통찰하였다. 구약 전체의 계시역사는 구원을 위한 그의 파송을 점점 명백하게 계시하였다. 왜냐하면 그것은 결국 하나님 아버지 안에 있는 전역사적(präexistent)이고 선재적인 의도에 의한 것이기 때문이다. 즉 하나님의 구원계획 안에서 '선교의 신비의 연속성'이 결정되었다. 이 선교의 신비는 구약 전서를 통해서 선지자들의 진술들과 사도 예수 그리스도와 바울을 통해서 완전하게 선포되었다. 이 연속성에 관한 개체적인 입증은 바르넥이 그의 선교학에서 의도한 성경신학적인 직무에 의해 이루어진다.

이로써 그의 고유한 성경이해는 벵엘(Bengel)과 후기 슈베비쉬 학자들(Schwaben-Väter)의 의미와 같이 철저히 구원사적이다. 이 선교사상은 그 원래적 의미로 구약기자들 자신에게는 숨겨진 사실임에도 불구하고 완전하게 성취된 성경의 증언으로서 문서를 연구하는 것이다. 언급한 바울적 인식의 의미로 "영적 각성"(Erleuchtung)이란 새 계시내용의 직접 전달과 같은 것이 아니다. 오히려 지금까지 숨겨져 있던 것이며 그것은 선지자들의 약속에서 아주 일찍이 신비하게 암시된 성경의 원래적인 깊은 뜻을 성령의 역사를 통해 성경의 더 깊은 의미를 발견하는 것이다.

이러한 의미를 처음부터 의식하였던 것은 부활 후에 그의 제자들에게 성경을 이런 의미에서 읽도록 지시하신 분이 예수님 자신이라는 것이다. 그는 그 자신이 이 세상에 사는 동안 그 자신의 능력으로 행하지 않았다. 오히려 그의 말씀들과 행적들은 아버지의 뜻에 의해서 이루어졌다. 사실로 그의 뜻을 이루는 바를 증거하기 위해서 예수께서 성경에 인용하였다. 바르넥은 이를 위하여 특별히 요한의 진술을 인용하였다(요 3:14; 5:37, 39<65>).

> "예수님의 모든 가르침과 모든 생애는 해석뿐만 아니라 구약적 하나님의 계시관까지 모두 성경 성취의 법 아래 있다. […] 성경계시는 예수와 연관 된다. 그는 아버지의 말씀, 아버지의 비밀을 지금 풀어야 한다. 그가 온전히 알려야 하는 때가 왔을 때 그는 선지자들의 시대에서부터 사실적으로 수행해야 하는 것이다."(상동)

바르넥은 부활하신 그리스도가 "기록되었으니"라고 누가복음 24:46 이하와 같이 제자들에게 그의 선교사명을 지시하신 것을 의미 있게 숙고하였다. 그것은 그리스도께서 이 분부에서 성경의 권위와 하나님의 뜻 자체를 입증하였다. 선교에 대한 이해와 그 수행을 위해 기록된 성경의 계시적 증거의 포괄적 의미는 긴급하게 행동을 결정해야 하는 것은 아니다. 부활하신 분의 목격자들 자신은 그들의 파송에 대한 이해로 사로잡혀 있었고, 그들 개인의 선교적 의무를 위해서 그들의 경험으로는 어떤 직접적인 출입구도 없었다. 그들은 오히려 성경을 중재함으로 그것을 획득하였다. 오직 그렇게 함으로 모든 장래에까지 지속적이고 생산력 있는 교회 파송의 근거가 될 수 있었던 것이다. 선교는 아주 엄청난 사명으로 선교의 합법성을 오직 하나님 자신 안에서만 발견할 수 있다고 우리는 바르넥을 해석할 수 있다. 이러한 하나님의 선교(Missio Dei)의 파송 근거는 짐작컨대, 1952년 빌링엔(Willingen)에서 열린 제5차 선교대회의 선교에 대한 새로운 이해가 이미 바르넥에 의해서 내용적으로 충분하게 다루어졌다는 사실이다! 바르넥은 이 후에 현대사에서 하나님의 현재에 대해서 해석학적으로 발전한 오늘날의 Missio Dei에 대해서는 전혀 '예언적으로' 감지하지 못했다. 오히려 그는 이미 예수님의 파송의 권위와 그의 제자들의 권위를 성경에서 입증하였다. 바르넥은 이 지식과 함께 아르키메데스적인 요점을 그의 모든 계획을 위해 발견하였다.

> 우리는 이 [...] 업무들로 선교학의 본래적인 기초를 얻었다. 이는 선교의 근거가 하나님께 있다는 이 확신에서 선교에 대한 모든 주체적인 순종만이 아니라 모든 객관적인 선교 존속에 대한 근거를 둔다(66).

바르넥은 먼저 귀납적으로 그리스도 안에 있는 하나님의 구원계획에 대해 사도적인 증거로부터 구약의 예언서들 안에 선포된 보편적 구원의 중재자로써 예수님의 파송을 이해한다. 그는 다음 장에서 이와 반대로 연역적으로 이 견해로부터 하나의 새로운 빛을 성경적인 증거로 광범위하게 보여준다. 구원사적인 비밀이 한번 열리면 신구약성경은 구원을 위한 보편적인 관점에 대해 깊이 관통한다. 이 보편적 관점은 모든 성경이 선교의 근거를 위한 유일한 신학서적이며 그것을 형성하는 교과서라는 것이다. "기록된 세계선교는 JHWH(하나님)의 목표로 이해된다. 그것은 그가 태초부터 힘을 기울였고 이미 구약의 계시사적 발전에서 설계도가 나타났다." 에리히 쇼이러(Erich Scheurer)[85]의 이 문장은 구스타브 바르넥의 구원사적 – 선교학적 성경 이해에 대한 올바른 결론이다. 쇼이러는 이로써 파브리(F. Fabri)와 아우베르렌(C. A. Auberlen)이 1859 – 1962년에 구약의 선교관에 대해서 쓴 두 개의 논문을 종합하였다. 이 것은 바르넥이 얼마나 분명하게 그의 선교학적 해석학을 구원사적 전통과 또 초기 경건주의까지 연계하였는지를 보여주고 있다.

3) 바르넥 성경관의 특징

실제로 바르넥의 성경관에서 진행된 중심내용을 입증하는 일은 이미 뱅엘

---

85) E. Scheurer, 1993, 24.

에서와 같이 그리 어렵지 않다. 뱅엘처럼 바르넥도 성경전서를 총체적인 시각에서 유일한 출발점인 하나님의 구원계획에서 보았다. 동시에 그것을 해석학적 열쇠로 삼았다. 이 기본사상은 모든 성경을 그들의 복합적 형상에도 불구하고 그들의 통일성과 그것으로 인한 성경적 증거의 일치성을 확인하였다. 바르넥은 이에 관하여 '신구약 언약들 사이에 나타난 하나님의 보편적 구원계획의 연속성'에 관하여 말하고, 계시사에서 하나의 '교육적인 지혜'로 통치하심을 보았다(145). 여기서 '일치성'이란 가르친 내용의 평면적인 동일성을 말하는 것은 아니다. 그것은 오히려 하나님의 교육에 의해 계속 진행되는 계시에서 나타난다. 그것은 성경 자체에서 이끌어 낸 바르넥이 좋아하는 사상이다. 그는 갈라디아서 3:24을 통해 전 구약성경적 이스라엘 역사가(루터의 '율법과 복음'의 변증적 의미로만이 아니라) 필연적으로 기독교인을 위한 교육이라고 올바로 해석하였다(비교:139). 이 교육사적 의미는 가시적이 아니고 숨겨져 있다. 이를 알기 위해서는 성령의 조명이 필요하다. 바울처럼 기독교인은 오직 믿음으로 그 중심에 그리스도를 증거하고 있는 올바른 성경 이해를 위한 문을 발견한다. 그리스도 자신이 우리에게 성경을 열어 주어야 한다. "사도적인 선교관은 그리스도의 선교관과 다르지 않다"(64). 신구약성경은 내용적으로 구속사적 기독론적－구원론적 선상에 연결되어 있다. 여기에 바르넥은 예수님은 구약 예언의 완성자이며 동시에 선교적 예언의 성취자임에 특별히 무게를 두고 있다. 여기에 그의 의한 구속사적 해석사의 진보가 보여진다(비교43).

　이것으로 바르넥은 동시에－그의 이전과 동시대적으로 논증한 파브리와 아우베르렌도 같은 노선이다－왜 우리는 구약에서 아직 (경계선을 넘는 이방인) 선교가 없는가라는－지시든 또는 실제든 간에－신학적 수수께끼에 대한 답을 발견하였다. 그와는 거리를 두고, 이 수수께끼를 종교사적 발전의 의미에서 대답하며 바르넥은 구약적 계시의 단계[…]를 "신약의 세계선교 시행을 위한 준비단계로"(145) 보류된 것으로 이해했다. 여기서 우리는 구원사적 해석이 내용적으로 선지자들의 예언들과 이스라엘의 역사적인 인도하심을 통해서 구약이 이루어진 것에 관한 아주 고유한 "단계" 개념과 부딪치게 된다.

최종적 특징으로 구스타프 바르넥의 구원사적 성경이해는 성경의 전승들과 기록들의 신빙성을 강조하고 있음을 알 수 있다. 그 신빙성은 역사적으로 시행된 하나님의 계시의 권위와 그의 진실성과 그의 역사적 신빙성을 말한다.[86]

바르넥은 이미 성경적 문서비판의 결과와 항목에 충돌하였다. 그는 그에게 그럴듯해 보이는 가설에 대해서 근본적으로 차단한 것은 아니다. 그는 이미 예를 들어서 조상들의 이야기를 시내전승(Sinai-Tradition)보다 편집사적으로 후기 것으로 받아들였다. 그럼에도 불구하고 그에게는 그들의 진술이 선교신학적인 의미에서 전혀 신용할 수가 없었다. 그에게 창세기 1:12-13과 18:18에 기록된 아브라함의 언약은 선교신학적인 의미로 극히 중요했다. 좌우지간 그는 성경의 역사학적 형태를 근본적으로 적법하게 보는 구약적 종교사의 진화적 갱신에 대해 관심을 가졌다. "여호와는 태초부터 하늘과 땅의 하나님이며, 아브라함의 축복은 처음부터 온 인류를 위해 규정된 것이다. 선지자들은 옛 계시관을 오직 받아들이고 또 전달한다"(134f).

여기에서 권위적 전통을 취급하는 바르넥은 문학 비평적인 논평으로 증명하지 않고, 오히려 성경의 내적 확증으로 맞선다. "바울이 로마서에서와 갈라디아서처럼 모세 이전 아브라함 언약에서 구원의 보편성을 위해 그의 구약 문서를 증명하려고 모든 힘을 기울였다면" 그 본래적인 것이 보존되었을 것이다. 이는 "사도들이 증명한 아브라함의 축복의 의미가 과거를 위해서 또는 선교준비에 있어서 중요하기 때문이다"(138). 그와 대립하는 경우는 특히 구원사적으로 중요한 진술에서 성경적-사도적 권위가 문서 비평적인 회의보다 더 무게를 가지고 있는 경우이다. 바르넥에게는 특별히 선교의 성경신학적 근거를 위한 본문들이 결정적으로 중요하다. 무엇보다도 마태복음의 선

---

86) "우리에게 십자가에 못 박힌 예수님의 부활은 객관적인 역사적 사실이고 무덤에서 부활하신 분이 제자들에게 나타난 것은 주관적인 환상이 아니었음으로, 우리에게 부활하신 분의 말씀도 특히 파송지시도 실제로 예수님의 말씀이다"(183f).

교명령(비교: 186ff)과 마태복음 24:14, 마가복음 13:10(비교: 168)의 종말론의 구전(Logion)을 위한 선교의 성경신학적 근거가 되는 본문들이 결정적으로 중요하다. 그 외에 예수님의 메시아의 비밀에 대한(비교: 147) 성경의 권위와 모든 종말론적 시각과 그로부터 부활 이후 교회의 선교는 처음으로 신학적이고 연대학적으로 가능해졌다. "그것이 고대학파의 성경에 대한 믿음이고 그것이 이러한 선교학의 기초였다." 곧 예언적으로 후기 신학적 전개를 예견하면서 그는 "이 신앙에서 그 권위를 빼앗으면 선교는 공중에 뜨게 된다"고 하였다(S.Ⅶ).

바르넥은 선교역사와 신학역사가 세계선교를 위해 강요된 논증을 감수하는 이유는 선교역사와 신학역사의 측면에서 성경적 절충주의나 종교사적 진화론이나 식민지 시대의 기회주의적 종합으로 제공하려는 것이 아니다(후자는 당시 절대적으로 정확하게 보였다. 그러나 바르넥은 이것을 말과 행동으로 힘을 다해 거부하였다). 할레의 선교학자는 기독교의 파송을 진술하고, 오직 성경으로만의 종교개혁의 실질적 원리와 형식적 원리를 새롭게 옹호하였다. 왜냐하면 개신교적 신앙을 고백하는 복음적인 선교들은 그 안에서 그들의 공통적인 신앙적 근거와 선교방법을 위한 기본 지침들을 발견하기 때문이다.[87] 성경해석을 위해서 그는 동시에 구원사적 해석방법을 전승하였다. 선교의 성경적인 이유를 위해서 그가 철저히 사용하던 구원사적인 해석은 새로운 성경해석사에서 없어서는 안 될 바르넥의 공헌이다.

마틴 캘러(Martin Kähler)는 그의 친구 구스타프 바르넥을 고인의 양력에서 올바로 '통전적 성경의 선교선구자'로 칭하였다.[88] 그의 아들 요한네스 바르넥(Johannes Warneck)은 이 판단을 25년 후에 그동안 아주 달라진 상황에서 "구

---

87) "실질적 원리(Materialprinzip)와 같이 개신교 선교는 자명하게도 종교개혁의 형식적 원리(Formalprinzip)에 뿌리를 두고 있다. 하나님의 말씀이 기독교인의 신앙과 기독교인의 삶의 유일한 표준임으로 모든 종교개혁적인 고백을 하는 개신교 선교는 설교가와 성경번역가와 교사와 학교설립자에게 필연적으로 따른다"(29).
88) M. Kähler, 1911, 124.

스타프 바르넥의 100회 생일"이라는 한 추모논문에서 다시금 받아들였다.[89] 개신교 선교신학을 위해서 바르넥의 성경적-구원사적 해석의 수단과 업적은 거의 모방할 수 없다.

4) 공개질문

지금까지도 계속 파송에 대한 성경신학적 기초가 캘러와 함께 선교역사에서 크게 존경받는 구스타프 바르넥의 선교학에서 발견된다고 생각하지 않을 수 있다. 선교에 관한 오늘날 필요한 새로운 의식이 간단히 그의 입장으로 돌아간다는 것은 아닐 수 있다. 바르넥 자신은 그의 책을 '선교학적 시도' (Missionsthologischen Versuch)라고 칭했다. 그는 신학적-학술적 난제에 관해 충분히 인식했었다. 그래도 그는 오늘날의 초능력적이고 모든 해체주의적 비판에 직면하여 그의 선교학을 썼다.[90] 훌륭한 것은 그가 비록 거리낌 없이 '오래된 성경신앙'을 고백하지만, 이 도전에 눈을 감은 것은 아니고 필요한 곳에는 항상 명백한 토론자를 만나기 위해 노력하였다. 이것은 대개 그의 구원사적 총론과 상응한다. 그러나 또한 부활하신 분의 지시와 상응하는 초대교회의 선교를 준비해야 하는 조건들에 대한 그의 내적 해석에도 해당된다. 바르넥은 해석학적 논쟁을 추구하지 않았다. 그러나 그것을 피하지도 않았다. 그러면서 그는 그의 신학교수들[91]과 친구들의 문서 비평의 현대 종교사적 성경비판에 대해 철저히 회의적이었다. 예를 들면 그는 율리우스 빌하우젠(Julius Wellhausen)에 의한 구약 역사상의 혁명적인 재구성에 반박하였는데, 그것은 극단적으로 임의적 가설들과 관련되고 본문의 의미를 파괴하여 왜곡시키기

---

89) J. Warneck, 1934, 126.
90) G. Warneck, ML, Bd. 1. VIII.
91) 바르넥에서 알려진 성경적으로 보수적인 사람들은 누구보다도 그의 스승 아우구스투 톨룩(August Tholuck)과 그의 친구들인 베를린의 구약학자 E. W. Hengstenberg를 들 수 있다. 이 두 사람은 "다른 단호한 널리 퍼진 역사비평적 해석에 반대하여 성경문서들의 역사적 순수성과 신빙성을 위해서 논쟁하였다"고 Scheurer는 (1993, 59) H.-J. Kraus의 부름으로 1982, 80ff.와 P. Stuhlmacher, 1979, 115ff.에서 주장한다.

때문이었다.[92] 이것은 요한네스 바이스(Johannes Weiß)의 방법에도 동일하게 적용된다. 예수님의 구전들(Logion)이 그가 재구성한 신약 역사적 시각에는 맞지 않지만 사건에서 예언을 만들어내는 것이다(*vaticina ex eventu*).

"이런 류는 모든 예수님의 예언이 사실이 아니라고 가볍게 설명한다"(167).

비판적인 신학은 세계선교의 성경적 근거를 설명하는 과업을 완전히 거부한다. 그들의 가설들은 하나의 부자연스러운 책상 연구가들의 역사에 의해 고안되기 때문이다. 그것은 이방인 선교의 근거와 그 발전단계의 근원의 대 비밀을 파기하여 오히려 모호하게 하기 때문이다. 모든 것을 자연스럽게 설명하는 유일한 해결책은 그것이 부활하신 분의 권위에 근거가 되었고 그분의 인도로 한 걸음씩 나아가 파송명령을 수행하는 것이다"(188).

바르넥 시대의 역사적–비평적 신학과의 논쟁에서 흥미로운 것은 무엇보다도 그의 고유한 성경적–구원사적으로 발전한 선교신학적 입장의 중심 기둥을 변호하는 일이었다. 예를 들면 제2이사야를 동일한 사람이라고 보는 바와 같이 역사적–비평적 결과가 근본적인 영향을 미치지 못한 것으로 보이는 곳에 그는–파브리나 아우·베르렌과는 달리–열려 있고[93] 그의 제자들에게도 그랬다.[94]

더 근본적인 항변을 일으키는 것이 있다. 근본적으로 이 논쟁이 훨씬 더 근본주의 신학적으로 이끌려졌어야 할 것인데, 바르넥의 방법론적 비평은 그가 알기도 전에 하나의 제한적인 변증적 관심에서 일어난 진술이 아니었던가? 마침내 교회의 선교사역과 기독교 신앙에 동요가 일어난 이치는 당시의 비평신학과 자유주의와 종교사학파적 기초로 인한 것이 아니었던가? 우리는 바르넥이 신학적 규범이나 역사비평적 성경연구의 위험에 대한 반영한 것을 아무 곳에서도 발견할 수 없다. 그러므로 그에 의해 만들어진 특허물과 그의

---

92) 바르넥은 현대 구약문서비평 및 역사비평학이 "본문을 잘게 부수는 일"과 역사를 재건하는 것은 그 가설적 특징으로 인하여 신용할 수 없는 이유가 된다고 과감하게 주장하였다" ML, Bd. 1, 134.
93) E. Scheurer, 1993, 45.
94) 예: G. Weismann, 1917, 292ff.

"여기까지 그리고 더 이상은 아닌 것"과 제멋대로가 아닌 것과의 사이에 경계선이 보이는가? 그래서 그 경계선이 선교신학적 차후 세대로 부터와 많은 그의 제자들로부터 아주 다르게 규정될 수 있었는가? 기초가 붕괴되는 위협에 직면하여 측면공격은 충분히 보호되었는가?

하나의 열린 질문이 바르넥의선교신학적 견해에 부닥쳐 온 것은 그들에 의하여-거의 반영되지 않은-그의 성경적 근거를 이질적인 요소와 연결한 것이었다. 이 입장의 약점을 위에서 잠깐 암시한 바와 같이, 지금까지의 바르넥 비판은 뒤르(H. Dürr), 호켄다익(J. C. Hockendijk), 쉐러(H. Schäres)와 같은 선교학자들이 받아들였다. 여기서 취급된 것은 무엇보다도 교회설립 과제에 있어 19세기 서민적 낭만주의로부터 유기적, 조직적(organologisch) 요소를 받아들인 것이다. 여기에서 바르넥에 의하면 경험은 경우에 따라 성경해석원리가 되는 비이성적인 요소가 된다. 그것이 아니라면 부가적인 신학적 인식의 원천으로써 접근하게 된다. 그러나 필자는 바르넥이 선교의 성경적-신학적 근거를 그렇게 깊이 독일 인적 조직적 요소(volksorganische Elemente)에 의해 시행함으로써, 그것이 그와 반대입장에 선 칼 하르텐슈타인에 의해 주장된 배타적 선교의 성경적 기초를 사람들이 후에 "코페르니쿠스적인 혁명"(Kopernikanische Umwälzung)이라고 묘사한 것은 타당하지 않다고 본다.[95] 그러나 사회비평적 해석학이 우리의 주의를 끌어 당시의 "배타적 성경적 기초"라는 숙어로 신학적인 구상을 수여할 수 있는가에 대해 알기 위해서는 우리가 각 신학자들의 문화적 관련성에 관해서 질문해야 한다.

G. 바르넥의 이러한 문화-철학적 조건은 필자가 볼 때 다른 것과 관련이 있어 보인다. 필자는 그것을 그의 선교신학연구에서 주목하였다-그리고 그것은 조직신학적 윤리적인 이유에서 만이 아니라 곧 바로 성경적인 부분이다. '사고'(Gedanke)라는 개념이 얼마나 자주 선교동기와 연관 되어 있는지에 나타난다. 이 '사고하다'에는 바울의 구원론적-교회론적 신학만 묘사된 것

---

[95] So G. Schwarz, 1980, 132.

이 아니라, 복음 안에서와 특별히 후기 선지자들에 의한 '놀라운 보편적인 사고'가 있다(143). 예수님 역시 동일하게 "처음부터 […] 그의 말씀은 선교관과 섞여 있었다. 이러한 생각으로부터 그가 실천에 옮기기 전에 그의 제자들을 "그의 보편적 구원"에 관한 거대한 생각에 익숙하게 하였다(146). 바르넥은 그가 선교론에 공헌을 한 제11장에 "예수님의 말씀"에서 새롭게 그에게 근본적인 '뿌리'인 구원의 보편성에 대한 사상을 입증하였다(157) - 이제는 명백하게 입증하며 바르넥은 여기서 당시의 신학적 언어 진술을 따르고, '사고개념'을 철저하게 초월적인 면에서 사용하였고, 하나님의 계시와 관련시켰다. 그럼에도 불구하고 이 구원사에서 강조된 교육적 특성에는 위험이 잠재하고 있다. 그것은 계시사가 대 사상적 진화와 같은 것으로 그리고 세계선교는 그것을 실현하는 것으로 인식되는 것이다.[96]

바르넥은 여기서 그의 구원사적 해석학에 대해 세계사의 본질이 결국 사상사라고 하는 있을 수 있는 이성주의적 해석에 대항하여 충분히 입장을 확립해 놓았는가? 우리는 그에게 부당하게 해서는 안 된다. 그는 구원사의 사실적인 특징에 설득되어 있음을 강조하고 그러므로 그는 대 구원사건들, 특히 예수님의 부활을 역사적인 것으로 보았다. 이미 복음서들 안에 있는 나머지 기적들에 대한 기록은 바르넥에게 배후문제였다. 또한 눈에 띄는 것은 복음서들과 바울서신들에 있는 마귀적인 요소들도 거의 주목하지 않았다. 나머지 타 종교들에 대한 이해를 위해서는 주저하는 결론을 내었다. 그것들은 그에게 사실로 존재하는 영적 권세가 아니라(고전10:20), 시간이 지나면서 하나님을 잃은 사람의 의식에서 그리고 자신을 신으로 생각한 사람들이 만든 '죽은 우상들'로서 인간의 발명품이다.[97]

바르넥은 구원사를 계시사보다는 덜 중요한 사건사로 이해하였다. 그는 구

---

96) "이 보편적으로 영적인 의도(요 4:23 영으로 하나님을 경배하는 것에 대해)가 지배적이 되어 선교사상은 이론적일 뿐만 아니라, 제한적이고 모호하게 되었다[…]." G. Warneck, ML, Bd.1. 145.
97) G. Warneck, 1911, 26.

원사 개념을 근본적으로 19세기 계시사 신학 내부에 있는 이성주의를 변환한 의미로 받아들여서 해석하였다는 것을 암시한다.[98]

여기서 사실로 질문해야 할 것은 그로 인해 구원사적 성경이해가 확실히 보편적이며 유일회적 역사라는 새로운 개념의 구원사로 받아들이는 것에 대한 그들의 거부를 약화시키는 철학적인 변질을 가져오는 위협을 받지는 않았는지에 관해서다. 한스 뒤르(Hans Dürr)로부터 비판받은 계발사상의 강조와 교육적 시각은[99] 올바른 것으로 입증되었다. 두 개념은 그러므로 핸드릭 크래머(Handrick Kraemer)에 의해 묘사된 "성경적 사실주의"(biblischer Realismus)[100]와 칼 하임(Karl Heim)에 의해 제시된 구원사의 보편적이고 극적인 특징에 의한 보충이 필요하다.[101] 위 두 가지는 바르넥에 의해 너무 약하게 전해진 성경적 종말론 위에 새로운 의식으로 입증되어야 할 것이다.

위에 언급한 열린 질문들을 통해서 바르넥의 선교학인 구원사적 해석학의 계속성이 중요한 과업으로 놓여졌다.

4. 바르넥 학파의 성경관

구스타프 바르넥이 한 평생 연구한 선교신학적업적은 세 가지로 영구한 영향을 주었다. 첫째로는 그의 무수한 선교신학적 저서들을 통해서이다. 그 중 몇 개는 최고의 고전문서로 평가 되었다. 둘째는 목사들과 학생들 사이에 선교에 대한 생동하는 흥미와 자극으로 수십 년 동안 규칙적인 대학생 회의가 소집된 것이다. 셋째는 모든 학생들의 세대에서 대학교수들, 기독교 대학들과 선교 세미나들에서 나타난 유산을 성실하게 이행하고 더 발전시키려고 노

---

98) 비교: G. Weth, 1931.
99) J. Dürr, 1947, 52.
100) H. Kraemer, 1940, 67, 77, 115 등 자주 나옴.
101) K. Heim, 1952, 147-184, 121-198.

력하는 영적인 특징이다. 무엇보다도 재능과 보편성과 에너지에 있어서 아무도 그에게 미칠 수 없었다는 것이고, 오랫 동안 선교신학교수직에 있던 두 분, 베를린의 율리우스 리히터(Julius Richter)나 튀빙겐의 마틴 슐룽크(Martin Schlunk)도 마찬가지였다.

1) 율리우스 리히터(1862-1940)

리히터는 구스타브 바르넥의 연구를 해석하였으나 그의 선교 해석학적 조직신학적 근거에는 도달하지 못하였다.[102] 그의 주요 관심사는 본래 독일과 해외의 선교역사였고, 그는 몇 권의 기념비적인 서적들을 헌납하였다. 리히터는 그의 스승의 구원사적 원리를 성경신학적으로 그러나 이를 역사비평적 해석방법적 측면으로 나누어 묶었다.[103] 그러면서 그는 특히 종교사학파의 진화론적 사상을 조화롭게 받아들였다. 리히터의 신인식은 구약적 구원계획을 통해 이루어졌고, 이에 유목민 히브리인들의 부족신을 거룩하고 세상을 초월한 신으로 증거 하였다.[104] 선교의 성경적 근거를 위한 리히터의 가장 중요한 작품은 "선교적 순회서신으로서의 바울서신들"이다.[105]

2) 마르틴 슐룽크(1874-1958)

슐룽크는 구스타프 바르넥의 마지막 제자로서 지도자적인 선교직무에 있었다.[106] 그는 본질적으로 리히터보다 더 강력하게 성경신학적 질문에 관심을 가지고 있었다. 그는 튀빙겐대학교의 선교신학적 수업들 외에 수십 년간 성경신학반을 지도하였고, 두 권의 자주 사용하던 노트를 공개하

---

102) G. Brennecke, 1961, Sp. 1054; M. Schlunk(1940, 158)는 율리우스 리히터의 사망기사에 "그는 그의 선교학에 선교의 성경적 기초를 거의 빈약하게 취급하였다"고 슬퍼하였다.
103) E. Scheurer, 1993, 102.
104) J. Richter, 1927, Bd. 2, 7.
105) J. Richter, 1929.
106) W. Freytag, 1958, 48.

였다.[107] 그것들을 통해서 그는 청취자와 독자들에게 성경의 요지를 전체적인 맥락에서 통찰하도록 중개하였다. 슐룽크는 학문적인 겸손으로 신구약성경을 해석학적 접근이나 역사비평적 방법으로 토론하지 않았다. 오히려 그는 일부 선교소식에 대한 작업들과 일부 대중적 문서들을 대중이 선교에 대한 흥미를 가지도록 자극하려는 글을 썼다. 슐룽크가 성경적 근거에 흥미를 가졌던 것은 – 조용히 역사 비평 신학에 거리를 두고 – "선교사상이 목적이 아니라" 오히려 성경신학적인 포괄적 시각으로 본질을 이해하려 하였다.[108] 구스타프 바르넥처럼 마틴 슐룽크도 명백히 선교의 구원사적 시각을 주장하였다. 그러면서 리히터 보다는 역사-비평적 해석의 결과들을 덜 사용하였다.[109] 그가 『신통합 선교잡지』(*Neue Allgeneine Missions Zeitschrift*, NAMZ)의 편집자들 중에 하나로서 그 대표적인 기고자가 되자 그들의 시각을 아주 거부하지는 않았다.

3) 고트프리드 시몬(Gottfried Simon, 1890-1951)

바르넥 학파 중 다른 선교신학 강연자들 중에는 특별히 과거 라인 수마트라 선교사와 후기 벧엘신학교의 강사와 총책임자(1927-1930)였던 고트프리드 시몬(Gottfried Simon, 1890-1951)이 있다. 그는 구원사적 선교론의 두드러진 인물이다. 그는 이슬람교와 변증적인 논쟁을 하였다.[110] 1935년에 시몬은 『선교의 성경적 근거를 위한 기고』[111]라는 제목으로 광대한 논문을 출판하였다. 이 책은 매우 전통적인 구원사적 시각으로 쓴 것이다.

---

107) M. Schlunk, 1947.
108) M. Schlunk, 1930, 20.
109) Schlunk는 요나를 추방 이후의 작품이라고 결정적으로 평하였다. E. Scheurer, 1993, 105.
110) G. Simon, 1920.
111) G. Simon, 1935, 69-96.

4) 신통합 선교잡지의 초창기

이에 언급한 세 명의 바르넥 제자들은 1924-1939년까지 『신통합 선교잡지』의 책임 있는 편집인들이었다. 이 잡지는 1974년 구스타프 바르넥이 설립하여 그가 사망하기까지(1910) 편집하였던 AMZ를 이어받은 것이다. 그들의 관심은 제1차 세계대전으로 인한 세계사와 정신사적인 격변기에 선교신학적 관점을 조심스럽게 바르넥에 의해 세워진 선로에서 더 발전시켜, 그것을 새로운 (독일을 위해서) 탈식민주의적이고 더욱 에큐메니칼적인 상황에 결실하고자 한 것이다. 거기에는 그들의 종교개혁과 경건주의에서 각인된 신학을 국제 선교학적 대화로 이끌어 내려고 노력이 있고, 1921년도에 에딘버러의 열매로서 설립된 세계선교협의회(IMC)를 시작하였다. 이미 1918년 예루살렘에서 개최된 IMC의 첫 총회는 대표적인 독일 선교신학자들에 의해 도전적으로 받아들인 몇 개가 폭발적인 주제로 번지게 되었다고 묘사되었다. 무엇보다도 미국과 아시아의 신생교회에서 IMC로 뚫고 들어온 사회복음(Social Gospel)과 비교 종교학 형태인 자유사상은 예루살렘 대회 준비와 협의들에서 감지할 수 있다.[112] 여기서 독일 개신교 선교운동의 강연자들은 튀빙겐의 조직신학자 칼 하임(Karl Heim)과 중요한 공감을 가지게 되고 처음으로 신학적 동맹을 맺었다.[113] 그것은 구속사적인 성경이해의 입장에서 그곳에 들어온 사회-유토피아 사상과 혼합주의적 추세를 반대하는 것이었다. NAMZ(1924-1939)는 가장 중요한 문서 대변지였다. 이를 통해서 이 독일 개신교 선교학의 '신학적 파수자'는 발언할 수 있었다.

이 역할을 후에 세계선교협의회에(1963년까지) 무엇보다 그들의 신학적 발언자들은 칼 하르텐슈타인(Karl Hartenstein, 1894-1952), 발터 프라이타크(Walter Freytag, 1899-1960), 칼 이멜스(Carl Ihmels, 1888-1967), 게오르그 피체돔(Georg Vicedom, 1903-1994)이었다. 같은 일이 - 다시 종교개혁적 - 구원사

---

112) C. F. Halencreutz, 1966, 168-198.
113) R. Hille, 1990.

적으로 방위된 대표자들을 통해서 독일의 대학교 신학을 강화하였다. 1948년 암스테르담(Amsterdam)과 1954년도 에반스톤(Evanston) 세계교회협의회 첫 두 총회가 개최되었다.

하나의 가장 놀라운 추세가 1928년 예루살렘에서 나타났다. 그것은 구약을 보편적 교회의 가르침과 설교를 위한 표준적 근거에서 평가절하 한 것이다. 현대 교회 일치운동의 설립자 나탄 소데르블롬(Nathan Söderblom, 1866-1931)에 의해서 이 주제가 기록되었다. 아시아의 기독교인들을 위해서는 브라만교와 불교가 구약을 대신한 종교적 문서(Quellschriften)라는 것이다.[114] 독일 선교학자들에게 이 주제는 그들보다 더 폭발적이었고, 곧 바로 그것은 국수적 사회주의 시대에 상황적으로 변화된 형식으로 알프레드 로젠베르크(Alfred Rosenberg, 1893-1946)와 극단적 '독일 크리스천'에 의해 독일 신화로 적용되었다. 여기서 그것은 다시 구약을 성경적 계시의 기초적 요소로 인정하는 구원사적 총체적 시각을 갖게 되었다. 그래서 고트프리드 시몬, 칼 하르텐슈타인, 에밀 브루너 같은 신학자들은 구약을 기독교회와 선교에 영구히 중요한 책으로 방어할 수 있었다.[115]

5) 바르넥을 넘어서

이 위에서 언급한 현대주의가 선교신학을 위협하는 바를 예리하게 주목하고 NAMZ의 편집자들은 분명하게 선교의 근거를 동시대 학자들이 역사-비평을 통해서 인지한 해석학으로 성경을 고찰하는 비슷한 위험에 처한 일이 없었다. 확실히 그들은 비록 역사비평적 방법을 통해서 선교에 대한 전통적 신학적 근거가 원칙적으로 의문시 될지라도, 근본주의 신학적 문서들 안에서 역사비평적 방법들의 전제들과 결과들을 가지고 논할 이유는 없다고 보았다. 오히려 그들은 구스타프 바르넥의 실제를 근본적으로 넘어서서 개체적으

---

114) "Diese Heiligen Schriften sind das Alte Testament der Heiden": A. Lehmann, 1960, 180에서 인용.
115) G. Simon, 1935, 40ff; K. Hartenstein, 1934a, 68-81; E. Brunner, 1937.

로 그에게 필요하게 보이는 역사비평적으로 연구하는 해석학자들의 공헌에 대해 조심스럽게 개방하고, 동시에 그들 방법의 결정적인 결함들은 비판하였다. 편집자들은 NAMZ에서 때때로 문학적-종교사학적으로 추측한 성경적인 역사상에 관하여 논쟁하는 전제들에 대해서 개방적이었다. 예를 들면 가설들에 의해 대담하게 설명한 에른스트 셀린(Ernst Sellin)[116] 같은 경우이다. 이 구원사적인 총체적 시간관에 이러한 원고들을 삽입하는 일은 종종 일어났다. 예수 그리스도에 관한 복음이 온 세계에 전파되어야 하는 하나님의 뜻을 분명하게 깨닫는 것은 성경 역사의 마지막 때에 명백해진다.[117]

그들의 이 실용적 자세의 타협적 성격으로 대부분의 독일 개신교 선교학자들이 당대와 다가오는 시대를 의식하지 못하게 됐다. 선교와 선교학은 본래 계속적으로 교회와 대학교의 신학 곁에 독자적으로 서 있었기 때문에 그것은 그 내부에 숨겨 있었다. 만일 누가 그들의 영적인 기초에 대해 깊이 질문한다면 그 자체에 접근하지 못하게 했을 것이다. 어느 경우든 그들은 학술적인 신학의 결과들이 얼마나 필요한 것인지 아니면 그것들을 무시할 것인지에 관해서 스스로 규정할 수 있었을 것이다.

6) 고트힐프 바이스만(Gotthilf Weismann)

이 시대의 선교신학적 문헌들 열람에 의하면 에리히 쇼이러(Erich Scheurer)[118]는 두드러지게 예외적으로 이 막연한 자세에 대해서 계속되는 개신교 선교학의 총체적 발전에서 인지할 수 있는 결과는 아무것도 없었다고 충격을 가하였다. 1922년 뷔르템베르크(Württemberg)의 목사 고트힐프 바이스만(Gotthilf Weismann, 1912년부터 1930년까지 바셀의 선교관에서 신학교수 역임1937

---

116) E. Sellin, 1935, 33-45, 66-72.
117) 에리히 쇼이러(1993.121)는 NAMZ에 역사비평적 해석자들의 기고를 받아들인 것을 지적하며 역사비평적 해석학이 구원사적 선교신학을 대화할 수 있었던 결과로 그들은 대등한 관계였고 그래서 함께 선교의 기초를 위해 원조하게 되었다고 하였다.
118) *Ebd.*, 1993, 43-46.

년 사망)이 강연하였다. 그 때의 테마는 "'강한 학문적 신학'의 학술성과 긍정적 신학의 학술성"이었다. 바이스만의 청중은 기독교 보수주의 모임이었고 그때 교수 자리를 힘으로 끌어들이려 했기 때문에 그들에게 그는 신학적 방향에 관한 논쟁에 분명한 변증적인 도움을 주려고 하였다. 그 필사본은 개신교 교수 단체의 조직에서 "교수전령"(Der Lehrerbote)[119]으로 출판되었다. 이 강연은 곧 출판되었고–그렇기 때문에 그는 우리에게 의미가 있다–스투트가르트(Stuttgart)의 개신교 선교출판사에서 별쇄로 인쇄되었다.[120] 그는 비록 당시의 선교학적 문서에는 관계하지 않았지만 선교단체에 널리 알려졌다. 그럼에도 불구하고 이 논문은 우리의 주제에 아주 흥미롭다. 이는 그가 유일하게 (필자에게 알려진) 본보기가 되는 선교신학자(한층 더한 의미로)로서 신학지식의 근거를 가지고 원리적인 논쟁을 제시하였기 때문이다.

그 출판물에는 본래적인 강연 스타일이 보유되어 있다. 바이스만(Weismann) 논쟁자에 대한 문서적 지적은 없다. 그는 그의 신학적 보증인들에 관해서 책들 끝에 칼 이멜즈(Carl Ihmels, 조직신학의 중심문제)와 아돌프 슐라더(Adolf Schlatter, 그리스도의 역사)와 프리드리히 쾨니히(Friedrich König, 신국의 역사)를 참조하였다(16). 그들은 그를 위한 "긍정적 신학"의 대표자들이다. 그는 그 시대의 비판적(자유주의적) 신학에 대항하여 그들의 관심사의 정당성을 획득하길 원하였다.

바이스만은 신학의 학술성 내지 종교적 지식의 입증에 관한 질문을 연구했다. 기독교 신앙을 뒷받침하는 성경계시문서의 신빙성이 그와 연관된다. 그는 이 신빙성을 "엄격한 학술성"(Strenger Wissenschaftichkeit)이라는 이름을 통해서 행한 비판이 가장 큰 문제였다고 보았다. 그것은 그에게 온 세상에 믿음을 전파하는 측면에서 큰 위험으로 보였다. 그 위험은 독일 학문, 즉 비판적 부정적 독일 학문이 극동의 땅과 인도와 중국과 일본에서 최고로 중시되고 있다는 점이다. 운명적으로 역사비평적 방법의 사용은 페르디난드 크리스챤

---

119) Der Lehrbote, 52, (1922), 49–55.
120) 앞의 문서와 다음의 문서에 나오는 페이지 수는 이 별쇄본의 것이다.

바우르(Ferdinand Christian Baur, 그는 역사비평 신학의 대표자로 유일하게 호칭되었다)의 시대 이래 성경문서를 기독교 신앙의 기초가 되게했다. 이를 통해서 많은 성경의 역사적 보고들, 우선 누가의 사도행전과 무엇보다도 기적 이야기가 비역사성의 판정 아래로 떨어졌다. 일반적으로 '엄격한 학술적 신학'의 결과는 기독교 신앙의 가장 중요한 부분에서 '철저하게 부정된 내용'이다. 계시사의 가장 중요한 요소에 속하는 설명들이 전설로 평가되었다. 기적과 계시로 이루어진 계시역사의 과거에는 종교사적 진보와 선지자들과 종교적 천재들이 들어섰고, 인간 예수에게서 모든 기적이 배제되었다(3f).

이 부분을 바이스만은 역비판하였다. 그는 역사비평의 대표자들이 그들의 반론을 위해서 경험적 학술 증명에 과오를 범하였다고 입증하였다. 그들은 성경의 역사적 진술을 비판할 도구로 성경 외에는 틀릴 여지가 없는 역사적 근거를 가지고 있지 않았다. 앗수르학의 학자 프리드리히 델리치(Friedrich Delitzsch, 1850-1922)의 연구가 새로 발견한 바벨론 문서를 근거로 이스라엘의 모든 종교적, 윤리적 가치가 메소포타미아의 것을 상속받았다는 것을 입증하고자 하여 "왕들과 다른 권위자들을 철저히 부정한 것은 완전히 실패로 돌아간 것"으로 보인다(3). 오히려 - 경험적 학문 분야에서 그들의 유효성을 가지려는 - 특정 철학적 범주와 사고방법에 의한 비논리적인 전승논쟁은 성경본문에 상응한다. 그러나 이것은 본래 전혀 다른 종류였다. 그래서 그 관점은 그들의 여러 다른 기본 전제들 앞에서 적용할 수 없었다. 바이스만은 이를 인과관계, 발전, 역사적인 유사성, 모든 사건들의 관련성, 합리성의 범주에서 이끌어갔다. 그는 명백하게 에른스트 트뢸치(Ernst Troeltsch)의 역사적 방법의 통합적 요소에 대한 비판을 염두에 두었다(비교: 아래 5장 4b 2).

바이스만의 첫 번째 반론은 이미 언급한 인식론적인 범주가 기독교 신앙의 바른 대상을 가늠하기 위함이라는 것을 받아들일 수 없다는 논증이다. 왜냐하면 논리를 사용하는 신학자들은 그의 판단으로 하나의 성경적인 계시와는 다른 신개념을 가지고 있기 때문이다. 그들은 "초월적인 하나님이 모든 세상 사건 가운데 개입 하신다는 것을 거부하는" 신개념을 지니고 있다(4). 그들에 의하면 하나님은 역사 속에 들어오지도 않고 스스로 변하지도 않는다. 바로 이 점에서 바이스만의 성경적인 신앙과 그를 인정하는 긍정적 신학의 차이점이 나타난다. 이 긍정적인 신학은 세상 사건의 인과원리를 부정하는 것이 아니다. 그러나 그것은 살아 계신 하나님 자신이 세상 사건에 인과를 일으키는 능력이라는 것을 인정한다(상동). 그 뜻은 동시에 여기서 슈베비쉬(Schwabeh)의 경험주의적 유산이 기회를 얻게 된다. 초월적이고 뛰어난 권세의 자리에서 "다시 반복될 수 없는 역사 안의 한 장소에"(6) 인간을 구원하려고 자기를 계시한 것이 성경적인 하나님의 뜻이다. "그러므로 이 구원사의 개념을 비교하여 본질적으로 같은 역사들 속에 소개하는 일은 불가능하다." 이것을 발견하기 위해서는 이미 언급한 역사비평이 가장 결정적이다. 개신교 선교신학을 위해 구원사가 가장 중심이 되기에는 역시 인식론이 작용하게 된다. 그것은 "긍정적 신학"을 부정하게 하는데, 그들의 사실개념과 그것으로 인한 그들의 성경이해가 역사적 내재성에 관한 철학적 가정을 불러일으킨다.

두 번째로 바이스만이 그의 계시신앙적 입장에서 논쟁하면서 결정적인 반론은 인간의 이성과 지성은 본래적으로 지각 기관이고, 그것은 신학적 인식을 위한 유일한 판단기관이라는 것이다. 이것은 '엄격한 학문성'에 놓여 있는 공리로 오직 정확한 자연과학에 해당되는 것이다. 오히려 – 그런데 예술도 – 진리 인식은 근본적으로 외견적 의미와 논리적 이성을 따르지 않고 "직접적으로 인식하는 직관적 은사를 따른다. 그것은 하나님의 계시들에 의해 작용된다. 진리는 우리의 본성에 전광같이 빛난다."(14) 그것은 다른 초월적인 인식 대상에 상응하고 내적으로 알맞는 인식의 주체이다.

이 점에서 바이스만은 잠시 위험에 처한다. 직관적 은사는 인간 본성의 종교적 장비로서 어떤 사람들은 – 이 경우에는 계시신앙적 기독교인과 긍정적 신학자들이 – 다른 사람들 보다 더 강하게 소유하고 있다. 예를 들면 강력한 학술성이 있는 신학적 변호인들이다.[121] 이것이 정말이라면 성경적 계시

---

121) "모세, 엘리야, 이사야, 예수, 바울을 이해하기 위해서는 적합성이 요청된다. 그것은 예술과 비슷한 반응이다. 예리하게 사고하는 학자가 훌륭한 예술을 이해하지 못한다면 그는 미켈란젤

의 보편적인 주장은 더 이상 보존될 수 없었을 것이다. 여기서 바이스만은 종교심리학적으로 논쟁한 경험 신학의 잔재를 보인 것이다. 그것은 자신의 근본적인 입장에 방해가 되는 것이다. 아마도 그는 그것을 그 자신의 신학교수에게서 생각 없이 받아들였을 것이다. 그러나 그는 다만 잠시 인지학적 측면에 머물렀다. 그는 오히려 곧 다시 참된 인식은 하나님 자신이 "설교하고, 증거하고, 읽은 하나님의 말씀을 통해서 강력으로 사로잡고 설득함으로 그 영혼을 깨우치는"믿음을 통해서라고 보는 그의 신중심적인 입장과 인식론에 돌아왔다(12). 이러한 설득에는 더 이상 학술적 증명이 필요 없다. 오히려 그것은 옛 사람이 "성령의 증거"(Testimoninm Spiritus Sancti)라고 칭하는 하나님으로부터 우리에게 선사 하신 확신에 있는 것이다. 이것은 "보기에 따로 따로 얻은 성경계시를 내적 충만한 생명의 통일성으로" 함께 모아 기독교인을 인도하는 성령의 내적 조명이다(상동).

주목할 만한 것은 이것이 거의 비슷한 시간에 대학교 신학 내부에서 칼 기르겐손(Carl Girgensohn)과 오토 프록취(Otto Procksch)(7장3)같은 사람들에 의해서 일어났다. 이 선교세미나에서 역사비평적 항변을 확고히 하는 성경관에 도달하는 알려진 보수주의가 거의 없었으므로, 영적인 접근은 피할 수 없게 되었다. 더 나아가 현저한 공시성이 뒤 따라 확립되었다. 그것은 바젤의 선교 책임자의 칼 하르텐슈타인(Karl Hartenstein)이 그의 시험논문으로 썼던 "요한 알브레이트 벵엘(Johann Albrecht Bengel)의 믿음의 확신에 관한 근거"에 대해 썼다(아래 5b를 보라). 바이스만과 하르텐슈타인은 슈베비쉬적 경건주의적 뿌리에 근거를 둔 중요한 신학적 공통성으로 묶여있다(상동). 그러나 그의 구원사적 항목에 당대 성경비판적인 신학적 도전에 근본주의 신학적인 철저함으로 도전한 것은 하르텐슈타인이 아니라 바이스만이었다. 그 전이나 후에 어떤 선교신학자도 더 일어나지 않았다(우리가 선교신학에 흥미를 가졌던 칼 하임을

로나 베토벤, 쉴러 같은 작가를 비판하지 말아야 한다, 종교에서는 훨씬 더하다. 이것에 엄격한 학문은 큰 어려움에 처한다. […]윤리적, 종교적 기질이 예리하고 깊을수록 성경적 계시의 수용 능력은 더 크다." *Ebd*.7f.

예외로 한다면).

바이스만 선교신학의 풍부한 논문 내용의 의미심장한 양상은 여기서 다만 암시할 수 있을 뿐이다. 그것은 다른 연결부에서 추구하겠다. 예를 들면 그의 상대주의와의 비교종교학적 논쟁과 레싱(Lessing)과 그를 추종하는 신학과의 논쟁이다. 그는 아래와 같이 그의 신학을 묘사했다.

> 현대학문은 처음부터 역사의 한 점을 절대화할 가능성을 두지 않았다. 오히려 무대의 역사는 상대적이다. 상대적 가치는 어디에서나 발견한다. 기독교 안에서는 높은 가치를 발견한다. 그러나 왜 인도나 중국에서는 아닌가?[…] 오직 상대적인 기준으로 평가하는 학문은 이 신구약성경의 절대성 요구에 저항한다(5).

바이스만의 공헌이 개체적인 발언으로 머물고, 당시 선교신학적 논문의 가장자리에 밀려있던 것은 유감스러운 일이었다. 당시 개신교 선교신학이 이 의견을 좀 더 인식하고, 그것을 더욱 깊이 연구하고 그들의 성경적 근거를 위한 노력에 인식론적으로 그리고 해석학적인 면으로 보호를 하였더라면! 아마도 후세대가 그렇게 무방비적으로 그들의 성경의 구원사적 전통에 대해 60년대에 그들 위에 만회했던 그 철저한 공격을 피할 수 있었을 것이다(아래 5장 5)!

5. 칼 하르텐슈타인(Karl Hartenstein)을 통한 새로운 독일 개신교 선교신학의 성경적-구원사적 제시

1) 새 시대의 대표자 칼 하르텐슈타인

독일 개신교 선교신학의 역사에서 20년대의 말쯤을 새 시대의 시작이라고 말할 수 있다. 그 때는 비록 그것은-다른 모든 역사적 비교연구에서처럼 – 미끄러지는 횡단이었지만 바르넥의 시대와 그 학파를 벗어났다. 이 새 시대는 30년 이상 뻗어갔고, 그것은 예루살렘에서 열린 제2차 세계선교대회(1928)에서 제5차 가나대회(1958)까지의 기간이 된다. 이때에 발터 프라이타크(Walter Freytag)이 전자에 언급한 회의를 회상하며 그가 힘을 기울였던 진술은 "당시에는 선교가 문제를 가지고 있었고, 오늘날에는 선교자체가 문제가 되었다."[122]는 것이다. 그는 동시에 예언적으로 새로운 시대로의 횡단을 신호로 알렸다. 그와 그의 신학 동료들은 다시 강력하게 변한 에큐메니칼 선교관 때문에, 개인적으로나 또는 공식적으로 더 이상 참여하지 않았다. 프라이타크은 몇 해 후에 별세하였다.

내용적으로 이 시대는 한편으로 두 개의 세계대전의 고통스런 세계사적 대참사와 막스-레닌주의, 국가사회주의, 마오주의 형상의 사나운 전체주의 이념을 부정적으로 특징지었다. 그 결과 어느 정도 바르넥적 신학을 유지하고 있던 독일 선교학과 교회와 선교에 의해 문화적 개신교주의(*Kulturprotenstantimus*)의 역사적 낙관주의는 흔적도 없이 사라졌다. 이것은 인간학과 윤리학과 타종교관에 직접적인 영향을 미쳤다. 이 철저한 격변에 의한 새로운 영적 의식이 변증적 신학(dialectische Theologie)에 묘사되었다. 그 대표자들은 두 스위스 조직신학자 칼 바르트(Karl Barth)와 에밀 부른너(Emil Brunner)이다. 개신교 선교운동 내에서는 이제 이 사상가들을 새로운 신학의 중심 주제와 지금까지의 자기 이해와 작업을 맡은 선교문제의 깊은 지적 질문에 관해서 책임 있는 대변자로 받아들였다 – 다른 한편 이 시대는 긍정적으로 묘사되었다. 그것은 이제 제도화한 에큐메니칼 선교신학사상이 국가적 한계들을 벗어나고 있었기 때문이다. 그의 새로운 윤곽들은 타기독교의 정통들과 사상들을 형제적 교환을 통해서 얻은 것이다. 선교학적 진술들은 이제 자주 에큐메니칼 대화로 기여하게 되었다.

이 수십 년 동안 교회들은 필연적으로 국가와 민족의 요구들에 대해 그들

---

122) W. Freytag, RuA, Bd. 1, 111.

의 독립성과 간격을 의식하게 되었다. "교회는 교회여야 한다!"(Let the Church be the Church!)로 1938년 옥스퍼드 대회는 표어를 발표했다. 선교학적 결론으로 독일에서 교회론적인 선견지명이 있는 신학자들에 의해 민족적으로 폐쇄되었던 구스타프 바르넥과 그의 제자들이 연구한 구원사적인 사상이 풀어졌다.[123] 이 세상에서 불러낸 종말적 구원 공동체의 보편적 일치성을 알게 되었다. 동시에 이 새로운 에큐메니칼 의식은 하나님의 종말적 구원계획을 세상 만민에게 시행하는 교회의 선지자적-사도적 역할을 감당하는 하나님의 수단으로 이해하게 했다. 그것은 경험적인 좌절에도 불구하고 기독교 선교를 이제 처음으로 온전히 깨달은 신학적 존엄성을 수여한 것이다.

우리가 이와 같이 개괄한 새로운 시대에 우리의 특수한 주제에 의하여 칼 하르텐슈타인(1894-1952)과 같은 개별적 선교학자의 해석학적 공헌에 집중하는 것이 첫 인상으로는 임의적으로 보일 수 있다. 그럼에도 불구하고 이러한 자기 제한은 특히 이 장의 유형적 제도 앞에서 정당화 될 수 있다. 그것은 사실로 결정적으로 칼 하르텐슈타인의 업적이다. 이 독창적인 시대에서 클라우스 복뮐(Klaus Bockmühl)이 "선교신학의 만발"[124]이라고 올바로 묘사한 바와 같이 신약성경적 선교관의 구원사적 관점에 대한 근본적인 재고가 시작되었다.[125] 이 출품은 결국 그것은 독일 개신교 선교의 날(DEMT)에서 연합한 사회 공동체에서 논쟁할 수 있는 영적 결과를 이루었다. 그것은 근본적으로 하르텐슈타인의 동역자 발터 프라이타크(Walter Freytag, 1899-1959)을 통한 카리스마적인 지도 덕택이다.[126] 그 자신이 헤렌후터적 경건주의 전통에서 자라났으므로, 그의 슈베비쉬 친구의 시각을 온전히 자신의 것으로 취할 수 있었다. 무수한 독창적인(거의 다 구두적인) 기여로 프라이타크은 그것들을 대표하고 새로운 에큐메니칼 시대에서 선교신학의 구체적인 도전에 인상적으로

---

123) J. Chr. Hoekendijk, 1967, 202-217.
124) D. Bockmühl, 1974, 9.
125) 비교: 여기에 1980년 슈바르츠(G. Schwarz)의 중요한 문서가 있다. 필자는 뒤따르는 실행을 위해 결정적인 힌트가 되는 이 튀빙겐인의 박사학위 논문에 감사하고 있다.
126) Walter Freytag의 선교신학을 W. Freytag, 1961; Basileia, 1959; J. Triebel, 1976을 보라!

설명하였다. 본래 성경신학적인 선교에 대한 새로운 사상은 칼 하르텐슈타인으로부터 시작되었다. 그의 사고 과정과 통찰력은 해석학과 조직신학자들에 의해 확증되고 깊어졌다.

독일 개신교 선교신학이 수십 년 동안 성장하여 대학신학의 수준에 도달한 것은 하르텐슈타인과 프라이타크의 관심때문이었다. 신학자들의 공헌들이 그들에게 아주 큰 도움이 되었다. 그들은 1940년에 설립된 개신교 선교잡지 (EMZ, NAMZ의 계승지) 바젤선교의 풍부한 전통적인 개신교 선교잡지 (1818년 이래 EMM), 또한 독일 개신교의 이방인과 세계선교를 위한 연간지를 통해서 학문적인 동지들을 얻었다.

여기 기고자들의 범위는 확실히 하르텐슈타인이나 프라이타크의 개인적인 관심보다 더 넓었다.[127] 한편으로는 독일어권 개신교 선교학이 있었고 – 다른 특징의 전문가들, 예를 들면 발터 홀스텐(Walter Holsten, 1908년 출생)과 게하르트 로젠크란츠(Gerhard Rosenkranz, 1896 – 1983), 그후 한스 베르너 겐지헨(Hans – Werner Gensichen, 1915년 출생)들이 있다. 다른 한편으로는 편집자들 자신이 유난히 선교학과 관련된 해석학적 규율을 촉진하였다. 그들에게 중요시되는 것은 우선적으로 직관적이거나 성경주의적으로 끌리는 구원사적 노선들의 성경적 귀추를 깊은 해석학적 토론으로 검토하고 그곳에 고착하는 것이다. 그런 이유로 EMZ의 편집자들은 의식적으로 이미 바르넥 학파가 시작한 구원사적 성경주의와 역사비평적 연구 사이의 교환을 행한 것이다. 그 때에 후자는 물론 오직 선택적으로 그러한 대표자들을 통해서 발언할 기회를 얻었다. 그들은 소중하게 사용되었고, 그들의 관심사는 프랑케(A. H. Francke)에게까지 거슬러 올라가는 할레의 성경신학적 전통과 루터교의 신앙고백적 유산까지 관심을 가지고 발전시키는 것이었다. 여기 언급되는 이름들은 – 특히 중요한 오스카 쿨만(Oscar Cullmann)을 제외하고 – 누구보다도 신약학자

---

[127] 하르텐슈타인과 프라이타크과 가까운 선교학자들 집단에는 Heinrich Meyer, Martin Pörksen, Gustav Weph, Gehard Brennecke, Jan Hermelink, Hans Jochen Margull, Wihelm Andersen과 확실히 Georg. F. Vecedom도 해당된다.

오토 미헬(Otto Michel)[128)]과 구스타브 스탤린(Gustav Stählin),[129)] 구약학자 발터 아이히로트(Walther Eichrodt)와 한스-발터 볼프(Hans-Walter Wolff)[130)]이다. 객관적으로 독일 개신교 선교운동의 신학적 대표자들은 만료된 종교사학파적 방향과 또한 철저한 성경비판 대표자들, 특히 신약성경의 비신화화 프로그램과 관련된 불트만 학파[131)]의 신학을 포기하였다. 이는 이편에서는 아무도 구원사적으로 근거한 성경신학적 통일성을 기대하지 않았기 때문이다. 그 반대였다.[132)] 그렇지만 여기에는 상반되는 논쟁을 다루지 않는다. 그것을 오히려 해석학적 영역에서 구원사적 해석학의 수장 전문 변호인 오스카 쿨만(Oscar Cullmann)에게 넘긴다.[133)]

2) 하르텐슈타인의 신학적 묘사

칼 하르텐슈타인(1894-1952)은 이미 1926년부터 바젤에서 최대의 대륙 선교의 개신교 책임자로 임명되었다. 그는 일찍이 아돌프 슐라터(Adolf Schlatter, 1852-1938)[134)]와 튀빙겐대학교 교수 칼 하임(Karl Heim, 1874-1958)[135)]의 신학적

---

128) Michel은 EMZ의 편집자들의 요청으로 1941년에 시리즈로 성경신학적 구원사적 시각의 기고들로 공헌하였다.
129) G. Stählin, 1950, 97-105, 134-147.
130) H.-W. Wolff, 1951, 1-14.
131) "본문이 사실로 보여준 것처럼 조사한 것보다 역사비평이 더한 곳에 […] 읽은 본문을 파악하기 위해 스스로 택한 내재적 관점으로 그것을 부당하게 사용할 때, 여기서 칼 하르텐슈타인에게 말씀하시는 주님의 비밀이 그들을 감동시켰다고 하였다. 여기서부터 하르텐슈타인은 성경을 하나의 […] 사슬에 속박하여 맥락과 관계없이 종교적 개체적 진술로 분해하는 순수 종교사학적 분석에 대한 생각에는 여지가 없었다. 그 본문들은 그리스도 안의 총체적 맥락에서 계시된 것이다[…]. 또한 마찬가지로 실존적 해석에 따라서 모든 구원사적 맥락에서 비신화화 한 본문은 포기될 수 있다[…]." W. Metzger. 1953, 329f.
132) R. Bultmann, 1964, 184.-G. Klein, 1971, 1-47.
133) 비교: K. H. Schlaudraff, 1988; Beyer/Yarbrough, 1986; T. M. Dorman, 1991.
134) W. Metzger(1935, 320)에 의해 제1차 세계대전 후에 "종교개혁이 맺은 열매"가 제시되었다. 개념을 형성하는 그릇, 칼 하르텐슈타인 […] 그는 무엇보다도 슐라터에게서 얻은 해석학적 지식의 보화를 받아들였다.
135) 첫 번째 열에서 칼 하임은 1920년 튀빙엔에서 하르텐슈타인의 스승이 되었고 그에게 사고방법을 가르쳤다. 그 도움으로 그는 그의 고유한 교리(Immanenzdogma)적 결박에서 해방될 수

감명에 감사했다. 칼 하임은 그에게 다른 사람들 중에서 슈베비쉬 신학적 조상들의 구원사적 유산에 열중하게 만들었고,[136] 칼 바르트(1886-1968)의 초기문서를 자습하게 했다. 하르텐슈타인은 바르트로부터 30년대 초기까지 신개신교주의(Neo Protestantsmus)의 인간중심적 추세에 대한 비판적 연구와, 구원사적 신중심주의 이해를 위해 근본적인 자극을 받았다. 그러나 시간이 지나면서, 바르트가 강조한 '전적으로 다른' 하나님과 인간의 철저한 분리와 시간-영원-대립으로 만족할 수가 없었다. 또한 역사 속 인간의 생명 문제에 대한 초기 바르트의 분노는 그를 실망시켰다. 선교의 사람인 하르텐슈타인은 그것과 계속 충돌하였다. 그는 다시 그의 스승이었던 칼 하임(Karl Heim)에게 돌아갔다. 이는 신앙과 지식 사이의 대화를 위한 노력을 가치 있게 보았기 때문이다. 또한 그는 슈베비쉬의 경건주의의 문서들을 깊이 연구하였다.[137] 특히 그에게 19세기의 구원사적 신학의 대 슈베비쉬 대표자들인 벡(J. T. Beck)과 아우베르렌(C. A. Auberlen)의 신학들은 중요했다. 그 때부터 하르텐슈타인의 신학은 두 개의 대성경적 계시록인 다니엘서와 요한계시록에 대한 흥미로 인해 규정되었고, 교회의 예언적 직임의 실행에 대한 새로운 해석에 흥미를 느꼈다.

이 초기 30년대에 하르텐슈타인은 이미 그의 구원사적 성경이해와 그 적용에서 선교에 대한 주제를 위해 중요한 해석학적 노선을 발전시켰다. 그는 즉 구원사적 해석학에 바르넥 학파를 통해 중재하지 않고 오히려 신학사적으로 돌아갔다. 그러므로 30년대의 독일 개신교 선교신학에서 이러한 시각의 확대 수용이 그에게는 전적인 변화로 보였다. 그러나 그것은 우리가 알게 된바 근본적으로 그렇지 않았다. 차라리 여기서는 옛 구원사적 전통이 계속적으로 개혁되는 것을 말한다. 바르넥의 중심사상인 국가 교회의 낭만적이고 제도적

있었다." W.
136) 하르텐슈타인은 그의 두 번째 교회시험논문으로 "요한 알브레히트 벵엘의 믿음에 대한 확신 근거"라는 테마를 썼다.
137) W. Metzger(1953, 340)는 다른 사람들과 함께 벵겔, 외팅어, 한(Ph. M. Hahn), 미하엘 한(Michael Hahn)과 아우베를렌까지 일컬었다. "이들은 하르텐슈타인이 여러 층의 성경적 증언들에 대한 구원사적 이해를 확증한 사람들이다."

요소를 떠나서-하르텐슈탄인은 특별히 힘입은 바젤 신약학자 오스카 쿨만(Oscar Cullmann, 1902-)의 저술을 새롭게 해석학적으로 통찰하고 철저히 이용하였다.[138] 그 중에서 그는 한편으로 그 자신의 표명에 대해 확실히 만족하였고, 다른 한편으로 이것이 학술적인 책임 있는 논증을 대표할 가능성을 발견하였다-여기에 바르넥을 뛰어넘는 하나의 순수한 진보가 있다-선교에 하나의 역동적이고 종말론적으로 방향지워준 것이다. 그를 처음으로 도운 것은 그에게 가장 의미 있게 보였던 쿨만(Cullmann)의 초기 논문이다. 그것은 "바울의 선교사명과 사도적 파송의식의 종말론적 성격"(1936)[139]이었다. 여기에 두 개의 쿨만 해석학의 연구가 있다.[140] 그는 1946년 그의 구원사적 발상을 조직화하여 그의 고전적 저서를 썼다. 그 책은 "그리스도의 시간: 초대교회 시대와 역사해석"이다. 이 전공논문은 그 시대에 구원사적으로 쓴 선교신학의 규범서가 되었다.[141] 신학적 전환기의 선구자로 구원사적인 성경이해를 위해 소명을 받은 하르텐슈타인은 칼 하임(Karl Heim), 아돌프 슐라터(Adolf Schlatter), 에밀 부른너(Emil Bruner), 발터 아이히로트(Walter Eichrodt), 고틀롭 슈렝크(Gottlob Schrenk), 하인리히 디트리히 벤드란트(Heinlich-Deitrich Wendland), 에텔베르트 슈타우퍼(Ethelbert Staupfer), 베르너게오르그 큄멜(Werner Georg Külmmel) 그리고 오스카 쿨만의 많은 서적들을 인정하였다.[142]

---

138) Mezger는 칼 하르텐슈타인이 "어떤 층도 어떤 스승도 인용하지 않았다" 그러나 많은 사람들에게서 배웠다고 강조한다. 그는 동시대 신학자들 중에서 아래의 저자들과 저서들을 언급했다. H. D. Wendland, *Geschichtsanschauung und Geschichtsbewußtsein im Neuem Testament*, (1941), Walter Nigg, Das ewige Reich, (1944), Oscar Cummann, *Christus und die Zeit*, (1946).
139) 원래의 불어에는: RHPhR16, (1936), 210-245에 있다. 독일어 출판물에는 O. Cullmann, VuA, 1966, 305-336에 기록되었다. 쿨만이 확실하게 서신 상으로 반영한 것은 1938년 1월 18일자 서신으로써 하르텐슈타인이 쿨만을 통해서 해석학적 영향을 입은 가장 최초의 문서이다 (비교: G. Schwarz, 1980, 184, 각주 371).
140) O. Cullmann, 1938, *Wann kommt das Reich Gottes?*, in *Ebd.*, VuA, 535-547. 1941, *Eschatologie und Mission im Neuen Testament*, in *Ebd.*, 348-360.
141) 그리스도의 시간을 강화하기 위해 쓴 쿨만의 서적 *Christus und die Zeit*는 현재 취급한 선교신학의 유행이 끝나자 쓴 『역사적인 구원』(*Heil als Geschichte*, 1967)이다.
142) K. Hartenstein, 1951, 9, 각주 7.

3) "신학적 해석"의 필요성

하르텐슈타인은 바르트와 오랫 동안 함께 활동함으로써 '신학적 해석'에 대한 동의로 그와 영구히 조화를 이룬 신학적 결과를 얻게 되었다. 우리는 성경에서 하나님의 계시를 만난다는 이 사실을 존중하고, 신약의 증거를 사실로 받아들이며, 그것이 우리에게 적용되도록 하고, 듣고, 순종하고, 믿는 일을 중요시한다.[143] 바르트처럼 하르텐슈타인도 결국 몇 가지 사소한 배경에 관한 정보로 인해 우리를 위한 하나님의 말씀인 본문에서 중요하지 않은 사항을 중요하게 받아들인 순수 역사적 해석에 좌절하였음을 나타내고 있다. 바울서신에 대한 해석학자들의 적합한 태도는 2,000년간의 '냄새나는 무덤' (garstigen Graben)에도 불구하고, 그것은 객관적인 역사적 거리가 아니라는 것이다. 오히려 원하는 것은 그들이 우리에게 하나님의 사자인 사도적 저자들과 인격적으로 진지한 관계를 맺게 해주는 것이다.[144] 이를 통해서 그리스도와 살아 있는 만남에 이른다. 이러한 것은 해석학적 방법에 의해서 이루어지는 것이 아니고, 오히려 무릎으로 간절히 청원할 때 성령께서 행하시는 기적이다.[145] 이것은 해석자가 세례 후에 그리스도의 지체로서 교회에 소속되고, 거기서 그가 그리스도 사건과 성령의 은사에 참여할 때 일어나는 것이다. 또한 중요한 것은 해석자가 계시사건의 흐름을 스스로 받아들여서 그 기록된 말씀에서 오늘날 그의 교회에 말씀하시는 주님의 복음을 알아듣는 것이다. 해석자들의 본래 '신학의 자리'는 강단의 설교 상황이다. 당시 상황화 신학적인 요구에 대한 주목할 만한 선택이란 사회 정치적 참여가 실제적으로 성경해석을 위한 중요한 신학의 자리라는 것이다(아래 6장3a와 e)!

---

143) K. Hartenstein, *Missiologie des Paulus, Vorlesung*, (1934), 3, 인용. b. G. Schwarz, 1080, 35f와 W. Metzger, 1953, 323.
144) K. Hartenstein, 1934, 4; 비교: J. Fangmeier/M.Geiger, 1967, XX.
145) "이 지식을 추구하는 목적의식을 가진 사람의 연구실에 있는 기도 발판에서의 예배의식에만 의미가 있는 것이 아니다. 그것은 오히려 하나님을 아는 지식이 오직 청취자가 겸손하게 성경 말씀을 사모하는 그곳에만 열리기 때문이다." W. Metzger, 1953, 314.

현대적 이해의 지평에서 현실적인 겨냥으로 성경본문들을 왜곡하게 하는 시도는 이 분명한 지침에 의해 거부된다. 이 경고는 당시의 비신화화한 본문들을 실존분석의 도움을 통하여 동시대적 철학적으로 만들어진 "선교적 신학"(kerygmatische Theologie)을 회고하게 한다 – 청취자들을 명백하게 깨닫게 해준다(해방신학의 구상이 오늘날에는 화제이다. 그 학술적인 사회분석은 인간중심적인 이해의 평면에서 높이 평가된다). 하르텐슈타인 자신은 그들의 세 가지 왜곡된 시도에 대해 언급한다. 첫째는 '이성의 오해'인데, 철학적 관념을 근거로 하나님을 알 수 있다는 것이다. 둘째는 '마술적 오해'로 종교적 체험에 의해 신지식을 중개한다는 것이다. 셋째는 '역사적 오해'로 인간이 보편적 역사 속에서 하나님을 직접 알 수 있다는 것이다[146] (또한 동시대적 해석학적 시도로 에큐메니칼 운동 안에도 많은 일치점이 있다고 생각한다).

이 모든 그릇된 의견들의 공통점은 하나님 자신이 그의 계시행위로 우리에게 그의 말씀을 통해서 깨닫게 하는 대신에, 자율적 인간이 자신의 가능성과 조건들로부터 하나님을 이해하려고 노력하는 것이다. 칼 하르텐슈타인이 본 이 중요한 관점에서 우리는 계시신학적으로 새롭게 성경에로의 문을 열어준 변호사로 그를 인정하게 된 것이다. 그것은 당시 몇 명의 신학자들로부터 '영적 해석'으로 장려되었다. 이에 관해서 우리는 제7장에서 더 깊이 다루게 된다. 주목할 만한 것은 무엇보다도 하르텐슈타인이 이 항목에서 의식적으로 영감론에 대해서 단념하였다는 것이다. 이는 바르트로부터 받은 동적 – 현실적 계시이해와 아마도 딱딱한 정통주의에 대한 그 자신의 근본적인 혐오 때문이었을 것이다. 성경에 대한 모든 사랑과 설교들과 성경관과 실제로 조명된 무수한 주해들을 우리에게 남겨 놓았을지라도 하르텐슈타인은 변증신학에서 줄곧 탐지하던 '하나님의 말씀'과 '성경말씀'의 간격을 극복하지 못했다. 오히려 오늘의 상황에서 예언적 주제를 사실적으로 묘사하는 새 해석에 감동받은 그는 의식적으로 – 후에 다시 언급하겠지만 – 사실 원리(Ereignis –

---

146) K. Hartenstein, 1934, 5f, 비교: G. Schwarz, 1980, 37, 각주 35.

Prinzip)에 호의를 가지고 그의 차이를 받아들였다. 그것과 함께 그가 일반적으로 열광주의에 빠지지 않은 것은 한편으로 해석학적-학술적 근본원칙과 그의 양심의 결합에 의한 것이며, 다른 한편으로 일찍이 그가 벵엘로부터 받은 성경의 구원사적-유기적 총체적 시각 때문이었다.

4) 성경의 구원사적 구조

확고한 문서론적 통찰로 칼 하르텐슈타인은 슈베비쉬 학자들의 조상인 J. A. 벵엘 이래 유래한 해석학적 전통 덕분에, 성경이 단순한 문학적 개체적 서류들이나 종교적 진술들의 모집이라고 보는 사실을 극복하였다. 오히려 그는 신구약의 모든 문서들은 모두 전체를 포괄하고 관통하는 전체적 맥락에서 내용적으로 그리고 구조적으로 서로 연결되어 있다고 보았다. 이 알려진 근본원리는 조직신학적 진리들의 추상적 교육원리가 아니고, 역사 속에 점차적으로 계시하시는 하나님의 구원계획으로서 모든 성경문서는 하나님께로부터 하나님께로 가리킨다. 우리가 한번 이 성경적 계시의 총체적 시각을 얻으면 그 내용들은 모든 문학적 형태의 차이들을 간과할 수 있고, 당시 추측한 상황들과 그것들의 구체적인 서술들에도 불구하고, 모두 그 내부의 통일성인 구원사적 근본관계를 깨닫는다. 이 시각은 수험생 하르텐슈타인이 1922년에 그의 "성경에 대한 벵겔의 입장"[147]에 대해서 쓰고 있을 때, 특별히 그의 고전적인 해시계(*Gnomon*)에 대한 서론을 특수 참작하며 얻은 것이다.[148] 이것이 없이 그가 후에 새로운 해석학적 특수연구를 헌납했다면, 그 시각은 근본적으로 다시는 그의 모든 성경신학과 선교신학적 저술들의 전제가 질문되지 않았을 것이다.[149] 그 밖에 1936년에 오스카 쿨만(Oscar Cullmann)과의 만남은 이 전통적인 시각을 현대 학술적-해석학적으로 책임질 수 있도록 도왔다.

---

147) K. Hartenstein, 1922, 14-17.
148) J. A. Bengel, Gnomon Novi Testamenti, 1972; 8.Aufl. hg. v. Paul Stendel, Stuttgart, 1891. - 비교: O. Wächter, 1865, 180ff.
149) 비교: W. Metzger, 1953, 338-358.

게롤드 슈바르츠(Gerold Schwarz)[150]에 의하면 하르텐슈타인이 수용한 벵엘의 구원계획 중심적인 성경관에 관한 5가지 착상이 있다.

① 성경의 모든 개체적 진술은 다 함께 연관된 살아 있는 하나의 조직을 형성한다. 그 조직은 그에게 형태상으로 가장 조화로운 예술적인 형태이다.
② 성경은 내용적으로 그리스도 안에서 하나님의 계획하신 구원행위를 증거하고, 모든 세상 시간을 통해서 그의 섭리를 증거 한다. 거기에서 모든 그들 개체적 진술은 하나의 연속되는 조직으로 결합된다.[151]
③ 성경은 모든 신지식의 충분한 원천이고 규범이며, 개인적인 구원이나 하나님 나라를 이루는 데 있어서도 그렇다.
④ 성경은 그 독자들에게 그 진술에 객관적인 신빙성이 있고 항상 인격적인 말씀으로 이해된다. 그 인식을 돕는 것은 제일차적으로 성령의 증거이다. 인간의 이성은 다만 하나님 자신이 열어주신 진리를 위한 도구로 도움이 될 뿐이다.
⑤ 구조적으로 하나님의 구원계획에 근거한 성경의 전체적 통일성은 창세기부터 요한계시록까지 부분들이 서로 조화롭게 연결된 배열(Zeitline)에 의해 확인된다.

불행하게도 벵엘의 구원사적 해석학에서는 성경계시사에 대한 하나님의 시간적(kairologisch) 요소가 인간이 계산할 수 있는 연대기적(chronologisch)인 것으로 이해되어졌다.[152]

하르텐슈타인은 이것을 비판적으로 분별하였다. 그러므로 그는 벵겔의 성경관을 불변적으로 재연하지 않았다. 오히려 그것을 오늘날의 선교신학에 도움이 될 수 있도록 근본적으로 신학적인 교정을 가하고, 그것을 세 가지로 수

---

150) G. Schwarz, 1980, 69f.
151) "성경은 하르텐슈타인에게 결정적인 통일성으로 연합되어 있다. 그것은 그에게 하나님의 구원의지로부터 불가분적이고 최고의 체계 안에 있다. 그러나 구원사의 의미심장한 통일성은 분명하다. 모든 개체가 중심으로부터 그의 자리와 순위가 배치되어 있다."
152) S.o. 2c, Exkurs.

정하였다.

첫째로 그는 벵엘에게 잠재해 있는 영지주의적 위험성을 방어하고, 지적 만족을 위해서 성경연구를 근본적으로 구원사적 조화와 그것의 세속사적 증거를 찾기 위해서 노력하였다. 그는 성경적 구원사를 명백하게 그의 기독론적이고 구원론적인 표준으로 풀이하였다. 기독론은 내용적 원리(Materialprinzip)로서 확실하게 구원경륜의 형식적 원리(Formalprinzip)보다 상위에 놓였다.

둘째로 칼 하르텐슈타인에게는 인식으로 이끄는 원리가 지식을 위한 추상적 지식이 아니라, 오히려 세상적 삶에서의 시련에 대한 위로와 인도를 찾고 있는 교회를 향한 목회적 돌봄의 책임이다.

셋째로 그러나 벵엘의 진술을 가장 확실하게 뛰어 넘은 하르텐슈타인의 선교신학은 성경적-구원사적 규정과 그 위임에 관한 교회의 위치(Ort der Gemeine)를 하나님 자신이 그의 구원계획을 모든 민족을 위해 완성하실 도구로 안 것이다. 하르텐슈타인에게는 벵겔의 구원계획적 해석학이 성경적 계시 전체를 결정적으로 선교론적으로 이해해야하는 가능성에 대해서 아직 인지하지 못한 결과로 생긴 것이다. 하르텐슈타인에 의하면 선교는 오직 "온 세계와 함께하는 하나님의 구원사적 대문서인 성경의 신학적 이해 위에 세워져 있다."[153]

이 철저한 자신의 강조에도 불구하고 하르텐슈타인의 벵엘 처방을 오직 해석학적-형식적 원리로 제한한다면 그것은 잘못된 것이다. 오히려 하르텐슈타인은 그로부터-슈베비쉬의 유산을 선교학적으로 결실하기 위해 마찬가지로 중요한-내용적 측면을 수용하였다. 거기에 무엇보다도 그 구원론의 종말론적 확장도 속해 있다. 벵엘처럼 하르텐슈타인도 개체적 죄인들의 개인적 구원에 집중했던 전통적인 초점에서부터 진행하였다. 마틴 루터가 성경해석과 그의 구원의 단계(Ordo Salutis, 즉 믿음의 전개 속에 화해의 역사를 수여하는 단계)론에 관한 조직신학적 가르침을 수행한 것 같이 앞에 놓인 "미래적 하나님

---

153) K. Hartenstein, 1948b, 171.

의 나라"에서 구원자의 우주적 승리가 확대되는 것으로 조망하였다. "여기서 하르텐슈타인의 판단에 의하면 종교개혁은 성경적인 증거들을 다 측량하지 못하였다."[154] 루터의 신학에 아주 중요한 나를 위한(pro me) 그리스도의 구원 행위에 대해서 하르텐슈타인은 – 그것에 관한 우선성을 무시하지 않고 – 종말론적 세상을 위한(pro universo) 그리스도의 구원행위를 가르쳤다. 그는 위에 묘사된 한계에서 루터교적인 화해론의 운명적인 해석학적 조직신학적 약점을 – 고백서들에서도[155] – 통찰하였다. 이것은 동시에 종말론에 대한 조직신학연구로 이끌었다.

5) 닫혀진 종말론의 개문

하르텐슈타인은 특별히 뷔르템베르크(Württemberg) 주립교회의 구원사적 경건주의 신학에서 역사적 공헌을 발견하였다. 그것은 루터의 본래적인 특징을 상실하지 않고 루터적 신앙고백을 명백하게 문서에 싣고 […] 무엇보다도 오랫동안 폐쇄되었던 종말론의 문을 연 것이다.[156]

벵엘을 통한 신구약성경의 종말론에다 뷔르템베르크 경건주의의 새로운 노선을 지지한 하르텐슈타인은 그의 온 생애를 통해 해석학과 선교학으로 알려져있다. 여기서부터 그는 독일 선교신학에 영구적으로 에큐메니칼 사상에 대한 비판적인 공헌을 한 결정적인 시점에 이르렀다. 또한 1934-1945년 독일 교회 투쟁의 강한 실존적 논쟁에서 하르텐슈타인은 성경적인 예언을 통해 당대 사건이 날뛰는 마귀적 권세라는 것을 깨닫는 변증적인 시각을 얻었다. 이

---

154) W. Metzger, 1953, 339.
155) 종교개혁의 고백서들에 대해 하르텐슈타인은 – 이미 그의 반조직신학적 자세의 이유로 – 그가 아우구스타나 신앙고백(Confessio Augustana)이 선교를 위한 의미에 대한 논문을 남겼을 때도 – 상대적인 것으로만 보았다(in: EMM, 74, [1930], 353-365). 그는 성경의 규범들 중에 규범들(normae normatae)이 규범 중의 규범(norma normans)에 종속됨을 강조하였다(비교: G. Schwarz, 1980, 71). 그것이 그를 계 20장에 있는 천년왕국의 묵시적 진술에 대한 접근을 가능하게 하였다(비교: G. Schwarz, 1980, 88-103).
156) K. Hartenstein, 1948b, 166.

역사비판적 예언은 당시 고백적 선언에 도움이 된 하르텐슈타인의 신학적인 동역과, 무수한 설교들과, 마침내는 그의 평이한 성경연구인 가장 힘든 시기에 출판된 요한계시록 주석 "재림하시는 주님"[157] 등에서 나타난다. 하르텐슈타인은 그 외에 19세기의 구원사적 성경주석자들의 문서들을 해석하였고,[158] 특별히 C. A. 아우베르렌의 선지자 다니엘과 요한계시록의 고전적 해석에 종사하였다.[159]

지금까지 (그리고 아직도) 광범위한 개신교 신학적 전통에서 경멸하던 성경적 종말론을 긍정적으로 연구하는 일이 하르텐슈타인에게 네 가지의 의미가 있었다. 첫째, 기독교인들에게 내용으로 충만한 구원사적 미래의 지평을 열어준 것이다. 그러므로 그는 다가오는 하나님의 나라를 인정하였다. 하르텐슈타인에게 그것은 개인적 구원과 교회의 구원보다 더 상위에 있다. 이것이 역사의 본래적인 주제다. 둘째, 그것은 구시대의 지나감과 함께 강력하게 확장된 반신적 세력의 역사를 드러내었다. 그것은 현대 구원사적 시대에[160] 적그리스도가 나타나게 되는 그 초역사적 이원론적인 특징에 피상적인 역사내적 낙관적 진보주의는 무너질 것이다. 셋째, 성경의 요한계시록과 세속사적인 현시대는 그 내부에서 그의 존재를 인식한 교회에 활력 있는 흐름과 함께한 중간시대로서 인식하게 한다. 이 중간시대는 두 개의 구원사적 기본지식인 예수

---

157) K. Hartenstein, 1969, [1. Aufl. 1940; 5. 1983년도 확대출판, hg. v. Gerold Schwarz].
158) 하르텐슈타인도 그의 다니엘서 해석에서 A. F. C. Vilmar, (Collegium Biblicum), C. A. Auberlen(Der Prophet Daniel), M. F. Roos(Die Weissagungen Daniels), G. Menken(Das monarchische Weltbild)의 문서를 인용하였다. 요한계시록 해석에 그는 Steinhofer, Ph. Matthäus Hahn, Michael Hahn, Friedrich Oetinger, 무엇보다도 J. A. Bengel의 저술들을 인용하였다.
159) C. A. Auberlen(Neudruck), 1986.
160) 메츠거(W. Metzger, 1953, 346–354)에 의하면 Hartenstein은 이 땅에서 구원사를 세 가지 중요한 단계로 구별하였다. 첫 번째는 "살아 계신 하나님으로부터 인류의 철저한 타락으로" 이 방인이 형성된다. Hartenstein에게 있어서 구원사의 "두 번째 단계[P.B.의 강조]는 하나님의 계시를 통해서 민족들로부터 교회가 부르심을 받는다. 이미 이스라엘에서 이 구원사적 진행이 시작되었다. […] 이 구원사의 중심은 구원자의 화육으로서 예수그리스도의 현현이다." 세 번째 단계는 "적그리스도의 단계로서 그의 통치가 진행되기 시작하는 것이다. 하나님 나라의 법에 따른 그리스도의 백성들의 시간은, 요한계시록에서 언급한 바와 같이 오직 적그리스도의 시대가 지나간 다음이다."

그리스도의 승천과 재림을 통해 규정되었다. 이것은 칼 하임과 함께 주장한 (이 알려진 양극개념을 하르텐슈타인이 전수하여),161) 그리스도의 두 가지 별개의 구원사적 국면에 관한 것으로서, 즉 골고다 십자가에서의 죄에 관한 문제와 적대자들에 대한 그리스도의 종말적 승리와 그 가시적인 권세에 관한 문제 – 또는 세상과의 화해와 세상의 완성에 대한 차이 문제이다.

여기서 신약의 현재적인 하나님 나라와 미래적인 하나님 나라 사이의 외관상의 대립이 해결된다. 오스카 쿨만은 여기서 그의 성경적 구원사의 출구를 발견하였다.162) 역사비평적 해석학에서는 이 긴장관계를 여러 가지 분실된 원서로 분리하거나163) 또는 제거되는 비평으로 이끌어 간다. 쿨만처럼 하르텐슈타인도 모든 유형의 신약적 종말론에서 이 "이미"와 "아직"의 중간 시대적 양상에 열정적인 흥미를 가졌다. 이는 바로 여기서 기독교 윤리와 교회론과 특별히 선교관을 위한 근본적인 조건들이 제시되기 때문이다.

이 외에 하르텐슈타인 – 물론 위에 칭한 세 가지 양상과 관련하여 – 넷째로 중요한 관심사는 역사의 계시적 지평선에 관한 지식이다. 그는 소위 왕국사적인 의미를 통해서 요한계시록을 해석학적으로 전개하였다. 그것은 – 알려진 현대적인 해석학에서와 콘스탄틴 이래 세워진 교회사적 의미164)와는 달리 – 가능한 한 현대역사적 사건들 속에서 현실적 역사예언(Geschichts-prophetie)을 위한 전제로 제시된 시대의 징조를 인지하는 것이다. 하르텐슈타인은 여기서 포기할 수 없는 교회의 사명을 직시하였다(아래 12장 6c를 보라). 과거와 현재에 그것에 관해 거의 무관심한 것을 그는 교회와 세상을 향한 목회적 책임에 대한 큰 실수로 제시하였다.

여기서 특별히 하르텐슈타인이 신경 쓰고 있는 부분인 구원사적 해석학

---

161) 비교: *Ebd.*, 1953, 338과 348.
162) 그는 스스로 이것을 그의 K. –H. Schlaudraff, 1988, XVI의 서언에서 묘사하였다.
163) Matzger에 의하면 Hartenstein도 "성경본문을 그들이 추측한 근거에 의해 제거하는 […] 시도에는 참여하지 않았다." "그는 특별히 순수가설에서 나온 다소 근거될 수 있는 항목에 관해서 거의 바랄 것이 없기 때문에 사실을 이해하기 위한 그것의 유익을 과소평가 하였다."
164) 예언의 여러가지 의미들과 Hartenstein의 입장에 대해서 비교: *Ebd.*, 337.

은 – 근본적인 차이에도 불구하고 – 이후 예언 이해를 위한 결정적인 시간에 대해 제네바 에큐메니칼의 확실한 호감을 얻었다(아래 6장 3e). 의심할 여지없이 하르텐슈타인은 당시 세속사의 사건들 속에서 하나님의 새로운 계시를 인식할 수 있는 교회의 어떤 사명이나 은사도 없다는 것을 인정하였다. 확실히 그는 성경의 예언적 문서들의 충만한 예언적 의미가 지금까지의 해석학적 해석으로 충분히 진술되지 않았다고 생각하였다. 오히려 그 의미는 우선 수수께끼 같이 비취는 종말론의 상징들이 점차 하나님에 의해 구원사적으로 성취됨에 따라 열리게 된다고 하였다.[165] 그러나 그것이 제 멋대로 일어나는 것은 아니다. 그것은 이미 성경에서 우리에게 '시대의 표징'(Zeichen der Zeit)이라 칭했고, 그것이 기독교인에게 일어나면 종말의 시작과 하나님 나라의 접근이 시작되는 것이다. 후시대 내지 일부 당시의 에큐메니칼적 동향으로 '왕국의 표징'(Zeichen des Reiches)을 역사적 진보를 가져오는 긍정적이고 사회정치적인 혁명으로 확정한 바와는 달리 (아래 6장 3d를 보라), 하르텐슈타인은 성경에서 언급한 현상만을 그 표징으로 보았다. 그것들은 그가 공관복음의 종말론인 마태복음 24장 병행구절에서 제시하듯 대부분 부정적인 현상인 자연과 역사 속에 다가오는 대참사와 문화와 교회 속에 들어오는 마귀들의 침입이다.

가장 중요한 종말적 표징을 하르텐슈타인은 마태복음 24:14과 마가복음 13:10의 세계 속의 복음 증거, 즉 보편적인 세계선교로 이해하였다. 그러나 이를 넘어서 그는 교회의 모습이 종말에 다시 그의 근원으로 향한다는 경건주의적 – 구원사적 원리에 설득되었다. 그와 상응하여 그는 콘스탄틴적으로 폐쇄된 국가교회로부터 참 예수교회의 출현과, 그들의 복음으로 인해 강화된

---

165) 이 서로 다른 역사적 입장은 관점의 변화를 일으킨다. 그것으로 구원사적 해석학적 지평의 변화가 일어난다[…]. 이 단계적 예언과 계시의 점진적인 발전사상이 이미 벵엘에게서 발견된다. 그 후 19세기 구원사적 신학에서와 발전적인 유기론의 낭만적 철학의 범주에서 중요한 신학적 원리가 강화되었다. 이 발생론적 방법과 유기적 사고는 역사신학적 세대주의를 가능하게 하였고 특별히 하나의 교회, 하나의 가시적인 거룩한 교회가 되게 하였다. 이 두 사상들이 Hartenstein의 신학사상에 항구적으로 방향을 지어주었다. G. Schwarz, 1980, 79f.

고난과 그들의 형제사랑에서 이러한 표징을 보았다.[166] 이와 같이 선교, 일치, 고난이 하르텐슈타인에게는 계속되는 구원사의 결정적인 특징이었다.

이 시각에서 세계교회협의회(WCC)의 창립은 그의 생애의 종국에 중요하고 긍정적이고 구원사적인 종말의 표징으로 감지되었다.[167] 우리가 이미 위에서 하르텐슈타인의 성경관을 암시한 바와 같이 그의 구원사적 신학에서 열광주의적 특징이 확실하게 들어난다.[168] 그의 생애가 일찍 1952년 윌링엔(Willingen)에서 열린 제 5차 세계선교대회 직후에 끝나지 않았더라면, 우리는 하르텐슈타인이 그가 평생 동안 참여한 에큐메니칼 운동의 추세를 어디로 이끌어갔을지 알지 못한다. 분명히 하르텐슈타인의 그 열광적인 성경적 구원사의 새로운 해석학적 추론과 그의 선교학적 의미로 인해 당시대적 정체성은 조속히 뒤로 물러났다. 이것은 그가 – 저 에큐메니칼 신학자들과는 달리 – 명백하게 성경적 판정으로 확정시키고, 그 안에서 그것을 당대의 구원사적 신약해석과 경건주의적 영향을 받은 선교학을 폭넓은 의견으로 수렴한 것이다.

6) 구원사 속에서 선교의 절대적 위치

하르텐슈타인은 – 쿨만과 함께 – 선교를 그리스도의 승천과 재림 사이에 구원사역이 계속되는 '중간시대'의 존재로 이해하였다. 그것으로 그는 구스타프 바르넥 이래 아무도 시도하지 않았고 신학적으로도 더 이상 능가할 수 없었던 선교를 성경적 계시사의 총체적 맥락 속에 완전히 고정시켜 버렸다. 자유주의적 해석에 의한 의미로 한 때 억측했던 '재림 지연'은 십자가에서 세

---

166) 이러한 사상을 Hartenstein은 아우베틀렌, 1874, 381에서 발견하였다. 비교: G. Schwarz, 1980, 80.
167) "우리는 적그리스도의 비밀이 우리 앞에 떠올라오는 것을 보았다. 그러나 재림하시는 주님의 빛은 훨씬 더 선명하다. 그리고 우리에게 분명한 것은 세계교회협의회와 그리스도인의 일치는 이 사라져버리는 세상 한 가운데로 그리스도가 재림하시기 전에 세우시는 하나님의 구원사의 마지막 결정적인 표징이다." K. Hartenstein, 1948, 12.
168) G. Schwarz, (1980, 86)에 의하면 하르텐슈타인은 역사적, 교회사적 사건들을 무비판적으로 선지자들의 진술의 해석으로써 이해하거나 당시의 역사진행을 예언과 성취로 집중하는 위험을 피하지 않았다.

상과 화목하시고 아직 임하지 않은 최후의 심판 날에 이루실 세상의 완성을 두고 이 땅의 모든 민족 중에서 그리스도의 몸인 종말론적 구원 공동체를 모으는 것과 설립하는 것이다. 그리스도로부터 선택된 자료 내지 도구는 온 세상에 복음을 증거하는 구원사적인 의미가 있다.

하르텐슈타인은 일부 오스카 쿨만을 근거로 인용한 선교의 구원사적 존재규정을 위한 성경적 근거들을 밝혔다. 항상 반복하여 인용하였던 말씀(Logion)인 마태복음 24:14, 마가복음 13:10 외에도 사도행전 1:8의 누가적 파송명령, 쿨만이 1936년에 출판한 이방인의 사도 바울의 데살로니가후서 2:7의 '지연'(Ketochoon)의 의미,[169] 마태복음 28:16-20의 선교명령, 로마서 9-11장의 이스라엘과 세계선교와의 관계에 대한 대 설교, 요한계시록 6:2의 백마를 탄자의 형상, 고린도전서 9:16, 에베소서 3:1, 골로새서 1:24-29의 구절들을 인용하였다. "선교를 위한 증거는 신약전서를 통해서 우리가 서 있는 중간시대의 본래적 의미로 시종일관 변함이 없다."[170] 그러므로 구원사와 세계선교의 연결은 하르텐슈타인에게 일반적으로 중요한 해석학적 열쇠가 되었다.

이러한 성경적 관점에서 선교를 위해 성경에 계시된 하나님의 구원계획을 강조하는 신학적 결과는 아래와 같다

① 선교는 그리스도의 승천과 재림 사이의 본래적인 의미다.
② 선교는 다가오는 하나님 나라의 결정적인 예고로서 역사의 종말과 직접 연관된다.[171]

---

169) 1938년 1월 18일자 선언에서 하르텐슈타인도 쿨만의 해석과 연계하고, 1887년에 에드워드 뵐(Edward Böhl)이 쓴 개혁신학적 조직신학을 참조하여 "Katechoon"(지연)의 지연되는 원리를 "사도들의 설교내용"으로 설명하였다. 그리고 그 안에서 "계속 설득력 있고 명백한 해석을 위한 다른 문서들"을 발견하였다(인용: G. Schwarz, 1980, 184).
170) K. Hartenstein, 1951, 16f.
171) "모든 민족에게 증거하기 위한 복음전파가 (적그리스도와 관계없이) 마지막 시대의 표징인 것을 하르텐슈타인은 마 24:14에서 입증하였다. 붉은 말을 탄자를 흑색 말과 청황색 말이 뒤따르며 파멸하려고 지구에 들어서기 전에, 백마를 탄자가 복음을 가리고 온 세상을 향해 떠나간다. 이렇게 하르텐슈타인은 계6:1,2을 가지고 옛 여러 해석자들과 함께 해석하였다. 또 살후 2:6f은 그에게 거기서 언급한 은밀히 "막는 요소"를 다시금 모든 민족에게 복음을 제시하는 선

③ 선교는 하나님이 이 시대를 위한 자신의 전역사적인 구원계획을 실행하는 도구다. 그러므로 선교는 구원사적 명령인 '전파되어야 할 것'(막 13:10)을 따르는 것이다. 그러나 그는[하르텐슈타인] 엄격한 그리스도의 명령에 관계해서 단순히 형식적인 순종을 의미한다고는 생각하지 않았다. 왜냐하면 그리스도는 그의 제자들에게 동시에 그의 계획과 목적에 대한 식견을 주었기 때문이다. 선교는 도구이기 때문에 그리스도는 명령하였다. 그것을 통해서 그는 그의 승천과 그의 재림 사이의 중간 시대에 그의 교회를 모으기 때문이다.[172] 그러므로 그는 오순절에 그의 영을 교회에 부어주셨던 것이다.

동시에 선교의 구원사적 의미에서 결정적으로 그의 존재와 한계에 대해서 가능한 오해가 따른다. 선교는 그의 본질이 예수 그리스도에 대한 복음을 세상의 주와 구원자로서 증거하는 것이고 이것에 대해 경쟁하는 모든 타종교들과 이념들과 극적인 논쟁을 벌인다. 그것은 동시에 선교적 개념으로 확인된다. 그 "다가오는 하나님 나라에 관한 시각으로 모든 민족에게 예수 그리스도에 관해 증거하는 것만이 선교라는 이름과 주님의 파송이라는 이름을 얻는다."[173]

선교의 목표는 세상을 기독교화하거나 모든 민족을 개종시키는 것이 아니라, 말씀의 증거를 믿는 그리스도의 구원 공동체의 수립이다. 그리고 이 증거는 불신자들을 부르는 것이다. "복음은 항상 그리스도에 대한 예와 아니오를 이끌어 낸다."[174] 이 분리는 최후의 심판을 향한 인류의 구속사적 분리이다.

선교가 이 과업을 마쳐야 하는 것이 - 주님이 심판하러 오시는 데살로니가후서 2:7의 진술대로 '지연'시키는 - 유일한 힘이다. 이 낡은 세대가 계속되는 비밀스러운 이유는 하나님이 기다리시는 인내에 있는 것이다.[175]

배들의 해석에 도달하였다." W. Metzger, 1953, 361.
172) *Ebd.*, 36.
173) K. Hartenstein, 1928, (4-11, 34-43), 6f..
174) K. Hartenstein, 1951, 19.
175) 하르텐슈타인은 "아직 성취되지 못한 선교가 최후의 심판과 주님의 재림을 막는 마지막 제방

이러한 입장의 기초가 되는 종말론적 실재론과 견해를 같이 함을 전제로 하면 그리스도의 교회를 통해 전 세계적으로 이루어지고 있는 복음화의 보편적 역사를 위한 보다 큰 중요성이 더 이상 논리적으로 설명되지 않는다. 이것은 한 번도 개신교회에서 아주 진지하게 받아들여지지 않았다. 만일 이런 것이 일어났더라면 그것은 하르텐슈타인에게 새로운 선교적인 깨우침이 되었을 것이다.[176] 사실로 이 선교신학은 하르텐슈타인의 사후(1952)에 곧 프라이타크(Freytag, 1959)이 다시 불합격 판정을 받았다. 그들은 그들의 구원사적 성경관으로 해석학적인 근거를 두었기 때문에 공격하여 쓰러뜨린 것이다. 명백한 것은 그 안에 함유하고 있는 선교의 복음적 목표규정을 그동안 교회의 세상을 위한 책임에 관해 달라진 전제들로 인하여 불충분하다고 느꼈기 때문이다.[177]

이 후기 발전에 직면하여 역사적으로 한 번 더 하르텐슈타인을 개인으로가 아니라 가능한 한 사상적으로 잡다한 슈베비쉬 경건주의들의 소리로 말하고자 한다. 오히려 그는 당시 DEMT(Deutscher Evangelischer Missions Tag, 독일개신교 선교의 날-역주)에 연합한 선교단체들과 더 넓은 신학적인 일치점에 도달하고자 하였다. 그의 친구 발터 프라이타크(Walter Freytag)이 같은 해석학적 입장에 서고 그 귀추가 선교사역의 실제적 형태를 밝힐 수 있게 되자,[178] 그를 더 기꺼이 따랐다. 하르텐슈타인-프라이타크 세대의 DEMT의 합일점은 아주 자발적이어서 충돌신학적인 논쟁들은 이 공동체에서 전혀 일어나지 않은 것이나 마찬가지다. 물론 그 안에는 그만큼 확실한 약점이 있었다. 독일 선교단체들은 프라이타크의 지도로 한 번도 그들에게 권위 있게 묘사하는 선

이며 지연시키는 유일한 힘"이라고 말했다(*Ebd*).
176) "더 이상 이 구원사적 맥락을 알지 못하고, 그의 구원계획을 실행하려는 그들이 주님의 도구라는 것을 더 이상 의식하지 못하는 것이 아마도 교회와 선교의 가장 큰 약점이 아니겠는가?[…] 그러나 확실한 점은 한 순간 교회가 다시금 구원사적 속성을 깨닫고 선교에 대한 아주 새로운 기쁨이 깨어날 것이다." *Ebd.*, 1951, 18f.
177) M. Linz, 1964, 177-182 등 자주.
178) 프라이타크의 공헌들로 특별히 청찰 수 있는 제목들은 "Mission im Blick aufs Ende"(1942), "Theologische Überlegungen zur Mission"(1946), "Das verkündigte Wort"(1947), "Vom Sinn der Weltmission"(1950), "Karl Hartenstein zum Gedenken"(1953)에 있다.

교신학적 진술들을 성경과 신앙고백에 의해 변증적으로 시험하는 것을 배우지 못했다. 다만 한번 신학적으로 조건지워진 토론이 있었다. '독일 개신교 선교의 날'(DEMT)의 보수적 회원들이 프라이타크에 의해 강력히 권장된 1961년 뉴델리에서 형성된 WCC의 '세계선교와 복음화 위원회'에 DEMT가 합류하는 것을 반항한 것이다. 그러나 이 문제는 마침내 DEMT 내의 여러 층의 뒤섞인 자질의 지도력들로 인해서 해산되었다.

역시 선교사들 자신 중에서도 선교의 구원사적 시각을 받아들였다. 하르텐슈타인도 부가적으로 자신의 시각이 확증됨을 알아차렸다. "이 구원사적 이해는 생명력 있는 선교학을 위해서 그리고 선교지에서의 신생교회의 성장을 위해서 아주 유익하다는 것이 입증되었음으로 앞으로의 선교학도 역시 그에게 검증되어야 할 것"이었다.[179]

6. 구원사적 성경관 및 선교관과 에큐메니칼 처방과의 투쟁[180]

독일 개신교 선교신학은 칼 하르텐슈타인과 함께 확고하게 되었고, 선교의 종말론적 근거에 있어서 프랑게, 진젠도르프, 뱅엘 이래의 경건주의와 이미 종교개혁 신학에서도 전반적으로 가치 있고 절대적인 것으로 인식되었다. 그러므로 세계선교대회에 참석한 독일대표단은 그곳에서 다루어진 소리를 듣고 구체적으로 보고해야하는 특별한 의무를 느꼈다. 그들은 자주 우세한 다른 류의 선교신학적 조류들 앞에서 항상 성공하는 것은 아니었다. 이러한 하나의 탁월한 이의의 증언은 1938년 인도 탐바람(Tambaram)에서 개최된 제3차 세계선교협의회[181]에서의 독일 대표단의 특별성명서였다. 이 성명서에서 독일 서기는 그들의 근본적인 '종말론적 입장'을 주장하며 동시에 그것을 '성경적 근거'로 묘사하였다. 그때 그들은 대회참석자들을 향해 "하나님의 나라는

---

179) K. Hartenstein, 1948b, 171.
180) 비교: G. Sautter, 1985, 92-152; H. J. Margull, 1959, 24-78.
181) 독일 출판물: *Das Wunder der Kirche*(독일어 Tambaram-Bericht), 1939, 206-208.

먼저 하나님의 창조적인 행위에 의해 완성될 것이며 그 때 새 하늘과 새 땅이 창조될 것"이라는 것을 확고히 했다. "다음의 것들은 증언되어야 한다. 1) 낙관적 역사관을 가르치는 대회문서들에 대한 비판, 2) 타종교들에 대한 평가, 3) '중간시대'에 놓인 교회의 선교사명에 관해서. 그들은 '새로운 세계 질서를 실행하는 일'에 대해서는 사명감이 없다. 오히려 '재림하시는 주님과 그의 심판'을 기다리며 선교는 하나님의 부르심에 대한 순종으로 완성해야할 것이다 (208). 이 마지막 진술은 이미 1932년에 하르텐슈타인이 1928년 예루살렘대회를 회고하며 "독일인들은 점진적으로 영향을 미치고 있는 세계선교협의회의 사회복음주의(Social Gospel)를 회의적으로 주시하고 있고, 그들의 고유한 종교개혁과 경건주의의 유산을 상기하고 있다"고 반영하였다.[182]

적어도 중엽에 독일대표단의 확고한 구원사적 증거는 세계선교협의회(IMR)와 WCC의 초기(1954년 Evanston대회까지)에 영향력 없이 머물러 있지는 않았다. 1952년 빌링엔(Willingen)에서 칼 하르텐슈타인은 한 작은 공식적인 위원회를 소집하고, 첫 번째 신학분과위원들의 원래 보고서가 거부되자, 하나의 짧은 성명서를 만들었다. 몇 가지 진술들은 하르텐슈타인의 육필임을 알 수 있다.[183] 그것은 한 예로 "그의 통치는 숨겨져 있다. 그러나 확실히 그의 말씀은 우리에게 주어졌다. '이 천국복음이 모든 민족에게 증거되기 위하여 온 세상에 전파될 것이니 그제야 끝이 오리라.'"[184] 여기에 1932년에 세운 하르텐슈타인의 고독한 선교정의가 반영되고 있다.

> 선교는 교회에 대한 믿음과 하나님 나라에 대한 기대로 이방세계로 향하는 순종하는 고백적인 교회의 증거사역이다.[185]

---

182) K. Hartenstein, 1933, 40f.
183) F. Maier, (1954, 169-180)는 얼마나 큰 비중으로 빌링엔 문서작성에 하르텐슈타인의 관심사가 묘사되었는지를 나타내고 있다.
184) "Eine Erklärung über die missionarische Bedeutung der Kirche", Willingen, 19. Juli 1952, in H; J. Margull(Hg.), 1963, 96.
185) K Hartenstein, 1933, 13.

7. 초기 WCC의 성경관

1948년 암스테르담(Amsterdam)에 WCC를 설치하게 된 것은 영향력 있는 보호 아래서 영적인 지평적 희망에 의해 시작되었다. 전쟁과 전쟁 후기의 곤궁함은 교회의 심각한 영적인 기아와 살아 계신 하나님의 말씀에 대한 기아로 성경에 대해서 새롭게 마음을 열게 하였다. 그것은 오래된 기독교국들에게서 침체되어 있었다. - 개신교회와 가톨릭교회에서도 마찬가지다. 더 이해가 가는 새로운 성경해석들이 나타난 것이었다. 제임스 마펫(James Mottat)이나 로날드 낙스(Ronald Knox)의 영어 새번역성경 같은 것은 개인적인 주도에 근거하였다. 다른 것은 예를 들면 미국의 개정표준판(Revised Standard Version)과 같이 교회 관리상의 지령에 의한 것과 벨기에·가톨릭의 마레드수스 성경(Maredsous Bible)과 같은 것이 있다.

개신교 단위로는 - 무엇보다 세계 기독대학생 협의회에서 - 이미 세계 대전 이전에 일어나기 시작한 영적운동인 '성경의 재발견'[186]이 시작되었다. 이에 관해서 불란서 에큐메니칼 여신학자 수잔느 디트리히(Suzanne de Dietrich)가 동일한 책이름으로 보고하고 있다. 그는 제네바 근교 보세이(Bossey) 소재 WCC의 여부원장으로 그 원장인 핸드릭 크래머(Hendrik Kraemer)와 함께 에큐메니칼 운동의 성경연구 요청에 헌신하였다. 이 사역도 - 무엇보다도 또 다른 해석학적 시작으로 - 특히 스위스 신학자 한스 루에디 웨버(Hans-Ruedi Weber)에 의해 계속 진행되었다. 그의 개시로 1971년 제네바의 WCC에 하나의 새로운 '성경공부를 위한' 전문부서를 창안하였다.

내용적으로 이 성경에 대한 새로운 에큐메니칼적 관심은 소위 스위스 신학자 칼 바르트, 에밀 브루너, 오스카 쿨만, 발터 아이히로트(Walter Eidrodt)의 강력한 영향아래 각성한 소위 성경신학의 시대로 규정된다. 그것은 성경의 계시적 가치와 신구약을 포괄적 통일성과 그리스도 중심성을 강조하고 그러므

---

186) S. de Dietrich, 1948.

로 그것은 구원사적 의미를 지님을 의미한다. 척윈(A. M. Chirgwin)[187]은 그 당시의 에큐메니칼 운동이 추구한 "성경신학"적 관심에 대해서 이래와 같이 묘사하였다.

> 신구약성경을 각자 다른 무게와 가치로 취급하던 관행은 이제 중단되었다. 그 대신에 이 둘을 통일체로 보면서 그중에 한 부분은 하나님의 구원계획의 준비단계이며, 다른 한 부분은 그것을 그리스도 안에서 완성하기까지 계속된 것으로 이해하였다[…]. 성경전서는 창세기부터 요한계시록까지 한 가지 테마를 취급하고 있는데, 그것은 그리스도 안에 있는 하나님의 구원의지다. 통찰력이 있다면 모든 부분들의 적절한 장소와 그 의미들을 확실하게 발견할 것이다.

"성경신학"이 과거 경건주의의 구원사적 성경관과의 다른 점은 역사비평적 연구방법을 수용하고 그것을 해석학의 첫 걸음으로까지 요청한 점이다. 여기 전념한 신학자들은 그것을 그리 철저하게 다루지 않았기 때문에 이 두 가지 요소의 연관성에 관해서 에큐메니칼 운동에서는 거의 문제로 느끼지 않았었다.

에큐메니칼에서 성경과 함께하는 새로운 생활이 시작되었다. WCC는 대전 이후 강요된 사회 정치적 도전을 받아들이고 이를 참 기독교의 윤리적 답변으로 보았다. 성경이 원래 아무도 실망하지 않은 권위로 교회의 사명을 주장하는 한 2,000년간 성경에 전제된 사회적 관계들이 오늘날의 것과 분리되겠는가? 이 질문은 새로 형성된 WCC 연구부의 서기인 독일 신학자 볼트강 슈바이처(Wolfgang Schweitzer)에 의해 던져졌다. 그 연구는 "오늘날 교회의 사회 정치적 복음을 위한 성경의 권위"라는 주제로 다뤄졌다. 이에 참여한 자들은 칼 바르트, 에밀 브루너, 라인홀드 니버(Reinhold Niebuhr), 발터 아이히로트

---

187) A. M. Chirgwin, 1954, 53f.

(Walter Eichrodt), 수산네 드 디트리히(Susanne de Dietrich), 핸드릭 크래머, 알란 리찰슨(Alan Richardson), 윌렘 비써트 후프트(Willen A. Visser't Hoult)와 같은 탁월한 신학자들이었다.[188] 그 결과로 1949년 6월 29일-7월 5일까지 옥스퍼드의 와담(Wadam)대학교에서 있었던 협의회의 폐회시에 협의 문서가 나타났다.[189] 그것은 "성경해석을 위한 지침"이라는 주목할 만한 주제를 가졌다 - 그 안에서 새로운 에큐메니칼 교육전문직이 시작되었다는 것은 주목할 만한 것이다. WCC의 모든 후기 보고서들이 1949년의 지침을 따랐더라면, 의심할 바 없이 후에 60년대에 일어났던 해석학적으로 근거된 위기들과 충돌들을 피할 수 있었을 것이다. 그러나 와담문서는 이미 다 잊어 버렸다. 비록 그 지침서가 모든 해석학적 위험들을 제거할 수는 없었겠지만, 그것은 모든 신앙고백적 전통들로부터 합의점을 찾은 몇 개의 처방전을 지니고 있었다. 이미 칼 바르트의 교회론적 항목을 가리키는 신학적 해석(위 참조) 요청은 우리에게 의미 있어 보인다. 그에 의하면 해석자는 믿음을 통해서 그가 소속된 "구원받은 교회의 지체"로서 그의 사역을 감당한다(I.c). 성경을 해석하는 것은 그들의 '중심적 관심사'인 중심복음에서 성경의 내적 통일성에 설득된 주제를 가르치는 것이다. 그러나 이 전통적인 문서론적 근본전제는 - 마틴 하멜(Martin Hamel)이 입증한바와 같이[190] - 후기 에큐메니칼 문서들에서 결코 다시는 묘사되지 않았다. 이 주제는 1963년 몬트리얼(Montreal)에서 열린 제3차 WCC의 신앙과 직제 협의회(Faith-and-Order-Konferenz) 이후 에른스트 캐제만(Ernst Käsemann)이 다수의 신약경전에 함유된 교회론적 교육형식의 다수성으로 받아들이게 되자 그것은 무효화 되었다.

와담문서에 의하면 성경의 중심복음은 "예수 그리스도 안에서 한 민족을 그의 소유로 삼기 위해서 죄인을 구원하려는 하나님의 은혜로운 구속행위"

---

188) *Der Weg von der Bibel zur Welt*. 두 개의 에큐메니칼 연구협회의 보고서: "Die Autorität der Bibel für die sozial und politischen Botschaft der Kirche in der Gegenwart, hg. v. Studienabteilung des ÖRK, Genf, Zürich, 1948, 170.
189) A. Richardson/W. Schweitzer, 1951, 278-282.
190) M. Hamel, 1993, 9.

에서 발견된다(I.b). 성경의 중심은 기독론적-구원론적으로 정의되고, 두 성경 문서전체를 하나로 묶는 구원사적 흐름에는 "한 민족의 역사 속에 계속적인 하나님의 구속행위"가 심겨져 있다. 그것은 그리스도 안에서 성취된 것이다. 이는 의심할 나위 없이 오스카 쿨만(Oscar Cullmann)과 대부 발터 이이히로트(Walter Eichroth)의 시각에 서 있다. 이 사상 위에 "전기와 후기의 하나님의 계시"와 관련된 모든 범위의 연구가 요청되며 구원사의 총체적 진행의 빛에서 해석하게 된다(Ⅱ.b+c).

주목해야 할 것은 이 초기 에큐메니칼 해석학의 단계에서 - 이 개념은 그 당시 아직은 - 구원사와 역사적 시각이 의식적으로 종합되었고, 아무도 그것을 문제시 하지 않았었다.[191] 그들은 역사비평에 하나의 확실한 자리를 허락하였다. 왜냐하면 그 역할이 순수 도구적으로 진행할 것으로 관측하였기 때문이다. 그러나 그 해석은 유지되지 못했다. 항상 '예수 그리스도의 복음 안'에서 성경의 중심이 부각되었기 때문이다. 그들은 본문을 문학적으로 분석하였기 때문에 세분화 할 수가 없었다. 왜냐하면 그것들은 모두 '성경의 구속사적 일치'로 통일되어 있기 때문이었다.[192]

그들은 이 기초적인 성경의 구원사적 통일성은 형식적인 해석원칙과 그리스도 중심적인 실질적 해석원칙이 수용되는 한 역사비평적 고찰이 신학적 위험이 되지 않는다고 보았다. 이것이 오히려 필요한 것으로 보였다. 왜냐하면 성경의 현대사적 관계와 남아있는 계시신학적 핵심과의 차이에서와 변화된 오늘의 상황에서 사회윤리적 의미를 발견할 가능성이 있다고 판명되었기 때문이다.

"역사비평"이라는 개념은 현시대적인 고찰로 그 정당성이 의문시되지 않는다. 특히 그들 스스로가 칭한 방법적인 연구진행을 표준으로 제한하는 한

---

191) 우리는 모두 그 때 성경에 대한 역사-비평적 연구가 시작되었다고 보고 있다 (Ⅱ.a).
192) *Welt und Kirche unter der Herrschaft Christi*. Dokmente für eine ökumenische Studienarbeit, hg. v. der Studienabteilung des ÖRK, Genf, 1955, 43, 인용: M. Hamel, 1993, 9f.

그렇다.[193] 왜냐하면 이 역사적 양상은 성경본문을 사용할 흥미가 있는 모든 해석에서 조심스레 숙고되었고 – 근본주의 자신도 그랬다. 다만 "지속적인 결합과 장소와 시간적인 의미 사이에 경계선이 어디에 있는가에 대한 질문은 열려있다. 무엇보다고 어떤 입장에서 이것이 성립되는가이다. 이것이 지속되는 성경적 구원의 복음에 의해 의무 지워진 계시사적 입장에서인가 아니면 오직 돌발적인 오늘의 상황의 필요에 의해 방향 지워진 것인가? 이러한 질문들이 당시 신학 참여자들의 입장에서 성경적으로 분명하게 삭제되었는가는 당시에 아직은 중요한 것이 아니었다. 그것은 처음으로 60년대 에큐메니칼 신학적인 인식논적 원리에서 성경적 구원사로부터 과정신학적으로 신격화한 세계사로 이동하였다. 그때까지 확실히 거의 5년을 지나갔을 것이다. 우리는 즉 WCC의 초기에서 1961년 제 3차 뉴델리 총회까지 공식적인 성경이해는 성경신학적으로 규정되었었다는 것을 에큐메니칼 운동사에서 의미있는 사실로 직면한다.

그것은 형식적 인식만이 아니라 와담이 확정한 내용적 기초사상의 방향에서 있었다는 것과 그것은 뉴델리의 결과에서 진압되었다는 것을 증명한다. 그래서 예를 들면 세계선교협의회의 제1분과의 "증거"에 기록된 보고는 아래와 같다.[194]

> [⋯]우리가 증거에 관해서 말할 때, 증거는 세상을 창조하시고 유지하시는 하나님의 행위 전체에 대한 증거를 말하며, 특히 이스라엘사에 나타난 놀라운 일들과, 예수그리스도를 통한 세상과의 화해를 말한다. 이 증거를 성령이 교회에서 밝히고 있다[⋯]. 사도들의 증거는 성령충만한 교회를 통해서 우리에게 오며 하나님은 우리에게 모든 이 후의 증거를 위해서 근거를 주셨다.

---

193) Ⅱ.a에 칭하였다. ① 본문의 규정, ② 문단의 문학적 형식, ③ 역사적 상황, 삶의 자리(Siz im Leben), ④ 근본저자와 청중과 독자를 위한 말씀의 의미, ⑤ 일컫는 맥락과 그것이 나오게 된 근거에서 본 문단이해.
194) *Neu–Dehli*, 1961, 87.

뉴델리의 전야에서 이미 WCC는 그의 선교와 복음화 이해를 복음주의 선교운동의 구원사적 전통에 자신을 세우려고 했던 것이 명백했다. WCC와 세계선교협의회 사이에는 공동연구위원회가 있어서 수년간 선교의 성경적인 근거에 대한 테마로 논쟁하였다. 이것은 선교의 기초, 목적, 장소, 의미에 관해서 새로운 성경신학적 연구로 가장 잘 알려진 홀랜드 선교학자 요한네스 블라우(Johannes Blauw)에게 교회를 모든 민족에게 파송하는 근거와 의미에 대해서 신학적으로 연구하도록 맡겨졌다.[195] 그들은 여기서 미래 WCC의 세계선교와 복음화협의회를 위해서 신학적 방향을 제시하였다. 블라우의 책 『교회의 선교적 본질』(The Missionary Nature of the Church, 1962)은 먼저 1961년에 저술된 독일의 세속화 신학 책과는 거리가 먼 주제인 『세상에서의 하나님의 역사』(Gottes Werk in dieser Welt)였다. 그러나 동시에 아주 꼭 맞는 부제목은 『선교의 성경적 신학 개요』(Grundzüge einer biblischen Theologie der Mission)였다. 이 저자는 그의 연구과정에서 선교의 '구원사적 기초가 이미 오래된 역사'를 지녔다는 것을 확인하였다.[196] 여기에 저지할 수 없이 명백한 것은 하르텐슈타인과 프라이타크 같은 독일 선교신학자들의 공헌이 오랜 기간 영향을 끼쳤다는 것이다.

WCC는 신학연구을 위한 '성경신학'적 관점의 적법성을 알고 있었고, 특히 그 최초의 총무인 화란-개혁주의 신학자 윌렘 비써트후르트(Willem. A. Visser 't Hooft)의 덕을 입고 있다. 그는 이것을 WCC 안에서 연합된 교회들의 영적 통일성을 위해서 근본적인 신학적 전제로까지 보았다. 그는 뉴델리 이후 "에큐메니칼 운동 안에서의 성경"이라는 연설을 하며[197] 아래와 같이 강조하였다.

---

195) J. Blauw, 1961, 9-11.
196) *Ebd.*, 15.
197) Bulletin of the United Bible Societies, Nr. 56, (4th Quarter 1963). 인용: in deutscher Übersetzung nach G. Wolfensburger, 1968, 12f.

그들이 현재 WCC의 근거로 받아들인 것처럼, 성경의 권위에 대한 일반적인 인식은 가장 권위 있는 요소다. 이를 통해 교회들이 강화되고, 함께 거하며 연합이 깊어진다.

비써트후르트는 성경신학에 함축된 이 성경이해로 그의 공직생활의 마지막까지 후에 나타난 다원주의적이고 보편적인 사고방식에 대하여 방어하였다. 이 의미로 그는 적대관계 조절을 위하여 그에게 개인적으로 요청된 1961년 WCC의 기본규범의 확대에 관하여 '성경을 따라서'(according to the scripture) 해석하였다. 이제 WCC는 1963년 몬트리얼(Montreal)에서 개최된 신앙과 직제(FaO)회의에서 에큐메니칼 해석학을 전승사적으로 근거된 다원주의적 원리로 전이하기 시작하였다.[198] 그러므로 1966년 이별하는 총무가 그의 마지막 보고서에 서약하는 말을 하자 중앙위원회의 회원들의 귀에는 백조의 노래처럼 울렸을 것이다.[199]

'성경을 따라서'라는 말이 전체적으로 통일성 있고 한 음성으로 말하는 것" 외에 어떤 다른 뜻을 의미할 수 있습니까? 많은 예가 있습니다. 성경의 일치성을 거부한다는 것은 교회의 일치성의 필요를 거부하는 것입니다. 성경을 뒤섞인 기독론들과 교회론들의 수집으로서 이해한다면 일치로의 부름의 근거는 희박합니다.

결론적으로 WCC는 초기에 조직신학만이 아니라 성경신학에도 큰 흥미를 가졌다는 것을 주목해야 한다. 그것은 교회의 일치가 가르침에 있어서만이 아니라, 그들의 복음적 사역에도 해당된다는 것이다. 그래서 50년대 이래 WCC(연구분과에서 복음전파에 관한 질문에 대한 강연)와 성경번역 세계연맹

---

198) WCC 성경관의 변천사는 E. Flessemann-van Leer에 의해(1980) 다큐멘트로 제시되었다.
199) Central Council of the World Churchs. Minutes and Report of the nineteenth meeting. Geneva, Switzerland, February 8th to 17th, 1966, 87.

(UBS) 사이에 밀접한 동역이 있었다. 이 동역에서 중요한 연구과제가 생겼다. "복음전도에 있어서 성경의 위치"(1951–1953)에 관해서 아더 척윈(Arthur M. Chirgwin)은 그의 책 『세계복음화에서의 성경』(The Bible in World Evangelism)에 보고 하였다.[200] 1961년 뉴델리 총회의 한 보고서에는 그 당시 여러 나라에서 아주 성공적인 성경주간이 개최되었다고 보고되었다. 그 보고서[201]에는 "위원회는 새로운 형태의 성경주간이 생겼다는 큰 기쁜 소식을 들었다. 그것을 통해서 성서공회연맹과 WCC는 증진되었고 교회 갱신에 기여하기 위해서 여러 곳에서 사용되게 하였다." WCC의 연합사역으로 큰 성경읽기 운동이 일어났다. 이렇게 1963년에는 보세이(Bossey) 에큐메니칼 연구소에 "성경읽기 – 주해와 성경신학"에 대한 협의회가 개최되었다. 그것은 청소년 부와 WCC의 에큐메니칼 연구소에 의해서 열린 것이다.[202] 이 기회에 W. A. 비써트후프트는 위에 인용한 '에큐메니칼 운동에서의 성경'을 강연한 것이다. 여기에 그가 마지막으로 다시 한 번 발언할 기회를 얻는다.

무엇이 우리가 주 예수 그리스도를 알 수 있게 하는가? 어디가 그를 만날 수 있는 곳인가? 그 만남의 장소는 성경이다. 이 성경은 그러므로 에큐메니칼 운동의 상표가 아니고 성경 자체가 모든 상황에서 역동적인 요인이다. 확실히 우리 모두는 공동으로 성경을 지니고 있음으로 말미암아 바벨적인 언어혼란에 빠지지 않고 우리는 에큐메니칼 운동 안의 여러 다른 교회들과 문화권에서도 함께 모일 수 있다.[203]

---

200) A. M. Chirgwin, 1954.
201) *Neu–Delhi*, 1961, 277.
202) G. Wolfensberger, 1968, 191.
203) *Ebd.*, 13.

그가
보내신
말씀

Er Sandte Sein Wort

참고문헌
BIBLIOGRAPHIE

Die Bibel:

Biblia Hebraica, W. Rudolph u. H.P. Rüger (Hg.), Stuttgart, 1984.

Novum Testamentum Graece, E. Nestle/K. Aland (Hg.), Deutsche Bibelgesellschaft, Stuttgart, 1979.

Novum Testamentum et Psalterium iuxta novae Vulgatae editionis textum, Typis Polyglottis Vaticanis 1974.

Deutsche Bibelübersetzungen:

Die Bibel nach der Übersetzung Martin Luthers, revidierte Fassung, Deutsche Bibel gesellschaft, Stuttgart, 1984. *Die Heilige Schrift des Alten und Neuen Testaments,* übers, v. Hermann Menge,

Deutsche Bibelgesellschaft, Stuttgart, 1949/84. *Die Heilige Schrift des Alten und Neuen Testaments,* Zürcher Bibel, Verlag Zürcher

Bibel, Zürich, 1931. *Die Heilige Schrift des Alten Testaments,* in Verbindung mit Budde et al. Ernst Kautzsch (Übers, u. Hg.), Mohr–Siebeck, Tübingen, 1910.

I. Lexika und Quellensammlungen

(Diese Werke werden nach den hier kursivierten Kurztiteln bzw. den Abkürzungen zitiert)

Bekenntnisse der Kirche. Bekenntnistexte aus zwanzig Jahrhunderten, Hans Steubing (Hg.), R. Brockhaus, Wuppertal, [2]1977.

Die Bekenntnisschriften der ev.–luth. Kirche, hg. im Gedenkjahr der Augsburgischen Konfession 1930. 10. Aufl., V&R, Göttingen, 1986, [abgek.: *BSLK*].

Bibeltreue in der Offensive. Die Drei Chicago–Erklärungen zur biblischen Irrtumslosigkeit, Hermeneutik und Anwendung, Thomas Schirrmacher (Hg.), (Biblia et symbiotica 2), VKW, Bonn, 1993.

Biblisch–theologisches Wörterbuch der neutestamentlichen Gräzität, Hermann Cremer/ Julius Kögel (Hg.), Gotha, [10]1915.

The Conciliar–Evangelical Debate. The Crucial Documents 1964–1976, D.A. McGavran (Hg.), William Carey Library, Pasadena, 1977.

Die Einheit der Kirche. Material der ökumenischen Bewegung, Lukas Vischer (Hg.), (TB 30,

Mission und Ökumene), Kaiser, München, 1965.

Evangelische Schriftauslegung. Ein Quellen - und Arbeitsbuch für Studium und Gemeinde, Joachim Cochlovius/Peter Zimmerling (Hg.), Geistl. Rüstzentrum Krelingen/R. Brockhaus-Verlag, Wuppertal, 1987.

Evangelisches Gemeindelexikon (EGL). H. Burkhardt/K. Heimbucher (Hg.), Brockhaus - Verlag, Wuppertal, 1978.

Evangelisches Kirchenlexikon (EKL^3), Internationale theologische Enzyklopädie, Erwin Fahlbusch u.a. (Hg.), V&R, Göttingen, 1986ff.

Evangelisches Lexikon für Theologie und Gemeinde (ELThG), 3 Bde., R. Brockhaus, Wuppertal/Zürich, 1992 -94.

Exegetisches Wörterbuch zum Neuen Testament (EWNT), H.R. Balz/G. Schneider (Hg.), Stuttgart, Kohlhammer, 1980 -83.

Griechisch-Deutsches Wörterbuch zu den Schriften des Neuen Testaments und der übrigen urchristlichen Literatur, Walter Bauer/Kurt Aland (Hg.), de Gruyter, Berlin/New York, ^{6}1988, [abgek.: *Bauer/Aland*].

Herausgefordert durch die Armen. Dokumente der ökumenischen Vereinigung von Dritte - Welt-Theologen 1976-1983 (Theologie der Dritten Welt, Bd. 4), Ludwig Wiedenmann (Hg.), Herder, Freiburg, 1983.

Die Kirche für andere und Die Kirche für die Welt im Ringen um Strukturen missiona rischer Gemeinde. Schlussberichte der Westeuropäischen Arbeitsgruppe und der Nordamerikanischen Arbeitsgruppe des Referats für Fragen der Verkündigung, Thomas Wieser (Hg.), ÖRK, Genf, 1967.

Kleines Konzilskompendium. Sämtliche Texte des Zweiten Vatikanums, mit Einführungen und ausführlichem Sachregister, Karl Rahner/Herbert Vorgrimler (Hg.), Herder - Bücherei, Freiburg, ^{25}1994, [abgek.: *KKK*].

Lausanne geht weiter, Lausanner Komitee für Weltevangelisation (Hg.), Hänssler, Stuttgart - Neuhausen, 1980.

Lexikon der Mission, Horst Rzepkowski, Verlag Styria, Graz u.a., 1992.

Lexikon missionstheologischer Grundbegriffe, Karl Müller/Theo Sundermeier (Hg.), Dietrich Reimer Verlag, Berlin, ^{1}1987, [abgek.: *Müller/Sundermeier*].

Lexikon zur Weltmission, St. Neill/N. -P. Moritzen/E. Schrupp (Hg.), R. Brockhaus, Wuppertal/ VELM, Erlangen, 1975.

Luther-Lexikon (Luther Deutsch, Ergänzungsband 3), Kurt Aland (Hg.), EVA, Berlin, 1956.

Luthers Werke in folgenden Ausgaben:

1) *Weimarer Ausgabe* (WA), Verlag Hermann Böhlau, Weimar, 1883 ff.
2) *Luthers Werke in Auswahl,* Otto Clemen u.a (Hg.), A. Marcus u. E. Weber's Verlag, Bonn, seit 1912.
3) *Martin Luther, Ausgewählte Werke,* H.H. Borcherdt/G. Merz (Hg.), 3. Auflage, Kaiser, München, 1962.

4) *Luther Deutsch,* Die Werke Martin Luthers in neuer Auswahl für die Gegenwart, Kurt Aland (Hg.), EVA, Berlin, 1956.

5) *D. Martin Luthers Psalmen −Auslegung,* Erwin Mülhaupt (Hg.), 3. Bd. (Ps. 91 −150), V&R, Göttingen, 1965. *Mission als Strukturprinzip.* Ein Arbeitsbuch zur Frage missionarischer Gemeinden,

H.J. Margull (Hg.), ÖRK, Genf, (1965) ³1968. *Mission in Quellentexten.* Von der Reformation bis zur Weltmissions −Konferenz 1910, Werner Raupp (Hg.), VELM, Erlangen/ VLM, Bad Liebenzell, 1990.

New Directions in Mission and Evangelism 1. Basic Statements 1974 −1991, James A. Scherer/ Stephen B. Bevans (Hg.), Orbis Books, Maryknoll, NY, 1992.

Ökumene −Lexikon. Kirchen, Religionen, Bewegungen, H. Krüger/W. Löser/W. Müller − Römheld (Hg.)/O. Lembeck/J. Knecht, Frankfurt/M., (1983) ²1987.

Reich Gottes oder Weltgemeinschaft? Die Berliner Ökumene −Erklärung zur utopischen Vision des Weltkirchenrates, Walter Künneth/Peter Beyerhaus (Hg.), VLM, Bad Liebenzell, 1975. *Die Religion in Geschichte und Gegenwart* (RGG³). Handwörterbuch für Theologie und Religionswissenschaft, Kurt Galling (Hg.), 7 Bde., 3., völlig neu bearb. Aufl., Mohr/Siebeck, Tübingen, 1957 −65.

Theologische Stimmen aus Asien, Afrika und Lateinamerika, 3 Bde., P. Beyerhaus/ G. Rosenkranz/G. Vicedom/H. −W. Gensichen (Hg.), Kaiser, München, 1965 −68.

Theologische Realenzyklopädie (TRE), Gerhard Krause/Gerhard Müller in Gemeinschaft mit Horst Robert Balz (Hg.), de Gruyter, Berlin/New York, seit 1977.

Theologisches Wörterbuch zum Neuen Testament (ThWNT), Gerhard Kittel (Hg.), später Gerhard Friedrich, 9 Bde., W. Kohlhammer, Stuttgart.

Weg und Zeugnis. Bekennende Gemeinschaften im gegenwärtigen Kirchenkampf 1965 − 1980, R. Bäumer/P. Beyerhaus/F. Grünzweig (Hg.), Missionsverlag der Ev. −Luth. Gebetsgemeinschaften, Bielefeld, 1980.

Welt und Kirche unter der Herrschaft Christi. Dokumente für eine ökumenische Studienarbeit, Studienabteilung ÖRK, Genf, 1957. *Zur Sendung der Kirche.* Material der ökumenischen Bewegung (TB 18, Mission und Ökumene), H.J. Margull (Hg.), Kaiser, München, 1963.

II. Quellentexte(Dokumente, Erklärungen, Verlautbarungen)

Ad Gentes. Das Dekret über die Missionstätigkeit der Kirche (1965), in: *KKK,* 607 −654.

Auftrag zu heilen. Eine Tagung in Tübingen 1964, in Zusammenarbeit mit dem Deutschen Institut für Ärztliche Mission hg. v. d. Abteilung für Weltmission und Evangelisation, ökumenischer Rat der Kirchen, Genf, 1966.

[Barbados −Erklärung]. For the Liberation of the Indians [1971], in: IRM 60 (1971), 277 −

284.

Barmen 1934 –1984. Die Barmer Theologische Erklärung der 1. Bekenntnissynode der Deutschen Evangelischen Kirche; und: Gültigkeit und Aktualität der Barmer Erklärung. Sechs Thesen des Theologischen Konvents Bekennender Gemeinschaften, Verlag Diakrisis, Tübingen, 1984.

Barmer Theologische Erklärung, in: *Bekenntnisse der Kirche.* Bekenntnistexte aus zwanzig Jahrhunderten, Hans Steubing (Hg.), R. Brockhaus, Wuppertal, ²1977, 287 –289.

Basis der Evangelischen Allianz (Doctrinal Basis 1846), in: *Bekenntnisse der Kirche.* Bekenntnistexte aus zwanzig Jahrhunderten, Hans Steubing (Hg.), R. Brockhaus, Wuppertal, ²1977, 285 –286.

Basis der [Deutschen] Evangelischen Allianz (1972), in: Beilage zum Evangelischen Allianz – Brief 74, 285 f.

Die Berliner Ökumene –Erklärung 1974: "Freiheit und Gemeinschaft in Christus", in: Reich Gottes oder Weltgemeinschaft?, VLM, Bad Liebenzell, 1975, 16 –41.

Ein Brief von Teilnehmern, die gemeinsam evangelikale Perspektiven vertreten, an die Kirchen und Christen in aller Welt; ins Deutsche übers, und eingeleitet v. Albrecht Hauser, in: *Canberra 1991,* 128 –132 (abgek.: *Evangelikaler Brief aus Canberra).*

Chicago –Erklärung zur Biblischen Irrtumslosigkeit (1978), in: *Bibeltreue in der Offensive,* (s.o. Bibliogr. I), 17 –31.

Chicago –Erklärung zur Biblischen Hermeneutik (1982), in: *Bibeltreue in der Offensive,* (s.o. Bibliogr. I), 32 –49.

Chicago –Erklärung zur Biblischen Anwendung (1986), in: *Bibeltreue in der Offensive,* (s.o. Bibliogr. I), 50 –72.

Christliche Verantwortung im südafrikanischen Konflikt. Briefe des Theologischen Konvents Bekennender Gemeinschaften an die Evangelischen Kirchen – und Missionsleitungen in Deutschland, die Christen in Südafrika und die Medien, in: P. Beyerhaus/W. Künneth (Hg.), Gewalt in Jesu Namen?, Missionsverlag der Ev. –Luth. Gebetsgemeinschaften, Bielefeld, 1987, 171 –178.

Confessio Virtembergica. Das Württembergische Bekenntnis von 1951, E. Bizer (Hg.), (BWKG, 7. Sonderheft), 1952.

Dei Verbum. Dogmatische Konstitution über die göttliche Offenbarung (1965), in: *KKK,* (s.o. Bibliogr. I), 367 –382.

Eine Erklärung über die missionarische Bedeutung der Kirche. Willingen, 19. Juli 1952, in: *Zur Sendung der Kirche,* (s.o. Bibliogr. I), 95 –100.

Erklärung von Medellin. Evangelikale und Befreiungstheologie, idea –Dokumentation Nr. 27/88, 1988.

Evangelii Nuntiandi. Apostolisches Schreiben von Papst Paul VI. über die Evangelisation in der Welt von heute (Verlautbarungen des Apostolischen Stuhls Nr. 2) Sekretariat der Deutschen Bischofs –Konferenz (Hg.), Bonn, 1978.

Evangelikaler Brief aus San Antonio. Brief und Grußwort der Teilnehmer an der Weltmissions –

Konferenz in San Antonio, die evangelikale Anliegen vertreten, an den Internationalen Kongreß für Weltevangelisation in Manila (Lausanne II), in: *Dein Wille geschehe,* (s.u. Bibliogr. III), 276 –282.

Evangelisation in biblisch –reformatorischer Verantwortung, Biblische Handreichung der Konferenz Bekennender Gemeinschaften, Verlag DIAKRISIS, Bielefeld, 1988.

Die Frankfurter Erklärung zur Grundlagenkrise der Mission (1970), in: *Bekenntnisse der Kirche,* (s.o. Bibliogr. I), 314 –320.

Gaudium et spes. Die Pastorale Konstitution über die Kirche in der Welt von heute, in: *KKK,* (s.o. Bibliogr. I), 449 –552.

Glauben heute. Christ werden –Christ bleiben, Synode der Ev. Kirche in Deutschland (Hg.), Gerd Mohn, Gütersloh, 1988.

Der Glen Eyrie –Report. Evangelisation unter Moslems (1978), in: *Lausanne geht weiter,* 201 –238 (Eng. Original: LOP No. 4, 1978).

Gottes Mission als gemeinsame Aufgabe. Ein Beitrag des LWB zum Verständnis von Mission, in: LWB –Dokumentation Nr. 26, Januar 1989, Kreuz –Verlag, Stuttgart.

Guidelines on Dialogue with People of Living Faiths and Ideologies, ÖRK, Genf, 1979.

Instruktion der Kongregation für die Glaubenslehre über einige Aspekte der "Theologie der Befreiung", 6. August 1984 (Verlautbarungen des Apostolischen Stuhles 57), Sekretariat der Deutschen Bischofskonferenz (Hg.), Bonn, 1984.

Die Interpretation der Bibel in der Kirche. Ansprache seiner Heiligkeit Johannes Paul II. (Vatikanische Dokumente) ein Dokument der Päpstlichen Bibelkommission (Hg.), Libreria Editrice Vaticana, 1993.

Das Kairos –Dokument. Herausforderung an die Kirche. Ein theologischer Kommentar zur politischen Krise in Südafrika. Zweite revidierte Fassung (1986), in: *Christliches Bekenntnis in Südafrika* (Weltmission heute 1), EMW, Hamburg, 1987.

Konkordienformel 1580, in: *BSLK,* (s.o. Bibliogr. I), 735 –1100.

Lausanner Verpflichtung (1974). in: *Bekenntnisse der Kirche,* (s.o. Bibliogr. I), 320 – 330 (Auch in: *Lausanner Dokumente,* Bd. 1, 9 –18; s.u. Bibliogr. III).

Lumen Gentium. Dogmatische Konstitution über die Kirche (1964), in: *KKK,* (s.o. Bibliogr. I), 123 –197.

Das Manifest von Manila (1989), in: *Evangelisation mit Leidenschaft,* (s.u. Bibliogr. III), 329 – 349.

Schlußerklärung der 6. EATWoT –Konferenz von Neu Delhi 1981, in: *Herausgefordert durch die Armen,* (s.o. Bibliogr. I), 114 –135.

Mission und Evangelisation. Eine ökumenische Erklärung. Verabschiedet vom Zentralausschuß des ökumenischen Rates der Kirchen auf seiner Sitzung im Juli 1982, Evangelisches Missionswerk im Bereich der Bundesrepublik Deutschland und Berlin West e.V. (EMW), (hg.) Hamburg, 1982.

Das neue Fragen nach dem Heiligen Geist. Biblische Orientierungshilfe (1992), in: DIAKRISIS 14/1 (1993).

Nostra Aetate. Die Erklärung über das Verhältnis der Kirche zu den nichtchristlichen

Religionen (1965), in: *KKK,* (s.o. Bibliogr. I), 355 –359.

Redemptoris Missio. Enzyklika von Papst Johannes Paul II. über die fortdauernde Gültigkeit des missionarischen Auftrages. 7. Dezember 1990 (Verlautbarungen des Apostolischen Stuhls Nr. 100), Sekretariat der Deutschen Bischofskonferenz (Hg.), Bonn,1990.

Road to Damaskus. Kairos and Conversion, Institute of Contextual Theology (Hg.), Johannesburg, 1989.

Der Ruf der Kirche zu Mission und Einheit. Vom Zentralausschuß des ökumenischen Rates der Kirchen in Rolle 1951 entgegengenommen und den Kirchen zum Studium und zur Stellungnahme empfohlen, in: *Die Einheit der Kirche,* (s.o. Bibliogr. I), 261 – 265.

Schalom, Eirene und das Heil der Welt heute. Ergebnisse eines ökumenischen Seminars über das Thema der kommenden Weltmissions – Konferenz, Dezember 1972 in Bangkok, hektographiert, 23 Seiten, Archiv des Tübinger Instituts für Missionswissenschaft und Ökumenische Theologie.

Seoul Declaration (1982). Towards an Evangelical Theology for the Third World, in: ERTh7(1983),8 – 12.

Über die Wechselbeziehung zwischen der Verkündigung des Evangeliums und der menschlichen Entwicklung, in: LR 23 (1973), 248 –255.

Unitatis redintegratio. Das Dekret über den Ökumenismus, in *KKK,* (s.o. Bibliogr. I), 217 – 250.

Wheaton – Erklärung (1966), in: *Die Wheaton – Erklärung. Grundfragen der Mission,* nach der Übers, des Institutes für Missionswissenschaft in Tübingen, (Christusbekenntnis heute, 13), Peter Beyerhaus (Hg.), VLM, Bad Liebenzell, 1970.

The Willowbank Declaration on the Christian Gospel and the Jewish People. Willowbank 1989, in: IBMR 13 (1990), 161 – 164 und in; *New Directions in Mission and Evangelization* 7, (s.o. Bibliogr. I), 306 – 312, 41 – 43.

III. Konferenzberichte(*Anordnung chronologisch*)

[Jerusalem 1928]. Von der Höhe des Ölbergs. Bericht der dt. Abordnung über die Missionstagung in Jerusalem, M. Schlunk (Hg.), Stuttgart/Basel/Berlin, 1928.

The Madras Series [1938]. Presenting Papers Based upon the Meeting of the International Missionary Council, at Tambaram, Madras, India, December 12th to 29th, 1938, Vol. III u. IV, IMC, London/New York, 1939.

Das Wunder der Kirche unter den Völkern der Erde. Bericht über die Weltmissions – Konferenz in Tambaram (Südindien) 1938, M. Schlunk (Hg.), Ev. Missionsverlag, Stuttgart/ Basel, 1939.

Der Große Auftrag. Weltkrise und Weltmission im Spiegel der Whitby – Konferenz des

Internationalen Missions−Rats [1947]. Bericht der deutschen Teilnehmer, W. Freytag/K. Hartenstein/C. Ihmels (Hg.), Verlag der Rhein. Missionsgesell schaft, Wuppertal−Barmen, 1948.

Der Weg von der Bibel zur Welt. Bericht von zwei ökumenischen Studien−Tagungen über "Die Autorität der Bibel für die soziale und politische Botschaft der Kirche in der Gegenwart", Studienabteilung des ÖRK (Hg.), Gotthelf−Verlag, Zürich, 1948.

Die Autorität der Bibel heute. Ein vom Weltkirchenrat zusammengestelltes Symposium über "Die biblische Autorität für die soziale und politische Botschaft der Kirche heute", Alan Richardson/Wolfgang Schweitzer (Hg.), Gotthelf−Verlag, Zürich/M. Anker−Verlag, Frankfurt, 1949.

Missions Under the Cross. Adresses delivered at the Enlarged Meeting of the Committee of the International Missionary Council at Willingen 1952, Norman Goodall (Hg.), Edinburgh House Press, London, 1953.

Christus−die Hoffnung der Welt. Ein Bericht über die zweite Weltkirchen−Konferenz Evanston−August 1954, H. Grüber/G. Brennecke (Hg.), EVA, Berlin, 1954.

Neu−Dehli 1961. Dokumentarbericht über die Dritte Vollversammlung des Ökumenischen Rates der Kirchen, W.A. Visser ,t Hooft (Hg.), Ev. Missionsverlag, Stuttgart, 1962.

Montreal 1963. Bericht der vierten Weltkonferenz für Glauben und Kirchenverfassung, Montreal, 12.−26. Juli 1963, Patrick C. Rodger/Lukas Vischer (Hg.), EVZ−Verlag, Zürich, 1963.

In sechs Kontinenten. Dokumente der Weltmissionskonferenz Mexico 1963, Theodor Müller−Krüger (Hg.), Ev. Missionsverlag, Stuttgart, 1964.

Central Committee of World Council of Churches [1966]. Minutes and Report of the nineteenth meeting. Geneva, Switzerland, February 8th to 17th, 1966, Central Council of the World Council of Churches (Hg.), Geneva, 1966.

The Church's Worldwide Mission, an analysis of the current state of evangelical mission, and a strategy for future activity. Harold Lindsell (Hg.), Word Books, Waco, 1966 (Wheaton−Report 1966).

Appell an die Kirchen der Welt. Dokumente der Weltkonferenz für Kirche und Gesellschaft [in Genf 1966], Hanfried Krüger (Hg.), Kreuz−Verlag, Stuttgart/ Berlin,[3]1968.

One Race, One Gospel, One Task, 2 Bde., [Bericht vom Weltkongreß für Evangelisation in Berlin 1966], Carl Henry/Stanley Mooneyham (Hg.), World Wide Publications, Minneapolis, 1967.

Sektions−Entwürfe. Vierte Vollversammlung des Ökumenischen Rates der Kirchen, Uppsala, Schweden, 1968 ÖRK, Genf/Uppsala, 1968.

Bericht aus Uppsala 1968. Offizieller Bericht über die Vierte Vollversammlung des Ökumenischen Rates der Kirchen, Uppsala 4−20. Juli 1968, Norman Goodall (Hg.), dt. Ausg. besorgt v. Walter Müller−Römheld, Genf, 1968.

Consultation on 'Dogmatic or Contextual Theology' vom 26.−31.8.1971 im Ökumenischen Institut Bossey bei Genf, hektogr. Bericht im Genfer Archiv des ÖRK.

Löwen 1971. Studienberichte und Dokumente der Sitzung der Kommission für Glauben und Kirchenverfassung (ÖR.B 18/19), darin: "Die Autorität der Bibel", K. Raiser (Hg.), Ev. Missionsverlag, Stuttgart, 1971, 8 –21.

[Louvain 1971]. Minutes of the Meetings of the Working Committee on Commissions Held at the Jesuit College, Heverlee/Louvain, Belgium, 31.7.1971, (WCC/ Commission on Faith and Order, 60), World Council of Churches (Hg.), Geneva, 1971.

Utrecht 1972. Vorträge und Berichte der Tagung des Zentralausschusses des Ökumenischen Rates der Kirchen, (ÖR.B 23), H. Krüger (Hg.), (Beiheft Nr. 23 zur ÖR), Stuttgart, 1973.

Das Heil der Welt im Horizont der Erfahrung. Eine Textsammlung, KWME, Genf, 1972.

Das Heil der Welt heute. Ende oder Beginn der Weltmission? Dokumente der Welt missionskonferenz Bangkok 1973, Philip A. Potter (Hg.), dt. Ausgabe besorgt von Th. Wieser, Kreuz –Verlag, Stuttgart/Berlin, 1973.

Arbeitsbuch für die Fünfte Vollversammlung des Ökumenischen Rates der Kirchen [in: *Nairobi 1975},* ÖRK, Genf, 1975.

Von Uppsala nach Nairobi. Ökumenische Bilanz 1968 –1975 (epd –Dokumentation), Eckart – Verlag, Bielefeld/Frankfurt, 1975.

Bericht aus Nairobi 1975. Ergebnisse –Erlebnisse –Ereignisse. Offizieller Bericht der Fünften Vollversammlung der ÖRK, H. Krüger/W. Müller –Römheld (Hg.), O. Lembeck, Frankfurt/M., 1976.

Jesus Christus befreit und eint. Vorträge von der Fünften Vollversammlung des ÖRK in Nairobi, (23. November bis 10 Dezember 1975), (ÖR.B 30), H. Krüger (Hg.), O. Lembeck, Frankfurt/M., 1976.

Let the Earth Hear His Voice. International Congress on World Evangelization, Lausanne, Switzerland. Official Reference Volume, Papers and Responses, J. Douglas (Hg.), World Wide Publications, Minneapolis, 1975.

Lausanner Dokumente. Alle Welt soll sein Wort hören. Berichte und Texte vom . Lausanner Kongreß für Weltevangelisation in Lausanne 1974, 2 Bde; Peter Beyerhaus et al. (Hg.), Hänssler, Stuttgart –Neuhausen, 1976.

Von Nairobi nach Vancouver 1975 –1983. Offizieller Bericht des Zentralausschusses an die 6. Vollversammlung des Ökumenischen Rates der Kirchen, ÖRK, Genf, 1983.

Daressalam 1977. In Christus eine neue Gemeinschaft. Offizieller Bericht der Sechsten Vollversammlung des LWB, (epd –Dokumentation 18), H. –W. Hessler (Hg.), O. Lembeck, Frankfurt/M., 1977.

Die Pasadena –Konsultation über das "Prinzip der homogenen Einheit" [1977], in: *Lausanne geht weiter,* (s.o. Bibliogr. I), 7 –31 [Eng. Original: LOP No 1, 1978].

Der Willowbank –Report [1978], in: *Lausanne geht weiter,* (s.o. Bibliogr. I), 33 –112.

Dein Reich komme. Bericht der Weltkonferenz für Mission und Evangelisaton in Melbourne, Martin Lehmann –Habeck (Hg.), Lembeck, Frankfurt/M., 1981.

Your Kingdom Come. Mission Perspectives. Report on the World Conference on Mission and Evangelism, Melbourne, Australia, 12 –25 May 1980, ÖRK, Genf, 1980.

How Shall They Hear? Pattaya Report 1980, LCWE , Wheaton, 1980.

The Grand Rapids Report [1982]. Evangelism and Social Responsibility. An Evangelical Commitment, Published on behalf of the LCWE and the WEF, Paternoster, Exeter.

In Word and Deed [1982]. Evangelism and Social Responsibility, Bruce Nicholls (Hg.), Eerdmanns, Grand Rapids, 1985.

Dein Wille geschehe. Mission in der Nachfolge Jesu Christi. Darstellung und Dokumente der X. Weltmissionskonferenz in San Antonio 1989, Joachim Wietzke (Hg.), Lembeck, Frankfurt/Main, 1989.

Evangelisation mit Leidenschaft. Berichte und Impulse vom II. Lausanner Kongreß für Weltevangelisation in Manila, Horst Marquardt/Ulrich Parzany (Hg.), Aussaat–Verlag, Neukirchen–Vluyn, 1990.

Proclaim Christ Until He Comes. Calling the Whole Church to Take the Whole Gospel to the Whole World. Lausanne II in Manila, International Congress on World Evangelization, 1989; J.D. Douglas (Hg.), World–Wide Publications, Minneapolis, 1990.

Canberra 1991. Ansprachen, Vorträge, Bibelstudien, Predigten, Plenardarbietungen, Botschaften, Initiativen von der VII. Vollversammlung des Ökumenischen Rates der Kirchen in Canberra 1991(ÖR.B 63), K. Raiser/M. Sens (Hg.), O. Lembeck, Frankfurt/M., 1991.

IV. Sekundärliteratur(*Alphabetisch; innerhalb der Werke eines Autors: chronologisch*)

A.

ABD–AL–MASIH, o.J., Wer ist Allah im Islam?, Licht des Lebens, Villach.

ABRAHAM, C.E., 1953, "The Place of the Bible in the Church", in: IRM 42, 194–199.

ABRAMOWSKI, R., 1938, Das Buch des betenden Gottesknechts der Psalmen, (BAT 14), Calwer Vereinsbuchhandlung, Stuttgart.

ACHIMESCU, Nicolae, 1993, Die Vollendung des Menschen im Buddhismus. Bewertung aus orthodoxer Sicht, (Diss. masch.), Tübingen.

ADENAY, David H., 1985, China: The Church's Long March, Regal/OMF, Ventusa/ S ingapore.

AFFLERBACH, Horst, 1987, Die sanfte Umdeutung des Evangeliums, Ev. Gesellschaft, Wuppertal.

AHN, Byung Mu, 1982, "Was ist die Minjung–Theologie? Zur 'Theologie des Volkes' in Südkorea", in: Junge Kirche 43, 290–296.

_____. 1986, Draußen vor dem Tor. Kirche und Minjung in Korea, (Theologische Beiträge und Reflexionen), V&R, Göttingen.

_____. 1987, "Koreanische Theologie", in: *Müller/Sundermeier* (s.o. Bibliogr. I), 230–235.

_____. 1989, "Minjung–Bewegung und Minjung–Theologie", in: ZMR 73, 126–133.

AHRENS, Theodor, 1969, Die ökumenische Diskussion kosmischer Christologie seit 1961, (Diss. masch.), Hamburg.

_____. 1986, Unterwegs nach der verlassenen Heimat. Studium zur Identitätsproblematik in Melanesien, VELM, Erlangen.

ALAND, Barbara, 1986, Art. "Bibelübersetzungen", in: EKL³, Bd. 1, 478–487.

ALAND, Kurt, 1960, "Der Hallesche Pietismus und die Bibel", in: Die bleibende Bedeutung des Pietismus–Zur 250–Jahr–Feier der von Cansteinschen Bibelanstalt, Oskar Söhngen (Hg.), Cansteinsche Bibelanstalt, Wirten/Berlin, 24–59.

_____. 1983, "Die Geschichte der neutestamentlichen Texte und die Resultate der modernen Textkritik", in: S. Meurer (Hg.), 1983, (s.u. Bibliogr.), 21–36.

ALEXANDER, Brooks, 1988, "Die kommende Weltreligion", in: Beyerhaus/v. Padberg (Hg.), 1988, (s.u. Bibliogr.), 43–55.

ALLEN, Roland, 31953, Missionary Methods. St. Paul's or Ours?, World Dominion Press, London, [¹1912; ⁴1956].

_____. ³1956, The Spontaneous Expansion of the Church and the Causes which Hinder It, World Dominion Press, London, [¹1927].

_____. 1962, The Ministry of the Holy Spirit. Selected Writings by Roland Allen/David M. Paton (Hg.), Eerdmans, Grand Rapids.

ALTHAUS, Paul, ⁴1933, Die letzten Dinge, Bertelsmann, Gütersloh.

_____. ²1949, Die christliche Wahrheit. Lehrbuch der Dogmatik, 2 Bde., C. Bertelsmann, Gütersloh.

ALTHAUSEN, Johannes, 1971, Christen Afrikas auf dem Wege zur Freiheit, VELM, Erlangen.

AMBERG, E.H., 1956, Die Autorität der Heiligen Schrift in der deutschen evangelischen Dogmatik seit der Jahrhundertwende, (Diss. masch.), Leipzig.

AMSTUTZ, Josef, ⁴1994 Kirche der Völker. Skizze einer Theorie der Mission, (QD 57), Herder, Freiburg, [1972].

_____. 1994, "Beni–Abbes. Das Klösterchen von Charles de Foucauld: Modell der missionarischen Präsenz?", in: NZM 50, 81–130.

ANDERSEN, W., 1954, "Die kerygmatische Begründung der Religions– und Missionswissenschaft", in: EMZ 11, 29–37.

ANDERSON, A.A., ³1989, The Book of Psalms (NCeB), Eerdmans, Grand Rapids/ Marshall, Morgan & Scott, London.

ANDERSON, Gerald H. (Hg.), 1961, The Theology of the Christian Mission, MC Graw–Hill Book, New York u.a.O.

_____. 1975, Art. "Laymen's Foreign Missions Inquiry", in: *Lexikon zur Weltmission*, (s.o. Bibliogr.), 314 f.

_____. 1988, "American Protestants in Pursuit of Mission: 1886–1986", in: IBMR 12, 98–118.

ANSELM VON CANTERBURY, ⁴1986, Cur Deus Homo? Lateinisch–Deutsche Ausgabe, WB, Darmstadt.

ANTHONY, Metropolit von Leningrad und Novgorod, 1980, "On Mission and Evangelism", in: IRM 69, 477–480.

APPASAMY, A.J., 1942, The Gospel and India's Heritage, SPCK, London/Madras.

APPIAH–KUBI, Kofi/TORRES, Sergio (Hg.), 1979, African Theology en Route, Orbis Books, Maryknoll, New York.

ARING, Paul Gerhard, 1971, Kirche als Ereignis. Ein Beitrag zur Neuorientierung in der Missionstheologie, Neukirchener Verlag, Neukirchen–Vluyn.

ARNDT, Johann, 1955, Sechs Bücher vom wahren Christentum, Neudruck, Mühlheim a. d. Ruhr.

ARNOLD, Clinton E., 1989, Ephesians: Power and Magie. The Concept of Power in Light of its Historical Setting, Baker, Grand Rapids.

ASENDORF, U./KÜNNETH, F.–W. (Hg.), 1979, Christuszeugnis im Nebel des Zeitgeistes. Nicänisches Christusbekenntnis heute, (FS Walter Künneth), Hänssler, Neuhausen/ Stuttgart.

ASPERG, Johann, 1956, Bibelns väg till Östasien. (Skrifter utgivna av Svenska Institutet för Missionsforskning 10), J.A. Lindblads Förlag, Uppsala.

AUBERLEN, Carl–August, 1986, Der Prophet Daniel und die Offenbarung Johannis in ihrem gegenseitigen Verhältnis betrachtet und in ihren Hauptstellen erklärt, Neudruck, Verlag der Ev. Gesellschaft, Wuppertal [¹1854 Basel].

AUGUSTINUS, Aurelius, 1953, Der Gottesstaat. In dt. Sprache v. Carl Johann Perl, 3 Bde., Otto Müller Verlag, Salzburg.

B.

BAKER, D.L., 1991, Two Testaments, One Bible. A Study in the Theological Relationship between the Old and the New Testament, Intervarsity Press, Leicester.

Baldermann, Ingo et al. (Hg.), 1988, Jahrbuch für Biblische Theologie 3: Zum Problem des biblischen Kanon, Neukirchener Verlag, Neukirchen–Vluyn.

BALTHASAR, Hans Urs von, 1967, Cordula oder der Ernstfall, Johannes–Verlag, Einsiedeln/ Trier.

BALZ, Heinrich, 1978, Theologische Modelle der Kommunikation: Bastian–Kraemer–Nida, Gerd Mohn, Gütersloh.

_____. 1992, Art. "Missionstheologie", in: EKL³, Bd. 3, Sp. 424–444. BANANA, Canaan, 1980, "Good News to the Poor", in: *Your Kingdom Come,* 1980, (s.o. Bibliogr. III), 104–119.

BARR, James, 1961, The Semantics of Biblical Language, Oxford University Press, Oxford.

BARRETT, David B., 1968, Schism and Renewal in Africa, Oxford University Press, Nairobi/ Oxford u.a.O.

BARTCHY, Scott, 1973, First-Century Slavery and 1 Corinthians 7:21, Society of Biblical Literature, Missoula University of Montana, 539-546.

BARTH, Karl 1932, Kirchliche Dogmatik, [abgek.: KD], 1932 ff, Bd. I/1-IV/3, EVZ, Zürich.

_____. ⁶1933, Der Römerbrief, Kaiser, München.

_____. 1949, "Die Unordnung der Welt und Gottes Heilsplan", in: K. Barth/J. Danielou/ R. Niebuhr: Amsterdamer Fragen und Antworten, (ThEx. NF 15), Zürich, 3-15.

_____. 1961, "An Exegetical Study of Matthew 28:16-20", in: Gerald Anderson (Hg.), Theology of the Christian Mission, (s.o. Bibliogr.), 55-71.

BARTH, Markus, 1974, Ephesians. Translated and Commentated (Anchor Bible 34), Double Day, Garden City, N.Y.

BASILEIA, 1959, FS für Walter Freytag, J. Hermelink/H. J. Margull (Hg.), Ev. Missionsverlag, Stuttgart.

BAUMERT, Norbert, ⁴1992, " 'Die Propheten kommen!' Zur 'Prophetenbewegung' ", in: Rundbrief für charismatische Erneuerung in der katholischen Kirche, 22-24.

BAVINCK, J.Herman, ²1961, An Introduction to the Science of Missions, Presbyterian and Reformed Publishing Company, Philadelphia, PA.

BAYER, Oswald, 1988, "Oratio, meditatio, tentatio. Eine Besinnung auf Luther's Theologie - Verständnis", in: LuJ 55, 7-59.

_____. 1992, Leibliches Wort. Reformation und Neuzeit im Konflikt, Mohr/Siebeck, Tübingen.

_____. 1994, Theologie, (HST 1), Gütersloher Verlagshaus, Gütersloh.

BAYER, Hans/YARBROUGH, Robert, 1986, "O. Cullmann's progressiv-heilsgeschichtliche Konzeption", in: H. Stadelmann (Hg.), 1986 a, 330-334.

BEATO, Joaquim, 1980, "Good News for the Poor.-Its Implications for the Mission of the Church in Latin America", in: *Your Kingdom Come,* 1980, (s.o. Bibliogr. III), 93-103.

BEAVER, R. Pierce (Hg.), 1967, To Advance the Gospel. Selections from the Writings of Rufus Anderson, Eerdmans, Grand Rapids.

BECK, Horst W., ²1994, Biblische Universalität und Wissenschaft. Interdisziplinäre Theologie im Horizont Trinitarischer Schöpfungslehre, Gustav-Siewerth-Akademie, Weilheim-Bierbronnen, [¹1987].

_____. 1990, "Auftrag und Ermächtigung des Menschen in diesem Äon", in: P. Beyer haus/L. v. Padberg (Hg.), 1990, (s.u. Bibliogr.), 65-81.

BECK, Johann Tobias, ²1870, Einleitung in das System der Christlichen Lehre oder Propädeutische Entwicklung der Christlichen Lehrwissenschaft, J.F. Steinkopf, Stuttgart.

BECKEN, H.J., 1972, Theologie der Heilung. Das Heilen in den afrikanischen unabhängigen Kirchen in Südafrika, Missionsbuchhandlung, Hermannsburg.

BEISSER, Friedrich, 1966, Claritas scripturae bei Martin Luther, (FKDG 18), V&R, Zürich/ Göttingen.

BELO, Femando, 1980, Das Markus –Evangelium materialistisch gesehen, F. Fehlen/ K. Füssel/ D. Schlechter (Hg. u. Übers.), Alektor, Stuttgart.

BENGEL, Johann Albrecht, 1753, Das Neue Testament. Übers, und mit Anmerkungen versehen, Nachdruck: Hänssler, Neuhausen –Stuttgart, 1974.

_____. 1753, Von der rechten Weise, mit göttlichen Dingen umzugehen, in: Du Wort des Vaters, rede du!, J.Roeßle (Hg.), Franz –Verlag, Metzingen, 1962, 23 ff.

_____. ^{2}1773, Erklärte Offenbarung Johannis oder vielmehr Jesu Christi, Brodhagsche Buchhandlung, Stuttgart.

BENRATH, Gustav Adolf, 1966, Wyclifs Bibelkommentar, de Gruyter, Berlin.

BERGER, Klaus, 1994, Theologiegeschichte des Urchristentums, Francke, Tübingen.

BERNER, Ursula, ^{2}1983, Die Bergpredigt. Rezeption und Auslegung im 20. Jahrhundert, V&R, Göttingen.

BETHGE, Eberhard, ^{2}1970, D. Bonhoeffer: Theologe, Christ, Zeitgenosse, Kaiser, München [^{6}1986].

BETTRAY, Johannes, 1955, Die Akkommodationsmethode des P. Matteo Ricci S.J. in China. (AnGr 76), Univ. Gregoriana, Rom.

BETZ, Otto, 1960, Offenbarung und Schriftforschung in der Qumransekte, (WUNT 6), Mohr/ Siebeck, Tübingen.

_____. 1993, Art. "Mission –Neues Testament", in: TRE, Bd. 23, de Gruyter, Berlin/New York, 23 –31.

BEYER, Hermann W., 1938, Art. *"therapeuo"* u.v.W., in: ThWNT, Bd. 3, 128 –132.

BEYERHAUS, Peter, 1954 a, "Die Bibel kommt zu den Völkern. Zum 150 –jährigen Jubiläum der Britischen und Ausländischen Bibelgesellschaft", in: AMN 34, 1 f.

_____. 1954 b, "150 Jahre Britischer und Ausländischer Bibelgesellschaft", in: EMZ 11, 46 –48.

_____. ^{1}1956, Die Selbständigkeit der jungen Kirchen als missionarisches Problem, Verlag der Rheinischen Mission, Wuppertal, ^{3}1967].

_____. 1964 a, "The Three Selves Formula: Is it Built on Biblical Foundations?", in: IRM 53,393 –407.

_____. 1964b, "Unüberwundenes Heidentum als innere Bedrohung der afrikanischen Kirche", in: EMZ 21, 114 –131.

_____. 1967, "Religionen und Evangelium, Kontinuität oder Diskontinuität?", in: EMM 111,118 –135.

_____. 1969 a, "Heilung bei synkretistischen Kultgemeinschaften in Afrika", in: Wort und Religion/KALIMA NA DINI, (FS Ernst Dammann), H.J. Greschat/H.

Jungraithmayr (Hg.), Evangelischer Missionsverlag, Stuttgart, 243 – 254.

_____. 1969 b, "The Ministry of Crossing Frontiers", in: P. Beyerhaus/C.F. Hallencreutz (Hg.), 1969, (s.u. Bibliogr.), 36 – 54.

_____. 1970 a. Die Versuchungsstunde des Ökumenischen Rates der Kirchen, (Christus bekenntnis heute 6/7), VLM, Bad Liebenzell.

_____. 1970 b, "Mission und Einheit. Die theologische Entscheidung für die Integration von Weltmission und Ökumene", in: H. Stirnimann (Hg.), Ökumenische Erneuerung in der Mission, Paulus – Verlag, Freiburg/Schweiz.

_____. ²1970 c, Humanisierung: Einzige Hoffnung der Welt?, MBK – Verlag, Bad Salzuflen, [¹1969].

_____. 1972 a. Allen Völkern zum Zeugnis. Biblisch – theologische Besinnung zum Wesen der Mission, R. Brockhaus, Wuppertal.

_____. 1972 b, "Die Geister scheiden sich. Kritische Anmerkung zur Vorbereitung der Weltmissions – Konferenz", in: EK 5, 741 – 744.

_____. 1973, Bangkok ,73: Anfang oder Ende der Weltmission? Ein gruppendynamisches Experiment, VLM, Bad Liebenzell.

_____. 1975, Mission in urchristlicher und endgeschichtlicher Zeit, Brunnen, Gießen.

_____. 1976, Guds Plan med Israel og folkene, Ordet og Israel, Hillerod.

_____. (Hg.), 1979, Ideologien als Herausforderungen an den Glauben, VLM, Bad Liebenzell.

_____. 1981, Aufbruch der Armen. Die neue Missionsbewegung nach Melbourne, VLM, Bad Liebenzell.

_____. 1984, Die Bedeutung des Martyriums für den Aufbau des Leibes Christi (Eph. 1,22 – 23), (OrthRd 16, Sonderausgabe).

_____. 1986, Theologie als Instrument der Befreiung. Die Rolle der neuen "Volkstheologien" in der ökumenischen Diskussion, TVG Brunnen, Gießen/Basel.

_____. 1987 a, Das Kairos – Dokument. Eine kritische Beurteilung im Horizont heutiger kontextualer Theologien; (idea – Dokumentation 1/87).

_____. 1987b, Krise und Neuaufbruch der Weltmission, Vorträge, Aufsätze und Dokumente, VLM, Bad Liebenzell.

_____. 1987 c, Art. "Missionar I (ev.)", in: *Müller/Sundermeier,* (s.o. Bibliogr. I), 277 – 281.

_____. 1989 a, "Das Einheimischwerden des Evangeliums und die Gefahr des Synkretismus", in: idea – Dokumentation Nr. 5/1989, 3 – 13.

_____. 1989 b, "Theologisches Verstehen nicht – christlicher Religionen", in: KuD 35, 106 – 127.

_____. 1990, "Der Einfluß des Evangeliums auf Institutionen und Gesellschaft", in: Ichthys 10,56 – 60.

_____. 1992, God's Kingdom and the Utopian Error, Crossway Books, Wheaton, 111.

_____. 1995, "Kampfwort 'Fundamentalismus'", in: DIAKRISIS 16, 17–19.
BEYERHAUS P./BETZ, Ulrich (Hg.), 1976, Ökumene im Spiegel von Nairobi ,75, VLM, Bad Liebenzell.
BEYERHAUS, P./HALLENCREUTZ, C.F. (Hg.), 1969, The Church Crossing Frontiers:
Essays on the Nature of Mission, FS Bengt Sundkler, (SMU 11), Gleerup, Uppsala.
BEYERHAUS, P./KÜNNETH, W. (Hg.), 1987, Gewalt in Jesu Namen?, St. –Johannis, Lahr– Dinglingen.
BEYERHAUS P./PADBERG, Lutz E. von (Hg.), 1988, Eine Welt–eine Religion?, Schulte & Gerth, Asslar.
_____. 1990, Der konziliare Prozeß. Realität und Utopie, Schulte & Gerth, Asslar.
BEYERHAUS, P./SCHEUNEMANN, D., 1994, Mission als Kampf mit den Mächten (idea – Dokumentation 3/94).
BEYREUTHER, Erich, 1960, "Mission und Kirche in der Theologie Zinzendorfs", in: EMZ 17,65–76.97–113.
BIETENHARD, Hans, 1954, Art. *"onoma"* u.v.W., in: ThWNT, Bd. 5, 242–283.
BITTLINGER, Arnold, 1989, "Integrating Other Religious Traditions into Western Christianity", in: T. Araj/W. Ariaraja (Hg.), Spirituality in Interfaith Dialogue, WCC Publications, Genf.
BITTNER, W.J., 1984, Heilung –Zeichen der Herrschaft Gottes, Aussaat, Neukirchen–Vluyn.
_____. 1987, Jesu Zeichen im Johannesevangelium vor ihrem jüdischen Hintergrund, (WUNT 2/26), Mohr/Siebeck, Tübingen.
BLANK, Josef, 1982, "Die Seligpreisungen", in: Volker Hochgrebe (Hg.), Provokation Bergpredigt, Kreuz–Verlag, Stuttgart, 19–31.
BLATTER, Kurt, 1993, Zwischen Wahn und Wirklichkeit. Macht Glauben krank?, Schwengeler, Berneck.
BLAUW, Johannes, 1961, Gottes Werk in dieser Welt. Grundzüge einer biblischen Theologie der Mission, Kaiser, München, [Englisch: The Missionary Nature of the Church, Lutterworth Press, London 1962].
BLINZLER, Josef, 1970, Hatte Jesus Geschwister?, Katholisches Bibelwerk, Stuttgart.
BLOMBERG, Craig L., 1986, "The Legitimacy and Limits of Harmonization", in: Hermeneutics, Authority and Canon, D.A. Carlson/J.D. Woodbridge (Hg.), Eerdmans, Grand Rapids, 139–174.
BOCKMÜHL, Klaus, 1974, Was heißt heute Mission? Entscheidungsfragen der neueren Missionstheologie, (Glauben und Denken 905), Brunnen, Gießen/Basel.
_____. 1975, Glauben und Handeln, Brunnen, Gießen/Basel.
_____. 1987, Gesetz und Geist, Brunnen, Gießen.
BOCKMUEHL, Markus/BURKHARDT, Helmut (Hg.), 1991, Gott lieben und seine Gebote halten. Loving God and Keeping his Commandments: In memoriam Klaus Bockmühl, Brunnen Verlag, Gießen/Basel.

BOEHMER, Heinrich, 1951, Der junge Luther, Koehler u. Amelang, Leipzig.
BOER, Harry R., 1961, Pentecost and Mission, Lutterworth, London.
DE BOER, P.A.H., 1962, Gedanken und Gedächtnis in der Welt des Alten Testaments, Kohlhammer, Stuttgart.
BONINO, Jose Miguez, 1977, Theologie im Kontext der Befreiung, V&R, Göttingen.
BONWETSCH, G.N., 1925, Die Theologie des Irenäus, (BFChTh, 2/9).
BORNKAMM, Günther, [4]1965, "Der Auferstandene und der Irdische. Mt. 28,11 −20", in: G. Bornkamm, G. Barth und H.J. Held (Hg.), Überlieferung und Auslegung im Matthäus−Evangelium, (WMANT 1), Neukirchener Verlag, 289−310, [4960].
BORNKAMM, Heinrich, Art. *"presbys"* u.v.W., in: ThWNT Bd. 6, 651−683.
_____. 1979, Martin Luther in der Mitte seines Lebens, V&R, Göttingen.
BOSCH, David J., 1959, Die Heidenmission in der Zukunftsschau Jesu. Eine Untersuchung zur Eschatologie der Synoptischen Evangelien, Zwingli Verlag, Zürich.
_____. 1969, "Jesus and the Gentiles. A Review After 30 Years", in: P. Beyerhaus/C.F. Hallencreutz, (s.o. Bibliogr.), 3−19.
_____. 1980, Witness to The World: The Christian Mission in Theological Perspective, Marshall, Morgan & Scott, London.
_____. 1991, Transforming Mission: Paradigm Shifts in Theology of Mission, Orbis Books, Maryknoll, NY.
BRAATEN, C., 1981, "The Christian Doctrine of Salvation", in: Interp. 26.
BRAKEMEIER, Gottfried, 1988, "Justification, Grace and Liberation Theology: A Comparison", in: ER 40, 215−222.
BRAW, Christian, 1985, Bücher im Staub. Die Theologie Johann Arndts in ihrem Verhältnis zur Mystik, E. J. Brill, Leiden.
BRECHT, Martin, 1981, Martin Luther. Sein Weg zur Reformation 1483−1521, Calwer Verlag, Stuttgart.
BRENNECKE, G. (Hg.), 1961, Weltmission in ökumenischer Zeit, Verlag der Rheinischen Missionsgesellschaft, Wuppertal.
BRIA, Ion (Hg.), 1980, Martyria/Mission: The Witness of the Orthodox Churches Today, ÖRK, Genf.
_____. 1986, Go forth in Peace: Orthodox Perspectives on Mission, ÖRK, Genf.
BROOMHALL, M., 1934, The Bible in China, BFBS, London.
BROWN, Raymond E., 1964, "Einheit und Verschiedenheit in der neutestamentlichen Ekklesiologie", in: ÖR 13, 63−73.
BROX, N., 1961, Zeuge und Märtyrer. Untersuchungen zur frühchristlichen Zeugnis terminologie, Kösel, München.
BRUCE, Frederick F., 1988, The Book of the Acts, Eerdmans, Grand Rapids.
_____. 1989, Apostolischer Glaube. Die Verteidigung des Evangeliums im 1. Jahrhundert, Brockhaus, Wuppertal/Zürich.

BRUEGGEMANN, Walter A., 1982, "The Bible and Mission: Some Interdisciplinary Implications for Teaching", in: Missiology 10, 397 −411.

BRUNNER, Emil, ³1923, Erlebnis, Erkenntnis und Glaube, Mohr/Siebeck, Tübingen.

_____. 1930, "Die Bedeutung des Alten Testaments für unseren Glauben", in: ZZ 8, 30 −48.

_____. 1937, Die Unentbehrlichkeit des Alten Testaments für die missionierende Kirche, Ev. Missionsverlag, Stuttgart/Basel.

_____. ²1962, Offenbarung und Vernunft. Die Lehre von der christlichen Glaubens erkenntnis, Zwingli −Verlag, Zürich/Stuttgart.

BRUNNER, Peter, 1972, "Die bleibende Bedeutung des lutherischen Bekenntnisses für die Mission", in: LuthBl 24/106, 8 −22.

_____. ²1990, Pro Ecclesia (abgek. PE), Gesammelte Aufsätze zur dogmatischen Theologie, 2 Bde., Flacius Verlag, Fürth, [¹1962/1966].

_____. ²1993, Zur Lehre vom Gottesdienst der im Namen Jesu versammelten Gemeinde, Leit. NF 2, Neudruck mit einem Vorw. v. J. Stallmann, Lutherisches Verlagshaus , Hannover, [¹1954].

BUCHHOLZ, Armin, 1993, Schrift Gottes im Lehrstreit. Luthers Schriftverständnis und Schriftauslegung in seinen großen Lehrstreitigkeiten der Jahre 1521 −28, (EHS.T 487), Peter Lang, Frankfurt/M. u.a.O.

BÜHNE, W., 1989, Spiel mit dem Feuer, Christliche Literaturverbreitung, Bielefeld. BÜHNER, Jan A., 1980, Art. *"apostolos"*, in: EWNT, Bd. 1, 342 −351.

BÜRGENER, Karsten, 1994, "Die theologische Begründung der Lehre von der unfehlbaren Inspiration der Heiligen Schrift", in: In Treue zu Schrift und Bekenntnis, (FS Wolfgang Büscher), J. Diestelmann (Hg.), Selbstverlag, (Thunstr. 19 c, 38110 Braunschweig), 42 −56.

BÜRGENER, Karsten, ⁴1994, Die Auferstehung Jesu Christi von den Toten. Eine Osterharmonie ist möglich, VKW, Bonn.

BÜRKLE, Horst, 1993, Art. "Mission −systematisch −theologisch", in: TRE², Bd. 23, 59 −68.

_____. 1979, Missionstheologie, (ThW 18), Kohlhammer, Stuttgart u.a.O.

BULTMANN, Rudolf, ³1954, "Neues Testament und Mythologie", in: KuM 1, H.W. Bartsch (Hg.), Reich & Heidrich, Hamburg, 15 −48.

_____. 1953, Theologie des Neuen Testamentes, (NTG 4), Mohr/Siebeck, Tübingen, ⁹1984 mit Ergänzungen von O. Merk].

_____. ⁵1968, "Das Problem der Hermeneutik", in: Ders., Glauben und Verstehen. Gesammelte Aufsätze, Bd. 2, Mohr/Siebeck, Tübingen, [1950], 211 −235.

_____. ⁶1964, Geschichte der synoptischen Tradition, V&R, Göttingen.

BURCHARD, Christoph, 1970, Der dreizehnte Zeuge. Traditions − und kompositions geschichtliche Untersuchungen zu Lukas' Darstellung der Frühzeit des Paulus, V&R, Göttingen.

_____. 1978, "Formen der Vermittlung christlichen Glaubens im Neuen Testament. Beobachtungen anhand von *kerygma, martyria* und verwandten Wörtern", in: EvTh38,313 –340.

Burge, G.M., 1987, The Anointed Community: The Holy Spirit in the Johannine Tradition, Eerdmans, Grand Rapids.

Burk, Johann Christian Friedrich, ²1832, Dr. Johann Albrecht Bengel's Leben und Wirken meist nach handschriftlichen Materialien, Stuttgart.

Burkhardt, H., 1978, Die biblische Lehre von der Bekehrung, Brunnen, Gießen/ Basel.

Busch, Eberhard, 1967, "Der Beitrag und Ertrag der Föderaltheologie für ein geschichtliches Verständnis der Offenbarung", in: Oikonomia, (s.u. Bibliogr.), 171 –190.

C.

Calvin, Johannes, 1955, Unterricht in der christlichen Religion (Institutio Christianae Religionis), übers, und bearb. von Otto Weber, Verlag der Buchhandlung des Erziehungsvereins, Neukirchen.

Campenhausen, Hans, Freiherr von, 1936, Die Idee des Martyriums in der Alten Kirche, V&R, Göttingen, [²1964].

_____. 1968, Die Entstehung der christlichen Bibel, (BTh 39), Mohr/Siebeck, Tübingen.

_____. 1974, "Das Martyrium in der Mission" (1937), in: Kirchengeschichte als Missionsgeschichte 1. Die Alte Kirche, Heinzgünther Frohnes/Uwe W. Knorr (Hg.), Kaiser, München, 71 –85.

Carey, William, 1961, An Enquiry into the Obligation of Christians to Use Means for the Conversion of the Heathen, New facsimile edition with an Introduction by E.A. Payne, The Carey Kingsgate Press, London, [Leicester, 1792].

_____. 1993, Eine Untersuchung über die Verpflichtung der Christen, Mittel einzusetzen für die Bekehrung der Heiden, K. Fiedler/Th. Schirrmacher, (Übers, u. Hg.), (edition afem mission classics 1), VKW, Bonn.

Carriker, C. Timothy, 1993, "Missiological Hermeneutics and Pauline Apocalyptic", in: Charles van Engen u.a. (Hg.), (s.u. Bibliogr.), 45 –55.

Carson, Don A. (Hg.), 1985, Interpretation and the Church: The Problem of Contextualization, Nelson, Nashville.

_____. 1988, Showing the Spirit: A Theological Exposition of 1 Corinthians 12 –14, Baker, Grand Rapids.

Casalis, Georges, 1980, Die richtigen Ideen fallen nicht vom Himmel. Grundlagen einer induktiven Theologie, Kohlhammer, Stuttgart.

Cassuto, Umberto, 1961, The Documentary Hypothesis and the Composition of the Pentateuch, Magnis Press, Jerusalem.

CASTRO, Emilio, 1975, "Salvation Today at Bangkok and After", in: StEnc 11,4 -11.

CHANDRAN, J.Russell, 1974, "The Authority of the Bible for Christian Social Action", in:RS21, 18-35.

CHENDERLIN, F., 1982, "Do This as My Memorial", in: Ders., The Semantic and Conceptual Background and Value of Anamnesis in 1. Corinthians 11,24-25 (AnBib 99), Biblical Institute Press, Rom.

CHILDS, Brevard S., 1962, Memory and Tradition in Israel, (SPT 37), SCM Press, London.

_____. 1987, "Die theologische Bedeutung der Endform eines Textes", in: ThQ 167, 242-251.

CHIRGWIN, Arthur M., 1954, The Bible in World Evangelism. Published on behalf of the United Bible Societies, SCM Press, London.

CHRISTENSEN, Martin B., 1991, Tro på success?, Dialogcentret, Kopenhagen.

CHO, J. Chongnahm, 1985, "The Mission of the Church: Theology and Practice", in: *In Word and Deed,* (s.o. Bibliogr. III), 215-235.

CHO, Paul Yonggi, ²1979, Die vierte Dimension. Das Geheimnis der Glaubensvollmacht, Missionswerk Der Weg zur Freude, Karlsruhe, [engl. Original: The Fourth Dimension, 1978].

The Church Crossing Frontiers. Essays on the Nature of Mission, (FS Bengt Sundkler), P. Beyerhaus u. C.F. Hallencreutz (Hg.), Gleerup, Uppsala, 1969.

CLARK, Colin, 1975, Der Mythos der Überbevölkerung, Adamas Verlag, Köln.

COCHLOVIUS, Joachim, 1987, Evangelische Schriftauslegung-Grundlage, Gefährdung, Praxis, in: *Evangelische Schriftauslegung,* (s.o. Bibliogr. I), 434-453.

CONE, James, 1970, A Black Theology of Liberation, J.B. Lippincott, Philadelphia & New York.

CONGAR, Yves M.J., 1967, "Theologische Grundlegung", in: Johannes Schütte (Hg.), Mission nach dem Konzil, Matthias Grünewald-Verlag, Mainz.

CONZELMANN, H., ⁴1962, Die Mitte der Zeit, Mohr/Siebeck, Tübingen.

COSTAS, Orlando, 1989, Liberating News: A Theology of Contextual Evangelism, Eerdmans, Grand Rapids.

Cox, Harvey, 1966, Stadt ohne Gott, Kreuz-Verlag, Stuttgart [engl. Original: "The Secular City", SCM Press, London, 1965].

CROATTO, Jose Severino, 1981, "Befreiung und Freiheit. Biblische Hermeneutik für die 'Theologie der Befreiung'", in: Lateinamerika: Gesellschaft-Kirche-Theologie 2. Der Streit um die Theologie der Befreiung, Hans-Jürgen Prien (Hg.), V&R, Göttingen.

_____. 1983, "Biblical Hermeneutics in the Theologies of Liberation", in: Virginia Fabella/Sergio Torres (Hg.), Irruption of the Third World, Orbis books, Maryknoll/ New York, 140-168.

_____. 1989, Die Bibel gehört den Armen. Perspektiven einer befreiungstheologischen Hermeneutik, (Ökumenische Existenz heute 5), Kaiser, München.

CULLMANN, Oscar, 1938, "Wann kommt das Reich Gottes?", in: Ders., VuA, 535 –547.

_____. 1941, "Eschatologie und Mission im Neuen Testament", in: Ders., VuA, 348 –360.

_____. ³1962, Christus und die Zeit. Die urchristliche Zeit – und Geschichtsauffassung, TVZ, Zürich, [4 946].

_____. ²1949, Die ersten christlichen Glaubensbekenntnisse, Zürich –Zollikon.

_____. ³1951, Königsherrschaft Jesu Christi und Kirche im Neuen Testament, (ThSt[B] 10), Ev. Verlag, Zollikon/Zürich.

_____. 1965, Heil als Geschichte, Mohr/Siebeck, Tübingen, [²1967].

_____. 1966, Vorträge und Aufsätze 1925 –1962, Gerhard Fröhlich (Hg.), Mohr/Siebeck, Tübingen, [abgek. VuA].

_____. 1974, "Gottes Heilsplan in der Weltgeschichte", in: EK 7, 730 –733.

_____. ⁵\975, Die Christologie des Neuen Testaments, Mohr/Siebeck, Tübingen.

CYRILL VON Jerusalem, 1992, Mystagogicae Catecheses, Mystagogische Katechesen (griechisch und deutsch), übers, und eingeleitet v. Georg Röwekamp, (Fontes Christiani 7), Norbert Brox u.a. (Hg.), Herder, Freiburg.

D.

DAGDAG, Theresa, 1982, "Towards the Emergence of a People's Theology in the Philippins", in: ChFe 25, 139 –147.

DAIBER, Karl –Fritz/LUKATIS, Ingrid, 1991, Bibelfrömmigkeit als Gestalt gelebter Religion, (Texte und Arbeiten zur Bibel 6), Luther –Verlag, Bielefeld.

DAUTZENBERG, G., 1975, Urchristliche Prophetie, Kohlhammer, Stuttgart.

DAVIES, W.D./ALLISON, Dale C., 1991, The Gospel according to Saint Matthew (CECNT 2), T+T Clark, Edinburgh.

DAYTON, E.R./Frazer D.A., 1980, Planning Strategies for World Evangelization, Eerdmans, Grand Rapids.

DEERE, Jack, 1995, Überrascht von der Kraft des Heiligen Geistes, Projektion J, Wiesbaden.

DEICHGRÄBER, Reinhard, 1967, Gotteshymnus und Christushymnus in der frühen Christenheit. Untersuchungen zu Form, Sprache und Stil der frühchristlichen Hymnen, (STUNT 5), V&R, Göttingen.

DEISSMANN, Adolf, ²1925, Paulus, Mohr/Siebeck, Tübingen.

DELITZSCH, Franz, 1867, Die Psalmen, (BC 4,1), Dörfling und Francke, Leipzig, [Brunnen, Gießen/Basel, ⁶1984].

DIBELIUS, Martin, 1953, "Paulus auf dem Areopag", in: Ders., Aufsätze zur Apostelgeschichte, V&R, Göttingen, 29 –70.

_____. ³1959, Die Formgeschichte des Evangeliums, Mohr/Siebeck, Tübingen, [²1933].

DIETRICH, Michael, 1992, Heil und Heilung. Hoffnung für die Seele, Hänssler,

Neuhausen−Stuttgart.

Dietrich, Susanne de, 1948, Die Wiederentdeckung der Bibel. Grundlegung−Methodische Fragen−Praktische Anwendung, TVZ, Zürich.

Dillistone, F. W., 1953, "The Dispensation of the Spirit", in: *Missions under the Cross*, (s.o. Bibliogr. III), 81−92.

Dillschneider, Otto, 1969, Ich glaube an den Heiligen Geist, R. Brockhaus, Wuppertal.

Dinkler, Erich, 1950, Bibelautorität und Bibelkritik, (SgV 193), Mohr/Siebeck, Tübingen.

Dippel, Johann Konrad, 1729, Vera Demonstratio Evangelica, das ist der Beweis der Lehre und des Mittler−Amts Jesu Christi, Christianum Democritum, Frankfurt/ Leipzig.

Dockhorn, Kurt, 1975, "Nachwort zur Indigenisations−Debatte", in: ZMiss 1, 228−246.

Dodd, C.H., 1936, The Apostolic Preaching and Its Development [Neuaufl., Harper, New York, 1949].

_____. 1938, History and the Gospel, London.

_____. 1953, "The Framework of the Gospel Narration", in: NTS, [Original in: ET (1932)].

Dorman, T. M., 1991, The Hermeneutics of Oscar Cullmann, Meilen Research University Press, San Francisco.

Dörmann, Johannes, 1973, "Theologie der Mission?", in: ThGl 63, 342−361.

_____. 1988, Die eine Wahrheit und die vielen Religionen−Assisi: Anfang einer neuen Zeit, (Respondeo 8), Josef Kral, Abensberg.

_____. 1990, 1992 u. 1994, Der theologische Weg Johannes Paul II. zum Weltgebetstag der Religionen in Assisi. Bde. I, II/1 u. 11/2, Sitta−Verlag, Senden/Wf.

Douglas, J.D. (Hg.), 1990, Proclaim Christ Until He Comes. Calling the Whole Church to Take the Whole Gospel to the Whole World, World Wide Publications, Minneapolis.

Dürr, Johannes, 1947, Sendende und werdende Kirche in der Missionstheologie Gustav Warnecks, Basel, Basler Missionsbuchhandlung.

Drewery, M., 1978, William Carey. Shoemaker and Missionary, London.

Dunn, James D.G., 1990, Unity and Diversity in the New Testament: An Enquiry into the Character of Earliest Christianity, SCM, London, [^{1}1977].

E.

Ebeling, Gerhard, 1960, Art. "Luther II. Theologie", in: RGG^3, Bd. 4, Mohr/Siebeck, Tübingen, Sp. 495−520.

Eberhard, Johann August, 1787, Neue Apologie des Sokrates oder Untersuchung der Lehre von der Seligkeit der Heiden, 2 Bde., Frankfurt/Leipzig.

Echternach, Helmut, 1961, "Das Christentum und die Religionen", in: ZW 32, 380−392.

Eibach, Ulrich, 1993, Art. "Gesundheit und Krankheit", in: ELThG, Bd. 1, 759−762.

EICHHOLZ, Georg, 1965, "Der missionarische Kanon des Paulus 1.Kor 9,19 −23", in: Ders., Tradition und Interpretation, Kaiser, München, 114 −120.

EICHRODT, Walter, ²1948, Theologie des Alten Testaments, 2 Bde., EVA, Berlin.

ENGEN, Charles van (Hg.), 1993, The Good News of the Kingdom, (FS für Arthur Glasser), Orbis Books, Maryknoll, New York.

ERK, W./SCHEEL, M. (Hg.), 1974, Ärztlicher Dienst weltweit. 25 Beiträge über Heil und Heilung in unserer Zeit, Steinkopf, Stuttgart.

ESQUIVEL, Julia, 1980, "The Crucified Lord: A Latin American Perspective", in: *Your Kingdom Come,* (s.o. Bibliogr. III), 52 −60.

ESSER, Hans Helmut, 1993, "Die Autorität der Bibel und Verkündigung im 'inneren Zeugnis des Heiligen Geistes' −nach Johannes Calvin", in: M. Petzolt (Hg.), 1993, (s.u. Bibliogr.), 12 −24.

Eusebius, ³1922, Kirchengeschichte, E. Schwartz (Hg.), J.C.Hinrichs, Leipzig.

EVERS, Georg, 1974, Mission −Nichtchristliche Religionen −Weltliche Welt, (MWAT 32), Aschendorf, Münster.

F.

FABELLA, Virginia/Torres, Sergio (Hg.), 1983, The Irruption of the Third World: Challenge to Theology, Orbis, Maryknoll, NY.

FABRI, F., 1897, Art. "Auberien, Carl August", in: RE³, Bd. 2, 215 −217.

FANGMEIER, J./GEIGER, M., 1967, Geschichte und Zukunft. Zwei Studien zu Oscar Cullmanns 65. Geburtstag (ThSt[B] 87), RVZ −Verlag, Zürich.

FENGER, Anne −Lene, 1994, "Mysterium igitur in figura, peccatum in historia. Wie die Bibel in der Alten Kirche gelesen wurde", in: Die Bibel. Das bekannte Buch −das fremde Buch, H. Frankemölle (Hg.), Schöngh, Paderborn u.a.O.

FENGER, J.F., ³1845, Geschichte der Tranquebarschen Mission, Grimma.

FENN, Eric, 1952, Not by Bread Alone. Report of the British and Foreign Bible Society, London.

FLESSEMAN −VAN LEER, Ellen (Hg.), 1980, The Bible −Its Authority and Interpretation in the Ecumenical Movement, (Faith and Order Paper 99), ÖRK, Genf.

FOERSTER, Werner, 1935, Art. *"exestin, exousia"* u.v.W., in: ThWNT, Bd. 2, 557 −572.

FOHRER, Georg, 1964, Art. *"sozo, soteria"* u.v.W., in: ThWNT, Bd. 7, 966 −1024.

FRANCKE, August Hermann, 1694 a, "Einfältiger Unterricht, wie man die H. Schrifft zu seiner wahren Erbauung lesen solle", in: Ders., Werke, Bd. 1, 216 −220.

_____. 1694 b, Einleitung zur Lesung der H. Schrifft, insbesondere des Neuen Testamentes, in: Ders., Werke, Bd. 1, 221 −231.

_____. Werke in Auswahl, Erhard Peschke (Hg.), EVA, Berlin, 1969 ff.

FRANKEMÖLLE, Hubert, 1982, Zur Theologie des Matthäus-Evangeliums, in: Karl Kertelge (Hg.), (s.u. Bibliogr.), 93-129.
FREI, H.W., 1974, The Eclipse of Biblical Narrative, New Haven/London.
FREY, Hellmuth, ²1972, Die Krise der Theologie. Historische Kritik und pneumatische Auslegung im Lichte der Krise, R. Brockhaus, Wuppertal [¹1971].
FREYTAG, Walter, 1938, Die junge Christenheit im Umbruch des Ostens, Furche, Berlin.
_____. 1940, "Die Evangelische Missions-Zeitschrift", in: EMZ 1, 3-6.
_____. 1953, "Karl Hartenstein zum Gedenken", in: EMZ 10, 1-5.
_____. 1958, "Martin Schlunk", in: EMZ 15, 48-50.
_____. 1961, Reden und Aufsätze, 2 Bde., J.Hermelink/H.J.Margull (Hg.), Kaiser, München, [abgek.: RuA].
FRICK, Heinrich, 1922, Die evangelische Mission. Ursprung-Geschichte-Ziel, Kurt Schroeder Verlag, Bonn/Leipzig.
FRIEDRICH, Gerhard, 1935, Art. *"euangelizomai"* u.v.W., in: ThWNT, Bd. 2, 705-735.
_____. 1938, Art. *"keryx"* u.v.W., in: ThWNT, Bd. 3, 682-717.
_____. 1959, Art. *"prophetes"* u.v.W., in: ThWNT, Bd. 6, 829-863.
_____. 1983, "Die formale Struktur von Mt. 28,18-20", in: ZThK 80, 137-183.
FRÖR, K., 1961, Biblische Hermeneutik, Kaiser, München, [²1964].
FROSTIN, Per, 1985, "The Hermeneutics of the Poor-'Break' in Third World Theologies", in: StTh 39, 127-150.
_____. 1988, Liberation Theology in Tanzania und South Africa: A Third World Perspective, Lund University Press, Lund.
FUETER, Paul D., 1971, "Communicating the Bible", in: IRM 60, 437-451.
FÜSSEL, Kuno, 1978, "Anknüpfungspunkte und methodologisches Instrumentarium einer materialistischen Bibellektüre", in: Michel Clevenot (Hg.), So kennen wir die Bibel nicht. Anleitung zu einer materialistischen Lektüre biblischer Texte, Kaiser, München, 145-170, P1980].
_____. ²1979, "Materialistische Lektüre der Bibel", in: W. Schottroff/W. Stegemann (Hg.), Der Gott der kleinen Leute, (Sozialgeschichtliche Auslegung 1), Kaiser, München, 20-36.

G.

GABLER, J.Ph., 1787, "Von der richtigen Unterscheidung der biblischen und der dogmatischen Theologie und der rechten Bestimmung ihrer beiden Ziel", in: Otto Merk (Hg.), Biblische Theologie des Neuen Testaments in ihrer Antrittszeit, Elwert, Marburg, 1972, 273-281.
GADAMER, Hans-Georg, ⁵1986, Wahrheit und Methode. Grundzüge einer philosophischen

Hermeneutik, Mohr/Siebeck, Tübingen.

GARDET, Louis, 1968, Islam, J.P. Bachern, Köln.

GÄRTNER, Bertil, 1955, The Areopagus Speech and Natural Revelation, Gleerup, Uppsala.

GASSMANN, Lothar, 1993, Das anthroposophische Bibelverständnis, R. Brockhaus, Wuppertal/Zürich.

GAVENTA, B.R., 1982, "'You will be my witnesses': Aspects of Mission in the Acts of the Apostles", in: Miss. 10, 413 –425.

GENSICHEN, Hans –Werner, 1951, Das Taufproblem in der Mission, (BMevR 1), C. Bertelsmann, Gütersloh.

_____. 1955, Damnamus. Die Verwerfung von Irrlehre bei Luther und im Luthertum des 16. Jahrhunderts, Luth. Verlagshaus, Berlin.

_____. 1960, "Were the Reformers Indifferent to Missions?", in: History's Lessons for Tomorrow's Mission, SW 53, WCSF, Genf, 119 –127.

_____. 1966, "Synkretismus als Frage an die Christenheit heute", in: EMZ 23, 58 –69.

_____. 1967, "Christen im Dialog mit Menschen anderen Glaubens. Ökumenische Studienkonferenz in Kandy (Ceylon), 20.2 –6.3.1967", in: EMZ 24, 83 –97.

_____. 1971, Glaube für die Welt. Theologische Aspekte der Mission, Gerd Mohn, Gütersloh.

GERHARDSSON, Birger, 1977, Die Anfänge der Evangelientradition, (Glauben und Denken 919), R. Brockhaus, Wuppertal.

_____. 1979, The Mighty Acts of Jesus According to Matthew, (SMHVL 5), Gleerup, Lund.

GERMANN, W., 1868, Ziegenbalg und Plütschau. Die Gründungsjahre der Tranquebarschen Mission. Ein Beitrag zur Geschichte des Pietismus, Verlag A. Deichert, Erlangen.

_____. 1886, "Der Ausgang der Dänisch –Hallischen Mission in Indien", in: AMZ 13, 345 –353.

GERNER, G., 1974, "Folgerungen aus dem täuferischen Gebrauch der Heiligen Schrift", in: MGB 31, 25 –43.

GERRISH, Brian, 1989, "Das Paradigma in der modernen Theologie: Der Übergang vom Alt – zum Neuprotestantismus nach Troeltsch", in: Hans Küng/David Tracy (Hg.), Theologie –wohin? Auf dem Weg zu einem neuen Paradigma, Benziger Verlag, Zürich/Köln.

GESE, Hartmut, 1962, Art. "Weisheit u. Weisheitsdichtung", in: RGG³, Bd. 6, Sp.1574 –1581.

_____. 1974, Vom Sinai zum Zion, Kaiser, München.

_____. 1977, Zur biblischen Theologie, Kaiser, München.

_____. 1986, "Hermeneutische Grundsätze der Exegese biblischer Texte", in: A.H.J. Gunneweg und H. Schröer (Hg.), Standort und Bedeutung der Hermeneutik in der gegenwärtigen Theologie, Bonn, 43 –62.

_____. 1987, "Der auszulegende Text", in: ThQ 167, 252 –265.

GLASSER, Arthur F., 1983, A Paradigm Shift?, in: Glasser/McGavran, 1983, (s.u. Bibliogr.),205-219.

GLASSER, Arthur/McGAVRAN, Donald, 1983, Contemporary Theologies of Mission, Baker Book House, Grand Rapids.

GNILKA, Christian, 1984, CHRESIS. Die Methode der Kirchenväter im Umgang mit der antiken Kultur, Schwabe & Co., Basel/Stuttgart.

GODIN, H./Daniel, Y., 1943, La France, Pays de Mission, Edition du Cerf, Paris.

GOESSEL, H. von, 1965, Die missionarische Dimension. Anstöße für die Praxis in der Gemeinde, Schriftenmissionsverlag, Gladbeck.

GOETZ, K.L., 1897, Geschichte der Slavenapostel Konstantinus (Kyrillus) und Methodius, Gotha.

GOGARTEN, Friedrich, ²1960, Der Mensch zwischen Gott und Welt, Heidelberg.

_____. 1966, Verhängnis und Hoffnung der Neuzeit. Die Säkularisierung als theologisches Problem, (Siebenstern-TB 72), München/Hamburg, [¹1958].

GOLDINGAY, John (Hg.), 1990, Zeichen, Wunder und Heilung. Sechs Standpunkte, Francke-Buchhandlung, Marburg.

GOLDAMMER, K., 1965, Religionen, Religion und christliche Offenbarung. Ein Forschungsbericht zur Religionswissenschaft, (Referate aus DVETF 34 [1960], 37 [1963], 38 [1964], J.B. Metzlersche Verlagsbuchhandlung, Stuttgart.

GOODMAN, Martin, 1989, "Proselytizing in Rabbinic Judaism", in: JJS 40, 175-185.

_____. 1990, "Jewish Proselytizing in the First Century A.D.", in: The Jews in the Religions Life of the Roman World, R. Rajak/J. North/J. Lieu (Hg.), Routledge, London,53-78.

GOODING, David, 1990, True to the Faith. A Fresh Approach to the Acts of the Apostles, Hodder & Stoughton, London.

GOPPELT, Leonhard, ³1991, Theologie des Neuen Testaments, 2 Bde., Jürgen Roloff (Hg.), V&R, Göttingen, [¹1975].

GRÄSSER, Erich, 1969-70, "Jesus in Nazareth (Mark. VI. 1-6a). Notes on the Redaction and Theology of St. Mark", in: NTS 16, 1-23.

GREEN, J.B./Turner, O.M., 1994, Jesus of Nazareth: Lord and Christ, (FS I.H. Marshall), Eerdmans, Grand Rapids/Paternoster, Carlisle. GREEN, John Richard, 1980, A Short History of the English People, New York.

GREEN, Michael, 1977, Evangelisation zur Zeit der ersten Christen, Motivation, Methodik und Strategie, (TELOS-Wiss. Reihe 4014), Hänssler, Neuhausen-Stuttgart, [Original: Evangelism in the Early Church, 1979].

GRUDEM, W.A., 1982, The Gift of Prophecy in 1 Corinthians, University Press of America, Washington, DC.

_____. 1988, The Gift of Prophecy. In the New Testament and Today, Crossway, Westchester.

GRUENBERG, Paul (Hg.), 1889, Hauptschriften Philipp Jakob Speners, Perthes, Gotha.

GRUNDMANN, Christoffer, 1987, Art. "Heilung (Ärztliche Mission)", in: *Müller/ Sundermeier*, (s.o. Bibliogr. I), 148–152.

_____. 1992, Gesandt zu heilen. Aufkommen und Entwicklung der ärztlichen Mission im neunzehnten Jahrhundert, (MWF 26), Gütersloher Verlagshaus Mohn, Gütersloh.

GÜTTGEMANNS, E., 1970, Offene Fragen zur Formgeschichte des Evangeliums, (BEvTh 54), Kaiser, München.

GUINNESS, Os, 1976, Asche des Abendlandes, (Telos Paperback 4010), Hänssler, Neuhausen – Stuttgart, [Orig.: Dust of Death, 1972].

GUNDERT, Hermann, 1868, "Arbeiter in der Tamil–Mission", in: EMMNS 12, 31, 50, 97,129,177,255,257,305, 353, 385.

GUNKEL, Hermann, 1903, Zum religionsgeschichtlichen Verständnis des Neuen Testamentes, V&R, Göttingen.

GUNNEWEG, A.H., 1988, Vom Verstehen des Alten Testaments, (ATD, Ergänzungsreihe Bd. 5), V&R, Göttingen.

GURP, Pieter van, 1989, Kerk en Zending in de Theologie van Johannes Christiaan Hoekendijk (1912–1975). Een Plaatsbepaling, Acamedia, Haarlem.

GUTIERREZ, Gustavo, 1973, Theologie der Befreiung, Kaiser, München/Grünewald, Mainz, [²1984].

GUTMANN, B., 1925, Gemeindeaufbau aus dem Evangelium. Grundsätzliches für Mission und Heimatkirche, VELM, Leipzig.

H.

HÄGGLUND, Bengt, 1958, "Die Bedeutung der 'regula fidei' als Grundlage theologischer Aussagen", in: StTh 12, 1–44.

HAGIN, Kenneth, 1989, How You Can Be Led by the Spirit of God, Tulsa, Oklahoma.

HAHN, August, 1897, Bibliothek der Symbole und Glaubensregeln der Alten Kirche, Breslan.

HAHN, Ferdinand, 1963, Das Verständnis der Mission im Neuen Testament, Neukirchener Verlag, Neukirchen, [²1965].

_____. 1974, "Heilung und Heil aus der Sicht des Neuen Testaments", in: W. Erk/M. Scheel (Hg.), Ärztlicher Dienst weltweit, J.K. Steinkopf, Stuttgart, 175–185.

_____. 1980, "Der Sendungsauftrag des Auferstandenen (Mt. 28,16–20)", in: Theo Sundermeier (Hg.), Fides pro mundi vita, (FS Hans–Werner Gensichen zum 65. Geburtstag), Gerd Mohn, Gütersloh.

HALL, Clarence W., 1959, Adventurers for God, Harper, New York. HALLENCREUTZ, Carl F., 1966, Kraemer towards Tambaram, Gleerup, Uppsala.

HAMEL, Martin, 1993, Bibel–Mission–Ökumene. Schriftverständnis und Schriftgebrauch in der neueren ökumenischen Missionstheologie, TVG Brunnen, Gießen/ Basel.

HAMEL, Peter Michael, 1976, Durch Musik zum Selbst, Bern/München/Wien.

_____, 1976, "Musik als Träger spiritueller Erfahrung", in: J. Riedel (Hg.), Der unver brauchte Gott. Neue Wege der Religiosität, Bern/München/Wien.

Handbuch für Studenten und Dozenten der Freien Hochschule für Mission, 1993, Korntal.

Hanson, R.P.C., 1959, Allegory and Event, London.

HARMS, Hans Heinrich, 1952, Bekenntnis und Kircheneinheit bei den jungen Kirchen, Lettner – Verlag, Berlin.

HARMS, Ludwig, 1868, Der Psalter, Theodor Harms (Hg.), Hermannsburg.

HARNACK, Adolf von, ^{4}1909, Lehrbuch der Dogmengeschichte, Bd. 1, Hinrichsche Buchhandlung, Leipzig.

_____. 1912, Über den privaten Gebrauch der Heiligen Schriften in der Alten Kirche, Hinrichsche Buchhandlung, Leipzig.

_____. ^{4}1924, Die Mission und Ausbreitung des Christentums in den ersten drei Jahrhunderten, Hinrichsche Buchhandlung, Leipzig, [Leipzig, ^{1}1902; unveränd. Neudruck, VMA – Verlag, Wiesbaden, o. J.].

HARTENSTEIN, Karl, 1922, Der Grund der Glaubensgewißheit bei Johann Albrecht Bengel; wissenschaftliche Hausarbeit für das 2. theol. Dienstexamen, Archiv des OKR Stuttgart (Personalakte Hartenstein Nr. B 7/4).

_____. 1928, Was hat die Theologie Karl Barths der Mission zu sagen?, Kaiser, München.

_____. 1930, "Die Augsburger Konfession und ihre Bedeutung für die Mission", in: EMM 74,353 – 365.

_____. 1933, Die Mission als theologisches Problem, (Diss.), (FurSt 7), Berlin.

_____. 1934 a, "Das Alte Testament in der Äußeren Mission", in: Mission und Pfarramt 27,67 – 81.

_____. 1934b, Missionstheologie des Paulus, unveröffentl. Vorlesungsskript, Archiv der Freien Hochschule für Mission, Korntal.

_____. 1936 a. Das Geheimnis des Leidens in der Mission (Mission und Gemeinde H. 25), Ev. Missionsverlag, Stuttgart/Basel.

_____. 1936 b, "Das Ringen um das Verständnis der Religionen", in: EMM 80, 324 – 332. 356 – 367.

_____. 1937, Christus der Wiederkommende, (Mission und Gemeinde 39), Ev. Missionsverlag, Stuttgart/Basel.

_____. ^{3}1938 a. Der Prophet Daniel, Ev. Missionsverlag, Stuttgart/Basel.

_____. 1938b, Die Frühmission unter den Germanen und unser Missionsauftrag heute, (Mission und Gemeinde 46), Ev. Missionsverlag, Stuttgart/Basel.

_____. 1938 c, "Die missionarische Begegnung mit dem Heidentum", in EMM 82, 309 – 323.

_____. 1948 a, "Die Botschaft", in: *Der Große Auftrag,* Evang. Missionsverlag, Stuttgart,

32 – 51.

_____. 1948b, "Die Beziehungen von Württemberg und Basel. Ein Beitrag zur Kirchengeschichte Süddeutschlands und der Schweiz", in: Auf dem Grunde der Apostel und Propheten, (FS Landesbischof D. Theophil Wurm zum 80. Geburtstag), Evang. Missionsverlag, Stuttgart, 155 – 172.

_____. 1951 a. Wann wird das geschehen? Der Versuch einer Auslegung von Matthäus 24 und 25, Ev. Missionsverlag, Stuttgart.

_____. 1951 b, "Zur Neubesinnung über das Wesen der Mission", in: DEWM 1, 5 – 24.

_____. ²1952 a, Entrückung oder Bewahrung. Eine biblische Antwort (Kronbüchlein NF 9), Stuttgart.

_____. 1952 b, "Verwilderte Eschatologie", in: NFur 6, 18 – 28.

_____. 1957, Vom Geheimnis des Betens. Betrachtung zu ausgewählten Psalmen, Ev. Missionsverlag, Stuttgart.

_____. ⁴1969, Der wiederkommende Herr. Eine Auslegung der Offenbarung des Johannes Ev. Missionsverlag, Stuttgart [¹1940 – ⁵1983].

HAUKE, Manfred, 1982, Die Problematik um das Frauenpriestertum vor dem Hintergrund der Schöpfungs – und Erlösungsordnung (KKTS 46), Bonifatius – Druckerei Paderborn, [³1991].

HAUSS, Friedrich, ⁴1989, Erweckungspredigt (Liebenzeller Studienhefte 2), VLM, Bad Liebenzell, [¹1924/25].

_____. 1976, Erinnerungen und Erfahrungen, Brunnquell – Verlag der Bibel und Missionsstiftung, Metzingen.

HECKEL, Ulrich, 1993, "Der Dom im Fleisch. Die Krankheit des Paulus in 2Kor 12,7 und Gal 4,13 f.", in: ZNW 84, 65 – 92.

HEIM, Karl, ³1952, Weltschöpfung und Weltende, (Der evangelische Glaube und das Denken der Gegenwart, Bd. 6), Aussaat, Wuppertal.

_____. ⁴1952, Jesus der Weltvollender, (Der evangelische Glaube und das Denken der Gegenwart, Bd. 3), Aussaat, Wuppertal.

_____. 1957, Ich gedenke der vorigen Zeiten. Erinnerung aus acht Jahrzehnten, Furche – Verlag, Hamburg.

HELFENSTEIN, Pius F., 1991, Evangelikale Theologie der Befreiung. Das Reich Gottes in der Theologie der "Fraternidad Teologica Latinoamericana" und der gängigen Befreiungstheologie, Ein Vergleich, TVZ, Zürich.

HEMPELMANN, Heinzpeter, 1983, Grundfragen der Schriftauslegung. Ein Arbeitsbuch mit Texten von Martin Luther, Adolf Schlatter, Karl Barth, Gerhard Ebeling, Gerhard Maier und Peter Stuhlmacher, R. Brockhaus, Wuppertal.

_____. 1984, "Heilsgeschichte am Ende?", in: H. Stadelmann (Hg.), 1984 b (s.u.), 39 – 54.

HENGEL, Martin, 1968, Nachfolge und Charisma. Eine exegetisch – religionsgeschichtliche Studie zu Mt 8,21 f. und Jesu Ruf in die Nachfolge, (BZNW 34), Töpelmann, Berlin.

_____. 1971 –72, "Die Ursprünge der christlichen Mission", in: NTS 18, 15 –38.

_____. 1975, "Zwischen Jesus und Paulus. Die 'Hellenisten', die 'Sieben' und Stephanus (Apg 6,1 –15; 7,54 –8,3)", in: ZThK 72, 151 –206.

_____. ²1977, Der Sohn Gottes. Die Entstehung der Christologie und die jüdisch hellenistische Religionsgeschichte, Mohr/Siebeck, Tübingen.

_____. 1979, "Historische Methoden und theologische Auslegung des Neuen Testamentes (Thesen)", in: Ders., Zur urchristlichen Geschichtsschreibung, Calwer Verlag, Stuttgart, 107 ff.

_____. 1980, "Der Stellvertretende Sühnetod Jesu", in: JKZ 9, 1 –25; 135 –147.

HENGEL, Rudolf und Martin, 1980, "Die Heilungen Jesu und medizinisches Denken", in: A. Suhl (Hg.), Der Wunderbegriff im Neuen Testament, (FS Richard Siebeck) (WdF 395), WB, Darmstadt.

HENGSTENBERG, E.W., ²1852, Commentar über die Psalmen, Bd. 4, Verlag L. Oehmigke, Berlin.

HESS, Willy, 1962, Das Missionsdenken bei Philipp Nicolai, Friedrich Wittig Verlag, Hamburg.

HESSE, F., 1971, Abschied von der Heilsgeschichte, (ThSt[B] 108), TVZ, Zürich.

HESSELGRAVE, David J., 1990, "Holes in 'Holistic Mission'", in: Trinity World Forum Spring, 1 –4.

HEUBACH, Joachim (Hg.), 1990, Der Heilige Geist im Verständnis Luthers und der lutherischen Theologie, (Veröffentlichungen der Luther –Akademie Ratzeburg 17), Martin – Luther –Verlag, Erlangen.

HILL, David, 1979, New Testament Prophecy, Marshall, Morgan & Scott, London.

HILLE, Rolf, 1986, "Das Geschichtsverständnis von Karl Heim", in: H. Stadelmann (Hg.), 1986 a, 267 –284.

_____. 1990, Das Ringen um den säkularen Menschen. Karl Heims Auseinandersetzung mit der idealistischen Philosophie und den pantheistischen Religionen, TVG Brunnen, Gießen –Basel.

HOEKENDIJK, Johann Christiaan, 1967, Kirche und Volk in der deutschen Missionswissenschaft, (TB 35), Erich Walter Pollmann (Bearb. u. Hg.), Kaiser, München [holländisches Orig.: Kerk en Volk in de Duitse Zendingswetenschap, Amsterdam 1948].

_____. 1964, Die Zukunft der Kirche und die Kirche der Zukunft, Kreuz –Verlag, Stuttgart/ Berlin.

_____. 1968, "Bemerkungen zur Bedeutung von Mission(arisch)", in: *Mission als Strukturprinzip,* (s.o. Bibliogr. I), 30 –38. HOFFMANN, Gerhard, 1971, "Die Krise der Weltmission. Eine Krise zum Tode oder eine Krise zum Leben?", in: EvMis, 19 –45. HOFIUS, Otfried, 1989, Paulusstudien, (WUNT 51), Mohr/Siebeck, Tübingen.

_____. 1991, Der Christushymnus Philipper 2,6 –11. Untersuchungen zu Gestalt und Aussage eines urchristlichen Psalms, (WUNT 17), Mohr/Siebeck, Tübingen, [•1976].

HOFMANN, J.Chr.K. von, 1841/1844, Weissagung und Erfüllung im Alten und Neuen Testamente, 1. u. 2. Hälfte, Nördlingen.

_____. 1878, Die Aufgabe der biblischen Hermeneutik, in: Vermischte Aufsätze, H. Schmid (Hg.), Verlag von Andreas Deichert, Erlangen.

HOFFMANN −ALEITH, Eva, 1972, Die älteste Bibelanstalt der Welt, Witten −Berlin. HOGG, William R., 1954, Mission und Ökumene. Geschichte des Internationalen Missionsrates und seiner Vorläufer im 19. Jh., Ev. Missionsverlag, Stuttgart.

HOHMEIER, Friedebert, 1983, "Der theologische Feminismus im Spiegel seines Bibelgebrauchs", in: P. Beyerhaus (Hg.), Frauen im theologischen Aufstand. Eine Orientierungshilfe zur 'Feministischen Theologie', Hänssler, Neuhausen −Stuttgart, 92 −114.

HOLL, Karl, 1928, "Die Vorstellung vom Märtyrer und die Märtyrerakte in ihrer geschichtlichen Entwicklung", in: Ges. Aufsätze zur Kirchengeschichte 2, Mohr/Siebeck, Tübingen, 68 −102.

_____. 1928, "Luther und die Mission", in: Ders., Gesammelte Aufsätze, Bd. 3: Der Westen, Mohr/Siebeck, Tübingen, 234 −243.

HOLLAZ, David, 1907, Examen theologicum acroamaticum, Stargard.

HOLLENWEGER, Walter, 1964, "Christus intra et extra muros ecclesiae", in: *Mission als Strukturprinzip,* (s.o. Bibliogr. I), 55 −58.

_____. 1966, "Agenda: The World", in: Trevor Beason (Hg.), The World is the Agenda. Report of a Conference on the Missionary Structures of the Congregation, 25 −28 April 1966, (Concept −Papers from the Department of Studies in Evangelism, No. 11, Sept. 1966), ÖRK, Genf.

_____. 1973, "Professor Unrat geht nach Bangkok", in: *Das Heil der Welt heute,* (s.o. Bibliogr. III), 247 −257.

HOLSTEN, Walter, 1953 a, Das Kerygma und der Mensch. Einführung in die Religionsund Missionswissenschaft, Kaiser, München.

_____. 1953 b, "Reformation und Mission", in: ARG 44, 1 −32.

HOLTER, Åge, 1978, "Foran verdensmisjonsmøtet i Melbourne 1980", in: NTM 32 149 −156.

_____. 1992, Art. "Fundamentalismus", in: ELThG, Bd. 1, 656 f.

HOLTHAUS, Stephan, 1993, Fundamentalismus in Deutschland. Der Kampf um die Bibel im Protestantismus des 19. u. 20. Jahrhundert, VKW, Bonn.

HORNUNG, Andreas, 1995, Messianische Juden zwischen Kirche und Volk Israel. Entwicklung und Begründung ihres Selbstverständnisses, Brunnen, Gießen.

HORSLEY, G.H.R., 1987, Name Change as an Indication of Religiouse Conversion in Antiquity, in: Noumen 34, 1 −17.

_____. 1989, New Documents Illustrating Early Christianity, Bd. 5, Macquarie University, Sidney.

HOUSTON, Tom, 1990, "Gute Nachricht für die Armen", in: *Evangelisation mit Leidenschaft,* (s.o. Bibliogr. III), 107 −116.

HOVE, Odd Sverre, 1991, "Der Weltkirchenrat am Scheideweg", in: DIAKRISIS 12, 65 −70.

HUBBARD, Benjamin J., 1974, The Matthean Redaction of a Primitive Apostolic Commission:

An Exegeses of Mt. 28:16−20, Society of Biblical Literature and Scholars' Press, Missoula.

HUBNER, Jürgen, 1989, Art.: "Gesundheit und Krankheit", in: EKL², Bd. 2, 158−162.

HUDSPETH, Will H., 1952, The Bible and China, BFBS, London.

HUGGET, David, 1990, "Ein Dienst, den es zu fördern gilt", in: John Goldingay (Hg.), (s.o. Bibliogr.), 135−159.

HUNTER, A.M., ⁵1957, The Unity of the New Testament, SCM, London.

HUPPENBAUER, Hans Walter, 1977, "Missionarische Dimension des Gottesvolkes im Alten Testament"; in: ZMiss 3, 37−47.

J.

JANOWSKI, Bernd, 1982, Sühne als Heilsgeschehen. Studien zur Sühnetheologie der Priesterschrift und zur Wurzel KPR im Alten Orient und im Alten Testament, (WMANT 55), Neukirchener Verlag, Neukirchen−Vluyn.

JONGENEEL, Jan A.B., 1995, Philosophy, Science and Theology of Mission in the 19th and 20th Centuries, (Studien zur Interkulturellen Geschichte des Christentums 92), Peter Lang, Frankfurt/M. u.a.

JOHN, Sri Mathew P., 1965, "The Use of the Bible by Indian Christian Theologians", in: IJT 14,43−51.

JOHNSTON, Arthur P., 1974, World Evangelism and the Word of God, Bethany Fellowship Inc., Minneapolis.

_____. 1984, Umkämpfte Weltmission, Haussier Verlag, Neuhausen−Stuttgart [engl. Orig.: The Battle for World Evangelism, Tyndale Publishing House, 1978].

1988, "Wahre und falsche Einheit der Christen", in: P. Beyerhaus/L. v. Padberg (Hg.), (s.o. Bibliogr.), 22−42.

JUNG, Friedhelm, 1992, Die deutsche Evangelikale Bewegung−Grundlinien ihrer Geschichte und Theologie, (EHS.T 461), Peter Lang, Frankfurt/M. u.a.O.

JUNGHANS, Helmar (Hg.), 1983, Leben und Werk Martin Luthers von 1526−1546. Festgabe zu seinem 500. Geburtstag, V&R, Göttingen.

JUNKER, Reinhard, 1993, Leben durch Sterben? Schöpfung, Heilsgeschichte und Evolution, Pascal Verlag, Berlin.

JUSTER, Daniel, 1985, "Jewish Roots: 'Covenant and Dispensation'", in: Mishkan 2, 24−42.

K.

KÄHLER, Martin, 1893, "Der Menschensohn und seine Sendung an die Völker", in: AMZ 20.S

　　　　　　　　149–178.

_____. 1911, "Gustav Warnecks Sendung", in: AMZ 38, 105–127.

_____. (Hg.), 1962, Geschichte der protestantischen Dogmatik im 19. Jahrhundert, Kaiser, München, [Brockhaus, Wuppertal ²1989].

_____. ⁴1969, Der sog. historische Jesus und der geschichtliche biblische Christus (1892), E. Wolf (Hg.), (TB 2), München, [1892].

_____. 1971, Schriften zur Christologie und Mission, H.G. Frohnes (Hg.), Kaiser, München.

KALWEIT, Stephan, 1967, Reich und Reformation, Propyläen, Berlin.

KARPP, Heinrich, 1980, Art. "Bibel: IV. Die Funktion der Bibel in der Kirche", in: TRE 6, 48–93.

KARRER, Martin, 1986, Die Johannesoffenbarung als Brief. Studien zu ihrem literarischen, historischen und theologischen Ort, (FRLANT 140), V&R, Göttingen.

KÄSEMANN, Ernst, 1960, Exegetische Versuche und Besinnungen, 2 Bde., V&R, Göttingen.

_____. 1951, "Begründet der neutestamentliche Kanon die Einheit der Kirche?", in: Ders., Exegetische Versuche und Besinnungen, (s.o.), 214–223.

_____. (Hg.), 1970, Das Neue Testament als Kanon. Dokumentation und kritische Analyse zur gegenwärtigen Diskussion, V&R, Göttingen.

_____. ³1975, An die Römer, (HNT 8a), Mohr/Siebeck, Tübingen.

_____. 1980, "Die endzeitliche Königsherrschaft Gottes", in: *Dein Reich komme,* (s.o. Bibliogr. III), 114–123. KANT, Immanuel, 1798, Der Streit der Fakultäten, [Neudruck, K. Reich (Hg.), Hamburg 1959].

KANTONEN, Taito A., 1957, Evangelium und Evangelisation, Luth. Verlagshaus, Berlin.

KARLSTRÖM, Nils, 1962, Ökumene in Mission und Kirche, Claudius–Verlag, München.

KASDORF, Hans, 1980, "Gustav Warneck: His Life and Labour", in: Miss. 8, 269–284.

_____. 1988, Gustav Warnecks missiologisches Erbe, Brunnen, Gießen/Basel.

KASTING, Heinrich, 1969, Die Anfänge der urchristlichen Mission. Eine historische Untersuchung (BEvTh 55), Kaiser, München.

KELSEY, Morton T., 1973, Healing and Christianity, London.

KERTELGE, Karl (Hg.), 1982, Mission im Neuen Testament, (QD 93), Herder, Freiburg/Basel/Wien.

KESHESHIAN, A., 1992, Conciliar Fellowship. A Common Goal, WCC, Geneva.

KEYSSER, Christian, 1929, Eine Papua–Gemeinde, Bärenreiter–Verlag, Kassel.

KIM, Seyoon, 1981, The Origine of Paul's Gospel, (WUNT 2. Reihe, 4), Mohr/Siebeck, Tübingen. KIRK, Andrew J., 1979, Liberation Theology. An Evangelical View from the Third World, Marshall, Morgan & Scott, London.

KLAIBER, Walter, 1990, Ruf und Antwort. Biblische Grundlagen einer Theologie der Evangelisation, Christliches Verlagshaus, Stuttgart/Neukirchener Verlag, Neukirchen–Vluyn.

KLEIN, Günter, 1971, "Bibel und Heilsgeschichte. Die Fragwürdigkeit einer Idee", in: ZNW 62, 1-47.

DE KLEINE, Hans, 1950, Im Zeichen des Siegers, Verlag der Rheinischen Mission, Wuppertal-Barmen.

KNAPP, Stephen C., 1977, "Mission and Modernisation: A Preliminary Critical Analysis of Contemporary Understandings of Mission from a 'Radical Evangelical' Perspective", in: R. Pearce Beaver (Hg.), American Missions in Bicentennial Perspective, William Carey Library, Pasadena, 146-209.

KNIGHT, George W., 1992, The Pastoral Epistles (NIGTC), Eerdmans, Grand Rapids/Paternoster, Exeter/Carlisle.

KNITTER, Paul, 1985, No Other Name? A Critical Survey of Christian Attitudes Towards World Religions, Orbis Books, Maryknoll, New York, [deutsch: Ein Gott-viele Religionen. Gegen den Absolutheitsanspruch des Christentums, Kösel, München, 1988].

KNOX, Ronald A., 1957, Christliches Schwärmertum. Ein Beitrag zur Religionsgeschichte, Verlag Jakob Hegner, Köln/Olten.

KÖBERLE, Adolf, 1960, Art. "Möttlingen", in RGG³, Bd. 4, Sp. 1084 f.

_____. 1978, Art. "Krankenheilung", in: EGL, 314 f.

KOCH, Kurt, ⁵1956, Seelsorge und Okkultismus, Evangelisationsverlag, Berghausen b. Karlsruhe.

KOSMALA, Hans, 1965, "The Conclusion of Matthew", in: AStJ 4, 132-137.

KRAEMER, Hendrik, 1940, Die christliche Botschaft in einer nicht-christlichen Welt, EVZ, Zürich.

KRAMER, D. Gustav, 1880/1882, August Hermann Francke, 2 Bde., Halle.

_____. (Hg.), 1885, A. H. Francke's pädagogische Schriften nebst der Darstellung seines Lebens und seiner Stiftungen, 2. durchges. u. vervollst. Ausgabe, (Bibliothek pädagogischer Klassiker), Beyer, Langensalza.

KRAMM, Thomas, 1979, Analyse und Bewährung theologischer Modelle zur Begründung der Mission, Missio Aktuell Verlag, Aachen.

KRAUS, Hans-Joachim, ⁵1978, Psalmen, 2. Teilband (BK.AT 15/2), Neukirchener Verlag, Neukirchen-Vluyn.

_____. ³1982, Geschichte der historisch-kritischen Erforschung des Alten Testaments, Neukirchener Verlag, Neukirchen-Vluyn.

KREMER, Jacob, 1982, "Weltweites Zeugnis für Christus in der Kraft des Geistes. Zur lukanischen Sicht der Mission", in: Karl Kertelge (Hg.), (s.o. Bibliogr.), 145-163.

KREMERS, Heinz/Lubahn Erich (Hg.), 1985, Mission an Israel in heilsgeschichtlicher Sicht, Neukirchener Verlag, Neukirchen Vluyn.

KRÜGER, H., 1969, Kirche zwischen Gott und Welt. Vorträge in Uppsala 1968 in Ergänzung des Uppsala-Berichtsbandes, (ÖR.B 9), Evangelischer Missionsverlag, Stuttgart.

KÜBEL, R. B., 1873, Das Christliche Lehrsystem nach der Schrift, Steinkopf, Stuttgart.

KUEN, A., 1975, Gemeinde nach Gottes Bauplan, Schweizer Schallplattenmission, Frutigen.

KÜMMEL, Werner Georg, 1950, "Notwendigkeit und Grenze des Kanons", in: ZThK 47, 277-313, [neu abgedruckt in: E. Käsemann (Hg.), Das Neue Testament als Kanon, V&R, Göttingen, 1970, 62-97].

_____. ²1963, Verheißung und Erfüllung. Untersuchungen zur eschatologischen Verkündigung Jesu, TVZ, Zürich.

_____. 1969, Die Theologie des Neuen Testamentes nach seinen Hauptzeugen. (NTD-Ergänzungsreihe 3), V&R, Göttingen.

KÜNG, Hans, 1962, "Der Frühkatholizismus im Neuen Testament als kontroverstheologisches Problem", in: ThQ 142, 385-424.

KÜNNETH, Walter, 1961, Politik zwischen Dämon und Gott, Lutherisches Verlagshaus, Berlin.

_____. 1967, Die Auferstehung Christi als hermeneutischer Schlüssel, Vortrag am 29.5.1967 in Wunsiedel. Separatdruck.

_____. ⁵1968, Theologie der Auferstehung, Siebenstern, Hamburg, [⁶1982].

_____. 1975, Fundamente des Glaubens. Biblische Lehre im Horizont des Zeitgeistes, R. Brockhaus, Wuppertal.

_____. 1979, "Luthers Zwei-Reiche-Lehre heute", in: J. Heubach/P. Beyerhaus, Zwischen Anarchie und Tyrannei, VLM, Bad Liebenzell, 72-88.

_____. 1984, "Mitte und Struktur biblischer Heilsgeschichte", in: H. Stadelmann (Hg.), 1984 b, 30-38.

KÜNNETH, W./BEYERHAUS, P., 1975, Reich Gottes oder Weltgemeinschaft? Die Berliner Ökumene-Erklärung zur utopischen Vision des Weltkirchenrates, (Telos-Dokumentation 900), VLM, Bad Liebenzell.

KUREWA, John W.C., 1978, "Symposium Bibel und Evangelisation in Afrika", in: Monatlicher Informationsbrief über Evangelisation 11/12, November/Dezember 1978, ÖRK, Genf.

KVIST, Gustav, 1957, Intet annat namn: Missionen i Bibelns ljus, (Annales Societatis Missiologicae Fenniciae 2), Helsinki.

L.

LAMPE, G.W./Woolcombe, K.J., 1957, Essays on Typology (SBT 22), London. LANG, F., ¹⁶1986, Die Briefe an die Korinther. Übersetzt und erklärt, (NTD 7), V&R, Göttingen. LANGE, Ernst, 1972, Die ökumenische Utopie oder Was bewegt die Ökumenische Bewegung?, Kreuz-Verlag, Stuttgart.

LANGE, Joachim, 1973, Das Erscheinen des Auferstandenen im Evangelium nach Matthäus. Eine traditions- und redaktionsgeschichtliche Untersuchung zu Mt. 28,16-20,

Echter–Verlag, Würzburg.

LAPHAM, Henri A., 1925, The Bible as Missionary Handbook, W. Heffer and Sons Cambridge.

LAPIDE, Pinchas, 1986, The Sermon on the Mount: Utopia or Program for Action? Orbis Books, Maryknoll, New York.

LARSSON, Edvin, 1962, Jesus als Vorbild, Gleerup, Uppsala.

LATOURETTE, K.S., 1939, A History of the Expansion of Christianity, Volume 3: Three Centuries of Advance A.D. 1500–A.D. 1800, Harper & Brothers Publishes, New York/London, ri980].

LAU, Franz, 1964, Reformationsgeschichte bis 1532, in: Ders./E. Bitzer, Reformationsgeschichte Deutschlands bis 1555, (KIG 3, Lieferung K), V&R, Göttingen, 1–65.

LAUBACH, Frank C., 1947, Teaching the World to Read, New York.

_____. 1949, The Silent Billion Speak, Fleming H. Revel, New York.

_____. 1950, Liturgy as Evangelism, New York.

LAUBACH, Fritz, 1972, Aufbruch der Evangelikalen, R. Brockhaus, Wuppertal.

_____. 1985, Justinian von Welz und sein Plan einer evangelischen Missionsgesellschaft, (Diss.), Tübingen.

_____. 1989, Justinian von Welz. Ein Österreicher als Vordenker und Pionier der Weltmission, Fritz Laubach (Bearb. u. Hg.), (Monographien und Studienbücher 348), R. Brockhaus, Wuppertal/Zürich.

LEAN, Garth, 1974, Wilberforce–Lehrstück christlicher Sozialreform, (Theologie und Dienst 3), Brunnen, Gießen.

LECHLER, Gotthard, 1973, Johann von Wiclif und die Vorgeschichte der Reformation, 2 Bde., Leipzig.

LEEUWEN, Ahrend van, 1966, Christentum in der Weltgeschichte. Das Heil und die Säkularisation, Kreuz–Verlag, Stuttgart/Berlin.

LEHMANN, Arno, 1955, Es begann in Tranquebar. Die Geschichte der ersten ev. Kirche in Indien, EVA, Berlin, [²1957].

_____. (Hg.), 1957, Alte Briefe aus Indien. Unveröffentlichte Briefe von Bartholomäus Ziegenbalg 1706–1719, EVA, Berlin.

_____. 1960 a, "Afro–asiatische Kunst und Bibelillustration", in: EMZ 17, 33–44.

_____. 1960b, "Die Bibel beim Werden und im Leben der jüngeren Kirchen", in: EMZ 17,172–183.

LESSING, Gotthold Ephraim, 1780, Die Erziehung des Menschengeschlechts (1780), in: Ders., Gesammelte Werke, Paul Rilla (Hg.), Bd. 8, Aufbau–Verlag, Berlin, [²1968], 590–615.

LIETZMANN, Hans, 1907, Wie wurden die Bücher des Neuen Testaments heilige Schrift?, Mohr/Siebeck, Tübingen.

LINNEMANN, Eta, 1986, Wissenschaft oder Meinung? Anfragen und Alternativen, Hänssler, Neuhausen–Stuttgart.

_____. 1992, Gibt es ein synoptisches Problem?, Hänssler, Neuhausen –Stuttgart.

LINNENBRINK, Günter, 1965, "Witness and Service in the Mission of the Church", in: IRM 55, 428–441.

LINZ, M., 1964, Anwalt der Welt. Zur Theologie der Mission, Kreuz–Verlag, Stuttgart.

LITTELL, Franklin, 1972, The Origines of Sectarian Protestantism, McMillan, New York.

LOCHER, Gottfried W., 1964, Testimonium internum, (ThSt[B] 81), TVZ, Zürich.

LOEWENICH, Walter von, 1948, Die Geschichte der Kirche, Luther–Verlag, Witten/ Ruhr.

LÖFFLER, Paul, 1979, "The Reign of God Has Come in the Suffering Christ. An Exploration of the Power of the Powerless", in: IRM, 68, 109–114.

_____. 1979, "Im leidenden Christus hat die Herrschart Gottes begonnen", in: ÖR 28, 440–447.

_____. 1983, Art. "Kontextuelle Theologie", in: *Ökumene–Lexikon,* (s.o. Bibliogr. I), Sp.714f.

LOHMEYER, Ernst, 1928, Kyrios Jesus: eine Untersuchung zu Phil. 2,5–11 (SHAW.PH).

_____. 1927, "Die Idee des Martyriums im Judentum und Urchristentum", in: ZSTh 5, 232 ff.

LOHSE, Eduard, 1951, Die Ordination im Spätjudentum und im Neuen Testament, V&R, Göttingen.

_____. 1974, Grundriß der neutestamentlichen Theologie, Kohlhammer, Stuttgart.

_____. 1975, "Die Einheit des Neuen Testaments als theologisches Problem", in: EvTh 35,139–154.

_____. 1983, "Martin Luthers Übersetzung der Bibel. Sprache, Theologie und Schrift–Verständnis", in: Siegfried Meurer (Hg.), Mittelpunkt Bibel, 49–62.

LONGENECKER, R., 1971, The Ministry and Message of Paul, Zondervan, Grand Rapids.

LOSSKY, Vladimir, 1961, Die mystische Theologie der morgenländischen Kirche, Styria–Verlag, Graz u.a.O.

LUBAHN, Erich (Hg.), 1988, Heilsgeschichtliche Theologie und Verkündigung. Mit Beiträgen v. Otto Michel, Christliches Verlagshaus, Stuttgart.

_____. 1993, Auf der Suche nach der unsichtbaren Wirklichkeit, Christliches Verlagshaus, Stuttgart.

LUCK, Ulrich, 1967, "Herrenwort und Geschichte in Mt. 28,16–20", in: EvTh 27, 494–508.

LUDWIG, Ernst, 1952, Schriftverständnis und Schriftauslegung bei Johann Albrecht Bengel, Calwer Verlag, Stuttgart.

LUTHER, Martin, (s.o. Bibliogr. I).

LYALL, Leslie, 1985, God Reigns in China, Hodder and Stoughton, London u.a.O.

M.

MacPherson, Dave, 1973, The Unbelievable Pre-Tribe Origin, Heart of America Bible Society, Kansas City.

_____. 1983, The Great Rapture Hoax, New Puritan Library, Fletcher, NC.

Maier, Friedrich, 1954, "Das missionarische Amt im Verständnis Karl Hartensteins", in: EMZ 11, 169-180.

Maier, Gerhard, 1974, Das Ende der historisch-kritischen Methode, R. Brockhaus, Wuppertal.

_____. 1981, Die Johannesoffenbarung und die Kirche, (WUNT 25), Mohr/Siebeck, Tübingen.

_____. 1984, "Die biblische Zukunftserwartung", in: Ders. (Hg.), Zukunftserwartung in biblischer Sicht. Beiträge zur Eschatologie, R. Brockhaus, Wuppertal/Brunnen, Gießen/Basel, 52-67.

_____. 1990, Biblische Hermeneutik, R. Brockhaus, Wuppertal und Zürich.

Mallau, H., [5]1987, Wenn du glauben könntest. Von der Heilung der Kranken durch das Gebet des Glaubens, Oncken, Wuppertal/Kassel.

Manecke, Dieter, 1972, Mission als Zeugendienst, R. Brockhaus, Wuppertal.

Margull, Hans Jochen, 1959, Theologie der missionarischen Verkündigung. Evangelisation als ökumenisches Problem, Ev. Verlagswerk, Stuttgart.

_____. (Hg.), 1963, Zur Sendung der Kirche, Material der ökumenischen Bewegung, (TB 18; Mission und Ökumene), Kaiser, München.

Marshall, I. Howard, 1970, Luke: Historian and Theologian, Paternoster, Exeter [[10]1992].

_____. (Hg.), 1977, New Testament Interpretation: Essays on Principles and Methods, Paternoster, Exeter.

_____. 1978, The Gospel of Luke, (NIGTC), Paternoster, Exeter.

_____. 1980, The Acts of the Apostles, (TNTC), Intervarsity Press, Leicester.

_____. 1985, Ursprünge der neutestamentlichen Christologie, Brunnen, Gießen.

Martin, Bernard, 1954, Die Heilung der Kranken als Dienst der Kirche, Verlag Friedrich Reinhard, Basel.

Martyria, 1989, (FS zum 60. Geburtstag v. Peter Beyerhaus), Jörg Kniffka (Hg.), R. Brockhaus, Wuppertal/Zürich.

Mattern, Liselotte, 1966, Das Verständnis des Gerichtes bei Paulus (AThANT 47), Zwingli Verlag, Zürich.

Matthey, Jacques, 1980, "The Great Commission According to Matthew", in: IRM69, 161-173.

May, Peter, 1990, "Die Ewigkeit im Brennpunkt", in: John Goldingay (Hg.), (s.o. Bibliogr.), 26-45.

MBITI, John S., 1974, Afrikanische Religion und Weltanschauung, de Gruyter, Berlin/New York, [engl. Originalausgabe 1969].

_____. 1987, Bibel und Theologie im afrikanischen Christentum, V&R, Göttingen.

MCAFFEE-BROWN, Robert, 1976, "Wer ist dieser Jesus Christus, der befreit und eint?", in: *Jesus Christus befreit und eint,* (s.o. Bibliogr. III), 5-24.

MCCONNELL, D.R., 1990, Ein anderes Evangelium? Eine historische und biblische Analyse der modernen Glaubensbewegung, C.M. Fliß, Hamburg, [engl. Orig.: A Different Gospel, 1988].

MCDONALD, H. D., 1959, Ideal of Revelation: An Historical Study A.D. 1700-1860, McMillan, London.

MCGAVRAN, Donald A., 1955, The Bridges of God, World Dominion Press, London.

_____. 1970, Understanding Church Growth, Eerdmans, Grand Rapids, P1980].

_____. (Hg.), 1977, Conciliar-Evangelical Debate: The Crucial Documents 1964-76, William Carey Library, South Pasadena, California.

_____. 1983, "Official Roman Catholic Theology of Mission: *Ad Gentes*", in: Glasser/ McGavran, (s.o. Bibliogr.), 180-194.

_____. 1983, "Official Roman Catholic Theology of Mission: *Lumen Gentium*", in: Glasser/McGavran, (s.o. Bibliogr.), 195-204.

MCQUILKIN, J. Robertson, 1973, How Biblical is the Church Growth Movement?, Moody, Chicago.

MELZER, Friso, 1942, "Das johanneische Evangelium in Indien", in: EMZ 3, 106-114.

_____. ^{2}1959, Anleitung zur Meditation, Ev. Verlagswerk, Stuttgart.

_____. 1968, Innerung. Wege und Stufen der Meditation, Stauda, Kassel.

MERK, Otto, 1972, Biblische Theologie des Neuen Testaments in ihrer Antrittszeit, (MThSt 9), Elwert- Verlag, Marburg/L.

_____. 1981, Art. *"keryssein"*, in: EWNT, Bd. 2, 711-720.

METZGER, G. (Hg.), 1978, Zukunft aus dem Wort, (FS Helmut Claß zum 65. Geburtstag), Calwer Verlag, Stuttgart.

METZGER, Wolfgang (Hg.), 1953, Karl Hartenstein: Ein Leben für Kirche und Mission, Ev. Missionsverlag, Stuttgart.

METZNER, Hans Wolfgang, 1970, Roland Allen-sein Leben und Werk. Kritischer Beitrag zum Verständnis von Mission und Kirche, Gerd Mohn, Gütersloh.

MEURER, Siegfried (Hg.), 1982, Erneuerung aus der Bibel, (Die Bibel in der Welt 18), Deutsche Bibelgesellschaft, Stuttgart.

_____. 1983, Mittelpunkt Bibel, (FS für Ulrich Fick), Die Bibel in der Welt 19), Deutsche Bibelgesellschaft, Stuttgart.

MEYER, Heinrich, 1953, Bekenntnisbindung und Bekenntnisbildung in jungen Kirchen, Bertelsmann, Gütersloh.

MEYER, Regina Pacis, 1979, Universales Heil, Kirche und Mission, Steyler-Verlag, St. Augustin.

MICHAELIS, Wilhelm, 1930, Pastoralbriefe und Gefangenschaftsbriefe. Zur Echtheitsfrage der Pastoralbriefe, (NTF 1/6), C. Bertelsmann, Gütersloh.

MICHEL, Karl-Heinz, 1987, Immanuel Kant und die Erkennbarkeit Gottes. Eine Untersuchung der "transzendentalen Ästhetik" in der "Kritik der reinen Vernunft" und ihre theologische Konsequenz, R. Brockhaus, Wuppertal.

MICHEL, Otto, 1932, Prophet und Märtyrer, (BFChTh 37,2), Bertelsmann, Gütersloh.

_____. 1935, "Biblisches Bekennen und Bezeugen", in: EvTh 2, 231-245.

_____. 1941 a, "Gottesherrschaft und Völkerwelt", in: EMZ 2, 225-292.

_____. 1941 b, "Menschensohn und Völkerwelt (zu Mt. 28,16-20)", in: EMZ 2, 257-267.

_____. 1941 c, "Gemeinde und Völkerwelt", in: EMZ 2, 289-295.

_____. 1941 d, "Der Heilige Geist und die Völkerwelt", in: EMZ 2, 321-328.

_____. 1941 e, "Die Fürbitte des Erlösers", in: EMZ 2, 353-360.

_____. 1950/51, "Der Abschluß des Matthäus-Evangeliums. Ein Beitrag zur Geschichte der Osterbotschaft", in: EvTh 10, 16-26.

MILLER, B., 1980, William Carey: The Father of Modem Missions, London.

MÖLLER, Hans, 1962, "Grundprobleme der alttestamentlichen Hermeneutik", in: LRb 10,67-83.

MOLTMANN, Jürgen, 1968, "Existenzgeschichte und Weltgeschichte", in: EK 1, 13-20.

_____. 1969, Religion, Revolution and the Future, Scribners, New York.

_____. (Hg.), 1984, Minjung: Theologie des Volkes Gottes in Südkorea, Neukirchener Verlag, Neukirchen-Vluyn.

MORRIS, Leon, 1972, The Apostolic Preaching of the Cross, Tyndale Press, London.

MOSALA, Itumeleng J., 1989, Biblical Hermeneutics and Black Theology in South Africa, Eerdmans, Grand Rapids.

MOSES, David G., 1954, "Christianity and the Non-Christian Religions", in: IRM 43, 146-154.

MOTSCHMANN, Klaus, 1988, Politik in der Kirche. Glasnost, Perestroika. Wenn Wörter das WORT verdrängen, Hänssler, Neuhausen-Stuttgart.

MOTT, John R., ²1902, The Evangelization of the World in this Generation, Student Volunteer Movement, London.

MOTYER, Stephen, 1991, Israel in the Plan of God, Intervarsity Press, Leicester [¹1989].

MÜLLER, Josef, 1969, Wozu noch Mission? Eine bibeltheologische Überlegung, (Bibl. Forum 4), Katholisches Bibelwerk, Stuttgart.

MÜLLER, Jörg, 1977, Uppsala II. Erneuerung in der Mission. Eine redaktionsgeschichtliche Studie und Dokumentation zur Sektion II der 4. Vollversammlung des

Ökumenischen Rates der Kirchen, Uppsala 1968, (Studien zur interkulturellen Geschichte des Christentums 10), Peter Lang, Frankfurt/M./Bern.

MÜLLER, Karlheinz, 1978, Art. "Apokalyptik/Apokalypsen. III. Die jüdische Apokalyptik. Anfänge und Merkmale", in: TRE 3, 202–251.

MÜLLER, Paul, 1974, "Unter Leiden prägt der Meister". Vom Sinn und Segen der Krankheiten, Nöte und Rätsel des Lebens, Paulus–Verlag, Heilbronn.

MÜLLER, Klaus W., 1990, "Die Auswirkungen des Schriftverständnisses auf die missionarische Arbeit", in: Bibel und Gemeinde 4/1990, 372–380.

MÜLLER–FAHRENHOLZ, Geiko, 1974, Heilsgeschichte zwischen Ideologie und Prophetie. Profile und Kritik heilsgeschichtlicher Theorien in der Ökumenischen Bewegung zwischen 1948 und 1968, (ÖF.S 4), Herder, Freiburg u.a.O.

MÜLLER–GANGLOFF, Erich, 1948, Vorläufer des Antichrist, Wedding–Verlag, Berlin.

MUNCK, J., 1954, Paulus und die Heilsgeschichte, (Acta Jutlandica 25,1, Teologisk Serie 6).

MYERS, Kenneth, 1990, "Adjusting Theology in the Shadow of AUSCHWITZ: Does the Holocaust Change the Context for Christian Evangelization of the Jews?", in: ChrTo34,41–43.

MYKLEBUST, Olav Guttorm, 1955/1957, The study of Missions in Theological Education. An Inquiry into the place of World Evangelisation in Western Protestant Ministerial Training with Particular Reference to Alexander Duff's Chair of Evangelistic Theology, 2 Bde., (Studies of the Egede Institute 6/7), Egede Institutet, Forlaget Land og Kirke, Oslo.

N.

NEILL, Stephen, 1952, The Christian Society, (Reprint), London.

_____. 1967, Schöpferische Spannung. Mission zwischen gestern und morgen, J.G. Oncken, Kassel.

NELLESSEN, E., 1976, Zeugnis für Jesus und sein Wort (BBB 43), Köln.

NEUER, Werner, 1986, Der Zusammenhang von Dogmatik und Ethik bei Adolf Schlatter, Brunnen, Gießen/Basel.

_____. 1989, "Die Prüfung der Geister als unverzichtbare Aufgabe der Theologie", in: MARTYRIA, (s.o. Bibliogr.), 175–182.

_____. ⁵1993, Mann und Frau in christlicher Sicht, Brunnen, Gießen/Basel.

_____. 1995, "Heilsame Lehre", in: DIAKRISIS 16, 3–7.

NEUFELD, Alfred, 1995, Die alttestamentlichen Grundlagen der Missionstheologie, VKW, Bonn.

NEUMANN, Horst, 1985, Die religiöse Subkultur der 'Jugendreligionen' sowie der Musik und Disco–Szene, (Diss. masch.), Tübingen.

NEVE, Herbert T./KRUSCHE W., 1968, Quellen der Erneuerung. Auf der Suche nach beweglichen Strukturen für die Kirche, ÖRK, Genf.

NEVIUS, John, 1993, Die Gründung und Entwicklung missionarischer Gemeinde, übers. v. Ch. Jaeschke, (edition afem, mission classics 2), VKW, Bonn.

NEWBIGIN, Lesslie, 1959, Die eine Kirche – das eine Evangelium – die eine Welt. (Weltmission heute 11/12), Ev. Missionsverlag, Stuttgart.

_____. 1963, The Relevance of Trinitarian Doctrine for Today's Mission, (C.W.M.E. Study Pamphlets 2), Edinburgh House Press, London.

_____. 1969, "Call to Mission – A Call to Unity?", in: P. Beyerhaus/C.F. Hallencreutz (Hg.), (s.o. Bibliogr.), 254–265.

_____. 1988, Mission in der Nachfolge Christi. Bibelarbeiten, (Weltmission heute 4), Ev. Missionswerk, Hamburg.

_____. 1989, Den Griechen eine Torheit. Das Evangelium und unsere westliche Kultur, Aussaat, Neukirchen – Vluyn.

NEWMAN, J.H., 1951, Der Antichrist. Nach der Lehre der Väter, dt. v. Th. Haecker, Kösel – Verlag, München.

NICHOLLS, Bruce, 1976, "Nairobi 1975: A Crisis of Faith for the WCC", in: Themelios 1,66 – 75.

_____. 1980, "Theological Reflections on Melbourne 1980", in: Emissary 11/4, 1 – 7.

_____. (Hg.), 1986, The Church: God's Agent for Change, (WEF), Paternoster, Exeter.

NIDA, Eugene A., 1960, Message and Mission. The Communication of Christian Faith, Harper & Brothers, New York.

_____. 1964, Toward a Science of Translating. With Special Reference to the Principles and Procedures Involved in Bible Translating, E.J. Brill, Leiden.

_____. 1966, Good News for Modem Man. The New Testament in Today's English Version, New York.

_____. (Hg.), ²1972, Book of a Thousand Tongues, UBS, New York.

NIELSEN, Helge Kjaer, 1987, Heilung und Verkündigung. Das Verständnis der Heilung und ihres Verhältnisses zur Verkündigung bei Jesus und in der ältesten Kirche, (AThD 22), E.J. Brill, Leiden.

NILES, D.T., 1962, Feuer auf Erden. Gottes Sendung und das Missionswerk der Kirchen., Ev. Missionsverlag, Stuttgart.

NOLAN, Albert, 1988, God in South Africa: The Challenge of the Gospel, David Philip, Kapstadt/Johannesburg.

NORDEN, Eduart, ³1924, Die Geburt des Kindes. Geschichte einer religiösen Idee, (SBW 3.), Fritz Saxi, (Hg.), Leipzig/Berlin, Stuttgart.

NOTH, Martin, 1965, Das zweite Buch Mose. Exodus übers, u. erklärt, (ATD Bd. 5), V&R, Göttingen, [¹1958].

NÚÑEZ, Emilio A./TAYLOR, William D., 1989, Crisis in Latin America: An Evangelical

Perspective, Moody, Chicago.

NÜRNBERGER, Klaus, 1987, "The Eschatology of Marxism", in: Missionalia 15, 105 – 109.

O.

OBERMAN, Heiko A., 1983, Luther. Mensch zwischen Gott und Teufel, Severin und Siedler, Berlin.

OCKENGA, Harold J., 1967, "The Basic Theology of Evangelism", in: *One Race, One Gospel, One Task,* Bd. 1, (s.o. Bibliogr. III), 93 – 99.

ÖBERG, Ingmar, 1982, "Mission und Heilsgeschichte bei Luther und in den Bekenntnisschriften", in: Luth. Beiträge zur Mission, (Veröffentlichungen der Luther – Akademie Ratzeburg 3), Martin – Luther – Verlag, Erlangen, 25 – 42.

OEHLER, Wilhelm, 1936, Das Johannes – Evangelium. Eine Missionsschrift für die Welt, Bertelsmann, Gütersloh.

_____. 1951, Geschichte der Deutschen Evangelischen Mission, 2 Bde., Verlag W. Fehrholz, Baden – Baden.

OEPKE, Albrecht, 1920, Missionspredigt des Apostels Paulus, (Schriftenreihe der DGMW 2), J.C. Hinrichs – Verlag, Leipzig.

_____. 1938, Art. *"iaomai"* u.v.W., in: ThWNT, Bd. 3, 194 – 115.

OHLEMACHER, Jörg, 1986, Das Reich Gottes in Deutschland bauen. Ein Beitrag zur Theologie der deutschen Gemeinschaftsbewegung, V&R, Göttingen.

OHLIG, Karl – Heinz, 1970, Woher nimmt die Bibel ihre Autorität? Zum Verhältnis von Schrift, Kanon, Kirche und Jesus, Patmos, Düsseldorf.

OHM, Thomas, 1962, Machet zu Jungem alle Völker. Theorie der Mission, Erich Wewel – Verlag, Freiburg/Br.

OIKONOMIA, 1967, Heilsgeschichte als Thema der Theologie, (FS zum 65. Geburtstag von Oscar Cullmann), Felix Christ, (Hg.), Herbert Reich, Hamburg.

OKITE, Odhiambo W., 1973, "Politics of Africa's Independent Churches", in: David Barrett u.a. (Hg.), Kenya Churches Handbook, Evangelical Publishing House, Kisumo, Nairobi, 118 – 123.

OKURE, Teresa, 1988, The Johannine Approach to Mission, (WUNT 2/31), Mohr/ Siebeck, Tübingen.

OOSTERWAL, Gottfried, 1967, "Cargo Cults as a Missionary Challenge", in: IRM 56, 469 – 477.

Orthodox Spirituality, 1987, An Outline of the Orthodox Ascetical and Mystical Tradition. By a Monk of the Eastern Church, St. Vladimir's Seminary Press, Crestwood, New York.

OSBORNE, G.R., 1991, The Hermeneutical Spiral. A Comprehensive Introduction to Biblical Interpretation, Intervarsity Press, Downers Grove.

OTT, Heinrich, 1959, Art. "Heilsgeschichte", in: RGG³, Bd. 3, Sp. 187–189.

OVERBECK, Franz, 1880, Zur Geschichte des Kanons, Chemnitz, [Neudruck: WB, Darmstadt, 1965].

P.

PACKER, James I., 1973, Knowing God, Hodder and Stoughton, London.

_____. 1974 a, "What did the Cross Achieve? The Logic of Penal Substitution", in: TynB 25,1–13.

_____. 1974b, Fundamentalism and the Word of God: Some Evangelical Principles, Eerdmans, Grand Rapids.

_____. 1989, Auf den Spuren des Heiligen Geistes. Im Spannungsfeld zwischen Orthodoxie und Charismatik, (ABCteam 413 A), Brunnen, Basel/Gießen.

PADILLA, Rene, 1972, Revolution and Revelation, in: Brian Griffith (Hg.), Is Revolution Change, Intervarsity Press, London, 70–83.

_____. 1977, Zukunftsperspektiven. Evangelikale nehmen Stellung, R. Brockhaus, Wuppertal.

_____. (Hg.), 1982, "The Unity of the Church and the Homogenous Unit Principle", in: IBMR 6, 23–30.

PALMER, Richard E., 1969, Hermeneutics: Interpretation Theory in Schleiermacher, Dilthey, Heidegger und Gadamer, North–Westem University Press, Evanston.

PANNENBERG, Wolfhart, 1969, "Apostolizität und Katholizität der Kirche in der Perspektive der Eschatologie", in: ThLZ 94, Sp. 97–112.

_____. 1988–94, Systematische Theologie, 3 Bde., V&R, Göttingen.

PENN–LEWIS, Jessie/ROBERTS, Evan, 1966, 'Kampf nicht mit Fleisch und Blut'. Deutsche Übertragung des Buches 'War on the Saints', gekürzt u. neu bearb. v. I.E. Stukenbrock–Stemberg, Selbstverlag, Widdelswehr, [engl. Orig.: Overcomer Literature Trust, England].

PENZOTTI, Franzisco G., Apostol de la libertad y de la verdad. Veröffentlicht v. Imprenta 'Venecia', S.A. Independencia 40–2, Mexico I. D.F.

PESCH, Rudolf, 1986, Die Apostelgeschichte, Bd. 1, (EKK 5), Benziger, Zürich/Neukirchener Verlag, Neukirchen–Vluyn.

_____. ⁵1989, Das Markusevangelium, Bd. 1, (HThK 2), Herder, Freiburg.

PETERS, George W., ²1985, Missionarisches Handeln und biblischer Auftrag. Eine Theologie der Mission, VLM, Bad Liebenzell, [Amerik. Orig.: A Biblical Theology of Missions, Moody Bible Institute of Chicago, 1972].

_____. 1982, Gemeindewachstum. Ein theologischer Grundriß, (Veröffentlichungen des Seminars für missionarische Fortbildung der Arbeitsgemeinschaft Evangelikaler Missionen, Reihe A: Ev. Missionslehre, Abt. 7: Gemeindewachstum 1), VLM, Bad Liebenzell.

PETZOLT, Martin (Hg.), 1993, Das Problem der kerygmatischen Wahrheit. Symposion des Instituts für wissenschaftstheoretische Grundlagenforschung im Deutschen Institut für Bildung und Wissen, Paderborn, 14.–16. September 1992, R. Brockhaus, Wuppertal.

PFEIFFER, E., 1958, "Der alttestamentliche Hintergrund der liturgischen Formel 'Amen'", in: KuD 4, 129–141.

PFISTER, Rudolf, 1961, Art. "Prophezei", in: RGG ³, Bd. 5, Sp. 638.

PFLAUM, Lienhard, "Schriftbezug und Situationalismus im gegenwärtigen Missionsdenken", Referat gehalten vor dem Ausschuß für Mission und Ökumene des Theologischen Konvents am 6. Februar 1971 in Frankfurt/M., unveröff. Typoskript im Tübinger Archiv des Theol. Konventes Bekennender Gemeinschaften, 29 Seiten.

PHILLIPS, Godfrey E., 1942, The Old Testament in the World Church, Lutterworth, London.

_____. 1946, The Transmission of the Faith. (Missionary Research Series. 16), Lutterworth, London.

PICKETT, J.W., 1933, Christian Mass–Movements in India. A study with Recommendations, Abingdon Press, New York/Cincinnati/Chicago.

PIEPER, J., 1980, Menschliches Richtigsein: Die Kardinaltugenden – neu bedacht, (Antwort des Glaubens 17), Informationszentrum Berufe der Kirche, (Hg.), IBK, Freiburg.

PLATT, W.J., 1953, "The Place of the Bible in Evangelism", in: IRM 52, 184–193.

_____. 1934, An African Prophet. The Ivory Coast and What Came of it, London.

PLÜMACHER, Eckhard, 1980, Art. "Bibel. II Die Heiligen Schriften des Judentums im Urchristentum", in: TRE, Bd. 6, 8–22.

POERWOWIDAGDO, J., 1992, Das Schattenspiel (Wayang) als Mittel der Verkündigung in:ZMiss 18,226–234.

POETSCH, Hans–Lutz, 1981, Grundsätze evangelistischer Verkündigung, Verlag der Luth. Buchhandlung Heinrich Harms, Groß Oesingen.

PÖHLMANN, Horst Georg, 1973, Abriß der Dogmatik, Gerd Mohn, Gütersloh.

POLLOCK, J., 1967, Billy Graham, Die autorisierte Biographie, R. Brockhaus, Wuppertal.

POTTER, Philip A., 1976, "Bericht des Generalsekretärs", in: *Bericht aus Nairobi 1975,* (s.o. Bibliogr. III), 254–272.

_____. 1978, "Der prophetische Auftrag des Ökumenischen Rats der Kirchen in biblischer Perspektive", in: G. Metzger (Hg.), (s.o. Bibliogr.), 173–194.

_____. 1995, "Gesundheit und Heilung–Vision und Zukunft in der Bibel", in: Nachrichten aus der ärztlichen Mission 46/2, 1 f.

PROCKSCH, Otto, 1925, "Über pneumatische Exegese", in: CuW 1, 145–158.

_____. 1950, Theologie des Alten Testaments, C. Bertelsmann, Gütersloh.
Pro und Contra. Prophetie. Gemeinde−Kongreß 'Vision für ein entkirchlichtes Deutschland', idea Spektrum 38/1993, 19−21.

Q.

A Queen and her Bible: Queen Salote Visits Bible−House, 1954, [4−seitiges Faltblatt], BFBS, London.

R.

RAD, Gerhard von, ³1953, Das erste Buch Mose. Genesis Kapitel 1−12,9, (ATD 2), V&R, Göttingen.
_____. 1960, Theologie des Alten Testamentes, 2 Bde., Kaiser, München, [⁹1987].
RADDAY, Jehuda T./u.a., 1982, "Genesis, Wellhausen and the Computer", in: ZAW 94, 467−481.
RAEDER, Siegfried, 1966, "Voraussetzungen und Methode von Luthers Bibelübersetzung", in: Liebing, M./Scholder, K. (Hg.), Geist und Geschichte der Reformation, (FS Hans Rückert zum 65. Geburtstag), (AKG 38), de Gruyter, Berlin, 152−179.
_____. 1983, "Luther als Ausleger und Übersetzer der Heiligen Schrift", in: Helmar Junghans (Hg.), (s.o. Bibliogr.), 253−278.
RAO, Mark Sunder, 1974, "Some Personal Statements on 'The Authority of the Bible and Its Use in My Life and Work'", in: RaS 21, 65−67.
RATZINGER, Joseph Cardinal (Hg.), 1968, Einführung in das Christentum, Kösel−Verlag, München.
_____. 1989, Zur Frage nach Grundlagen und Weg der Exegese heute, in: Schriftauslegung im Widerstreit, (QD 117), Herder, Freiburg u.a.O., 15−44.
RAUPP, W. (Hg.), 1990, Mission in Quellentexten. Geschichte der Deutschen Evangelischen Mission von der Reformation bis zur Weltmissionskonferenz Edinburgh 1910, VELM, Mission, Erlangen.
REFOULÉ, F., 1984, '… et ainsi tout Israël sera sauvé, Romains 11, 25−32', (LeDiv 117), Cerf., Paris.
REICHERT, Andreas, 1989, Eine urchristliche präparatio ad martyrium. Studien zu Komposition, Traditionsgeschichte und Theologie des 1. Petrusbriefes, (BBE 22), Peter Lang, Frankfurt.

Reid, John, 1980, "Establishing a Position for Further Discussion ···", in: IRM 69, 475 f.

Reiser, M., 1990, Die Gerichtspredigt Jesu. Eine Untersuchung zur eschatologischen Verkündigung Jesu und ihrem frühchristlichen Hintergrund, (NTA 23), Aschendorff, Münster.

Reisner, Erwin, 1937, Die Kirche Christi und das Reich des Antichristen, Berlin.

Reller, Horst (Hg.), ²1985, Handbuch Religiöse Gemeinschaften: Freikirchen, Sondergemeinschaften, Sekten, Weltanschauungsgemeinschaften, Neureligionen, für d. VELKO – Arbeitskreis im Auftr. d. luth. Kirchenamtes hg., Gerd Mohn, Gütersloh, [4978].

Rendtorff, Rolf, 1976, Das überlieferungsgeschichtliche Problem des Pentateuch, (BZAW 147), Berlin/New York.

Rengstorf, Karl Heinrich, 21954, Apostolat und Predigtamt, Kohlhammer, Stuttgart.

_____. 1933, Art. "apostello" u.v.W., in: ThWNT, Bd. 1, 397–448.

_____. 1935, Art. "didasko" u.v.W., in: ThWNT, Bd. 2, 138–168.

Retif, Andre, 1968, Mission – heute noch?, Bachern, Köln.

Richardson, Alan, 1964, Die Bibel im Zeitalter der Wissenschaft, V&R, Göttingen.

Richardson, A./Schweitzer, W., (Hg.), 1949, Die Autorität der Bibel heute. Ein vom Weltkirchenrat zusammengestelltes Symposion über 'Die biblische Autorität für die soziale und politische Botschaft der Kirche heute', Gotthelf – Verlag, Zürich/Anker – Verlag, Frankfurt/M.

Richardson, Don, ²1980, Friedens – Kind. Wandlung einer Dschungelkultur grausamer Tücke in Neuguinea, (TELOS – Taschenbücher 260), VLM, Bad Liebenzell.

Richter, Julius, ²1927, Evangelische Missionskunde, 2. erweiterte u. umgearb. Aufl., (Sammlung Theologischer Lehrbücher), 2 Bde., A. Deichertsche Verlagsbuchhandlung, Leipzig.

_____. 1928 a, "Das Christentum und die nichtchristlichen Religionen", in: D.M. Schlunk, (Hg.), Von den Höhen des Ölbergs. Bericht der deutschen Abordnung über die Missionstagung in Jerusalem, Ev. Missionsverlag, Stuttgart und Basel, Furche – Verlag, Berlin, 101–117.

_____. 1928 b. Das Werden der christlichen Kirche in China, Bertelsmann, Gütersloh.

_____. 1929, Die Briefe des Apostel Paulus als missionarische Sendschreiben, C. Bertelsmann, Gütersloh.

Richter, Martin, 1928, Der Missionsgedanke im evangelischen Deutschland des 18. Jahrhunderts, (MWF 6), J.C. Hinrichs'sche Buchhandlung, Leipzig.

Ricoeur, Paul, 1973, Hermeneutik und Strukturalismus. Der Konflikt der Interpretationen, Bd. 1, München.

Ridderbos, Hermann, 1963, Begründung des Glaubens. Heilsgeschichte und Heilige Schrift, R. Brockhaus, Wuppertal, [holl. Orig.: Kampen, 1955].

_____. 1970, Paulus. Ein Entwurf seiner Theologie, R. Brockhaus, Wuppertal.

RIECKER, Otto, ²1974, Das evangelistische Wort. Pneumatologie und Psychologie der evangelistischen Bewegung, Träger, Rede, Versammlung, Hänssler, Neuhausen Stuttgart, [C. Bertelsmann, Gütersloh, 4935].

RIEHM, Ed. K., 1880, "Missionsgedanken im Alten Testament", in: AMZ 7, 453–465.

RIEMER, Martin, 1927, Schriftauslegung und Gebet, Bertelsmann, Gütersloh.

RIESNER, Rainer, 1977, "Wie sicher ist die 2–Quellen–Theorie", in: ThBeitr 8, 49–73.

_____. 1981, Jesus als Lehrer. Eine Untersuchung zum Ursprung der Evangelien überlieferung, (WUNT 2.R.7), Mohr/Siebeck, Tübingen, [²1984; ³1988].

_____. ²1984, Formen gemeinsamen Lebens im Neuen Testament und heute, (Theologie und Dienst 11), Brunnen, Gießen/Basel.

_____. 1992, Art. "Der Kanon", in: ELThG, Bd. 1, 247–249.

RIGGANS, Walter, 1992, The Covenant with the Jews: What's So Unique About the Jewish People?, Monarch Publications, Tunbridge Wells.

ROBERTSON, Edwin H., 1961, Bible Weeks, SCM Press, London.

ROELS, E.D., 1962, God's Mission: The Epistle to the Ephesians in Missions Perspective, Wever, Franeker.

RÖSLER, Roland, 1989, Der Menschen Zahl oder: Das zerstörte Sodom ist euer Land, Christiana Verlag, Stein am Rhein.

ROGERS, Cleon, 1984, "Paulus und die Heilsgeschichte", in: H. Stadelmann (Hg.), 1984 b, 55–66.

ROHDE, Joachim, 1983, Art. *"presbeuo/presbeia"*, in: EWNT, Bd. 3, 354f.

ROLOFF, Jürgen, 1965, Apostolat–Verkündigung–Kirche. Ursprung, Inhalt und Funktion des kirchlichen Apostelamts nach Paulus, Lukas und den Pastoralbriefen, G. Mohn, Gütersloh.

_____. 1970, Das Kerygma und der irdische Jesus. Historische Motive in der Jesus–Erzählung der Evangelien, V&R, Göttingen.

_____. 1988, Der erste Brief an Timotheus (EKK 15), Benzinger, Zürich/Neukircher Verlag, Neukirchen–Vluyn.

_____. 1993, Die Kirche im Neuen Testament (GNT 10), V&R, Göttingen.

ROMMEN, Edward, 1987, Die Notwendigkeit der Umkehr. Missionsstrategie und Ge meindeaufbau in der Sicht evangelikaler Missionswissenschaftler Nordamerikas, Brunnen–Verlag, (Monographien und Studienbücher 323), Gießen/Basel, [²1995].

ROSEN, Moishe, 1990, "Jewish Evangelism: The Touchstone of Theology and Missiology", in: EMQ 26, 380–384.

ROSENKRANZ, Gerhard, 1955, "Wege und Grenzen des religionswissenschaftlichen Erkennens", in: Ders. Religionswissenschaft und Theologie. Aufsätze zur evange lischen Religionskunde, (VMÖ), Kaiser, München, 1964, 11–36.

──────, 1960, Der Weg des Buddha, Werden und Wesen des Buddhismus als Weltreligion, Evang. Missionsverlag, Stuttgart.

──────, 1967, Der christliche Glaube angesichts der Weltreligionen, (SD 100), Francke Verlag, Bern/München.

──────, 1977, Die christliche Mission. Geschichte und Theologie, Kaiser, München.

Rost, Gerhard/Maier, Gerhard (Hg.), 1980, Taufe, Wiedergeburt und Bekehrung in evangelistischer Perspektive, Verlag der Lutherischen Gebets−Vereine, Bielefeld.

Rothen, Bernhard, 1990, Die Klarheit der Schrift, Teil I: Martin Luther. Die wiederentdeckten Grundlagen, V&R, Göttingen.

Rudolph, Ebermut, ²1977, Die geheimnisvollen Ärzte. Von Gesundheilem und Spruchheilem, Olten v. Walter Verlag, Freiburg/Br.

Ruiz, Miguel Rodriguez, 1987, Der Missionsgedanke des Johannesevangeliums, (FzB 55), Würzburg.

Runia, Klaas, 1978, "Die plaats en funktie van de Bijbel in die Wereldraad", in: Ders., (Hg.), De Wereldraad in diskussie, Kampen, Kok, 18−28.

Rupel, M., 1965, Primus Truber. Leben und Werk des slowenischen Reformators. Deutsche Übers, und Bearb. von Balduin Saria, (Südosteuropa−Schriften 5), Südosteuropa Verlagsgesellschaft, München.

Rüttgardt, Jan Olav, 1992, Art. "Dippel, Johann Konrad (1673−1734)", in: ELThG, Bd. 1,448.

Rütti, Ludwig, 1972, Zur Theologie der Mission. Kritische Analysen und neue Orientierungen, (GT.S 9), Kaiser, München/Mainz.

Rzepkowski, Horst, 1974, "The Theology of Mission", in: VSVD 15, 79−91.

──────, 1974, Mission. Präsenz−Verkündigung−Bekehrung, (SIM 13), Steyler Verlag, St. Augustin.

S.

Sachsse, Eugen, 1898, Art. "Fabri, Friedrich, Gotthard, Karl, Ernst", in: RE³, Bd. 5, 723−730.

Sackmann, Dieter, 1978, Art.: "Krankheit", in: EGL, 315.

Sakrausky, oskar, 1989, Primus Truber. Deutsche Vorreden zum slowenischen und kroatischen Reformationswerk, (STKG 5/1), Institut für protestantische Kirchengeschichte, Wien, (Hg.), Evang. Presseverband, Wien.

Samartha, Stanley J., 1972, "Die Grenzen geraten in Unruhe", in: EK, Bd. 5, 592−595.

Samizdat: Chronik eines neuen Lebens in der Sowjetunion ,1977, (Pro fratribus), Koblenz.

Samuel, Vinay/Hauser, Albrecht, (Hg.), 1989, Proclaiming Christ in Christ's Way: Studies in

Integral Evangelism, (FS für Walter Arnold), Regnum Books, Oxford.

SANDERS, Oswald, 1961, Geborgenheit und Wagnis. Von der Nachfolge, MBK, Bad Salzuflen.

SANNEH, Lamin, ³1991, Translating the Message: The Missionary Impact on Culture, Orbis Books, Maryknoll, NY.

DE SANTA ANA, Julio, 1967, Good News to the Poor: The Challenge of the Poor in the History of the Church, ÖRK, Genf.

SASSE, Hermann, 1981, Sacra Scriptura. Studien zur Lehre von der Heiligen Schrift, F.W. Hopf (Hg.), Verlag der Ev. -Luth. Mission, Erlangen.

SAUBERZWEIG, Hans von, 1959, Er der Meister, wir die Brüder, Geschichte der Gnadauer Gemeinschaftsbewegung 1888 –1958, Gnadauer Verlag, Offenbach/M.

SAUER, Christof, 1991, Mission und Martyrium. Studien zu Karl Hartenstein und zur Lausanner Bewegung, (edition afem missionscripts 5), VKW, Bonn.

SAUER, Erich, ⁷1946, Der Triumph des Gekreuzigten, Rufer Verlag, Gütersloh, [¹1937].

_____. 1950, Der göttliche Erlösungsplan von Ewigkeit zu Ewigkeit, R. Brockhaus, Wuppertal.

_____. ⁶1976, Das Morgenrot der Welterlösung, R. Brockhaus, Wuppertal, [¹1937].

SAUTTER, Gerhard, 1985, Heilsgeschichte und Mission. Zum Verständnis der Heilsgeschichte in der Missionstheologie, Brunnen, Gießen u.a.O.

SCHAEFFER, Francis, ³1991, Wie sollen wir denn leben?, Hänssler, Neuhausen –Stuttgart.

SCHÄRER, Hans, 1944, Die Begründung der Mission in der katholischen und evangelischen Missionswissenschaft, (ThSt[B] 16), Evang. Verlag, Zollikon/Zürich.

_____. 1946, Die Gottesidee der Ngadju Dajak in Süd –Borneo, E.J. Brill, Leiden.

SCHAUFELE, Wolfgang, 1966, Das missionarische Bewußtsein und Wirken der Täufer. Dargestellt nach oberdeutschen Quellen, (BGLRK 21), Verlag des Erziehungs vereins, 1966, Neukirchener Verlag, Neukirchen –Vluyn.

SCHEEL, Martin, 1993, '··· Christus den Herrn sein lassen'. Eine Auswahl von Aufsätzen, Vorträgen und Predigten, Chr. Grundmann (Hg. im Auftrag des Deutschen Instituts für ärztliche Mission), Tübingen.

SCHEFFBUCH, Rolf, 1975, "Die Abgrenzungen von Lausanne", in: *Reich Gottes oder Weltgemeinschaft,* (s.o. Bibliogr. I), 314 –321.

_____. 1976, "Ein Christus in 'vielen Christussen'. Ökumene auf der Suche nach einer 'kontextualen' Christologie", in: P. Beyerhaus/U. Betz, (s.o. Bibliogr.), 133 –141.

SCHEFFCZYK, Leo, 1986, Das Amt in der Kirche. Friedliche Erwägungen zu einem umstrittenen Thema, (Antwort des Glaubens 43), Informationszentrum Berufe der Kirche, Freiburg.

SCHENKE, Ludger, 1990, Die Urgemeinde. Geschichtliche und theologische Entwicklung, Kohlhammer, Stuttgart.

SCHERER, James A., 1987, Gospel, Church and Kingdom: Comparative Studies in World

Mission Theology, Augsburg Publishing House, Minneapolis.

SCHERER, Hans, 1944, Die Begründung der Mission in der katholischen und evangelischen Missionswissenschaft, (ThSt[B] 16), Evang. Verlag, Zollikon/Zürich.

_____. 1946, Die missionarische Verkündigung auf dem Missionsfeld, (BMS 18), Basler Missionsbuchhandlung, Basel.

SCHEURER, Erich, 1993, Die Bedeutung des Alten Testamentes in der deutschsprachigen Evangelischen Missionstheologie. Eine theologiegeschichtliche Untersuchung der Begründungsversuche christlicher Weltmission mit Hilfe des Alten Testaments, (Diss. masch.), Tübingen, [erscheint 1996 im Brunnen – Verlag, Gießen].

SCHICK, Erich, 1943, Vorboten und Bahnbrecher. Grundzüge der evangelischen Missionsgeschichte bis zu den Anfängen der Basler Mission, Basler Missionsbuchhandlung, Basel.

SCHILLE, Gottfried, 1967, Die urchristliche Kollegialmission, (ATHANT 48), Zwingli – Verlag, Zürich/Stuttgart.

SCHILLING, Werner, 1975, Das Heil in Rot – China? Der 'neue Mensch' im Maoismus und im Christentum, VLM, Bad Liebenzell.

_____. 1979, "Reaktionen des modernen Buddhismus auf unsere gewandelte Theologie", in: U. Asendorf/F. –W. Künneth, (s.o. Bibliogr.), 128 – 143.

SCHIRRMACHER, Christine, 1994, Der Islam. Geschichte, Lehre, Unterschiede zum Christentum, 2 Bde., Hänssler, Neuhausen – Stuttgart.

SCHIRRMACHER, Thomas (Hg.), 1993, Die Zeit der Bekehrung der Welt ist reif: Rufus Anderson und die Selbstständigkeit der Kirche als Ziel der Mission. Mit Texten von Rufus Anderson, Theodor Christlieb, Hermann Gundert, Josef Josenhans, (edition afem: mission scripts 3), VKW, Bonn.

_____. 1994, "Biblische Grundlagen evangelikaler Missiologie: 30 Thesen", in: Evangelikale Missiologie 10,112 – 120.

SCHLATTER, Adolf, 1909, Die Theologie des Neuen Testaments und die Dogmatik, (BFChTh 13), Bertelsmann, Gütersloh.

_____. ²1923, Das christliche Dogma, Calwer Verlag, Stuttgart, R1977].

_____. ³1929, Die christliche Ethik, Calwer Verlag, Stuttgart.

_____. 1952, Die Apostelgeschichte, (Erläuterungen zum NT 4), EVA, Berlin.

_____. 1953, Die Briefe des Paulus an die Thessalonicher, Philipper, Timotheus u. Titus, (Erläuterungen zum NT 8), EVA, Berlin.

_____. 1965, Die Briefe und die Offenbarung des Johannes, (Erläuterungen zum NT Bd. 10), EVA, Berlin.

_____. ⁶1982, Der Glaube im Neuen Testament, Calwer Verlag, Stuttgart.

SCHLAUDRAFF, Karl – Heinz, 1988, Heil als Geschichte? Die Frage nach dem heilsgeschichtlichen Denken, dargestellt anhand der Konzeption Oscar Cullmanns,

(Beiträge zur Geschichte der bibl. Exegese 29), Mohr/Siebeck, Tübingen.

_____. 1993, Art. "Heilsgeschichte", in: ELThG, Bd. 1, 881 f.

SCHLEIERMACHER, Friedrich D.E., 1993, Über die Religion. Reden an die Gebildeten unter ihren Verächtern, (Reclam – Universalbibliothek 8313), Stuttgart, [Erstausgabe 1799, Unger, Berlin].

SCHLIER, Heinrich, 1958 a, Mächte und Gewalten im Neuen Testament, (QD 3), Herder, Freiburg.

_____. 1958 b, Der Brief an die Epheser, Patmos – Verlag, Düsseldorf.

_____. ³1962, Die Verkündigung im Gottesdienst der Kirche, in: Ders., Exegetische Aufsätze und Vorträge, Herder, Freiburg u.a.O., 244 – 264.

SCHLINK, Edmund, 1948, Der Erhöhte spricht: Eine Auslegung der sieben Worte Jesu am Kreuz und ausgewählter Worte des Auferstandenen, Furche – Verlag, Tübingen.

_____. 1967, "Bemerkungen zur Arbeitsmethode der Kommission für Glauben und Kirchenverfassung, in: ÖR 16, 386 – 391.

_____. 1983, Ökumenische Dogmatik. Grundzüge, V&R, Göttingen.

SCHLUNK, Martin (Hg.), ²1930, Gott und die Völker. Eine Einführung in die Missionsgedanken der Bibel, (Aus der Welt der Bibel 3), Furche – Verlag, Berlin.

_____. 1940, "Julius Richter zum Gedächtnis", in: EMZ 1, 164 – 169.

_____. 1947, Merkstoff zur Bibelkunde, 2 H.: Altes und Neues Testament, Mohr/Siebeck, Tübingen, [¹¹1983].

SCHLYTER, Herman, 1946, Karl Gützlaff als Missionar in China (Diss.), (Skrifter utgivna av Svenska Sällskapet för Missionsforskning 1), Gleerup, Lund/Ejnar Munksgaard, Copenhagen.

SCHMEMANN, Alexander, 1974, Aus der Freude leben. Ein Glaubensbuch der orthodoxen Christen, Walter – Verlag, Olten/Freiburg.

SCHMID, Heinrich, ⁹1979, Die Dogmatik der ev. – luth. Kirche, dargestellt und aus den Quellen belegt, H. G. Pöhlmann (Hg.), Gerd Mohn, Gütersloh, [³1853].

SCHMIDLIN, Joseph, ²1923, Katholische Missionslehre im Grundriß, Aschendorff, Münster, [¹1919].

SCHMIDT, Martin, 1958, Art. "Dippel, Johann Konrad", in: RGG³, Bd. 2, Sp. 206 f.

SCHMIDT, Wilhelm, 1926, Der Ursprung der Gottesidee. Ein historisch – kritische und positive Studie, Bd. 1, Aschendorff, Münster.

SCHMIDT, Wolfgang R., 1965, Mission, Kirche und Reich Gottes bei Friedrich Fabri, Ev. Missionsverlag, Stuttgart.

SCHMITT, Rainer, 1984, Gottesgerechtigkeit – Heilsgeschichte – Israel in der Theologie des Paulus (EHS.T 240), Peter Lang, Frankfurt/Bern.

SCHNABEL, Eckhart J., 1986, Inspiration und Offenbarung. Die Lehre vom Ursprung und Wesen der Bibel, R. Brockhaus, Wuppertal.

_____. 1991, "Glaube als unbedingtes Vertrauen im Neuen Testament", in: JET 5, 63 –86.

_____. 1994, "Jesus and the Beginnings of the Mission to the Gentiles", in: Jesus of Nazareth: Lord and Christ (FS I H. Marshall), J.B. Green/M. Turner (Hg.), Eerdmans, Grand Rapids/Paternoster, Carlisle, 37 –58.

SCHNACKENBURG, Rudolf, 1963, Neutestamentliche Theologie. Der Stand der Forschung, St. Benno –Verlag, Leipzig.

_____. ^{2}1989, Das Johannesevangelium, Ergänzende Auslegungen und Exkurse, (HThK 4/4), Herder, Freiburg, [^{2}1984].

_____. ^{5}1990, Das Johannesevangelium, Bd. 2, (HThK 4), Herder, Freiburg, [^{1}1970].

_____. 1993, Die Person Jesu Christi im Spiegel der vier Evangelien, (HThK, Supplementband 4), Herder, Freiburg.

SCHNEEMELCHER, Wilhelm, 1980, Art. "Bibel: III. Die Entstehung des Kanons des Neuen Testaments und der christlichen Bibel", in: TRE, Bd. 6, 22 –48.

SCHNEIDER, G., 1985, Lukas, Theologe der Heilsgeschichte. Aufsätze zum lukanischen Doppelwerk, Hanstein, Königstein/Bonn.

SCHNIEWIND, Julius, ^{2}1968, Das Evangelium nach Matthäus, (NTD 2), V&R, Göttingen.

SCHOLDER, Klaus, 1966, Ursprünge und Probleme der Bibelkritik im 17. Jahrhundert. Ein Beitrag zur Entstehung der historisch –krititischen Theologie, (FGLP, 10/33), Kaiser, München.

SCHOLTISSEK, Klaus, 1992, Die Vollmacht Jesu. Traditions – und redaktionsgeschichtliche Analyse zu ihrem Leitmotiv markinischer Christologie, Aschendorff, Münster.

SCHOTTROFF, Luise/STEGEMANN, Wolfgang, ^{2}1981, Jesus von Nazareth –Hoffnung der Armen, (Urban Taschenbücher 639, T –Reihe), Kohlhammer, Stuttgart u.a.O.

SCHRAGE, Wolfgang, 1986, "Heil und Heilung im Neuen Testament", in: EvTh 46, 197 –214.

SCHREINER, Lothar, 1966, Das Bekenntnis der Batak –Kirche, (TEH 137), Kaiser, München.

SCHREITER, Robert J., 1982, "The Bible and Mission: A Response to Walter Brueggemann und Beverley Gaventa", in: Miss. 10, 427 –434.

SCHRENK, Gottlob, ^{2}1985, Gottesreich und Bund im älteren Protestantismus, vornehmlich bei Johann Coccejus. Ein Beitrag zur Geschichte des Pietismus und der heilsgeschichtlichen Theologie. Mit einer Einführung von Hans Bollinger, Brunnen, Gießen, [^{1}1923].

_____. 1954, Der Römerbrief als Missionsdokument, in: Ders., Studien zu Paulus, Zwingli, Zürich, 81 –106.

SCHRÖER, Henning, 1961, Biblische Hermeneutik, Kaiser, München.

SCHÜTTE, Johannes (Hg.), 1967, Mission nach dem Konzil, M. Grünewald, Mainz.

SCHWARZ, Fritz, 1984, Theologie des Gemeindeaufbaus. Ein Versuch, Aussaat, Neukirchen – Vluyn.

SCHWARZ, Gerold, 1980, Mission, Gemeinde und Ökumene in der Theologie Karl Hartensteins,

(CThM, Reihe C/5), Calwer Verlag, Stuttgart.

SCHWEIZER, Eduard, 1965, Kirche als der missionarische Leib Christi, in: Kirche heute (Theologische Brennpunkte, Bd. 2), Verlag G. Kaffke, Bergen −Enkheim, 19 −29.

SCOTT, R.B.Y, 1950, A Kingdom of Priests (OTSt 8), E.J. Brill, Leiden.

SCOTT, Waldron, 1977, Die Missionstheologie Karl Barths (Theologie und Dienst 12), Brunnen, Gießen/Basel.

SEAVER, G., 1957, David Livingstone: His Life and Letters, Harper & Brothers, London.

SEGUNDO, Juan Luis, 1976, The Liberation of Theology, Orbis Books, Maryknoll, NY.

SELAWRY, Alla, 1981, Johannes von Kronstadt, Starez Rußlands, Verlag Die Pforte, Stuttgart.

SELLIN, Ernst, 1925, "Der Missionsgedanke im Alten Testament", in: NAMZ 2, 33 −45.66 −72.

_____. ^{8}1935, Einleitung in das Alte Testament, Quelle & Mayer, Heidelberg.

SEMLER, Johann Salomo, 1776, Abhandlung von freier Untersuchung des Canon, Heinz Scheible (Hg.), (TKTG 5), C. Bertelsmann, Gütersloh, 1967.

SENIOR, Donald C.P., 1983, "The Foundations for Mission and the New Testament", in: Donald C.P. Senior/Carroll C.P. Stuhlmueller, The Biblical Foundations for Mission, Orbis Books, Maryknoll. NY.

SHEHATA, Sarwat, 1978, "Symposium Bibel und Evangelisation in Afrika", in: Monatlicher Informationsbrief über Evangelisation 11/12, 1978.

SHIVUTE, Tomas, 1980, The Theology of Mission and Evangelism in the International Missionary Council from Edinburgh to New Delhi, (Annals of the Finnish Society for Missiology and Ecumenics 31), Finnish Missionary Society, Helsinki.

SIDER, Ron/Packer, James III, 1985, "How Broad is Salvation in Scripture?", in: *In Word and Deed,* (s.o. Bibliogr. III), 85 −108.

SIMON, Gottfried, 1920, Der Islam und die christliche Verkündigung. Eine missionarische Untersuchung, C. Bertelsmann, Gütersloh.

_____. 1935, "Beiträge zur biblischen Begründung der Mission", in: JThSB 6, 69 −96.

SINGH, Herbert Jai, 1974, "Indian Voices in Todays Theological Debate", in: RS 71, 14.

SINGH, Sadhu Sundar, 1923 a, Gotteswirklichkeit. Gedanken über Gott, Mensch und Natur, übers. v. S. Bauer, Agentur des Rauhen Hauses, Hamburg.

_____. 1923 b, Zu des Meisters Füßen, Ev. Missionsverlag, Stuttgart.

_____. ^{11}1984, Gesammelte Schriften, übers, und erläutert v. Friso Melzer, Ev. Missions verlag, Stuttgart.

SLENCZKA, Reinhard, 1987, Schrift −Tradition −Kontext. Die Krise des Schriftprinzips und das ökumenische Gespräch, in: *Evangelische Schriftauslegung,* (s.o. Bibliogr. I), 424 −433, [zuerst veröffentl. in: Th. Schober/H. Krimm/G. Möckel (Hg.), 1984 Grenzüberschreitende Diakonie, (FS Paul Philippi), Verlagswerk der Diakonie, Stuttgart, 40 −52].

_____. 1988, "Was heißt und was ist schriftgemäß?", in: KuD 34, 304 −320.

_____. 1992, "Die Ordination von Frauen zum Amt der Kirche", in: DIAKRISIS 13, 14–24.

SMALLEY, William A., 1991, Translation as Mission: Bible Translation in the Modem Missionary Movement, (The Modem Mission Era, 1792–1992: An Appraisal), Mercer University Press, Macon, Georgia, 1991.

SÖDING, Thomas, ²1987, Glaube bei Markus, (SBB 12), Katholisches Bibelwerk, Stuttgart.

SOHM, Rudolf, 1892, Kirchenrecht, Bd. 1, Leipzig/München.

SOLIN, Heikki, 1983, "Juden und Syrer im westlichen Teil der römischen Welt", in: ANRW, Bd. 2/29.2, de Gruyter, Berlin/New York, 587–789.1222–1249.

SOLOWJEW, Vladimir, ⁸1993, Kurze Erzählung vom Antichrist. Übers, und erläutert v. Ludolf Müller, Erich Wewel–Verlag, München, [¹1900].

SPEER, Robert E., 1910, Christianity and the Nations, Revell, New York.

SPENER, Philipp Jacob, 1694, Das nötige und nützliche Lesen der Heiligen Schrift, in: Hauptschriften Philipp Jakob Speners, Paul Gruenberg, (Hg.), (Bibliothek theol. Klassiker 21), Perthes, Gotha, 1889.

_____. 1963, Von der Wiedergeburt. Aus seiner Berliner Bibelarbeit, Hans–Georg Feller, (Hg.), J.F. Steinkopf–Verlag, Stuttgart.

_____. ³1964, Pia Desideria, (zit. n. Studienausgabe v. K.Aland, KlT, Heft 170), Berlin.

SPINDLER, Marc, 1987, "Meaning and Prospect of Common Witness", in: VSVD 28, 18–28.

SPINOZA, Baruch D., Theologisch–Politischer Traktat. Übertragen und mit Einleitung, Anmerkungen und Register versehen von Carl Gebhardt (PhB 93) Leipzig, Felix Meiner, Leipzig, 1922.

SPURGEON, C.H., 1886, The Treasury of David, Vol. V, Psalm CIV to CXVIII, Funk & Wagnalls, New York.

_____. ²1980, Es steht geschrieben. Die Bibel im Kampf des Glaubens. 2 Vorträge, Ev. Gesellschaft, Wuppertal.

STADELMANN, Helge, 1984 a, "Biblische Apokalyptik und heilsgeschichtliches Denken", in: Ders. (Hg.), Epochen der Heilsgeschichte, (s.u.), 86–100.

_____. (Hg.), 1984 b, Epochen der Heilsgeschichte. Beiträge zur Förderung heilsgeschichtlicher Theologie, R. Brockhaus, Wuppertal.

_____. 1985, Grundlinien eines bibeltreuen Schriftverständnisses, R. Brockhaus, Wuppertal.

_____. (Hg.), 1986 a, Glaube und Geschichte. Heilsgeschichte als Thema der Theologie, TVG, Gießen/Basel/Wuppertal.

_____. 1986 b, "Hermeneutische Erwägungen zur Heilsgeschichte", in: Ders., Glaube und Geschichte, (s.o.), 32–87.

STÄHLIN, Gustav, 1950, "Die Endschau Jesu und die Mission", in: EMZ 7, 97–105.

134-147.
STANILOAE, Dumitru, 1995, Orthodoxe Dogmatik, Bd. 3, mit einem Vorwort von J. Moltmann, aus dem Rumänischen übers, v. H. Pitters, Benziger Verlag, Solothurn und Düsseldorf/Gütersloher Verlagshaus, Gütersloh.
STANLEY, Henry M., ²1881, Durch den dunklen Welttheil, 2 Bde., F.A. Brockhaus, Leipzig.
STEGEMANN W./SCHOTTROFF L., 1978, Jesus von Nazareth – Hoffnung der Armen, Kohlhammer, Stuttgart, [³1990].
STEINBAUER, Friedrich, 1971, Die melanesischen Cargo-Kulte. Neureligiöse Heils erwartungsbewegungen in der Südsee, Delp'sche Verlagsbuchhandlung, München.
STENDAHL, Krister, 1977, Paul Among Jews and Gentiles, SCM Press, London.
STOLT, Birgit, 1983, "Luthers Übersetzungstheorie und Übersetzungspraxis", in: Helmar Junghans (Hg.), (s.o. Bibliogr.), Bd. 1, 241-252.
STOTT, John R.W., 1968, "Does Section Two Provide Sufficient Emphasis on World Evangelism?", CGB 5, 38-39.
_____. 1970, Christ the Controversialist, Intervarsity, Downers Grove, IL.
_____. 1976, Gesandt wie Christus. Grundfragen christlicher Mission und Evangelisation, R. Brockhaus, Wuppertal.
_____. 1977, "Autorität und Kraft der Bibel", in: René Padilla (Hg.), (s.o. Bibliogr.), 31-45.
_____. 1979, Der Verkündiger. Neutestamentliche Studien zum Wesen und Auftrag des Verkündigers, (ABCteam: Glaube und Denken 936), Bundes-Verlag, Witten.
_____. 1980, "Die Lausanner Verpflichtung. Eine Auslegung und Erläuterung", in: *Lausanne geht weiter,* (s.o. Bibliogr. I), 113-200.
STOTT, John/MEEKING, Basil (Hg.), 1987, Der Dialog über Mission zwischen Evangelikalen und der Römisch-Katholischen Kirche 1977-1984. Ein Bericht, Vorwort v. P. Beyerhaus, Theologie und Dienst 52), R. Brockhaus, Wuppertal, [engl. Orig.: The Evangelical-Roman Catholic Dialogue on Mission (ERCDOM)].
STRACK, Hermann/ZÖCKLER, Otto, 1886, Kurzgefaßter Kommentar zu den heiligen Schriften Alten und Neuen Testamentes sowie zu den Apokryphen, Becksche Buchhandlung, Nördlingen.
STRATHMANN, H., 1942, Art. *"martys"* u.v.W., in: ThWNT, Bd. 4, 477-520.
STRECKER, Georg, 1962, Der Weg der Gerechtigkeit. Untersuchungen zur Theologie des Matthäus, V&R, Göttingen.
_____. 1983, "Die neue, bessere Gerechtigkeit. Zur Auslegung der Bergpredigt", in: LM 22,165-169.
STUHLMACHER, Peter, 1975, Schriftauslegung auf dem Wege zur biblischen Theologie, V&R, Göttingen.
_____. 1981, "Weg, Stil und Konsequenzen urchristlicher Mission", in: ThBeitr 12, 107-135.

_____. 1979, Vom Verstehen des Neuen Testamentes. Eine Hermeneutik. (NTD, Ergänzungsreihe 6), V&R, Göttingen, [²1986].

_____. 1987, "Zur hermeneutischen Bedeutung von 1.Kor. 2,6–16", in: ThBeitr 18, 133–158.

_____. 1992, Biblische Theologie des Neuen Testaments, Bd. 1: Grundlegung. Von Jesus zu Paulus, V&R, Göttingen.

STUHLMACHER, Peter/CLASS, Helmut, 1979, Das Evangelium von der Versöhnung in Christus, Calwer Verlag, Stuttgart.

SUMITHRA, Sunand, 1984, Revolution as Revelation? A Study of M.M. Thomas' Theology, International Christian Network, Tübingen, Theological Research and Communications Institute, New Delhi.

SUNDERMEIER, Theo, 1987, "Theologie der Mission", in: *Müller/Sundermeier,* (s.o. Bibliogr. I), 470–495.

_____. (Hg.), 1991, Das schöne Evangelium. Christliche Kunst im balinesischen Kontext (Studia Instituti Missiologici Societatis Verbi Divini St. Augustin 51), Steyler Verlag, Nettetal.

SUNDKLER, Bengt, 1954, Church of South India: The Movement towards Union 1900–1947, Lutterworth, London.

_____. 1976, Zulu, Zion and Some Swazi Zionists (Oxford Studies in African Affairs), Oxford University Press, London.

SWARAT, Uwe, 1991, Alte Kirche und Neues Testament. Theodor Zahn als Patristiker, R. Brockhaus, Wuppertal/Zürich.

SYNOFZIK, E., 1977, Die Gerichts– und Vergeltungsaussagen bei Paulus. Eine traditionsgeschichtliche Untersuchung, (GThA 8), V&R, Göttingen.

T.

TAYLOR, Geraldine, 1902, Ein chinesischer Gelehrter. Bildungsgang und Bekehrung im Konfuzianismus, Bertelsmann, Gütersloh.

TAYLOR, W.D./NÚÑEZ, C., 1989, Crisis in Latin America: An Evangelical Perspective, Moody Press, Chicago.

TEMPELS, P., 1956, Bantu–Philosophie. Ontologie und Ethik, Rothe, Heidelberg.

TERTULLIAN, Apologeticum. Verteidigung des Christentums, C. Becker (Hg.), München, [³1984].

THANGASAMY, D.A., 1974, "The Authority and Use of the Bible for Christian Action in India Today, with Reference to the Old Testament", in: RS 21/1, 7–17.

THAUREN, J., 1927, Die Akkommodation im katholischen Heidenapostolat. Eine missionarische Studie, (MWAT 8), Aschendorff, Münster.

THEISSEN, Gerd, 1977, Soziologie der Jesusbewegung. Ein Beitrag zur Entstehungsgeschichte des Urchristentums, (TEH 194), Kaiser, München.

THIELICKE, Helmut, 1947, Fragen des Christentums an die moderne Welt, Mohr/ Siebeck, Tübingen.

THIMME, Hans, 1964, "Erläuterungen zu dem Bericht der III. Sektion", in: *In sechs Kontinenten,* (s.o. Bibliogr. III), 173-183.

THISELTON, A.C., 1992, New Horizons in Hermeneutics: The Theory and Practice of Transforming Bible Reading, Harper Collins, London/New York.

_____. 1980, The Two Horizons: New Testament Hermeneutics and Philosophical Description with Special Reference to Heidegger, Bultmann, Gadamer and Wittgenstein, Paternoster, Exeter.

THOLUCK, August, 1843, Uebersetzung und Auslegung der Psalmen für Geistliche und Laien der christlichen Kirche, Halle.

THOMÄ, Hedwig/GOTTSCHICK, Konrad, 1953, "Prälat und Stiftsprediger in Stuttgart", in: W. Metzger (Hg.), (s.o. Bibliogr.), 194-240.

THOMAS, M.M., 1972, "Bericht des Exekutiv-Ausschuß-Vorsitzenden", in: *Utrecht 1972,* (s.o. Bibliogr. III), 5-21.

_____. 1974, "Editorial", in: RS 21/1, 3-6.

_____. 1976, "Bericht des Vorsitzenden des Zentralausschusses", in: *Bericht aus Nairobi 1975,* (s.o. Bibliogr. III), 233-254.

THOMAS, T.K., 1974, "Some Personal Statements on 'The Authority of the Bible and Its Use in My Life and Work'", in: RS 21/1, 73-75.

THORNTON, Claus-Jürgen, 1991, Der Zeuge des Zeugen. Lukas als Historiker der Paulusreisen, (WUNT 56), Mohr/Siebeck, Tübingen.

THURÉN, Jukka, 1982, "Mission und Heilsgeschichte in biblischer Sicht", in: Lutherische Beiträge zur Missio Dei, (Veröffentlichungen der Luther-Akademie Ratzeburg 3), Martin Luther-Verlag, Erlangen, 17-24.

THURIAN, Max, 1961, Die Konfirmation. Einsegnung der Laien, Gerd Mohn, Gütersloh.

TILLICH, Paul, 1966, Systematische Theologie, Bd. 3: Das Leben und der Geist. Die Geschichte und das Reich Gottes, Evangelisches Verlagswerk, Stuttgart, [M984].

TORRES, Sergio, 1983, "Die ökumenische Vereinigung von Dritte-Welt-Theologen", in: *Herausgefordert durch die Armen,* (s.o. Bibliogr. I), 9-25.

TRIEBEL, J., 1976, Bekehrung als Ziel der Mission. Die Theologie Walter Freytags und das ökumenische Gespräch, (Erlanger Taschenbücher: Monographien Missions theologie 35), VELM, Erlangen.

TRILLING, Wolfgang, ³1964, Das wahre Israel. Studien zur Theologie des Matthäus-Evangeliums, Kösel-Verlag, München.

TROELTSCH, Ernst, ²1922, "Ueber historische und dogmatische Methode in der Theologie.

Bemerkungen zu dem Aufsatze 'Ueber die Absolutheit des Christentums' von Niebergall [···] (1898)", in: Ders., Zur religiösen Lage, Religionsphilosophie und Ethik (Gesammelte Schriften, Bd. 2), Mohr/Siebeck, Tübingen, 729–753, [Neudruck 1962].

U.

UKPONG, Justin, 1987, "What is Contextualisation?", in: NZM 43, 161–168.

UTTENDÖRFER, Otto (Hg.), 1913, Die wichtigsten Missionsinstruktionen Zinzendorfs, Verlag der Brüdergemeine, Herrnhut.

V.

VICEDOM, Georg F., 1958, Missio Dei. Einrührung in eine Theologie der Mission, Kaiser, München, [21960].

_____. 1959, Die Mission der Weltreligionen, Kaiser, München.

_____. 1969, Mission in einer Welt der Revolution. Vorträge über die Aufgaben der Mission in einer Zeit der sozialen Erneuerung, R. Brockhaus, Wuppertal.

_____. 1975, Actio Dei. Mission und Reich Gottes, Kaiser, München.

VISCHER, Wilhelm, 1934, Das Christuszeugnis im Alten Testament, 2 Bde., Kaiser, München, F1946].

VISSER ,T HOOFT, W.A., 1965, Kein anderer Name. Synkretismus oder christlicher Universalismus?, Basileia Verlag, Basel.

_____. 1928, The Background of the Social Gospel, H.D. Tjeenk Willink, Haarlem.

VÖGTLE, Anton, 1971, "Das christologische und ekklesiologische Anliegen von Mt 28, 18–20", in: Ders., Das Evangelium und die Evangelien, Patmos, Düsseldorf, 253–272.

VOGEL, Heinrich, 1951, Gott in Christo. Ein Erkenntnisgang durch die Grundprobleme der Dogmatik, Lettner, Berlin/Stuttgart.

_____. 1963, Das Nicaenische Glaubensbekenntnis. Eine Doxologie, Lettner, Berlin/Stuttgart.

VOLK, Ernst, 1987, "Kairos–Theologie einst und jetzt", in: P. Beyerhaus/W. Künneth (Hg.), (s.o. Bibliogr.), 62–81.

VRIEZEN, Th.C., 1953, Die Erwählung Israel nach dem Alten Testament, Zwingli–Verlag, Zürich.

W.

WACKER, Emil, 1960, Ordo Salutis. Die Heilsordnung. Martin Pörksen (Hg.), Christian Jensen–Verlag, Breklum.

WAECHTER, Oscar, 1865, Johann Albrecht Bengel. Lebensabriß, Character, Briefe und Aussprüche, Liesching, Stuttgart.

WAGNER, C. Peter, 1969, Der gesunde Aufbruch. Wie Sie in Ihrer Gemeinde für Kranke beten können und trotzdem gesund bleiben, Simson Verlag, Lörrach.

WAGNER, C. Peter/WINTER, Ralph, 1979, Strategies in World Evangelization, MARC, Monrovia.

WAGNER, Herwig, 1963, Erstgestalten einer einheimischen Theologie in Südindien, (Diss.), Kaiser, München.

WAGNER, Siegfried, 1992, Art. "Bibel–Babel–Streit", in: ELThG, Bd. 1, 256.

WALDENFELS, Hans, 1987, Art. "Kontextuelle Theologie", in: *Müller/Sundermeier*, (s.o. Bibliogr. I), 224–230.

WALLIS, Ethel Emily/BENNETT, Mary Angela, 1964, Noch 2000 Sprachen. Geschichte einer modernen Pioniermission, R.Brockhaus, Wuppertal, [engl. Orig.: Two Thousand Tongues to Go. The Story of the Wycliffe Bible Translators, Hodder & Stoughton, 1959].

WALLMANN, Johannes, 1982, "Philipp Jacob Spener", in: Martin Greschat, Orthodoxie und Pietismus, (Gestalten der Kirchengeschichte 7), Kohlhammer, Stuttgart, 205–223.

WALTER, Johann von, ^{2}1939, Die Geschichte des Christentums, Bd. 11/2, Bertelsmann, Gütersloh.

WANKE, Günther, 1980, Art. "Bibel: I. Die Entstehung des Alten Testaments als Kanon", in: TRE Bd. 6, 1–8.

WARNECK, Gustav, 1874, "Der Missionsbefehl als Missionsinstruktion. Versuch einer missionsmethodischen Auslegung von Matth. 28, 19f. in Verbindung mit Marc. 16, 15", in: AMZ 1,41–49.89–92.137–151.185–194.233–239.281–290.377–392.

_____. 1889, "Zur Erinnerung an Theodor Christlieb", in: AMZ 16, 445–448.

_____. ^{2}1897, Evangelische Missionslehre. Ein missionstheoretischer Versuch. 1. Abt.: Die Begründung der Sendung, Bd. 1, Perthes, Gotha.

_____. 1899, "Nach 25 Jahren", in: AMZ 26, 3–10.

_____. ^{9}1910, Abriß einer Geschichte der protestantischen Missionen von der Reformation bis auf die Gegenwart. Mit einem Anhang über die katholischen Missionen, 9., neu bearb. u. vermehrte Aufl., Verlag Martin Warneck, Berlin.

_____. ^{14}1911, Die Mission in der Schule. Ein Handbuch für Lehrer, 14., verbesserte Aufl., Bertelsmann, Gütersloh.

WARNECK, Johannes, 1911, "Erinnerungen aus dem Leben D. Gustav Warnecks", in: Martin Kahler/Johannes Warneck, D. Gustav Warneck, 1834–1910. Blätter der

Erinnerung, Verlag Martin Warneck, Berlin, 39 – 86.

_____. 1913, Paulus im Lichte der heutigen Heidenmission, Verlag Martin Warneck, Berlin, [³1922].

_____. ⁶1922, Die Lebenskräfte des Evangeliums. Missionserfahrungen innerhalb des animistischen Heidentums, Verlag Martin Warneck, Berlin, [unveränderte Neuauflage, VLM, 1986].

_____. 1934, "Gefahren und Aufgaben der Missionskirchen der Gegenwart", in: NAMZ 11, 216 – 237.

_____. 1939, Das Wort läuft durch die Lande, MBK – Verlag, Bad Salzuflen.

WARREN, Max (Hg.), 1971, To Apply the Gospel. Selections from the Writings of Henry Venn, Eerdmans, Grand Rapids.

WASPADA, I. Ketut, 1988, Harmonie als Problem des Dialogs. Zur Bedeutung einer zentralen religiösen Kategorie in der Begegnung des Christentums mit dem Hinduismus auf Bali, Frankfurt.

WASSERZUG, Gertrud, 1983, Was sagt die Bibel über Krankenheilung?, Schriftenmission Bibelheim, Böblingen.

WASSMANN, Dietrich, 1947, Aschana, der Sohn der Zauberin, Hermannsburg.

WEBER, Hans Ruedi, 1973, "Die Bibel im Babel von Bangkok", in: *Das Heil der Welt heute*, (s.o Bibliogr. III), 97 – 107.

_____. 1981, Experiments with Bible Study, ÖRK, Genf.

WEBER, Otto, ³1964, Grundlagen der Dogmatik, Bd. 1, Neukirchener Verlag, Neukirchen – Vluyn.

_____. ⁷1975, Karl Barths Kirchliche Dogmatik, Neukirchener Verlag, Neukirchen – Vluyn.

WEERASINGHE, S.D., 1964, Bible Weeks in Asia, Christian Literature Society, Madras.

WEGENAST, Klaus, 1980, Art. "Bibel: V. Praktisch – theologisch", in: TRE Bd. 6, 93 – 109.

WEINGÄRTNER, Lindolfo, 1969, Umbanda. Synkretistische Kulte in Brasilien – eine Herausforderung für die christliche Kirche, (Erlanger Taschenbücher 8), VELM, Erlangen.

WEISER, Artur, S1959, Die Psalmen. Zweiter Teil: Psalm 61 – 150, (ATD 15), V&R, Göttingen.

WEISMANN, Gotthilf, 1917, "Die Mission im Alten Testament", in: EMM 61, 288 – 298.

_____. 1922, "Die Wissenschaftlichkeit der 'streng wissenschaftlichen' Theologie und die Wissenschaftlichkeit der positiven Theologie", in: Der Lehrerbote 52, 49 – 55.

WELLS, David, 1978, The Search for Salvation, (Issues in Contemporary Theology), Inter – Varsity Press, Leicester.

_____. 1987, God the Evangelist: How the Holy Spirit Works to Bring Men and Women to Faith, Eerdmans, Grand Rapids.

WELZ, Justinian von, "Ein kurzer Bericht, wie eine neue Gesellschaft aufzurichten wäre", in:

Fritz Laubach (Hg.), 1989, (s.o. Bibliogr.), 163 – 169.

WENDLAND, Heinz –Dietrich, 1970, Ethik des Neuen Testaments, (NTD, Ergänzungsreihe 4), V&R, Göttingen.

WENZ, Günther, 1984, Geschichte der Versöhnungslehre in der evangelischen Theologie der Neuzeit, Bd. 1, Kaiser, München.

WESTCOTT, B.F., 1951, The Gospel According to St. John, Eerdmans, Grand Rapids.

WETH, Gustav, 1931, Die Heilsgeschichte. Ihr universeller und ihr individueller Sinn in der offenbarungsgeschichtlichen Theologie des 19. Jahrhunderts, (FGLP 4/2), Kaiser, München.

_____. 1972, Chinas rote Sonne. Unsere Welt zwischen Mao und Jesus, R. Brockhaus Wuppertal.

WIESER, Thomas, 1971, "The Experience of Salvation Today", in: IRM 60, 382 – 394.

_____. 1973, "Report on the Salvation Study", in: IRM 62, 170 – 179.

WIESKE, Günther, 1992, "Das Jahr mit der Bibel", in: DIAKRISIS 13, 26 – 28.

WIKENHAUSER, Alfred, 1961, Die Apostelgeschichte, (RNT 5), Verlag Friedrich Pustet, Regensburg.

WILCKENS, Ulrich, ³1974, Die Missionsreden der Apostelgeschichte. Form – und traditionsgeschichtliche Untersuchungen, 3. überarb. und erw. Aufl., (WMANT 5), Neukirchener Verlag, Neukirchen – Vluyn, [¹1961].

_____. 1978/1980, Der Brief an die Römer. 2. Bde., (EKK VI/1 – 2), Neukirchener Verlag, Neukirchen – Vluyn/Benziger, Einsiedeln.

WILKINSON, John, 1968, "Christliche Heilung und die Gemeinde", in: *Auftrag zu heilen,* (s.o. Bibliogr. II).

_____. 1984, Healing and the Church, Handsel Press, Edinburgh.

WILSON, Christie, 1937, "The Bible and Moslems", in: MW 27, 237 – 257.

WIMBER, John/SPRJNGER, Kevin, 1986, Vollmächtige Evangelisation. Zeichen und Wunder heute, Vorwort von Wolfram Kopfermann, Projektion J, Hochheim.

_____. 1985, Power Evangelism: Signs and Wonders Today, Hodder & Stoughton, London.

_____. 1987, Heilung in der Kraft des Geistes; Vorwort von Günter Oppermann, Projektion J, Hochheim.

WINSLOW, O.E., 1968, John Eliot, 'Apostle of the Indians', Boston.

WINTERHAGER, Jürgen Wilhelm, 1964, Weltwerdung der Kirche. Die Ökumenische Bewegung als hermeneutische Aufgabe, Gotthelf – Verlag, Zürich/Frankfurt/M.

WOLF, Hans Heinrich, 1966, "Christus am Werk in der Geschichte (im Licht der 'Barmer Theologischen Erklärung' der Bekennenden Kirche von 1934)", in: ÖR 15,28 – 47.

WOLFENSBERGER, Gerrit H., 1968, Die Bibel – das Brot der Völker. Ein Bericht: Mission mit der

Bibel in aller Welt, Schriftenmissions – Verlag, Gladbeck.

WOLFF, Chr., 1975, "Christ und Welt im 1. Petrusbrief", in: ThLZ 100, 333 f.

_____. 1989, 2. Korinther, (ThH 8), Leipzig.

WOLFF, Chr.A., 1726, Oratio de Sinarum philosophia practica. Frankfurt.

WOLFF, Hans – Walter, 1951, "Israel und die Völker bei Deuterojesaja", in: EMZ 8, 1 – 14.

_____. 1942, Jesaja 53 im Urchristentum, Berlin, [^{4}1984].

WORSLEY, Peter, 1973, Die Posaune wird erschallen. Cargo – Kulte in Melanesien, Suhrkamp, Frankfurt.

WOTTE, H., ^{4}1988, David Livingston. Das Leben eines Afrikaforschers, London.

WRIGHT, George Ernest, 1951, "The OT: A Bulwark of the Church against Paganism", in: IRM 40, 265 – 276.

_____. 1952, God Who Acts, (SBT 8), London/Chicago.

WRIGHT, N. Tom, 1992, The Climax of the Covenant: Christ and the Law in Pauline Theology, Fortress, Philadelphia, [^{1}1991].

WÜRTHWEIN, Ernst, ^{5}1988, Der Text des Alten Testaments. Eine Einführung in die Biblia Hebraica, Württ. Bibelanstalt, Stuttgart.

WYDER, Heinrich, 1954, Die Heidenpredigt. Ihr Gegenüber, ihr Ziel, ihr Inhalt und ihre Ausdrucksweise. Eine praktisch – theologischen Untersuchung im Rückblick auf die missionarische Begegnung in China, (BMEvR 4), Bertelsmann, Gütersloh.

Y.

YAMAMORI, Tetsuano/TABER, Charles R. (Hg.), 1975, Christopaganism or Indigenous Christianity?, William Carey Library, Pasadena.

YARBROUGH, R., 1985, The 'heilsgeschichtliche' Perspective in Modern New Testament Theology, (Diss. masch.), Aberdeen.

YRI, Norvald, 1978, Quest for Authority. An Investigation of the Quest for Authority within the Ecumenical Movement from 1910 to 1974 and the Evangelical Response, Evangelical Publishing House, Kisumo Nairobi.

Z.

ZAHN, Theodor, ^{3}1985, Grundriß der Geschichte des neutestamentlichen Kanons, Uwe Swarat (Hg.), R. Brockhaus, Wuppertal/Zürich, [^{1}1888 – 92].

ZELLER, Dieter, 1982, "Theologie der Mission bei Paulus", in: Karl Kertelge (Hg.), 164 – 189.

ZIMMERLING, Peter, 1987, "August Hermann Francke (1663 –1727), Kommentar", in: *Evangelische Schriftauslegung,* (s.o. Bibliogr. I), 70 f.

ZIMMERMANN, Alfred F., ²1988, Die urchristlichen Lehrer. Studien zum Tradentenkreis der *didaskaloi* im frühen Urchristentum, (WUNT 2/12), Mohr/Siebeck, Tübingen, [¹1984].

ZINZENDORF, Nikolaus Ludwig Graf von, 1743, "Methodus der Wildenbekehrung", in: Texte zur Mission. Mit einer Einführung in die Missionstheologie Zinzendorfs, H. Binz (Hg.), 1979 , Wittig –Verlag, Hamburg, 1979, 84 –88.

ZSINDELY, Endre, 1962, Krankheit und Heilung im älteren Pietismus, Zwingli, Zürich/Stuttgart.

ZUCK, R.B., 1982, "Application in Biblical Hermeneutics and Exposition", in: Campbell, D.K. (Hg.), Walvoord, A Tribute, Chicago.

ZÜNDEL, Friedrich, 4880, Johann Christoph Blumhardt, Brunnen –Verlag, Giessen/ Basel, [¹⁸1969].

그가 보내신 말씀
Er Sandte Sein Wort

2008년 9월 2일 초판 발행
2011년 4월 20일 2쇄 발행

지은이 | 피터 바이어하우스

옮긴이 | 이 동 주

펴낸곳 | 사)기독교문서선교회
등록 | 제16-25호(1980. 1. 18)
주소 | 서울시 서초구 방배동 983-2
전화 | 02) 586-8761~3(본사) 031) 923-8762~3(영업부)
팩스 | 02) 523-0131(본사) 031) 923-8761(영업부)
홈페이지 | www.clcbook.com
이메일 | clc@clcbook.com
온라인 | 국민은행 043-01-0379-646, 기업은행 073-000308-04-020
  예금주: 사)기독교문서선교회

ISBN 978-89-341-1010-1(93230)

* 낙장·파본은 교환해 드립니다.